LOLA JONES

Du bist so viel größer, als du denkst!

Anleitung zur Manifestation

Aus dem Englischen
von Hanna R. Müller

arkana

MIX
Papier aus verantwortungsvollen Quellen
FSC
www.fsc.org
FSC® C014496

Verlagsgruppe Random House FSC® N001967

1. Auflage
Deutsche Erstausgabe
© 2018 der deutschsprachigen Ausgabe Arkana, München
in der Verlagsgruppe Random House GmbH,
Neumarkter Straße 28, 81673 München
© 2016 Lola Jones
Lektorat: Diane Zilliges
Umschlaggestaltung: ki36 Editorial Design, München, Daniela Hofner
Umschlagmotive: Porträt Autorin Cover/Klappe © Russell Martin/
© Mary McConnell; Seerose © ic36006/shutterstock
Abbildungen Innenteil: © Lola Jones
Satz: Satzwerk Huber, Germering
Druck und Bindung: GGP Media GmbH, Pößneck
Printed in Germany
ISBN 978-3-442-34242-6

www.arkana-verlag.de

Besuchen Sie den Arkana Verlag im Netz

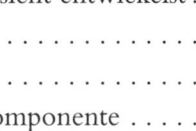

Inhalt

Wichtiger Hinweis

Um sicherzustellen, dass du für dich den vollen Nutzen aus diesem Buch ziehen kannst, solltest du, unabhängig davon, wie weit fortgeschritten du sein magst, vorher unbedingt das erste Buch von Lola Jones langsam durchlesen und erleben: *Alles läuft super, während ich weg bin. Loslassen und dem Göttlichen die Schwergewichte überlassen.* Es legt den Grundstein für *Divine Openings* und unterscheidet sich von diesem neu überarbeiteten und übersetzten Folgebuch in seinem Inhalt und seiner Schwingung. Das erste Buch vermittelt dir zehn grundlegende Einweihungen in die Erleuchtung, die dich für den Empfang der Gnadenenergie und die Erweckung deines Bewusstseins öffnen. Damit erhältst du die notwendige Grundlage, um diese segensreichen Gaben vollständig aufnehmen, genießen und im Alltag umsetzen zu können.

Um die hohe Qualität und Reinheit von *Divine Openings* zu gewährleisten, erfolgt die Initiierung und Zertifizierung von *Divine Opening Guides* ausschließlich durch Lola Jones.

Einleitung

*E*s werde Licht. Und es ward Licht. Es werde Leben.Und es ward Leben. Denke eine Absicht, lass sie los, und es geschieht.

Okay, das ist alles, was du wissen musst.
Ende des Buches.

Im Ernst, so ist es. Sobald du beabsichtigst, einen Wunsch zu verwirklichen, führt dich das Leben dorthin.

Wozu hat dieses Buch dann mehr als eine Seite? Weil wir Menschen dazu neigen, unsere einschränkenden Glaubenssätze nur allmählich loszulassen, und wir uns deshalb in der Regel nur Schritt für Schritt, aber nicht durch eine blitzartige Erleuchtung davon befreien. Mit diesem Buch will ich dich bei deinen nächsten Schritten begleiten.

Du wirst mit Vergnügen hundert neue, tiefgreifende Wege erforschen, um deine Bewusstheit zu steigern und die Kraft deiner Absicht aufzubauen. Dabei geht es um zwei grundlegende Fragen:

❀ Wie kannst du dein kleineres Selbst mit all seinen Begrenzungen beiseitelassen? Wie kannst du dir selbst aus dem Weg gehen, deine Aufmerksamkeit in produktiver Weise fokussieren und in deiner alltäglichen Lebenspraxis mehr von dem erleben, was dir guttut?

❋ Wie kannst du deine Identität mehr zum größeren Selbst hin verlagern, das bereits grenzenlos und erwacht in dir präsent ist – weg vom kleineren, menschlichen, seinem Wesen nach begrenzten Selbst –, und dadurch mehr Freiheit und Glückseligkeit erleben?

In dem Maße, wie du dies zu meistern verstehst, wird sich deine Kraft der Absicht in die Höhe schwingen.

Als ich anfing, dieses Buch zu schreiben, stellte ich meinem großen Selbst eine Frage: »Wodurch wird die Kraft der Absicht gestärkt oder geschwächt?« Die Antworten, die ich erhielt, will ich mit dir teilen und dich dahin führen, durch eigene Erfahrung selbst dahinterzukommen.

Das Gleichgewicht zwischen Physischem und Nichtphysischem

*B*eim Schreiben dieses Buches hat mich mein größeres Selbst dazu veranlasst, Abschnitte über Strategien der praktischen, aktiven Seite der materiellen Lebensbewältigung im Wechsel neben Abschnitte zu stellen, die den Fokus auf den nichtmateriellen, inaktiven Bereich des Zulassens und Geschehenlassens richten. Dieser Gegensatz wird dich darin unterstützen, tiefer zu gehen – so wie der Kontrast zwischen Bewegung und Ruhe, Klang und Stille den Teilnehmern bei den Retreats hilft, schneller und tiefer in das, worum es geht, einzutauchen. So wird sich eine neue Gewohnheit in dir entwickeln, die dich befähigt, durch deine Aufmerksamkeit ein Gleichgewicht zwischen dem physischen und dem nichtphysischen Bereich bewusst herzustellen.

Mit der Zeit werden wir beides miteinander verschmelzen, um die Trennung allmählich aufzuheben. Denn die materielle, physische Welt verlangt heute natürlich tagtäglich deine volle

Aufmerksamkeit, gleichzeitig ist aber dein physisches Alltagsleben von der unendlichen Kraft deines nichtphysischen Selbst durchdrungen, während sich nur ein kleiner Teil davon auf den physischen Körper konzentriert.

Das Nichtphysische übernimmt immer mehr unsere Welt

Ich finde es unendlich komisch, dass sich in unserer heutigen materiell orientierten Welt immer mehr Dinge im nichtphysischen Bereich abspielen und physisch weniger manifest sind, während wir uns in raketenhaftem Tempo in eine Phase der exponentiell beschleunigten Evolution hinein bewegen. Der kosmische Witz besteht darin, dass sich so vieles in Arbeit, Unterhaltung, Medien, Kommunikation, Handel, ja sogar das Geld, mehr und mehr zum Nichtphysischen hin verlagert.

Wenn ich in diesen silbernen Kasten hineinschaue, in meinen abgenutzten Mac-Laptop, kann ich meine Website nicht darin finden. Genauso wenig sind dort meine Fotos, Filme, Bücher und Lieder vorhanden. Alles, was ich im Innern meines Laptops sehen kann, sind ein paar Platinen, Kabel, Metallteile und Chips mit Daten, die angeblich darauf gespeichert sind. Zum Glück wandelt sich das alles in Töne, Farben, Worte und Formen um, die für uns einen Sinn ergeben.

Das Internet ist nichtphysisch! Wenn man sich das mal überlegt, hat eine Website nicht wirklich eine *Form*, wie ein Buch sie besitzt – der gewaltige Inhalt meines riesigen Mutterschiffs von Website ist vollkommen nichtphysisch! Unsere Onlinekurse existieren nur im Cyberspace. Nichts davon hat irgendein Gewicht oder eine Masse. Mein nichtphysisches Selbst bringt inspirierte Gedanken und Energie hervor, die in die Tastatur fließen, indem meine physischen Finger das Ganze tippen. Dann wandelt mein Computer es in Energie und Codes um, die von deinem Computer so übersetzt werden, dass es als Website erscheint. Im Grunde sind es nur Elektronen, die im Cyberspace herumschwirren. Eigentlich ist gar nichts da.

Unsere Audios sind Downloads, stille Datenbits, die erst dann zu Schallwellen werden, wenn du sie abspielst. Und all die Musik, die wir heute spielen, befindet sich zumeist auf iPods anstelle 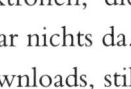 der physischen CDs. All diese Dinge existieren kaum!

Die Wellen, mit denen Fernseh-, Radio-, Mikrowellen- und Mobilfunksignale zu uns übertragen werden, sind unsichtbar und unhörbar. Dein Fernseher, Radio oder Telefon liest die Signale und verwandelt sie in bunte Bilder und Töne! Die Informationen segeln auf Wellenfrequenzen durch die Luft, ohne dass sie sich mit anderen Frequenzen vermischen. Wären all die Wellen und Schwingungen in der Luft um uns herum sichtbar, käme es uns in der Tat wie ein Wunder vor.

Der größte Teil der Informationen, die du in deiner Welt benötigst, ist entweder in einem Computer gespeichert oder über das Internet zugänglich. Ich nehme meinen Mac auf meinen Reisen mit und habe dann alles bei mir, was ich für meine Arbeit brauche: Handouts, Musik, Diashows, Fotos, Software zur Filmbearbeitung, für Tonaufnahmen, für den E-Mail-Austausch und die Möglichkeit, meine Website über das Internet zu bearbeiten. Ich hatte früher mehrere volle Aktenschränke in meinem Arbeitszimmer, und jetzt habe ich nur zwei kleine Schubladen mit Ordnern und eine Kiste mit Steuerunterlagen in der Garage, in die ich nie wieder hineinschauen werde.

Was die Menschen von dem Fünf-Tage-Schweigeretreat mit nach Hause nehmen, ist *nichts Physisches*, dennoch fahren sie mit einem transformierten Leben weg. Zur Unterstützung können sie von mir den Zugang zu einem speziellen Onlinebereich für die weitere Schulung und Entwicklung bekommen, aber auch das ist nichts Physisches.

Immer mehr Menschen lesen heute Bücher auf Kindles oder iPads anstelle von materiellen Büchern. Wir nehmen das alles inzwischen für so selbstverständlich, dass es uns schon wacher macht, wenn wir uns darauf konzentrieren.

Wir klopfen auf einen Tisch, und er erscheint solide. Was ist er wirklich? Vibrierende Energie. Unsere Augen, Ohren und die anderen Sinne nehmen ihn als feste Materie wahr, undurchdringlich und schwer, obwohl uns die Wissenschaftler versichern, es handle sich überwiegend um leeren Raum. Sie finden darin kaum irgendetwas *Physisches*!

Wir halten Geld für etwas Materielles, aber tatsächlich ist Geld nichtphysisch und abstrakt, und es wird täglich mehr. Geld besteht jetzt zumeist aus Plastikkarten, die bewirken, dass Einsen und Nullen auf einem Supercomputer erscheinen und wieder verschwinden. Dein »Bankkonto« besteht bloß aus Zahlen auf einem Computer. Deine Schulden, so du welche hast, bestehen aus Zahlen auf einem Computer. Deine Hypothek besteht ebenfalls zum großen Teil nur aus Zahlen auf einem Computer.

Der Aktienmarkt basiert auf *vermeintlichen Werten* und Zahlen im Computer, weniger durch Logik angetrieben als durch nichtphysische Gefühlsschwingungen. Ein Investor klickt auf eine Taste, und schon wird Geld erzeugt oder verloren. Immer mehr Menschen erhalten papierlose Rechnungen und begleichen diese untereinander online.

Geld ist ein kosmischer Witz geworden.
Also lache darüber und erkenne,
wie unwirklich es ist! Du wirst viel
entspannter damit umgehen.

Allein schon bei dem Gedanken an die Möglichkeiten, die sich durch das Internet auftun, gerate ich ins Schwärmen. Es ist magisch und wunderbar. Das Internet gibt jedem die Chance, einen Bekanntheitsgrad zu erreichen – und somit Macht auszuüben –, wie es früher nur den großen Medienkonzernen oder Unternehmen mit vielen Mitarbeitern möglich war. Internetseiten erzielen heute eine Reichweite und Publikumszahlen, die einst den großen Fernsehstationen vorbehalten waren. Musiker, Publizisten und Künstler können über YouTube und diverse Blogs entdeckt und berühmt werden, und über die sozialen Medien werden riesige Summen für alle möglichen Projekte generiert.

Natürlich verschwinden auf diese Weise alte Formen, Strukturen, Berufe und Arbeitsplätze. Das gab es aber schon immer. Wo gibt es denn heute noch Hersteller von Pferdewagen? Diese Arbeitskräfte haben Beschäftigung in der Autoindustrie gefunden. Heute produzieren immer weniger Menschen physische Dinge – stattdessen werden nichtphysische Dienstleistungen und Informationen angeboten.

Du kannst dich nun entweder auf deine Kraft fokussieren oder ihren Verlust beklagen, in beiden Fällen wirst du recht haben. Bedenke aber, dass deine Aufmerksamkeit immer – auch ungewollt – zu deiner Absicht wird.

Aufmerksamkeit generiert eine Absicht.
Pass also auf, wohin du damit zielst.

Ein wichtiger Schlüssel, wenn du deine Kraft der Absicht aufbauen willst, besteht darin, dir bewusst zu machen, dass dein Körper – dieser Sack aus Fleisch und Knochen, so wunderbar er auch sein mag – nicht alles ist, was dich ausmacht. Er ist nur ein kleiner, physisch fokussierter Aspekt von dir. Wenn du die größere Perspektive einnimmst, beseelt und inspiriert es dein Leben und erfüllt dich gleichermaßen mit Energie und Frieden. Mach es jetzt zu deiner *Absicht*, dass die größere Perspektive für dich kein saftloses, unwirksames intellektuelles Konzept bleibt, sondern zu einem tiefen, spürbaren, machtvollen Wissen wird.

Ich hatte einmal Gelegenheit, bei einer faszinierenden Operation dabei zu sein. Im OP-Kittel stand ich ziemlich nahe am Operationstisch und konnte über die Schultern der Operateure hinweg beobachten, wie sie den Schädel eines dreijährigen Mädchens öffneten, um den stark deformierten Kopf und das Gesicht zu rekonstruieren. Als man dem Kind buchstäblich das Gesicht vom Schädel abzog und aus dem Weg rollte, konnte ich gefasst und fasziniert zuschauen. Gleichzeitig wurde mir bewusst, dass der Körper nur ein kleiner Teil der Ganzheit dieses Kindes war. Ich spürte die Präsenz dieses Mädchens als ein machtvolles Wesen, das unendlich größer war als sein kleiner Körper. Während sein menschliches, kleineres Selbst bewusstlos dalag, feierte ich mit seinem größeren Selbst. Während man mechanisch an diesem Kind arbeitete, war es so viel mehr als sein mechanischer Körper.

Wenn eine physische Realität dich zu stark beunruhigt, dann halte inne und richte deinen Fokus auf dein Inneres. Werde dir gewahr, wer du bist. Was du bist, ist sehr viel größer, ausgedehnter und beständiger als dein gegenwärtiger physischer Körper, deine gegenwärtige materielle Situation oder dein gegenwärtiger Gefühlszustand. Dein physischer Körper ist vergänglich, deine Gedanken und Gefühle sind flüchtig und deine ganze augenblickliche Realität nichts weiter als ein Augenblinzeln in der Ewigkeit.

Auf immer tieferen Ebenen deines Seins wirst du die Flüchtigkeit der temporären physischen Realität erkennen und dich in die Realität des Augenblicks hinein entspannen. Wenn du ihr keinen Widerstand leistest, kann sie sich leichter verwandeln und andere Formen annehmen. Wenn mir eine aktuelle Situation unangenehm wird, habe ich mir angewöhnt zu sagen: »Das geht vorüber.« Und so ist es auch.

Alles geht vorüber.

Weil das, worauf du deinen Fokus richtest, durch deine Aufmerksamkeit vergrößert und verstärkt wird, bleibe wachsam und achte darauf, wo du deine machtvolle Aufmerksamkeit hinlenkst. Du hast die Wahl – und nicht zu wählen ist auch eine Wahl: Du würdest dich für etwas entscheiden, nur weil es sich anbietet, und damit überlässt du anderen Personen oder den Umständen die Entscheidung, worauf du deinen Fokus richtest.

Lege deinen Fokus auf das Nichtphysische. Ich gebe dir in diesem Buch wirkungsvolle Übungen, mit denen du die verschwommene Aufgabe praktizieren kannst, dich im Wesentlichen auf *nichts* zu fokussieren! Das wird die Sache leichter machen. Indem du dich mehr auf das Nichtphysische fokussierst, wird es für dich grundsätzlich immer realer. Bald wird dir das Nichtphysische realer vorkommen als das Physische, und dies wird sich dir immer wieder bestätigen. Das Leben wird viel leichter, wenn du zutiefst verstanden hast, dass es tatsächlich aus *Nichts* besteht.

Fokussiere dich bewusst.

Viele Leser meiner Bücher können immer nur ein paar Seiten auf einmal lesen, ehe sie vom Schlaf übermannt werden. Sei also ganz beruhigt! Das hat etwas für sich. Es bedeutet, dass du den betreffenden Abschnitt am besten aufnehmen kannst, wenn du – dein kleines Selbst – »aus dem Weg bist«. Lies also ein wenig und gönne dir dann eine lange, entspannte Ruhepause zwischen einzelnen Abschnitten oder sogar Absätzen, um einfach ins Leere oder aus dem Fenster zu starren, einen Spaziergang zu machen oder den Luxus eines Nickerchens zu genießen. Auf diese Weise wird die neue Schwingung besser assimiliert und hat Raum, sich zu vertiefen, auszudehnen und in dir Fuß zu fassen, bevor du weitergehst.

Unser Verstand kann jedoch sehr ungeduldig und gierig sein und liebt es ganz besonders, Bücher zu verschlingen, ohne sie wirklich zu erleben. Es sind aber die leeren Zwischenräume zwischen den Tönen, die einem Lied seine Schönheit und Fülle verleihen, während sie dem Ohr als Kontrast und Erholung dienen. Die leeren Zwischenräume zwischen den Gedanken geben deinem Leben Fülle und Kontrast. Und dem Gehirn schenken sie eine Ruhepause, in der es sich erholen und alles in Ruhe verdauen kann. Das Hinunterschlingen bringt dir höchstens mentale Verdauungsstörungen und verhindert, dass du die geistige Nahrung sinnvoll integrieren kannst.

Jedes Mal, wenn du im Buch die drei Lotosblüten unten nebeneinander siehst, halte inne und mach eine Pause, um das Gelesene zu integrieren.

❁ ❁ ❁

Das Ende der Endgültigkeit

Dieses Buch bietet mir die Gelegenheit, viele der neuen Downloads an Energie und Intelligenz, die zu mir gekommen sind, seit *Alles läuft super, während ich weg bin* herauskam, weiterzugeben. Als ich das erste Buch schrieb, fühlte ich mich so glücklich und frei, dass ich mir niemals hätte ausmalen können, wie viel mehr dem noch folgen würde. Im Verlauf meines spirituellen Reifungsprozesses kam ich zu der Erkenntnis, dass diese Expansion nie ein Ende nehmen wird – und in der Tat hat sich diese Evolution in den letzten zwölf Jahren kontinuierlich weiter entfaltet.

Ich muss lächeln bei dem Gedanken, dass ich dir durch die Überschrift »Das Ende der Endgültigkeit« möglicherweise Kopfzerbrechen bereite. Dahinter liegt die Absicht, dich von allem zu befreien, was dir nicht dient. Der Wunsch nach etwas Endgültigem, einem abschließenden Ende, wo alles perfekt und ein für alle Mal erledigt sein soll, ist der Wunsch des kleinen Selbst nach Sicherheit und Bequemlichkeit. Es ist der Wunsch, alles fertig und in trockenen Tüchern zu haben. Du wirst aber niemals fertig sein. Du bist so beschaffen, dass du dich bis in alle Ewigkeit weiter ausdehnen wirst – genauso, wie das Universum sich unendlich ausdehnt.

Willst du etwa mit deiner Evolution zu einem Abschluss kommen, willst du alles erkannt und gelöst haben? Willst du alles, nach quantifizierten Wahrheiten geordnet, sauber in Kisten verpackt haben? Willst du alles eindeutig beschriftet wissen, mit »richtig« und »falsch«, »wahr« und »unwahr«, »schwarz« und »weiß«? Sieh es mal aus einer anderen Perspektive: Es fällt dir leichter zu glauben, das Wachstum werde durch diktatorische Regimes verhindert, die die Menschen kontrollieren und einschränken, oder durch fundamentalistische Religionen, die strengen Dogmen folgen, die vor Jahrtausenden festgeschrieben wurden. Aber hast du nicht bemerkt, wie solch eine verknöcherte Sichtweise dem Leben allen Saft, alle Flexibilität und alle Freude raubt?

Wenn du dich der Wahrheit deines Lebens verpflichtet fühlst, wirst du niemals versuchen, sie in eine versiegelte Kiste zu packen – du wirst den Deckel offen lassen. Nur so kannst du reifen – zu einer Liebe zur Expansion und zum Fließen. Eine der tückischsten und gefährlichsten Formen der Stagnation ist es, zu denken, *wir wüssten schon alles.*

Wann ist Absicht,
wann Zulassen angesagt?

Wenn doch das Leben auf unserer Seite ist und uns unterstützt und mit allem versorgt, was wir nötig haben, könntest du dich fragen, warum wir überhaupt irgendetwas *beabsichtigen* oder um etwas *bitten* sollten? Warum können wir uns nicht einfach entspannen, die göttliche Präsenz darüber entscheiden lassen, was wir brauchen – und einfach nur zulassen, dass es uns gezeigt wird?

Diese Einsicht kommt aber erst mit der spirituellen Reife, und obwohl dir dieses Buch aus den bereits genannten Gründen dazu verhelfen will, wirst du hier keine Liste von fertigen Regeln, die es zu befolgen gilt, finden. Du wirst deine eigenen Erfahrungen machen, allmählich ein Gespür dafür bekommen und dein inneres Wissen entwickeln. Letzten Endes wirst du immer häufiger *im Moment wissen,* was zu tun oder nicht zu tun ist. Mach dir keine Gedanken deswegen, denn sobald du vom Weg abkommst, wird dir das Leben unmittelbare Rückmeldungen geben, die dich wieder zurück auf Kurs bringen.

Es ist dein Geburtsrecht, *zusammen mit* der Präsenz ein aktiver Mitschöpfer deines Lebens zu sein, wenn du das willst. Aus deiner Perspektive als einzigartiges menschliches Wesen weißt du sehr genau, was du dir vom Leben wünschst, denn mit deinem physischen Körper befindest du dich mittendrin. Die göttliche Präsenz anerkennt die einzigartige Rolle, die du spielst, um das Universum in neue Bereiche zu führen, zu bisher nie dagewesenen neuen Erfahrungen und Ideen.

Nehmen wir eine Analogie aus dem Geschäftsleben: Du bist der menschliche Kunde, der dem universellen Lieferanten – deinem großen Selbst – seine Wünsche und Bedürfnisse mitteilt.

Der Lieferant freut sich zu erfahren, womit er dir einen Gefallen erweisen kann, und produziert es. Ein guter Geschäftsmann weiß, dass der Kunde, der sich täglich dort unten in den Schützengräben abkämpft, verdammt gut weiß, was ihm fehlt und was er braucht. Dem Kunden zuzuhören ist also der beste Weg, um herauszubekommen, was für ihn produziert werden soll. Und gelegentlich führt er den Kunden genau zu dem, was dieser nötig hat, ohne sich dessen bewusst zu sein.

Während meiner Zeit als selbstständige Seminarleiterin, die im Auftrag von Unternehmen arbeitete, bot ich nie fertig gestrickte Programme an, und die Firmen wussten das sehr zu schätzen. Nachdem ich sie über ihre Bedürfnisse befragt und dadurch erfahren hatte, welche Ergebnisse sie sich erhofften, habe ich jedes einzelne Programm für den jeweiligen Klienten maßgeschneidert. Ich betrachtete uns als gemeinsame Schöpfer dieser Erfahrung und ging nicht davon aus, schon zu wissen, was genau sie brauchten oder haben wollten, auch wenn ich die Expertin in Bezug auf Ausbildung und Entwicklung war. Schließlich waren ja sie es, die tagtäglich bei ihrer Arbeit mit spezifischen Herausforderungen konfrontiert waren und die Risiken trugen.

Du und die Präsenz, ihr seid Ko-Kreatoren. Die göttliche Präsenz legt Wert darauf zu wissen, was jeder einzelne physische Mensch möchte, und sie ist der beste Zuhörer, den du je treffen wirst – denn sie erlauscht, erspürt und erfühlt deine Absichten und Wünsche, noch *bevor* du sie überhaupt laut ausgesprochen hast.

Deine Wünsche und Bedürfnisse zählen. Deine Absichten werden gehört. Die einzige Frage ist: Wie kannst du ihre Erfüllung leichter und vollständiger an dich heranlassen?

Durch deine Absichten, befeuert durch deine Wünsche, nimmst du aktiv an der Schöpfung teil.

Würden wir Menschen einfach in puncto Evolution der Natur ihren Lauf lassen, so würde sich unsere Evolution viel langsamer vollziehen, weil die natürliche Evolution zumeist durch Umwelt- oder Klimaveränderungen und zusätzliche evolutionäre Energien ausgelöst wird. Tiere sind im Unterschied zum Menschen keine bewussten Schöpfer. Sie sagen nicht: »Ich hätte lieber ein Haus, statt in diesem Loch zu leben.« Sie leben über Jahrmillionen glücklich und zufrieden in einem Loch. Sie sagen nicht: »Ich hätte lieber eine reibungslosere Beziehung mit meinem Partner.« Wenn aber menschliches Bewusstsein, Begehren und Kreativität zusammenwirken, schreitet die Evolution viel schneller voran.

Lass das mal auf dich wirken: Es hat gewisse Vorteile, wie die Tiere zu leben. Jedes Tier ist glücklicher als die meisten Menschen, denn die Tiere sind immer im Einklang mit dem Lebensfluss. Sie nehmen alles so hin, wie es ist, ohne mentales Leiden, denn sie haben keinen logischen Verstand, der ihnen das Leben durch Urteile von Richtig und Falsch, Gut und Böse vermiesen könnte. Ihr Leben ist einfach. Sie nehmen einfach alles, wie es kommt.

Tiere haben einfache Wünsche. Sie fühlen, reagieren und antworten instinktiv und haben keine Probleme, wenn sich ihre Wünsche nicht erfüllen. Sie waren bislang noch keine bewussten Schöpfer, aber ich glaube, dass auch die Tiere sich weiterentwickeln und bewusster werden. Einige Spezies, wie beispielsweise die Hunde, entwickeln sich sogar ziemlich schnell. Und was die Delfine angeht, so sind sie auf ihre einzigartige Weise bewusst – aber das ist ein anderes Thema.

Die Art und Weise, wie wir Menschen leben, hat Vor- und Nachteile; wir befinden uns nicht automatisch im Fluss des Lebens – *wir haben die Wahl*. Mit unserem *freien Willen* haben wir *Wahlfreiheit*. Die Wünsche, Begierden und Sehnsüchte der Menschen sind viel komplizierter, und so können wir uns unglücklich oder glücklich machen, je nachdem, welche Haltung wir zu den Dingen haben.

Wir Menschen sind aktive Gestalter unserer Umwelt, weit mehr als die Tiere. Spürt ein Tier, dass eine Eiszeit naht, dann wird es sich seiner Umgebung anpassen und mehrere Generationen lang ein dichteres Fell oder eine dickere Fettschicht wachsen lassen. Wenn ein Mensch fühlt, dass das Klima sich abkühlt, kann er sich kein dichteres Haarkleid zulegen, aber er lernt, Feuer zu machen und aus Fellen Mäntel herzustellen. Er fängt an, bessere Behausungen zu bauen, erfindet Heizungssysteme für seine Wohnung und wärmere Stoffe für seine Kleidung. Unsere einzigartigen menschlichen Gaben von *Bewusstsein und Kreativität* machen es uns heute möglich, innerhalb einer einzigen Lebensspanne in der Entwicklung dramatisch weiterzukommen. Wir Menschen sind auf eine Art als Schöpfer und Schnellentwickler begünstigt, wie es die Tiere niemals sein werden.

Die menschliche Evolution vollzog sich nicht immer so rasant wie heute. Im Verlauf von Hunderttausenden von Jahren gab es nur geringe Fortschritte. Es ist noch nicht so lange her, dass die Menschen glaubten, ihr Schicksal würde von den Göttern, von der Natur, den Königen oder den Priestern gelenkt. Heute gibt es ein zunehmendes Bewusstsein darüber, *wie* wir etwas erschaffen. In dem Maße, wie wir diese Kraft und Verantwortung für uns in Anspruch nehmen, werden wir zu bewussten Schöpfern – zu Verkörperungen der göttlichen, sich ihrer selbst bewussten Präsenz auf dieser Erde.

Der prähistorische Mensch verwendete mehr als eine Million Jahre lang auf dem ganzen Erdball die gleichen, oval geformten Steinwerkzeuge, um Tiere zu enthäuten und ihr Fleisch zu zerkleinern. Er scheint also eine Million Jahre lang keinen wesentlichen evolutionären Fortschritt gemacht zu haben, obwohl seltsamerweise sein Gehirn an Größe zunahm. Überall wurde dieses einfache Werkzeug erzeugt und verwendet – instinktiv, so wie manche Vögel unglaublich komplizierte Nester bauen. Doch dann aktivierte plötzlich irgendwann ein göttlicher Funke die Menschheit, und eine Periode der evolutionären Entwicklung kam in Gang. Die Veränderungen begannen langsam und nahmen dann stetig zu, bis zur heutigen exponentiellen Beschleunigung. In den letzten fünfzig Jahren gab es mehr revolutionäre Ideen und Fortschritte als in den vergangenen hunderttausend Jahren. Das hatte und hat erstaunliche Auswirkungen auf unser heutiges Alltagsleben.

Egal, ob du die Bibel für ein Gleichnis, für einen verstaubten, irrelevanten Text oder für Gottes buchstäbliche Wahrheit hältst – meine Interpretation der Legende von Gottvater, der zu Adam und Eva sagte, sie würden sich alle anderen Geschöpfe des Paradieses untertan machen, ist die folgende: Den Menschen wurde die Macht verliehen, sich ihre Realität zu erschaffen, aber nicht den Tieren. Die Menschen sollten Herrscher der Erde sein. In dem Moment, als sie von dem Apfel aßen, begann ihre Reise zum Bewusstsein und zu der Fähigkeit, zwischen Gut und Böse, Richtig und Falsch zu unterscheiden. Sie machten die neue Erfahrung ihrer *Selbstwahrnehmung*: Sie waren nackt. Mit Ausnahme der Delfine und vielleicht einiger weniger anderer Tiere sind sich Tiere ihrer Selbstnatur nicht bewusst. Sie haben keine Bewusstheit darüber, wer sie sind, wie sie aussehen oder wie andere sie wahrnehmen. Sie können nicht *denken*, wie wir denken.

Es ist wundervoll, dass du dich nun entspannen und zulassen kannst, dass dein großes Selbst dich führt und dir die guten Dinge bringt, an die du nie gedacht hast oder die du nie für möglich gehalten hättest. Zu erlauben, dass die Präsenz dir neue und wunderbare Dinge und Erfahrungen zuführt, wird deine Evolution beschleunigen, sofern du loslässt, dich nicht in den Weg stellst und deine Kanäle öffnest, um die Dinge hereinzulassen. Jahrelang bin ich einfach mitgegangen und habe mich vom Leben zu jenen Dingen führen lassen, die ich nur als vage innere Sehnsucht wahrgenommen hatte. Meine Schüler und ich sind sich einig, dass das Beste meist dann zu uns kam, wenn wir es zuließen, ohne irgendein Ziel zu haben.

Es kann auch Spaß machen, um das zu bitten, was du haben möchtest, und es dann von der Präsenz für dich »zubereiten« zu lassen. So wie man manchmal den Küchenchef bittet, sein bestes Gericht zuzubereiten, und die Details der Küche überlässt, während man ein andermal exakt das bestellt, was man haben will: zwei Spiegeleier statt Müsli oder Kartoffeln statt Kekse. Was du bestellt hast, wird dich entweder zufriedenstellen oder nicht, aber mithilfe deiner Erfahrung bastelst du an deinen Vorlieben. Das ist die Schönheit und das Wunder, ein Mensch *und gleichzeitig* göttlich zu sein.

Finde dein Gleichgewicht zwischen absichtsvollem Manifestieren und vollständiger Hingabe an den Lebensfluss.

Die Frage »Mein Wille oder Gottes Wille?« schafft eine künstliche Trennung zwischen dir und deinem großen Selbst. Wenn du als dein großes Selbst lebst, sind dein Wille und Gottes Wille deckungsgleich. Bis zu einem bestimmten Punkt deiner Entwicklung mag die Unterscheidung zwischen dem Willen deines kleinen und deines großen Selbst nützlich sein, doch wenn du anfängst, das Leben überwiegend als dein großes Selbst zu leben, gibt es keinen Unterschied mehr zwischen deinem Willen und demjenigen Gottes. Dann wächst du einfach über die Kategorien von großem Selbst/kleinem Selbst hinaus, die ich in *Alles läuft super, während ich weg bin* eingeführt hatte. In der Zwischenzeit setze dein kleines Selbst bitte niemals herab. Es würde dir nicht dienen.

Weder Reden noch Theorie – nur Erfahrung zählt

Betrachte einmal die zeitlos spirituelle Weisheit: »Liebe jeden.« Wir alle wissen, dass Liebe *die* Antwort ist. Aber kann jeder, der das weiß, es auch umsetzen? Etwas intellektuell zu wissen oder es tatsächlich zu leben sind zwei völlig verschiedene Dinge. Es ist leicht, so etwas zu denken oder zu sagen, aber es zu leben erfordert, es *praktisch* zu meistern.

Ich war noch nie auch nur im Geringsten daran interessiert, Wissen einfach weiterzureichen, und sei es noch so bahnbrechend. *Divine Openings* vermittelt direkte Erfahrung und eine Schwingungsanhebung über die Gnade. Gerade jetzt, während du dies liest, erhältst du eine schwingungsmäßige Einstimmung. Mit *Divine Openings* musst du nicht die ganze Arbeit allein tun. Neunzig Prozent macht die Gnade. Du machst nur deine zehn Prozent.

Diese zehn Prozent bestehen darin, dich spielerisch mit den Bewusstseinsübungen zu beschäftigen und dich dem Fluss zu überlassen. Das ist alles. So ein entspanntes Erleben führt dich zur praktischen Meisterschaft. Durch Analysieren, Theoretisieren, Reden oder Lesen über all diese Dinge kommst du nie dorthin. Erst wenn du es fühlst und erlebst, wird es wirklich zu *deiner* Erfahrung. Manche müssen es mehrmals erleben, bis sie es sich ganz zu eigen machen und im Leben umsetzen können. Wenn du es weitergibst und andere unterrichtest, vertieft es sich noch. Eigene Erfahrung, nicht Theorie, war immer schon die Stärke von *Divine Openings* – und zugleich der Praxistest.

Es gibt da einen Treppenstufeneffekt: Sobald du an Höhe gewonnen hast, kannst du von der höheren Ebene aus mehr Möglichkeiten sehen und mehr Energie für dich beanspruchen, die du wiederum verwenden kannst, um noch höher zu kommen. So überspringst du auch Stufen und gelangst immer weiter nach oben. Das charakterisiert die stetige Ausweitung eines erleuchteten Lebens: Evolution durch Freude, Schwungenergie und Absicht. Und nicht: harte Arbeit, Schmerz und Scheitern, Probleme und Widersprüche, Leiden und Anstrengung.

Um es dir wirklich zu eigen zu machen,
musst du es spüren und erleben.

Jeder von uns hat irgendwelche besonderen Begabungen. Meine Spezialität ist *Divine Openings*. Ich bin Expertin im Umsetzen frischer, bahnbrechender Energien in praktische, von anderen Menschen nutzbare Formen. Geniale Spezialisten, die sich auf ihrem Gebiet besondere Fähigkeiten angeeignet haben, sind ein Segen für uns alle.

Jeder widmet seine Zeit und Energie bestimmten Dingen, aber in einem einzigen Leben können wir nicht alles meistern. Ich möchte keine Software-Designerin sein, aber ich will diese innovative Technologie *nutzen* und davon profitieren. All die Innovationen, Spezialkenntnisse und Trainings im Internet, die ganze Software, Hardware, die Dienstleistungen und Apps machen das, was ich tue, überhaupt erst möglich. Bei Dingen, von denen ich nichts verstehe und die ich nie beherrschen werde, hole ich mir einen Spezialisten: einen Tierarzt, Elektriker oder Installateur, der mir hilft.

In ähnlicher Weise wenden sich heute viele Menschen für Hilfe und Begleitung im individuellen Evolutionsprozess an Lehrer, die ihre ganze Zeit und Energie dafür einsetzen.

Die Grundlage, auf der wir aufbauen

Das vorliegende Buch baut auf dem Fundament auf, das du beim Lesen meines vorangegangenen Buches errichtest hast: *Alles läuft super, während ich weg bin. Loslassen und dem Göttlichen die Schwergewichte überlassen.* Durch zehn *Divine Openings* (»Göttliche Öffnungen«) hast du Einweihungen in die Energie der Erleuchtung empfangen. Sie haben deine Kanäle geöffnet, dich mittels der Gnadenenergie auf eine höhere Schwingungsebene gehoben und dich auf höhere Frequenzen eingestimmt. Ohne jegliche Anstrengung deinerseits bewirkte die Gnade etwas in dir, das sich aus eigener menschlicher Kraft kaum erreichen lässt. Dieser Folgeband geht davon aus, dass du die grundlegenden Erfahrungen bereits gemacht und in deinem Leben verankert hast.

Wenn man ein Haus bauen will, setzt man zuerst ein Fundament. *Alles läuft super, während ich weg bin* ist ein starkes Fundament von ganz besonderer Art, wie du es sonst nirgendwo finden wirst. Es hat dir beigebracht, deine Navigationstafel der Gefühle zu lesen und anzuwenden, und das versetzt dich in die Lage, aufrichtige Wertschätzung und Dankbarkeit für Gefühle und Ereignisse zu empfinden, die du früher als problematisch bezeichnet hättest. Zudem hat die Energie der Gnade das Tempo deines evolutionären Fortschritts beschleunigt, während dich das Buch Schritt für Schritt durch Erfahrungen begleitete, die im nun vorliegenden zweiten Buch nicht wiederholt werden.

Die meisten spirituellen Wege führen dich nicht zur emotionalen Meisterschaft, wie mein erstes Buch sie dir vermittelt. Es ist aber nahezu unmöglich, ohne diesen Teil zu wahrer spiritueller und praktischer Meisterschaft zu gelangen und sie auch *aufrechtzuerhalten*. Ich fühle mich deinem Erfolg leidenschaftlich verpflichtet und möchte nicht, dass du einen einzigen wichtigen Schlüssel verpasst, darum empfehle ich dir dringend, vor diesem hier das *erste Buch* zu lesen. Wenn du die Differenzialrechnung beherrschen willst, musst du zuerst die Grundlagen der Mathematik und Geometrie erlernt haben.

Dieses Buch führt dich in völlig andere, neue Gefilde.

Weil *Alles läuft super, während ich weg bin* den Prozess der Erleuchtung initiiert, könnten manche fragen, wozu das vorliegende Buch oder die Onlinekurse überhaupt nötig sind.

❀ Initiieren bedeutet beginnen, etwas in Gang setzen, anfangen.

❀ Das Erwachen ist ein genussvoller Prozess, der sich mit der Zeit entfaltet. Es ist kein einzelnes Ereignis.

❀ Der Zustand von Glückseligkeit kann mit *Divine Openings* relativ schnell erlebt werden, doch wahre spirituelle Reifung benötigt Zeit. Das kleine Selbst kann sich das Lenkrad in bestimmten Phasen zurückerobern, wenn Angst, Urteile, Arroganz oder Widerstand hochkommen.

❀ Kein Buch vermag deine Aufmerksamkeit lange genug zu binden, während die *Divine-Openings*-Onlinekurse dazu in der Lage sind und dich ein Leben lang in deiner Weiterentwicklung unterstützen.

Um mit der Bewusstseinsentwicklung mitgehen zu können, braucht es der Verstand, dass man ihn kontinuierlich instruiert, beruhigt und »nachbessert«. Eine Zeitlang kann es so aussehen, als würde dein Verstand »mit dem Programm« voll mitgehen, aber dann kann es vorkommen, dass er sich plötzlich querlegt und zweifelt, sabotiert oder gar ausflippt. Schließlich wird er sich eines Tages bereitwillig in den Dienst deines großen Selbst stellen. Doch selbst dann bleibt die Willensfreiheit ein doppelschneidiges Schwert, das wir gut in der Hand haben müssen. Im Fluss zu bleiben ist keine Arbeit, aber eine bewusst getroffene, freie Entscheidung. Würden wir eines Tages sagen: »Jetzt habe ich meine Entwicklung abgeschlossen«, dann wären wir nicht mehr im Fluss.

Unterschiedliche Teile oder Aspekte von uns erwachen zu unterschiedlichen Zeiten. So kann sich deine Schwingung in Bezug auf Beziehungen schneller anheben als deine Schwingung bezüglich des Geldes oder umgekehrt. Manche Menschen brauchen vielleicht länger als andere, um ihren Selbstwert wieder in Anspruch zu nehmen oder ein Suchtverhalten aufzugeben, das ihre Entwicklung gebremst hat.

Die gute Nachricht ist, dass mittels der Magie und Gnade von *Divine Openings* das vollständige Erwachen für dich tatsächlich innerhalb weniger Jahre geschehen kann, ohne dass du therapeutische Prozesse durchlaufen oder »Arbeit an dir selbst« erledigen müsstest – und es wird das reine Vergnügen sein. Im alten Paradigma war es nahezu unmöglich, innerhalb einer Lebensspanne – oder sogar vieler Lebensspannen des Suchens – dorthin zu gelangen.

Während jeder individuell voranschreitet, gibt es dennoch vorhersehbare Stufen und mögliche Stolpersteine auf dem Weg, darum werde ich dir helfen, diese mit größtmöglicher Leichtigkeit zu umschiffen bzw. dein Navigieren zu unterstützen. So trickreich unser Verstand auch ist: Ich kenne alles aus eigener Erfahrung und kann dich den ganzen Weg hindurch begleiten.

Die Schlüssel zu den Portalen des Erwachens

Es war spannend, dieses Buch zu überarbeiten und auf den aktuellen Stand der bahnbrechenden Entwicklungen zu bringen, die in den fünf Jahren seit dem ersten Erscheinen (auf Englisch, Anm. d. Übers.) zu mir gekommen sind. *Divine Openings* ist lebendig, es wächst, erweitert und verändert sich ständig. Gerade als die Frist für die Ablieferung des aktualisierten Buchmanuskripts näher rückte, wurde mir etwas Neues offenbart: neue Schlüssel zu den fünf Portalen des Erwachens. Während es mir tatsächlich gelang, viele der neuen Schlüssel zum Portal Nummer 2 in diese Überarbeitung einzuarbeiten, möchte ich besonders darauf hinweisen, dass dich die Onlinekurse zu den Portalen 1 bis 5 zuverlässig durch alle fünf Portale geleiten werden.

Nach dem vollständigen Erleben (und nicht bloß Lesen) von *Alles läuft super, während ich weg bin* und dem Onlineportal 1 hast du das erste der fünf Portale des Erwachens passiert. Wie weißt du mit Sicherheit, dass das geschehen ist? Ganz allgemein: Du leidest nicht mehr. Das bedeutet nicht, dass dein Leben perfekt ist. Du fühlst immer noch alle Emotionen, erweiterst und entwickelst dich immer noch weiter, hast nach wie vor mit Herausforderungen, Gegensätzen und niedrigen Schwingungen zu tun, aber du leidest nicht mehr intensiv oder über längere Zeit. Du kannst dich mit dem, was ist, entspannen und findest Akzeptanz für das, was ist. Du genießt die Reise, navigierst deinen Weg, surfst auf den Wellen deiner Gefühle und weißt das alles überaus zu schätzen.

Schmerz + Widerstand gegen die Erfahrung = Leiden
Schmerz + die Geschichte = Leiden

Schmerz ist eine wertvolle Information und einer der vielen Gegensätze im menschlichen Leben. Doch wenn du siehst, dass du länger als einen Tag oder im Extremfall eine Woche wegen irgendetwas leidest, dann geh zurück und übe aktiv die Schlüssel in *Alles läuft super* und Portal 1, denn bloßes Lesen bringt noch keine Meisterschaft. Wenn du das Leiden noch nicht hinter dir gelassen hast, lege dir dieses Buch auf dein Nachtkästchen und freu dich darauf, es später voll zu genießen.

Dein Bewusstsein erweitert sich tatsächlich auch *zwischen* den Durchgängen durch meine Bücher, und die Leute erzählen mir, beim zweiten und dritten Durchlesen käme es ihnen so vor, als würden sie ein völlig neues Buch lesen. Sie unterstellen mir sogar, ich würde heimlich neues Material hinzufügen, während sie schlafen! Jedes Mal, wenn du meine Bücher liest, wirst du es auf die aktuellen Umstände und Situationen in deinem Leben anwenden. Du wirst plötzlich Dinge hören, die du zuvor noch nicht zu hören bereit oder *fähig* warst.

Das Loslassen passiert für jeden in seinem eigenen Tempo; manche brauchen dafür direkte Unterstützung oder mehr Zeit. Einige halten länger an ihren alten, lang praktizierten Widerständen und Komfortzonen fest als andere. Wir Menschen, ich selbst eingeschlossen, tun die Dinge gern auf »unsere Weise«, und auch wenn es überhaupt nicht funktioniert, leisten wir oft hartnäckigen Widerstand – bis wir dann eines Tages loslassen. Eine Frau erzählte mir, sie habe zwei Jahre lang Widerstand geleistet, indem sie jedes mögliche Schlupfloch nutzte, um das Fühlen zu vermeiden, bis endlich der Groschen bei ihr fiel. Danach stieg sie schnell zu beglückender neuer Freiheit auf.

Sobald du das erste Portal passiert hast, wirst du auf das Durchschreiten des zweiten Portals vorbereitet. Dieses Buch geleitet dich durch diese Passage. Die Kennzeichen für den Durchgang durch das zweite Portal kannst du schon frühzeitig erkennen und feiern, sobald sie sich zu entfalten beginnen: Du wirst dich immer häufiger leicht und im Fluss durchs Leben bewegen – und dich dabei vom Wunder der Gnade getragen fühlen.

Nach dem Durchgang durch das erste und zweite Portal befinden sich die Teilnehmer noch in unterschiedlichen Stadien des Erwachens. Weil die Energie stärker wirkt, wenn man sehen, hören und unmittelbaren Augenkontakt aufnehmen kann, wie es durch die Audios und Videos geschieht, finden viele die Portale des Onlinekurses effektiver, so als wären sie in Live-Interaktionen mit mir. Es fühle sich so an, sagte man mir, als würde ich *sie* direkt ansprechen. Das hilft, den Widerstand zu durchbrechen und in die Leichtigkeit und ins Fließen zu kommen. Wenn du lange in einer bestimmten Schwingung gelebt hast, kann sie zu einem blinden Fleck für dich geworden sein, der aber für mich deutlich zu sehen ist. Ein interaktives Live-Webinar im Energiewirbel mit mir und einer lichtvollen, ermächtigten Gruppe kann innerhalb weniger Wochen tiefgreifende Durchbrüche ermöglichen (mehr dazu auf www.DivineOpenings.de).

Mit *Divine Openings* ist langsamer oft schneller. Paradoxerweise berichten mir viele, das Gute in ihrem Leben habe sich schneller eingestellt, wenn sie sich *Leichtigkeit und Fließen* zum *Ziel* gesetzt hatten und nicht den Zweck verfolgten, schnelle Fortschritte zu machen, an sich zu arbeiten, irgendwohin zu kommen und irgendeinen Idealzustand von Perfektion zu erreichen. Alle sagen, die Ziele des kleinen Selbst hätten sie nicht wirklich glücklich gemacht, wenn sie dort angekommen waren. Doch zum Glück bringt uns die innere Führung des großen Selbst ungeahnte Erfüllung.

Ich weiß, dass jemand es wirklich verstanden hat, wenn er schreibt: »Ich habe mich wahnsinnig beeilt, um das Onlineportal 4 zu erreichen: *Jumping the Matrix*. Jetzt genieße ich den Weg dorthin so sehr, dass es mir egal ist, wann ich hinkomme. Ich koste jeden einzelnen Schritt meines Abenteuers durch die Portale aus.«

Genau! Das ist es!

Entzücken über den sanften Wind in deinem Haar –
darum geht es, nicht um das Tempo oder das Ziel.

Selbst diejenigen, die schon auf einer hohen Schwingungshöhe dahinsegeln, genießen noch immer die *Divine-Openings*-Gemeinschaft, ihre weitergehende Begleitung und die aktuellen

Beiträge, mit denen die neu entdeckte Realität ergänzt und unterstützt wird. Unsere Welt bietet nicht gerade viel an solcher Ergänzung und Unterstützung. Es ist mir Auftrag und Freude zugleich, dich ein Leben lang mit einer Fülle von produktiven, freudvollen Möglichkeiten zu versorgen, damit du dich fokussieren, ausweiten und dein Leben genießen kannst, ohne Rückfall in die alte Manie des Suchens, Aufarbeitens und Therapierens. Ich werde dich immer auf deine innere Quelle zurückverweisen, wo deine ganze Kraft und Macht liegt.

Divine Openings wird dich stets tiefer
zu dir selbst führen.

Das Buch *Alles läuft super, während ich weg bin* hat dich aktiviert und zum großen Selbst erweckt, das in dir präsent ist und dich beinhaltet. Von diesem inneren Standort kann dir das vorliegende Buch noch mehr von dem geheimen, in dir verborgenen Schatz offenbaren und noch mehr Beweise geben, dass du die volle Herrschaft über deine persönliche Realität hast.

Erfahre dieses Buch mit einem leeren Geist, der viel offenen Raum bereithält. Jedes Mal, wenn du die drei Lotosblüten siehst, halte inne und atme bewusst. Fühle, wie der Sauerstoff den ganzen Körper durchströmt. Lass die Gedanken weicher werden. Tauche ein und bade dich in dem, was du soeben gelesen hast.

❧ ❧ ❧

Wenn du dich darüber aufregst, wie schwer manche Menschen es im Leben haben, dann achte zuerst darauf, dass du selbst stabil genug bist, bevor du dich zu sehr auf andere fokussierst. Ziehe in Betracht, dass sie noch keine bewussten Schöpfer sind. Sie erschaffen täglich *unbewusst* ihre Realität, ohne zu wissen, *wie sie* das machen. Nun, da du selbst den Weg eines bewussten Schöpfers gehst, gewinnt dein Leben unendlich viele Möglichkeiten. Du kannst aber nicht direkt etwas für andere erschaffen; du kannst nur deine Erleuchtung in das kollektive Bewusstsein einbringen und somit indirekt zu dessen Evolution beitragen. Auch wenn auf der höchsten Ebene du und die anderen eins sind, lebt doch jeder sein individualisiertes Leben und trifft seine eigenen Entscheidungen.

Du kannst es anderen vorleben, bewusst zu sein, und kannst ihnen deine Liebe und Hilfe anbieten, die sie annehmen oder ablehnen können. Mach dir nicht zu viele Gedanken, wenn du jemandem nicht helfen kannst; das Leben ist ewig, und die Präsenz, die *das Ganze durch uns alle lebt,* macht sich auch keine Gedanken.

Je mehr du dich öffnest, umso mehr Hilfe bist du für andere – in einem Maß, wie du es dir jetzt noch nicht gar vorstellen kannst. Aber nur, wenn du deine eigene Schwingung oben hältst.

Das vorliegende Buch *Du bist so viel größer, als du denkst* richtet den Fokus speziell darauf, deine Kraft der Absicht zu entwickeln. Sein Internetbegleiter, das Onlineretreat Level 2 mit selbstgesteuerter Geschwindigkeit, hat ein breiteres Spektrum und beinhaltet noch mehr neue Themen als dieses Buch; zusätzlich bietet es Audios und Videos an, die du als Stream oder Download abspielen kannst. Übungen und Meditationen aus diesem Buch wurden mit meiner Stimme aufgezeichnet und helfen dir, um seine Inhalte auf die Erde zu bringen und in deinem Leben anzuwenden.

Alles ist deine eigene Erfindung. Die Frage ist nur: Hast du Spaß mit dem, was du erfindest?

Thema dieses Buches sowie des Onlineportals 2 ist dein neues Leben jenseits von Leiden, Arbeit an dir selbst und mühsamer Klärung deiner Lebensthemen. Hier geht es in erster Linie um Leichtigkeit und Im-Fluss-Sein, um die erregende Freude eines expansiven Lebens mit dem Abenteuer, zu einem machtvollen, bewussten Schöpfer zu werden, *der du schon bist.*

Jedes Mal, wenn ich ein neues Buch oder Onlineprogramm schreibe, bin ich gefordert, mich selbst noch mehr auszudehnen und weiterzuentwickeln. Das macht aber gerade die Freude jeder äußeren Expansion aus. Während ich Worte und Energien aus dem nichtphysischen Bereich wie einen Download »herunterlade«, muss ich mich selbst auf dieses Level bringen, um die Essenz der Schwingung so klar wie möglich ausdrücken zu können. Sonst sind es bloß Worte – und dafür bin ich viel zu sehr am Ergebnis interessiert.

Wenn du das nicht ohnehin schon kennst, wirst du bald jede äußere Expansion um ihrer selbst willen genießen, auch ohne dass es ein Ziel zu erreichen gäbe. Es ist so beglückend, mit dem Jetzt zufrieden zu sein – in dem Wissen, dass noch mehr kommt –, ohne dass du irgendetwas erreichen oder in Ordnung bringen musst. Bleib einfach entspannt, wach und bewusst – dann hebt das Leben so richtig ab.

Langsamer ist oft schneller.

Wie kommt es eigentlich, dass das Leben sich beschleunigt, wenn du loslässt? Nun, das Göttliche oder die Präsenz sieht dich immer als vollkommen in deiner Unvollkommenheit, so wie du gerade bist. Wertest du jedoch ab, was du bist oder wo du bist, dann fällst du sofort aus dem göttlichen Einklang heraus. Du klammerst dich weiterhin an das alte Paradigma, das besagt: »Etwas stimmt nicht und muss geändert werden.« Wenn du dich in den Stromschnellen an einem Felsen festklammerst, wirst du böse zugerichtet werden. Wenn du aber deinen Widerstand aufgibst und den Felsen loslässt, wird dich der Strom des Lebens behutsam und leicht dahintragen.

Sobald du dich entspannst und die Vollkommenheit dieses Augenblicks in deinem ganzen Sein wirklich spüren kannst, kehrst du zur vollen Übereinstimmung mit Allem-was-ist zurück und wirst die Wohltaten erkennen und hereinlassen können, die dir ständig offeriert werden.

Du stehst kurz vor einer beschleunigten Reise, doch es spielt keine Rolle, *wie schnell du ankommst*. Du willst dich bloß ausdehnen und erleben, was als Nächstes kommt … und als Nächstes … und Nächstes … Dir steht die ganze Ewigkeit zur Verfügung, um dich daran zu erfreuen. Lerne von den Vögeln, die aus purer Freude am Himmel fliegen. Sei bereit, deine Flügel auszubreiten und für ewig dahinzusegeln. Natürlich wirst du manchmal ungeduldig sein. Dann lächle einfach und atme.

Das Leben beschleunigt sich, wenn du im Jetzt bist.
Bleib aber in Bewegung.

In *Alles läuft super, während ich weg bin* gab es zehn kunstvolle Bilder, deren Betrachtung dir jeweils einen Geschmack von der Erleuchtungserfahrung vermittelte, obgleich solche »Göttlichen Öffnungen« von vielen Menschen auch beim Lesen oder allein schon beim Halten des Buches wahrgenommen wurden. Die Intention des ersten Buches war klar und kraftvoll: ein Katalysator für beschleunigte Evolution zu sein.

In diesem zweiten Buch gibt es keine *Divine Openings*, weil du diese Einweihungen bereits erhalten hast. Da der Fokus dieses Buches stärker auf dem alles umfassenden nichtphysischen Bereich liegt, enthält es eine entsprechend große nichtphysische

Energiekomponente. Du bekommst also beim Lesen viel mehr als bloße Worte und Konzepte, weil es meine Intention beim Schreiben war, dir ein hohes Maß an nichtphysischer Unterstützung zu geben.

Da du diese *Divine Openings* schon empfangen hast und derzeit hohe kosmische Energien zu uns gelangen, brauchst du nicht noch mehr Energie, sondern die Erdung der Energie, die dir bereits zur Verfügung steht. Statt also die Energien weiter anzuheben, musst du sie nun stärker im physischen Bereich verankern und deine neu gewonnene Kraft *auf die Erde* herunterbringen.

Wenn du gelegentlich eine Spannung in dir spürst, als wärst du völlig überdreht, kann es sich anfühlen, als würdest du mit Vollgas fahren (oder die evolutionären Kräfte steigen bei dir aufs Gas) und gleichzeitig mit dem anderen Fuß auf der Bremse stehen. Die Bremse symbolisiert deinen Widerstand, dieser Energie, die in dir ist, nachzugeben oder dich in Bewegung zu setzen, weil es einfach ansteht, dich zu bewegen. Du musst dich mit dieser Energie in deinem physischen Körper erden.

Wenn du dich gegen die neuen Energien sträubst oder dich wehrst, das zuzulassen, was du wirklich willst, *muss* es sich unangenehm anfühlen, damit du dich in Bewegung setzt. Du solltest dich intensiv bewegen, tanzen oder sportlich betätigen, um dich zu erden und diese Energie zu integrieren.

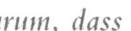

Bitte nicht um mehr Energie,
sondern darum, dass die Energie,
die du schon hast, freier fließen kann.

Dieses Buch hilft dir, dich mit den neuen Frequenzen, die dir jetzt zur Verfügung stehen, zu erden. Es wird deine Evolution, Expansion und die Kraft der Absicht begünstigen. Unser Planet wird zurzeit mit neuen Energien regelrecht bombardiert. Leistest du ihnen Widerstand, wird es sich wie Druck anfühlen; leistest du ihnen keinen Widerstand, fühlt es sich an wie Glückseligkeit und Inspiration.

Es gibt absolut nichts zu verarbeiten. Wenn du dieses Zulassen meisterst, bleibt dir nichts weiter zu tun, als wach zu bleiben, spielerisch mit allem umzugehen und es zu genießen.

Jeder der nachfolgenden Abschnitte vertieft deine Fähigkeiten und hilft dir, um zum Beispiel:

* loszulassen, was du nicht in der Hand hast;
* aus dem Weg zu gehen;
* angenehme und kreative Wege zu finden, um zu fühlen und dich auf das zu fokussieren, was du tatsächlich in der Hand hast;
* immer öfter und länger als dein großes Selbst zu leben.

Es gibt nichts auswendig zu lernen, zu analysieren oder zu ergründen, einfach nur zu genießen und dich zu freuen. Ist das nicht fantastisch?

Deine Absicht sei: Aufnehmen,
genießen und dich erden, während du
weiter voranschreitest.

In den am Ende eines Abschnitts vorgesehenen Ruhepausen, gekennzeichnet durch eine Reihe von Lotosblüten, setze die Absicht, dich auf das Gelesene einzustimmen und es auf dich wirken zu lassen. Genieße die Pausen als Belohnung oder Miniurlaub und überlasse dem Göttlichen die Schwerarbeit.

Ruhepause zum Einwirkenlassen

Du hast deine zehn Prozent getan – jetzt lass die Gnade ihre neunzig Prozent erledigen. Halte inne und atme bewusst. Fühle, wie prickelnder Sauerstoff in jede Zelle deines Körpers fließt. Schließe die Augen, geh tief nach innen, lass die Gedanken so ruhig werden, wie es geht. Beabsichtige, diese Energie auf einer tieferen Ebene in deinen Körper aufzunehmen. Habe die Absicht, jenseits des Verstandes zu begreifen. Wenn sich der Verstand einmischt, lass die Gedanken wie Nebel vorüberziehen. Jedes Mal, wenn du dich neu fokussierst, gelangst du tiefer.

Notiere deine Einsichten in deinem Tagebuch. Schreibe nicht über Probleme.

❧ ❧ ❧

Lockere deinen Griff

Seit du das Buch *Alles läuft super, während ich weg bin* gelesen hast, ist dir vielleicht aufgefallen, dass sich die Dinge, von denen du meintest, sie haben zu wollen, inzwischen verändert haben. Dies wird immer wieder passieren, während du in deiner Entwicklung voranschreitest, dich ausweitest und reifer wirst. Bitte halte das, was du haben willst, ganz locker und entspannt in deinen offenen Händen. Irgendetwas fest im Griff zu behalten führt dich nur zurück zum Leiden.

Wenn du siehst, dass etwas, das du beabsichtigt hast, nicht zu dir kommen will, dann lass es los und mach dich leer. Weise die Tiefe dieses Ratschlags nicht von dir, nur weil du ihn schon mal gehört hast. Eines Tages wirst du so manches wirklich und tief verstehen, was dir bislang nur mental eingeleuchtet hat. Du wirst hier geführt, neue Weisheit in deinem Leben zu *erfahren und zu verankern,* statt einfach nur intellektuelles Wissen zu sammeln. Dich leer zu machen bedeutet, so viel aus dem Weg zu gehen, wie es dir nur irgend möglich ist. Darum können die fünftägigen Retreats für Glückseligkeit eine so tiefgreifende Lebensveränderung bewirken – du wirst vollkommen still und leer, während der Verstand seinen Griff lockert und das Denken zur Ruhe kommt.

Wenn sie zurückschauen auf jene Zeit in ihrem Leben, als sie *Alles läuft super, während ich weg bin* noch nicht gelesen hatten, erkennen die meisten, dass sie eine große Veränderung erlebt haben: vom *unbewussten* oder *teilweise bewussten Schöpfer* zum *bewussten Schöpfer* ihres Lebens. Alles, was du vor deinem Erwachen kreiert hast, fühlt sich dann wie ein anderes Leben in Grautönen an, während du nun ein neues, erweitertes, hell leuchtendes Leben in Technicolor führst.

Auf wunderbare Weise hat dich die Gnade, die durch die Erleuchtungsinitiationen im ersten Buch übertragen wurde, von deiner Vergangenheit abgekoppelt. Du konntest das Gewesene vergessen, denn damals wusstest du es eben nicht besser. Von nun an übernimmst du die volle Verantwortung für dein Leben. Es ist nicht nötig, all die Probleme seit der Kindheit in Ordnung zu bringen. Je mehr du dich mit dem neuen, erleuchteten Bewusstsein vertraut machst und anfängst, in der Gnade zu leben, umso mehr werden die alten Themen, Probleme und Einschränkungen allmählich verblassen. Jetzt ist jeder Tag ein frischer, neuer Tag. Du hast dic alte Realität durch ein neues Bewusstsein ersetzt, statt sie verändern zu müssen.

Von Jahr zu Jahr werden meine eigenen Worte, die ich 2006 in *Alles läuft super, während ich weg bin* niederschrieb, für mich klarer und ergeben einen immer tieferen Sinn. Beim Lesen oder Überarbeiten kommen mir fortlaufend weitere Erkenntnisse und Offenbarungen. So ist *Divine Openings* zu einem Phänomen von lebender, sich weiterentwickelnder Energie, Licht und Intelligenz geworden – alles andere als eine tote Schrift und kein Dogma. Diese Bücher sind im wahrsten Sinne des Wortes lebendig. Während der ganzen Zeit kamen und kommen mir ständig neue, aktuelle Einsichten. Diese Einsichten kann ich am besten in den Onlinekursen der Portale 1 bis 5 und in den regelmäßig stattfindenden Live-Webinars weitergeben. Im Unterschied zu den Büchern ist die Website schnell und einfach zu aktualisieren, und ein großer Vorteil der Live-Ereignisse ist, dass sie sich in Echtzeit im lebendigen Augenblick entfalten.

Wie funktioniert
das mit der Absicht?

*I*ch werde oft gefragt: »Wie hast du es geschafft, deine Gemälde im ersten Buch mit dieser kraftvollen Energie aufzuladen?«

»Ich habe es beabsichtigt«, antworte ich.

»Wie erzeugst du in deinen Büchern und Live-Veranstaltungen dieses Resonanzfeld, das Leben verändert?«

»Ich beabsichtige es.«

»Wie erzeugst du den Energiewirbel (Vortex) an all den Orten, wo du lebst oder Retreats leitest?«

»Ich beabsichtige, dass er da ist.«

Ich habe keine Methode, daher ist Intention alles. Das verweist erneut auf die Wahrheit, dass es nicht genügt, über etwas Bescheid zu wissen. Du könntest einen Text über chirurgische Operationen gelesen haben, aber kannst du deshalb schon eine Operation ausführen? Lass dir daher beim Lesen von deiner inneren Intelligenz zeigen, was es mit der *Magie der Intention* auf sich hat, statt es intellektuell ergründen zu wollen.

Worum geht es also? Ich will es mal etwas locker ausdrücken … Mein alter Fitnesslehrer pflegte zu sagen: »Du musst es *bringen*!« Im Film *Jerry Maguire* schreit Tom Cruise in einer Szene »Zeig mir das Geld!« Und dann gab es da die kleine alte Lady in dem legendären US-Fernsehspot der Firma Wendy, die beim Anblick eines Hamburgers fragt: »Where is the beef?« (»Wo ist denn das Fleisch?«) Daraus wurde ein populärer Slangausdruck für: »Worum geht's denn hier überhaupt? Was ist der Kern (das Fleisch) der Sache?«

Soeben flüsterte mir die Präsenz zu: »Das Fleisch bei *dieser* Sache ist *keine physische Materie* – es ist nichtphysische Energie, reines Bewusstsein und Intelligenz.« Ich muss schon sagen, die Präsenz hat Humor!

Wie funktioniert das also mit der Absicht? Nun, die wichtigste Rolle dabei spielt das Nichtphysische. Wenn du deinen Fokus zunehmend auf das Nichtphysische richtest, wird es deine Kraft der Absicht ungeheuer steigern. Zugegebenermaßen ist es aber schwierig, sich auf etwas zu fokussieren, das man die meiste Zeit weder sehen noch hören oder spüren kann. *Alles läuft super, während ich weg bin* hat deine Bewusstheit erhöht und dir die *tatsächliche Erfahrung* des Nichtphysischen gegeben – und nun führt dich dieses Buch noch tiefer in den nichtphysischen Bereich.

Im Nichtphysischen gibt es keine Arbeit. Sobald du also die »Arbeit an dir selbst« oder die »Problembearbeitung« oder den »Versuch, etwas zu verändern« wieder aufnimmst, fällst du zurück in das alte Paradigma und verlagerst damit deinen Fokus auf die physische Ebene. Deine wahre Kraft liegt aber im größeren, nichtphysischen Aspekt deines Seins. Die Kraft der Absicht reduziert deine Abhängigkeit vom Physischen. Dann wirst du nicht mehr auf der physischen Ebene die Dinge in Ordnung bringen, aufpolieren oder manipulieren wollen. Im physischen Bereich gibt es schon genug Arbeit – oh, das ist dir sicher schon aufgefallen!

Wenn du es nicht schon getan hast, solltest du diesen Glaubenssatz aufgeben: »Ich muss Probleme lösen, ich muss an mir arbeiten.« Lass das alles zurück, im alten Paradigma. Als kleineres, beschränktes Selbst kannst du dein ganzes Leben damit verbringen, dich in Ordnung zu bringen, das heißt auf der physischen Ebene schwere Felsen den Berg hinaufzuschieben. Begib dich stattdessen einfach tiefer ins Leben hinein. Sei dein unbegrenztes, großes Selbst, das überhaupt keine »Probleme« zu bearbeiten hat. Nicht die geringsten! Es hat auch keine Felsbrocken zu schieben.

Dein nichtphysisches, größeres Selbst kennt keine Probleme und erschafft anstrengungslos. Die zehn Prozent, die du aufzuwenden hast, bestehen nur darin, dich zu entspannen und mit dem größeren Selbst in Übereinstimmung zu bringen.

Setze die Absicht, dich auf dieses Abenteuer einzulassen – locker, frei und spielerisch, egal, für wie ernst oder dringlich du deine Bedürfnisse und Blockaden hältst. Die Präsenz kennt keine Blockaden und hält nichts für ernst, schwierig oder unmöglich. Bring dich in Übereinstimmung mit der Präsenz – das ist schon mal ein guter Anfang!

> *Bring dich in Übereinstimmung mit der Präsenz.*
> *Lass das alte Paradigma der Selbstverbesserung*
> *und Problemlösung fallen.*

Nimm dir einen Augenblick Zeit, um dein Verständnis des Wortes »Schwingung« neu zu überdenken und aufzufrischen, denn wir werden es häufig verwenden. Ein Grund, warum ich eine Menge neuer Begriffe in *Divine Openings* eingeführt habe, besteht darin, dass wir manche Wörter so oft zu hören bekommen, dass wir sie schon gar nicht mehr hören. Wenn dein Verstand eine wichtige Idee in eine zu kleine Schublade packt oder sie verfälscht, damit sie ins Klischee des alten Paradigmas passt, büßt er *sofort* an Kraft und Wirksamkeit ein.

Hier gebe ich dir einen frischen Ansatz für das Wahrnehmen von *Schwingungen*. Vielleicht hast du schon animierte Zeichnungen gesehen, in denen ein Sendeturm pulsierende Schwingungen aussendet, die strahlenförmig nach außen gehen. Der Ton dazu ist »Ping, ping, ping, ping«, während der Turm kontinuierlich seine gepulste Nachricht sendet. Und genau das bist du: ein Sendeturm, der unsichtbare, nichtphysische Signale aussendet, die so stark sind, dass sie sich über den ganzen Erdball und darüber hinaus in sämtliche Dimensionen des Universums ausbreiten. Diese nichtphysischen Signale ziehen Menschen, Dinge und Umstände an, die mit den von dir ausgesendeten Frequenzen übereinstimmen. Andere Lebewesen spüren und lesen diese Schwingungen und werden von ihnen entweder angezogen oder abgestoßen.

Unterm Mikroskop kannst du tatsächlich sehen, wie Zellen voller Leben pulsieren. Dein ganzes Sein, bis hinunter zur Ebene der Zellen, Moleküle und Atome, tanzt nach einem Rhythmus, der sich verändert, je nachdem, worauf du deine Aufmerksamkeit richtest. Denkst du zum Beispiel an einen glücklichen Bereich deines Lebens, kann dein Energiefeld nach einer fröhlichen Melodie tanzen: »Ping, ping, ping, ping«; denkst du aber an einen weniger glücklichen Bereich deines Lebens, kann es sich zu einem düsteren Trauermarsch verlangsamen: »Buuuummmp, buuuummmp, buuuummmp.«

Ein Beispiel: Eine Frau denkt an die Arbeit, die sie gern macht, und ihr Sendeturm pulsiert »Ping, ping, ping« – eine strahlende, hohe Frequenz im oberen Bereich der Navigationstafel (oder des »Instrumentenbretts«, wie es auf der Homepage www.Divine Openings.de genannt wird). Weil sie sich in Bezug auf diesen Lebensbereich auf derselben Schwingungshöhe wie ihr größeres

Selbst befindet, sendet sie hohe und helle Frequenzen. Wenn aber ihre Gedanken zu ihren Problemen mit der Tochter wandern, werden die Impulse langsamer, trüber und haben eine viel niedrigere Frequenz im Vergleich zur Schwingung des großen Selbst, und dann fühlt es sich nicht gut an.

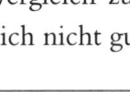

Your Broadcast

Was du aussendest.

Wenn sie diese niedrigeren Gefühle zulässt und akzeptiert, kann sie deren Schwingungshöhe von der Navigationstafel ablesen, und das gibt ihr den Hinweis, ihre Frequenz mehr mit dem hohen, gleichmäßigen Ping ihres größeren Selbst in Einklang zu bringen, damit sie sich gut fühlen kann. Während diese Impulse von ihr ausgehen, schickt das Leben passende Komponenten der physischen Welt zu ihr zurück. Sie hat schon jetzt viel Freude und Erfolg mit ihrer Arbeit, deshalb kommt noch mehr Freude und Erfolg zu ihr. Wenn sie die Rückmeldung nutzt, die das Leben ihr gibt, und ihre Schwingungen auch in Bezug auf ihre Tochter anhebt, werden die beiden sich besser verstehen.

Das Schreiben dieses Buches ging mit Leichtigkeit voran, darum wirst du diese Schwingung sicher fühlen und genießen und sie leichtfüßig in die Praxis umsetzen können. In diesem Moment segeln zwei riesige Rotschwanzbussarde in majestätischen, großen Kreisen hoch oben vor meinem Fenster, was immer ein verheißungsvolles Zeichen dafür ist, dass etwas Magisches passiert.

Wie es für *Divine Openings* typisch ist, passieren neunzig Prozent auf magische Weise und zehn Prozent durch dein eigenes Zutun. Wenn du mir gestattest, dich sanft und fröhlich durch *Erfahrungen* zu geleiten, die dich erweitern und darauf vorbereiten, nicht mehr bloß mental deine Absichten zu denken, sondern sie buchstäblich in großen energetischen Wellen auszusenden, kann der mächtige Radiosender, der du bist, sie nach draußen tragen. An diesem Punkt wird das Erschaffen durch Absichten unglaublich einfach.

Daran zu arbeiten hilft überhaupt nichts – entspannen hilft. Intensiv nachzudenken und sich den Kopf zu zerbrechen hilft nichts – mehr zu fühlen hilft. Besonders klug zu sein hilft nichts – weich zu werden, zuzulassen und sich hinzugeben hilft. Das Einzige, woran ich stur wie ein Maulesel festhalte, ist, meine Schwingung oben zu halten. Das ist das Einzige, was ich niemals loslasse!

Entspanne dich und
lass dich auf eine Reise mitnehmen.

Dies ist ein guter Moment, um innezuhalten, die Dinge auf dich wirken zu lassen und tief aufzunehmen. Dein Verstand sagt vielleicht: »Das habe ich kapiert«, oder: »Das wusste ich schon«, aber wenn du dich so etwas sagen hörst, ist es immer gut, dein Tempo zu verlangsamen. Der Verstand will sich am liebsten nur einen schnellen Überblick an der Oberfläche verschaffen, um wirkliche

Veränderung zu vermeiden. Hier passiert aber viel mehr als die bloße Weitergabe von intellektuellem Wissen – viel mehr, als der Verstand jemals begreifen kann.

Häufige Phasen zum Verdauen sind lebenswichtig. Beim Schreiben musste ich immer wieder innehalten und verdauen – es machte mir Verdauungsstörungen, so schnell zu schreiben, wie ich es normalerweise tue. Das war mir völlig neu. Es geschah nicht einmal, als ich das kraftvolle, selbstgesteuerte Onlineretreat, Portal 4, *Jumping the Matrix* geschrieben habe. Doch unser kostbarer menschlicher Körper kann schließlich nicht ständig mit der Lichtgeschwindigkeit des Geistes Schritt halten. Es gibt keine Eile. Sorge dafür, dass du alles tief genug absorbierst.

Wenn du diese drei Lotosblüten siehst, halte inne und mach zehn langsame, köstliche Atemzüge. Fühle, wie der Sauerstoff durch deinen Körper fließt, und genieße, wie gut sich das anfühlt. Fühle, wie diese expansive Schwingung deine Zellen energetisiert und mit der reinen Kraft der Absicht auflädt. Fühle und umarme alles, was auftaucht.

❀ ❀ ❀

Hole dir deine Kraft zurück

Genieße die Steigerung deiner Lebensfreude mit diesem Buch. Lies es sehr bewusst und in der Absicht, mit offenen Augen alles wahrzunehmen, was mit dir geschieht. Das Leben selbst wird dir das Feedback geben, das du brauchst, um es entspannt und freudig zu leben. Und wenn das, was du tust, nicht funktioniert, liegt es in deiner Macht, es zu ändern, statt mit dem Leben zu hadern.

Die Methoden in diesem Buch habe ich an mir selbst erprobt – indem ich sie anwandte und ihr Funktionieren erlebte, aber auch, indem ich sie nicht anwandte und entsprechend die Folgen erlitt! Ja, manchmal bin auch ich so verrückt, dass ich starrköpfig versuche, mich den Gesetzen des Universums zu widersetzen und die Dinge auf *meine Art und Weise* zu regeln. Das erweist sich jedoch bald als mühsam und fühlt sich schrecklich an, sodass ich es schnell wieder sein lasse. Ob etwas nun funktioniert oder nicht – so oder so gewinnen wir an Klarheit.

Wirksamkeit ist der Gradmesser für die Wahrheit.

Wie klug du auch sein magst: Entschleunige dich! Nimm dir Zeit, um jeden Satz auszukosten, ihn zu schmecken, zu fühlen und im konkreten Kontext deines Alltagslebens zu erleben. Erst durch deine *Erfahrung* wird es hinunter auf die Erde gebracht, in dein Leben. Mach es für dich zu etwas Bleibendem! Und dann lies es noch einmal, mit deinem neu erweiterten Bewusstsein – du wirst dich wundern!

Eine Frau schrieb, sie könne nicht mehr als einen oder zwei Sätze auf einmal in meinen Büchern lesen. Es würden Explosionen von Gefühlen und Wissen in ihr ausgelöst, die verlangten, dass sie das Lesen unterbrach. Und immer, wenn sie innehielt, erlebte sie eine tiefe Reise nach innen. Beim bloßen Lesen wirst du etwas verpassen, das dir nur durch das Erleben zu eigenen Erfahrungen verhilft.

Manche Menschen neigen unbewusst dazu, ihre Macht an eine Autoritätsfigur abzugeben. Sie versprechen sich davon, sich die eigene Erfahrung zu ersparen – selbst zu fühlen, eigenständig zu denken, das Risiko einzugehen, für die eigenen Entscheidungen einzutreten, und zu lernen, mithilfe der Navigationstafel ihr Gefühlsleben selbst zu beeinflussen. Selbst nachdem sie *Alles läuft super, während ich weg bin* gelesen haben, sind manche immer noch bereit, ihre Macht abzugeben. Ich erwähne dies deshalb, weil in der »esoterischen Szene« diese Art von Suchtverhalten ziemlich verbreitet ist, sodass Menschen darin stecken, ohne es zu bemerken, oder wieder da hinein zurückfallen, nachdem sie sich schon davon befreit hatten. Was du dir ersehnst, ist bereits in dir, und *Divine Openings* führt dich immer wieder zu dir selbst zurück.

Ich habe versprochen, dass ich dir helfen werde, solche vorhersehbaren Fallen, die auf deiner Reise zum Erwachen auftauchen können, zu vermeiden. Vielleicht hast du die »Sucht zu suchen« längst abgelegt. Doch sie kann zurückkommen, denn der rastlose Verstand lässt sich nur zu gern von funkelnden Dingen ablenken. Der Verstand ist nicht wirklich an Erleuchtung interessiert – er will im Grunde nur ständige »Action«.

Wenn du zur Meisterschaft gelangen willst, triff eine Verpflichtung dir selbst gegenüber: Gib dir das Versprechen, dass du deine Erfahrung von *Divine Openings* mindestens ein Jahr lang nicht mit anderen Methoden, Büchern, Seminaren oder Sitzungen verwässern wirst. Mit *Divine Openings* unvereinbar sind alle Methoden, bei denen du an dir selbst arbeitest oder andere an dir arbeiten lässt, ebenso Methoden, die andere Energien verwenden oder emotionale Klärung versprechen. Geeignet sind Akupunktur und Chiropraxis, weil sie keine fremden Energien einführen, sondern die eigene Energie ins Fließen bringen und ausbalancieren. Körperarbeit ohne zusätzliche Energiearbeit kann helfen, dich zu entspannen und Widerstände loszulassen. Gymnastik und Yoga sind hilfreich, um die starke Energie zu erden.

Divine Openings bewirkt in dir eine so starke Ermächtigung, dass es so aussehen kann, als würden andere Methoden, Bücher oder Lehrer noch zusätzlich helfen. Aber in Wirklichkeit verleihst du ihnen die Macht, dies zu tun – *deine* Macht. Das kann die Sache sehr verwirren. Es kann dich von *Divine Openings* wegdriften lassen, und nach einer Weile können diese zusätzlichen Dinge dann ihre Wirkung verlieren. Dabei hast du deine ganze Power abgegeben, kehrst wieder zum Suchen und Kämpfen zurück und fragst dich: »Wie konnte das passieren?«

Meiner Erfahrung nach sind jene, die alle möglichen Energien und Methoden miteinander vermischt und an sich selbst gearbeitet haben bzw. andere an sich haben arbeiten lassen, die am meisten verwirrten und orientierungslosesten Menschen überhaupt. Wenn es uns gelingt, führen wir sie mit *Divine Openings* wieder zurück zu ihrer eigenen inneren Kraft.

Im Onlinekurs Portal 2 gibt es eine wunderbare Audiodatei mit dem Titel *Stay Awake, Own Your Power*, in der die Sitzung mit einer Frau wiedergegeben wird, die ihre Macht an einen Lehrer abgegeben hatte und von ihrem größeren Selbst wieder zur Bewusstheit zurückgerufen wurde.

> *Mit Divine Openings wirst du ständig*
> *auf dich selbst zurückgeworfen – auf die eigene Kraft,*
> *die von innen kommt.*

Jedes Mal, wenn ich einen Kurs oder ein Buch schreibe, sehe ich mit großem Vergnügen, dass sich die Synchronizitäten dafür jahrzehntelang aufgebaut haben. Als ich früher als selbstständige Trainerin Kurse für Personalentwicklung und Management in

Unternehmen leitete, begannen die Teilnehmer recht schnell davon zu reden, dass sie sich erleuchtet fühlten, dabei hatte ich *diese Worte nie gebraucht.* In der Tat vermied ich solche spirituellen Ausdrücke und benutzte nur die in der Geschäftswelt übliche Sprache. Dennoch setzte sich meine kraftvolle Intention durch, sodass meine starke nichtphysische Botschaft bei allen ankam.

Mein Subtext – die intendierte Botschaft unter dem Haupttext – hatte immer einen Bezug zur Erleuchtung, und meine Intention zeigte bei all jenen eine Wirkung, die dafür bereit waren und es an sich heranlassen konnten. Das ist die Macht der Absicht. Meine Worte sind immer mit einer bestimmten Energie unterlegt, die unmittelbar empfangen wird.

Als interessantes Detail am Rande möchte ich erwähnen, dass ich die Begriffe »großes Selbst« und »kleines Selbst« etwa um 1993 prägte, um sie in diesem Firmenkontext zu verwenden, weil sie neutral und universell verwendbar waren und keinerlei spirituellen Anstrich hatten. Als ich das Konzept des großen und des kleinen Selbst damals kurz einführte, verstanden alle sofort, wovon ich redete. Die Teilnehmer beschrieben die Eigenschaften des großen und des kleinen Selbst, während ich es auf der Flipchart notierte. Diese Begriffe berührten ein universelles Wissen, das im Grunde allen bereits vertraut war.

Von den IBM-Ingenieuren bis zu den Fabrikarbeitern hat sich niemand je dagegen gesträubt; sie erkannten diese unterschiedlichen Aspekte ihrer selbst und erlangten nun darüber mehr Bewusstheit, sodass sie klarer entscheiden konnten, welche Seite sie wählen wollten. Das zeigte mir, dass jedem Menschen etwas Größeres bereits zugänglich war, und durch den Fokus darauf wurde das Erwachen zum größeren, umfassenderen Selbst eingeleitet.

Viele von ihnen hatten sich noch nie Gedanken über irgendetwas jenseits der materiellen, physischen Welt gemacht. Einige hatten eine Abneigung gegen religiöse Dogmen und esoterisches Larifari entwickelt, konnten aber sofort einen Bezug zu dieser authentischen Realität herstellen.

Du kannst also in dem opulenten Schwingungsfeld schwelgen, das ich für dich in diesem Buch kreiere. Du kannst dich öffnen, damit die wundersame Kraft der Absicht, die in diesem Buch eingebettet ist, neunzig Prozent der Arbeit für dich erledigt. Du kannst zulassen, dass ihre Schwingung die in dir vorhandenen, noch ungenutzten Kräfte aktiviert. Doch eines ist dabei gewiss: Du wirst ignorieren müssen, was die überwiegende Mehrheit der Menschen macht und wie sie es macht. Dadurch wirst du ihnen ein wenig wie ein abtrünniger Außenseiter vorkommen. Ein evolutionärer Revolutionär.

Auf der Rückseite meiner Visitenkarte steht:

Evolutionärin	Sängerin
Autorin	Songwriter
Lehrerin	Cowgirl
Künstlerin	

Sei ein evolutionärer Revolutionär,
eine evolutionäre Revolutionärin.

Dein großes Selbst ist unendlich expansiv und undefinierbar. Hege die Absicht, all deine Selbstdefinitionen und Selbstbegrenzungen loszulassen, damit du über sie hinausgehen kannst. Das bist nicht wirklich du. Lass alles los, was du weißt, damit du mehr wissen kannst.

Die beste Nachricht in diesem Buch ist: Wir müssen nicht perfekt sein, denn das Leben und die Gnade sind auf unserer Seite. Wenn wir unsere Wachheit nur einigermaßen aufrechterhalten können, wird uns die Gnade den Umschwung bringen. Die Unterstützung, die wir durch das Nichtphysische erhalten, ist so unglaublich machtvoll, dass wir sie gar nicht durchkreuzen können, egal, was wir auch anstellen. Wir können uns höchstens vorübergehend Schwierigkeiten bereiten, aber wir können nie und nimmer bleibenden Schaden anrichten.

Jetzt nimm einen tiefen Atemzug und entspanne dich mit dem Gefühl, dass diese Unterstützung für uns alle da ist. Wir können loslassen, einfach tun, was wir können, und die Reise genießen.

❦ ❦ ❦

Wie du die Kraft der Absicht entwickelst

Mit dem Lesen des Buches *Alles läuft super, während ich weg bin* hast du das erste Portal durchschritten, und vielleicht hast du dir dafür auch das Onlineportal 1 zu Hilfe genommen. So wurdest du auf dieses zweite Buch vorbereitet: durch Einweihungen in deine Erleuchtung, aktive Übungen für den bewussten Verstand und die Verwendung unserer Navigationstafel (auch »Instrumentenbrett« genannt) als hilfreichem Werkzeug zur Einschätzung und Anhebung deiner Gefühlsschwingung. Damit konntest du erleben, wie du deine Gefühlslage verbessern und deine Schwingung oben halten kannst. Mittlerweile fühlst du dich immer besser und denkst, darum gehe es in erster Linie. Die Wichtigkeit dieses Faktors hast du dir jedoch zu diesem Zeitpunkt noch nicht vorstellen können.

Dich besser zu fühlen wurde zum Sprungbrett in deine fantastische neue Realität. Wenn du dich besser fühlst, ist es ein eindeutiger Hinweis, dass du eine höhere Schwingungsebene erreicht hast. Wenn du dich besser fühlst, steigert sich deine Kraft der Absicht. Es ist schwierig, in einem bestimmten Lebensbereich dort hinzukommen, wo du hinwillst, wenn du dich zu dem betreffenden Thema *nicht* gut fühlst. Es wird aber erheblich einfacher, wenn du diesbezüglich eine höhere Schwingung aussendest. Du musst weder jetzt noch sonst jemals perfekt sein – schon eine leicht ansteigende Flugbahn genügt, um deine Kraft der Absicht optimal aufzuladen.

> *Durch das Aussenden von höher schwingenden*
> *Gedanken und Gefühlen wird deine nichtphysische*
> *Kraft der Absicht aufgeladen.*

Das wichtigste Element bei meiner Kraft der Absicht besteht darin, dass ich mich leidenschaftlich für mein Wohlgefühl und die Aufrechterhaltung eines möglichst hohen Schwingungszustands in jedem Augenblick engagiere. Davon abzuweichen fühlt sich nicht gut an. Das hast du sicher inzwischen auch herausgefunden: Von der Perspektive deines großen Selbst abzuweichen, *muss sich schlecht anfühlen.*

Denke über diese Fragen nach und lass die Antworten nach und nach von innen kommen. Du wirst bald merken, dass die folgenden Fragen besonders machtvoll und effektiv sind. Wenn du sie dir einfach innerlich für dich stellst, wirst du Samen streuen, die erstaunliche Resultate hervorbringen werden:

* Was geschieht bei Menschen mit einer starken »Kraft der Absicht«?
* Wie ist es möglich, dass sie etwas sagen oder denken, und es geschieht?

* Was tun sie dafür – und was tun sie nicht?
* Wie kann ich zu so einem Schöpfer werden, der sich einfach »einwählt«?

Was macht den Unterschied aus? Offensichtlich geht es hier nicht um mehr esoterisches Wissen. Ich führe dich mehr durch die Anpassung der Schwingungen und Gefühle als durch das Denken. Jenseits von Worten vermittelt dir dieses Buch Erfahrungen, die deine Kraft der Absicht steigern.

*Du wirst feststellen,
wie die Kraft deiner Absicht kontinuierlich
und mühelos zunimmt. Mit deinem großen Selbst
bewusst zu verschmelzen ist eine köstliche Erfahrung.
Keine Arbeit, sondern reiner Genuss!*

Die Schwarz-Weiß-Meditation

Genieße diese Meditation als eine besondere Wohltat. Sie ist wunderbar für Menschen geeignet, deren Verstand unermüdlich aktiv ist. Schließe die Augen, lächle sanft und stell dir vor, du sitzt im Kino vor einer schwarzen Leinwand. Sie wird abwechselnd zu einer hell angestrahlten weißen Leinwand und dann wieder schwarz. Atme ein, wenn die Leinwand weiß ist, und aus, wenn die Leinwand schwarz ist, und wechsle in deinem eigenen Tempo hin und her. Atme fünf Minuten lang so und öffne dann langsam wieder die Augen. Dehne und strecke dich. Genieße, wie du dich jetzt fühlst.

Das Onlineportal 2 enthält eine Audiodatei, die dich durch diese Aktivität leitet und mit meiner Musik unterlegt ist. Schreibe deine Einsichten in dein Tagebuch. Schreibe nicht über Probleme.

❀ ❀ ❀

Jenseits von »Spirituell«

Mit fortschreitender Evolution fühlte sich das Wort »spirituell« immer künstlicher für mich an. Als gäbe es eine spezielle Abteilung im Leben, die man »spirituell« nennt, und eine andere, profanere Abteilung, die als »materielle Welt« bezeichnet wird – so als wären diese beiden Bereiche irgendwie voneinander getrennt. Der Verstand liebt es zu trennen, zu unterteilen, zu kategorisieren und zu analysieren. Für manche Dinge funktioniert das prima, für andere aber gar nicht – wie zum Beispiel für Liebe, Freude, Beziehung, Zauber, Mysterium oder reine Schöpfung.

Schon als Kind konnte ich keinen Sinn darin erkennen, dass Gott und das normale Leben ständig auseinandergehalten wurden. Jeder sagte mir, Gott sei irgendwo dort oben, und wir waren hier unten. Gott war offenbar viel zu beschäftigt, als dass er sich um unser alltägliches Leben hätte kümmern können, und die Menschen waren viel zu sehr mit dem beschäftigt, was sie hier zu tun hatten, als dass sie Gott viel Aufmerksamkeit hätten geben können. Doch sie hatten keine Ahnung, dass ihnen das Nichtphysische genau hier zugänglich ist; sie glaubten, der Himmel sei etwas vom Physischen Getrenntes, das man erst nach dem Tod erleben konnte.

Spiritualität und Religion sind kaum greifbar, und so haben wir das Gefühl, die physische Welt sei viel realer. Schließlich starrt uns die physische Welt intensiv ins Gesicht und verlangt in jedem Moment unsere volle Aufmerksamkeit.

Aufgrund von Tausenden von unterschiedlichen Definitionen hängt an dem Wort »spirituell« eine Menge Ballast, ebenso wie an dem Wort »Gott«. Spiritualität und Dogma lassen sich nur schwer entwirren, ebenso die Klischees von dem, was Spiritualität »sein sollte«. Wenn du mit diesem Wort »spirituell« noch Gepäck mit dir herumschleppst, schlage ich vor, es über Bord zu werfen und einfach vom »Nichtphysischen« zu sprechen. Dann bist du frei und offen für eine frische, echte, unmittelbare Erfahrung.

Weil ich gerade von Gepäck rede … Ich muss einen Witz erzählen, mit dem mich die Präsenz heute Morgen geweckt hat: Wäre *Divine Openings* eine Fluggesellschaft, würde sie »Air Freedom« heißen. Unsere Devise und unser Versprechen an unsere Kunden wäre: »Vertrauen Sie uns ruhig Ihr Gepäck an. Wir versprechen Ihnen, es zu *verlieren*!«

Das Nichtphysische ist für mich inzwischen viel realer und machtvoller geworden als die physische Welt. Auch wenn der Verstand außerstande ist, es zu erklären: Ich weiß, dass alles Physische vergänglich und das Nichtphysische real und ewig ist. Daher weiß ich auch, dass der nichtphysische Aspekt von uns unendlich machtvoller ist als unser physisches Selbst. Das nichtphysische Selbst ist die fortwährende, dauerhafte Quelle, aus der unser temporäres physisches Selbst entspringt.

Ich bewundere und staune über unser kostbares physisches Selbst! Um es aber in die richtige Perspektive bringen: Das physische Selbst, auf das wir uns auf der materiellen Ebene beziehen, ist höchstens ein winziger Bruchteil unseres größeren, nichtphysischen Selbst.

Weil unser nichtphysisches Selbst so unermesslich groß ist, dass es in einem physischen Körper nicht vollständig enthalten sein kann, ist der nichtphysische Teil von dir auf eine nicht verstehbare Weise viel mehr *du* als das, was deinen physischen Teil ausmacht.

Unser Leben wird sich enorm ausweiten und es wird uns selbst ungeheuer ermächtigen, wenn wir unsere Bewusstheit darüber erweitern, wer oder was wir jenseits der physischen Grenzen unserer Haut sind. Wenn du beabsichtigst, dies zu erfahren, wird es sich zeigen und sich zur rechten Zeit in dir entfalten.

Wenn dein physisches Selbst nur ein Tausendstel von dir ausmacht, willst du wirklich mit und aus diesem winzigen Bruchteil deines Selbst leben? Oder wählst du lieber, dass *alles* von dir, dein erweitertes Selbst, dein Leben hier auf dieser Erde leben sollte? Eine einfache Frage.

Alles Leben ist ein einziger Fluss. Man braucht es nicht in getrennte Bereiche zu unterteilen, indem man manche Dinge, Aktivitäten, Substanzen und Orte als »spirituell« oder »heilig« und andere als »irdisch« oder »profan« bezeichnet. Zumindest ergibt das in meiner Realität keinen Sinn. Ich gehe nicht zur Kirche. Es erscheint mir absurd, jede Woche in ein bestimmtes Gebäude gehen zu *müssen*. Gibt es denn nur diesen einen Ort, wo ich meinen Geliebten lieben und Neues lernen kann? Ich besuche auch keine spirituellen Aktivitäten oder Gruppen, weil ich keine Unterstützung brauche. Aber wenn du die Unterstützung einer Gemeinschaft benötigst, hole sie dir. Ich will dich jedoch ermutigen, dir so viel Unterstützung in deinem eigenen Innern zu holen, wie du bekommen kannst. Das Leben ist erfüllt von dieser alles durchdringenden Schwingung – Energie, Liebe, Gnade, Intelligenz. Alles ist Gott.

Ich *bin* diese Schwingung – ja, sogar wenn ich mich nicht »gut« verhalte. Man kann es nirgendwo finden, aber man kann es niemals verlieren. Wie beglückend ist es doch, in diesem Bewusstsein zu leben!

Das Nichtphysische ist die unerschöpfliche Quelle hinter unserer physischen Welt, die wir mit unseren begrenzten menschlichen Sinnen erfahren. Das Nichtphysische ist die größere, ewige, ausgedehnte, grenzenlose Macht, die unsere physische Welt hervorbringt, unseren Herzschlag aufrechterhält und dafür sorgt, dass unsere Lunge pumpt, unsere Leber filtert und der ganze Körper belebt ist.

Um dich jeden Tag damit zu verbinden,
brauchst du nicht zu wissen,
wie es funktioniert.

Das Nichtphysische ist unendlich, umfassend, unaussprechlich, undefinierbar und geheimnisvoll – und gleichzeitig ist es dir zugänglich. Alle flüchtigen Manifestationen der physischen Welt tauchen daraus auf und kehren dahin zurück. Mit diesem Buch wirst du tiefer in deine nichtphysische Macht eintauchen – und was für eine Macht wirst du dort entdecken! Sobald du dich deinem größeren Selbst hingibst, entfalten sich wahres Glück, Zufriedenheit und Erfüllung.

Alle unbegrenzten Ressourcen deines unendlichen Selbst stehen dir jederzeit zur Verfügung. Die Frage ist nur: Bist du schwingungsmäßig darauf eingestellt? Oder raubt dir die physische Welt zu viel Aufmerksamkeit und hält dich von dem ab, was am realsten ist? Bist du offen, bewusst und dankbar für dein größeres Selbst und seine unendlichen Ressourcen?

Je mehr du dich auf dein nichtphysisches Selbst fokussierst, umso mehr wird dir davon zugänglich werden. Du brauchst an deinem großen Selbst überhaupt nicht zu arbeiten – verlagere einfach nur deine Achtsamkeit darauf.

Deine Party wartet auf dich in deiner Ganzheit.

Zusammengefasst: Um deine Kraft der Absicht aufzubauen, gib dem unendlichen nichtphysischen Wesen, das du bist, deine Anerkennung und hör auf, dich nur auf dein sichtbares, physisches Sein und auf deine körperlichen Fähigkeiten zu begrenzen. Identifiziere dich mit deinem nichtphysischen Selbst – diesem unendlich großen allwissenden Aspekt von dir.

Meditation: Anerkenne dein nichtphysisches Selbst

Das Onlineportal 2 enthält eine Audiodatei, die dich durch diese Meditation begleitet (siehe www.DivineOpenings.de, Kurs Level 2). Oder du folgst dieser Beschreibung hier:

🌸 Schließe die Augen, lächle leicht und atme sanft.

🌸 Bring deine ganze bewusste Aufmerksamkeit auf deinen Atem.

🌸 Genieße absichtsvoll die einfache, glückselige Empfindung des Atmens.

🌸 Stell dir vor, dein Atem wäre eine mystische Brücke zwischen dem Physischen und dem Nichtphysischen.

🌸 Bewundere das Mysterium des Atems, der ohne jegliche Mühe oder Konzentration während deines ganzen Lebens einfach passiert.

🌸 Lass dich nun tief hineinfallen in den Kern deines Seins, an den Ort, wo dein Atem durch die bloße Absicht deines nichtphysischen, großen Selbst aufrechterhalten wird.

🌸 Geh noch tiefer, jenseits von Raum und Zeit, dorthin, wo du als Intention deinen Anfang genommen hast, wo eine Absicht in die fruchtbare Leere injiziert und der Samen für deine Erschaffung gelegt wurde.

🌸 Atme und fühle dein großes, unendliches Selbst, das dich umgibt, umschließt und hält.

🌸 Anerkenne den unendlich größeren Teil von dir, der nichtphysisch ist.

🌸 Bleib so lange in diesem Zustand, wie du möchtest, und kehre dann erfrischt zum Physischen zurück.

🌸 🌸 🌸

Was bedeutet Fokus?

Wenn eine Professorin mit dem Laserpointer auf die Wandtafel zielt, um die Aufmerksamkeit ihrer Studenten auf den Punkt zu lenken, von dem sie gerade spricht, hilft das den Studenten, sich genauer zu fokussieren. Stell dir vor, dein Bewusstsein wäre so ein Laserpointer, den du verwendest, um deine Kraft zu fokussieren. In dem Moment, wo du deine Aufmerksamkeit auf etwas richtest, folgt ihm das Bewusstsein nach, und damit fließt auch deine Kraft dorthin.

Während die göttliche Präsenz die unfassbare, unbegrenzte Eigenschaft aufweist, überall gleichzeitig zu sein, sind wir Menschen Fokussierapparate. Der menschliche Verstand ist nicht in der Lage, die Bewusstheit des gesamten Universums auf einmal in sich zu halten. Forschungsarbeiten haben gezeigt, dass die meisten Menschen nicht mehr als sieben Dinge gleichzeitig im Bewusstsein halten können. Wenn wir von Multitasking sprechen, ist es in Wirklichkeit so, dass wir nur von einem Fokus zum nächsten springen.

Selbst Menschen, die Erfahrungen im kosmischem Bewusstsein gemacht haben, bei denen sie sich eins mit allem fühlen und alles gleichzeitig erleben, können diesen Zustand nicht lange aufrechterhalten, wenigstens nicht auf der jetzigen Stufe der menschlichen Evolution. Während sie sich in solchen Zuständen befinden, haben die meisten Menschen Schwierigkeiten, in der normalen Welt noch zu funktionieren.

Als Mensch in einem Körper fokussierst du dich aus deiner eigenen Perspektive heraus auf deine eigene, einzigartige Weise. Du erschaffst eine Erfahrung, die in allen Universen einmalig ist. Du richtest dein Bewusstsein auf bestimmte Dinge, und dies bringt entweder deine Schwingung mit dem in Einklang, was du betrachtest, oder du bringst die Situation effektiver in Einklang mit dem, was du willst.

Sei du die mächtigste Komponente

Bevor du die Meisterschaft erlangst, wirst du eher reaktiv als proaktiv oder kreativ sein. Andere Menschen und äußere Umstände bestimmen deine Gefühle. Die Wirtschaftslage bestimmt deinen Wohlstand. Deine Bildung bestimmt deine Karriere. Deine Gene und die Umwelt bestimmen deine Gesundheit.

Andere Schwingungen können dich überrollen, wenn du nicht selbst die mächtigste Komponente in deiner Realität bist. Du solltest insbesondere darauf achten, wo du mit diesem Ding, deiner Aufmerksamkeit, hinzeigst, denn ohne Meisterschaft kannst du die eigene Schwingung noch nicht halten, ohne aus deiner Mitte geworfen zu werden. Du wirst dazu neigen, dich unbewusst automatisch auf die äußere Welt einzustellen. Wenn du dies jedoch zu meistern beginnst, richtet sich die äußere Welt auf dich aus. Du bist die mächtigste Komponente. Unabhängig davon, was andere Menschen oder Umstände dir anbieten, kehrst du stets zu deiner eigenen Mitte zurück. Du bestimmst, was dein Funkturm sendet.

Wenn du zur Meisterschaft gelangst,
richtet sich die Außenwelt nach dir aus.

Wie Jesus sind auch wir kraftvollen Heiler und Lehrer von heute nicht bereit, einem Menschen seine Krankheit oder Geschichte »abzukaufen«, denn bei seinem Anblick sehen wir nur seine Ganzheit und Vollkommenheit. Dieser Wahrheit können die Krankheiten und Probleme nicht standhalten. Durch unsere harmonisch ausgerichtete Schwingung wird das durcheinandergeratene Energiefeld des anderen wieder ausgerichtet, sofern er es zulässt.

Während sich deine Kraft der Absicht entwickelt, wirst du in immer mehr Situationen die mächtigste Komponente sein – du übst den stärksten Einfluss aus. Darum können manche beim Anblick oder bei der Konfrontation mit schwierigen Dingen ihre hohen und klaren Frequenzen weiterhin aussenden: weil sie selbst die machtvollste Komponente sind.

Wenn du jemandem hilfst, der mit einer niedrigen Schwingung pulsiert, wirst du sie anheben können, ohne dass du nach unten gezogen wirst. Gibt es einen Konflikt, dann wirst du die Absicht setzen, dass deine Schwingung euch beide dazu einlädt, sich mit eurem großen Selbst zu verbinden. Du wirst dein Gegenüber energetisch einladen, sich auf deine Frequenz zu begeben, statt dich von ihm runterziehen zu lassen.

Gib dir selbst genug Raum, um menschlich zu sein, während du mit diesen Dingen spielst, und hab Mitgefühl mit dir selbst, wenn dich etwas aus deiner Mitte geworfen hat. Dies zu meistern bedeutet nicht, dass du perfekt sein musst, sondern dass es dir stets gelingt, wieder in deine Mitte zurückzukehren.

Bei allen Interaktionen setzt sich jeweils
die mächtigste Komponente durch.

Macht ist die Fähigkeit, eine Wirkung zu haben. Macht ist ihrem Wesen nach weder gut noch schlecht. Die Macht der Intention erlaubt dir, deinen Wunsch so machtvoll pulsieren zu lassen, dass er sich für dich materialisieren muss, wenn es stimmig ist. Doch dein großes Selbst könnte auf noch bessere Ideen kommen, deshalb bleib weich und flexibel mit deinen Absichten.

Die mächtigste Komponente zu sein ist nicht das Gleiche, wie die heiligste oder die richtige Kraft zu sein. Selbst wenn du dich »gut« oder »richtig« verhältst, kann sich ein anderer, der sich nicht darum schert, dennoch durchsetzen. Gut und schlecht, heilig und böse, richtig und falsch sind irrelevante Parameter, wenn es um die Kraft der Absicht geht. Möglicherweise bringt es dir

überhaupt nichts, wenn du gut sein willst. Gut oder schlecht –
das sind nur Beurteilungen.

Gut zu sein, heilig zu sein oder recht zu haben
bringt dir möglicherweise gar nichts.

Wir sind bereits würdig, wertvoll und gut, so wie wir jetzt sind,
selbst in unserer menschlichen Unvollkommenheit. Wenn du das
noch nicht bis in die Knochen spüren kannst, dann setze die Absicht, jetzt deinen Selbstwert in Anspruch zu nehmen. Wenn du
deinen Wert und deine Güte wirklich spürst, wirst du es dir ge-
statten, die Kraft der Absicht für dich zu beanspruchen. Hältst du
dich aber nicht für würdig, dann muss das Leben dir zustimmen – und damit hältst du dich selbst zurück. Unwürdig zu sein
ist ein buchstäblicher Fehl-Griff.

Für den Begriff der »Integrität« (*integrity*) liefert das Wörter-
buch zwei Definitionen, die nützlich sind, um zu verstehen, wie
du deine Kraft der Absicht beanspruchen kannst:

1. Integrität ist der Zustand, ganz, vollständig oder unversehrt zu
sein, wie in: »… um die Integrität (Unversehrtheit) eines Reiches zu bewahren«. Man ist ganz, eins, ungeteilter Auffassung,
unwidersprochen und in sich selbst nicht gespalten. Man ist im
Einklang mit seinem Wunsch oder seiner Absicht.

2. Integrität ein gesunder, unbeeinträchtigter oder vollkommener Zustand, wie in: »die Integrität (Unversehrtheit) eines
Schiffsrumpfes«. Man ist flexibel und elastisch und sendet eine
starke, klare Schwingung aus, wenn man es mit Hindernissen
oder äußeren Kräften zu tun hat.

Pulsiere in vollkommener Integrität
und Einssein mit deinem Wunsch.
Sei eins mit deinem großen Selbst.

Wenn ich zum Beispiel das fünftägige Schweigeretreat leite, pulsiere ich in vollkommener Integrität mit meinem Wunsch, dass die Teilnehmer transformiert abreisen mögen. Bei der Ankunft sind die Leute oft in sehr unterschiedlicher Verfassung. Obwohl ich es wahrnehme oder eher allgemein spüre, fokussiere ich mich überhaupt nicht auf ihre Probleme. Ich kenne ihre Probleme nicht und habe auch nicht vor, sie mit ihnen zu bearbeiten, denn das würde ja bedeuten, sich auf das zu fokussieren, was »falsch« oder »nicht stimmig« ist. Ich sehe jeden als das, was er oder sie in Wirklichkeit ist: vollständig und stark. Mein großes Selbst sieht nur das größte Potenzial und den kürzesten Weg dorthin.

Ich pulsiere konstant einen ungeteilten, widerspruchslosen, hochfrequenten Energiewirbel, der die Teilnehmer stark einbezieht und magnetisiert. Da ich selbst die mächtigste Komponente bin, setzt sich meine Absicht trotz ihrer Zweifel und Ängste durch. Während sie loslassen und sich dem Energievortex nähern, werden sie davon erfasst, und magische Dinge nehmen ihren Lauf.

Es ist nicht »Macht über«, sondern »Macht *für*« – eine reine Kraft, die ausstrahlt, einlädt, magnetisiert und beeinflusst, ohne Gewalt oder Abhängigkeit zu erzeugen.

Am fünften Tag sind die Teilnehmer bereit zur Einweihung, die sie auf eine völlig neue Ebene des Erwachens heben wird. Wenn die Leute mich fragen, wie diese Einweihung funktioniert, erwarten sie vielleicht zu hören, dass ich einen esoterischen Prozess oder magische metaphysische Schlüssel anwende. Ich sage ihnen: »Es geschieht allein durch Absicht.« Ich bin klar und frei von Zweifel, und darum hat es immer funktioniert, sogar bei Leuten, die sicher angenommen hatten, es würde bei ihnen nicht klappen. Ihre freiwilligen Entscheidungen bestimmen letztlich, wie schnell oder langsam sie Fortschritte machen, nachdem wir auseinandergehen, und ob sie abgelenkt werden.

Mein großes Selbst leitet das Retreat und führt die Einweihungen durch, nicht mein beschränktes menschliches Selbst. Ich fühle mich nicht genötigt, das Geschehen zu definieren oder mit meinem Verstand zu begreifen. Meine größte Gabe dürfte die Fähigkeit sein, meinen begrenzenden Verstand bei meiner Arbeit *aus dem Spiel* zu lassen.

Ungeteilte, unverminderte Integrität und Klarheit erweisen sich für die Kraft der Absicht als wesentliche Faktoren. Meine Gewissheit rührt nicht vom Glauben her, sondern von *Beweisen* – aus langjähriger Erfahrung mit der Hingabe an die Präsenz und den Ergebnissen bei mir selbst und meinen Schülern.

Dieses Buch existiert in einem Schwingungsfeld, das dich behutsam, aber beständig einlädt, dich einzulassen, loszulassen und dieser Frequenz zu überlassen. Wenn du das tust, wird es sich gut anfühlen, und deine Kraft der Absicht wird zunehmen. Kein Aufwand an Arbeit wird helfen – nur durch Entspannung löst du den Widerstand und lässt die Energie freier fließen.

Ja, es stimmt: Ich lade dich dazu ein, nichts zu tun und nichts zu wissen. Geht's noch leichter?

Gib dich mit nichts zufrieden,
das nicht magisch und wunderbar ist.
Intellektuelles Verstehen ist ein Trostpreis.

Halte inne. Überdenke entspannt, was du gelesen hast, dann lass es los und gönne deinem Verstand eine Erholungspause. Notiere später deine Einsichten in deinem Tagebuch. Schreibe nicht über Probleme.

❀ ❀ ❀

Was Materialismus wirklich ist

Goldie Hawn, die amerikanische Filmschauspielerin, die schon als Neunjährige ein kreatives Multitalent im Singen, Tanzen und Entertainment war, wurde gefragt: »Was willst du denn mal werden, wenn du groß bist?«

Sie antwortete: »Ich will glücklich sein.«

Als dann nachgebohrt wurde: »Willst du lieber Tänzerin oder Schauspielerin werden?«, sagte sie wieder: »Ich will glücklich sein.« Goldie ist einer jener seltenen Menschen, die schon im frühen Alter wussten, dass die primäre Absicht darauf gerichtet ist, *wie man sich fühlt*. Wenn du glücklich bist, ist das Leben einfach gut. Sie wusste intuitiv, dass eine bestimmte Laufbahn eine viel zu materielle Sache war, die ihr Glück bringen konnte oder auch nicht.

Die Oscar-Preisträgerin Octavia Spencer verriet in einem Interview, sie hätte viel mehr Spaß am Leben gehabt, bevor sie »es geschafft hatte«. Davor verbrachte sie viel mehr Zeit mit ihren Freunden, mit gemeinsamen Höhenflügen und Träumen vom Berühmtwerden, und sie hatte ihr Leben Tag für Tag in vollen Zügen genossen. Nun aber fand sie in ihrem hektischen Terminplan kaum noch Zeit für solch frivole Leichtigkeit.

Beim Manifestieren mit einer materialistischen Einstellung wird das Pferd von hinten aufgezäumt: Der Fokus liegt auf konkreten Menschen, Orten, Erfahrungen und Objekten, die man für unbedingt nötig hält, um ein bestimmtes Lebensgefühl herzustellen. Dadurch erhält die materielle Welt viel zu viel Macht – das nennen wir Materialismus.

Materialismus bedeutet, so zu denken, zu fühlen und zu leben, als existiere man nur als der physische Körper. Bestimmte Dinge zu besitzen und im Vergleich gut zu punkten, das gilt als Erfolg. Fleisch und Knochen und die Körperchemie sind aber nur ein winziger Bruchteil dessen, was einen Menschen ausmacht, auch wenn der Körper im nichtphysischen Bereich verehrt wird. Du solltest dem menschlichen Körper und der physischen Welt deine Wertschätzung entgegenbringen, dich aber letztlich *mehr* mit der größeren nichtphysischen Realität identifizieren.

Schöne Dinge zu besitzen ist nicht unbedingt ein Zeichen von Materialismus. Die Präsenz hat absolut kein Urteil darüber, wenn du ausgesprochen extravagante materielle Dinge dein Eigen nennst. Vielleicht werden die Leute dich kritisieren, vor allem die sogenannten Spirituellen, die zwar davon reden, dass sie sich Fülle wünschen, es aber selbst verhindern, weil ihre negativen Urteile sie blockieren.

Wähle lieber die nichtmaterialistische Route – einfach deshalb, weil sie besser funktioniert und sich besser anfühlt. Dass sich die Materialisierung dadurch beschleunigt, ist ein zusätzlicher Bonus. Wenn du dich primär auf deine Gefühle fokussierst und mithilfe der Navigationstafel deine Schwingung anhebst, wirst du zu dem geführt, was du dir wirklich ersehnst, und die materiellen Ergebnisse stellen sich leichter ein.

Ab einem bestimmten Punkt wirst du sogar ohne die Navigationstafel auskommen. Du wirst dich auf deine innere Führung verlassen können, die dich durch unmittelbares, intuitives Wissen leitet. Die Gegensätze werden subtiler in Erscheinung treten.

Deine aufrichtigsten Herzenswünsche sind vermutlich anders als alles, was dein begrenzter Verstand sich ausdenken könnte. Deine Wünsche des kleinen Selbst entstammten der starken Beeinflussung durch die Eltern, die Gesellschaft und uraltes Denken. Du wirst nie deine wahren Wünsche und Sehnsüchte – oder das, was für dich das Beste wäre – kennenlernen, wenn du dich nicht in Richtung deines großen Selbst ausdehnst.

Hier ist ein wichtiger Schlüssel für den Aufbau deiner Kraft der Absicht: *Gefühle an sich sind bereits Manifestationen ihrer selbst.* Sich gut zu fühlen ist als Manifestation tatsächlich der größte

Jackpot, den man sich vorstellen kann. Und doch kann es allzu leicht vorkommen, dass wir es zu gering schätzen und uns dafür die gebührende Anerkennung versagen.

Sich gut zu fühlen ist
an sich schon eine »Manifestation«.

Natürlich weiß jeder, dass Beziehungen, Jobs, Autos, Reisen, Gesundheit, Freunde und ein schönes Zuhause wunderbare Manifestationen sind – doch Gefühle lassen sich viel leichter und schneller erschaffen. Gefühle sind das Einzige, das du in jedem Augenblick voll unter Kontrolle hast! Ja, Gefühle sind Indikatoren für das, was sich manifestieren wird, aber sie sind auch die Endergebnisse deiner Manifestationen.

Je mehr du deine Gefühle als die *wertvollsten aller Manifestationen* zu schätzen weißt, umso raketenhafter wird deine Fähigkeit zur Manifestation abheben. Ist es nicht einleuchtend, dass du die ersten Schritte eines Babys begeistert aufnimmst und dich mit Lob nicht zurückhältst, bis das Baby laufen gelernt hat? Oder würdest du zu einem Krabbelkind sagen: »Du enttäuschst mich! Ich versuche, dir das Laufen beizubringen, und alles, was du zustande bringst, sind ein paar wacklige Schritte! Das ist doch sinnlos!« Nein, du würdest die wackligen Schritte anerkennen und die Richtung, in die diese Versuche führen, sehr begrüßen.

Feiere jeden Aufschwung
im Fühlen.

Die Gefühle sind ein Schatz, den wir immer schon besaßen, jedoch völlig unterbewertet oder ignoriert haben. Denn wir dachten, andere Menschen, Orte oder Dinge seien der Schlüssel zu unserem Glück. Oder *wir hielten uns für unsere Gefühle*, und damit verliehen wir ihnen zu viel Macht über uns. Auch das ist Materialismus.

Divine Openings hilft dir, deine Gefühle ziemlich schnell zu verändern. Eine Veränderung auf der physischen Ebene kann etwas länger dauern, sie kann aber auch rasant eintreten. In jedem Fall ist es dir möglich, recht schnell glücklich sein.

Wenn jemand im Webinar zu mir sagt: »Nun gut, ich fühle mich jetzt großartig, aber es hat sich ja nichts geändert. Ich habe immer noch Schulden«, dann sage ich: »Dich gut zu fühlen war das Ziel, das du erreichen wolltest, wenn du schuldenfrei bist. Das ist der eigentliche Grund, warum du schnell aus den Schulden herauskommen wolltest – um dich gut zu fühlen. Und jetzt *fühlst du dich großartig*! Hallo! Freu dich doch darüber, von ganzem Herzen!«

Es gibt diesen Satz: »Mein Schiff wird kommen.« Wenn du anfängst, dich besser zu fühlen, ist dein Schiff schon dabei, in den Hafen einzulaufen, aber wenn du das nicht anerkennst, dreht es glatt um und fährt wieder hinaus auf See. Also mach dich bereit und bleib an der Anlegestelle, sonst verpasst du dein Schiff, Liebling!

Wenn du für deine Leistung nicht nur kein Lob hast, sondern deinen Erfolg sogar aktiv zurückweist, indem du dein gutes Gefühl als *nicht gut genug* herabsetzt, wirst du dadurch die Materialisierung, die du dir angeblich wünschst, verzögern oder gar zunichtemachen. Am höchsten von allem solltest du deine höheren Gefühle bewerten. Keiner würde seinen Holzofen anbrüllen: »Gib mir mehr Wärme, wenn du willst, dass ich dir mehr Holz gebe!« Das wäre verrückt! Dennoch verlangen die Menschen, dass ihre Umgebung und die anderen Leute sich ändern sollen, damit sie selbst sich besser fühlen können. Das ist genauso verrückt. Jeder kann sich gut fühlen, wenn die Welt das macht, was er will. Wenn du dich aber gut fühlen kannst, egal, was die äußere Welt gerade macht, dann ist es Meisterschaft. Dann bist du auf dem besten Weg zu einem großartigen Leben.

Du willst Feuer?
Gib ihm den Brennstoff,
den es braucht.

Anna wollte eine tolle neue Beziehung, denn sie wollte glücklicher werden und dachte, das könne sie nur mit einer Beziehung. Eine andere Frau, Elisabeth, war ebenfalls bereit für eine tolle neue Beziehung, aber da sie seit einem Jahr *Divine Openings* praktizierte, hatte sie beschlossen, mit sich selbst glücklich zu werden, ihren Selbstwert in Anspruch zu nehmen und zu allererst ihre Schwingung in Bezug auf Beziehungen anzuheben. Beide sehnten sich nach dem Gefühl des Glücklichseins.

Elisabeth ging es direkt an und ist jetzt glücklich. Ihr war klar, dass sie ihre Schwingung in Bezug auf alte Beziehungen anheben musste, aber sie wollte nicht mehr daran arbeiten. Sie setzte eine Absicht und entspannte sich. Und sie fing an, ihr Leben zu genießen, begann eine neue Berufsausbildung und sorgte dafür, dass sie mehr Spaß hatte. Sie machte Witze darüber, dass sie an irgendeinem Punkt in ihrem vielbeschäftigten Leben wieder anfangen würde, sich mit Männern zu treffen – und vermutlich würde sie ein paar Frösche küssen müssen! Das erwies sich aber nie als notwendig. Eines Tages klopfte nämlich ein Mann aus ihrem Wohnblock an ihre Tür und fragte sie, ob sie mit ihm ausgehen würde. Seither sind sie zusammen, und es ist easy und fühlt sich stimmig an.

Anna ging es von der materiellen Seite her an. Sie machte ihr Glück von irgendeiner Zukunft abhängig, in der sie einen tollen Mann kennenlernen würde. Es ist aber viel schwieriger, einen glücklichen Mann anzuziehen, wenn man selbst in einem unbefriedigten Zustand lebt und Mangel in die Welt ausstrahlt.

Meine Definition von Materialismus ist weder verurteilend gemeint, noch stellt sie diese wundersame materielle Welt als verkehrt oder zweitrangig dar. Ich verwende das Wort Materialismus, um zu unterscheiden, ob unser Fokus auf dem Ewigen, Nichtphysischen und den Gefühlen, durch die unser großes Selbst uns führt, oder ausschließlich auf dem *Physischen* bzw. *Materiellen* liegt.

Die Quelle verurteilt dich nie.

Kern des spirituellen Antimaterialismus ist die gut gemeinte Bemühung, die Menschen dahin zu bringen, dass sie den göttlichen Ursprung aller Dinge wertschätzen, statt die Dinge anzubeten. Das geht aber zu weit ins andere Extrem und stellt die physische und materielle Welt als etwas hin, das verkehrt oder böse ist und über das man hinauswachsen sollte. Wir haben diesen wunderbaren physischen Bereich aber bewusst erschaffen, um darin die köstlichen Erfahrungen unserer körperlichen Sinne zu machen und der göttlichen Präsenz in ihrer physischen Verkörperung Ausdruck zu geben. Wie könnte an dieser materiellen Welt also irgendetwas verkehrt sein?

Wenn du deine Kraft der Absicht maximal aufbauen willst, dann richte deinen Fokus auf das, was real, beständig und tief ist – dein nichtphysisches, ewiges Selbst. Dein größeres Selbst ist der Gebende. Die Manifestationen sind das Gegebene, das Geschenk.

Huldige nicht dem Geschenk.
Huldige dem, der es gibt.

Hunderte von Menschen schrieben mir, dass es vor *Divine Openings* für sie so viele Dinge gab, die erst einzutreten hatten, bevor sie glücklich werden konnten. Sie wollten mehr Geld verdienen, ein besseres Haus haben, ihre wahre Liebe finden, einen Rechtsstreit beilegen oder jemand sollte sein Verhalten ändern – ein Elternteil, ein Kind oder ein Liebespartner. Als sie anfingen, bei *Divine Openings* mitzumachen, wurden sie von allein glücklich, ohne all diese Dinge, und sie sind immer noch glücklich, unabhängig davon, ob das Gewünschte eingetreten ist oder nicht. Das ist enorm. Sich wohlzufühlen ist nicht bloß der erste Schritt im Materialisierungsprozess – es ist *alles.*

Schaffe dafür mehr Platz in dir, tief in deinem Bewusstsein, jetzt gleich. Denn wenn du den Fokus komplett auf das Nichtphysische richtest, kannst du *jetzt gleich* glücklich sein. Außerdem löst du damit deinen Widerstand auf, und du stärkst deine Kraft der Absicht. Das ist der Mega-Jackpot, den sich die Menschen vom Lottospiel erhoffen!

Sobald du ein besseres Gefühl manifestierst,
kippt das ganze Universum um seine Achse – für dich.

Ein bewusster, machtvoller Schöpfer zu sein hat mir viele angenehme Dinge beschert: ein schönes Haus, Pferde und das Geld, sie zu füttern, ein Stück Land, um sie hier beim Haus zu haben, einen bar bezahlten Truck mit Pferdeanhänger, schöne Kleider, Urlaub und genug Geld, um meine ganze eigene Arbeit und die meiner Helfer zu unterstützen, ohne Investoren oder Kredite zu benötigen. Ich bin seit vielen Jahren schuldenfrei, bis auf eine kleine Hypothek auf meinem Haus, und meine Steuern, Kreditkartenabrechnungen und monatlichen Rechnungen habe ich stets glücklich und dankbar noch *vor dem Fälligkeitstag* bezahlt. Wenn ich das Geld überweise, bin ich innerlich zutiefst dankbar für die Dienstleistungen und Produkte, die ich mir von diesem Geld leisten konnte.

Ich brenne nicht darauf, Millionen zu machen – so bin ich einfach nicht. Ich habe keine Widerstände gegen Geld und auch keine Vorurteile über Geld. Wie viel Geld irgendjemand für sich braucht, ist für mich gleichgültig. Mir ist klar, dass mehr Geld mir nicht mehr Glück bedeuten würde, und eine größere Organisation würde mir höchstens mehr Arbeit und mehr Verantwortung bringen, als ich möchte. Ich liebe ein entspanntes, unbeschwertes Leben. Ich lebe bereits im Glück, und es setzt sich immer weiter spiralförmig und sanft fort. Ich habe es unter Kontrolle, es ist nicht zufällig, und keiner kann es mir nehmen.

Studien haben gezeigt, dass Reichtum, der über die Grundbedürfnisse und ein paar Luxusdinge hinausgeht, *das Glück nicht erhöht*. Ich bin nicht einer von jenen Autoren, die dir versprechen, dass du im nächsten Jahr eine Million Dollar verdienen wirst – obwohl du das könntest, wenn es für dich wirklich stimmen würde. Wenn du spielerisch, aber beständig das praktizierst, was dieses Buch dir offeriert, verspreche ich dir jedoch, dass du glücklicher sein wirst und dich in einem Jahr mächtiger und reicher fühlen wirst, und das wird sich stetig ausweiten.

Viele Leute stellen fest, dass sich mit *Divine Openings* alles, was sie brauchen, im rechten Augenblick einstellt, manchmal in Form von Geld, manchmal in anderer Form, wie im biblischen Gleichnis von den Lilien auf dem Felde. So oder so ist Geld kein Thema mehr.

Mit fünfzig Jahren hatte ich keine Ersparnisse für mein Alter zurückgelegt. Als ich anfing, *Divine Openings* zu kreieren und zu leben, kam das Geld immer genau in der Menge, die ich brauchte, aber ich hatte nicht viel Überschuss oder Erspartes. Als sich meine Matrix dann erweiterte und ich mehr und mehr zulassen konnte, fing ich an, Erspartes anzulegen und es jährlich exponentiell zu vermehren. Zwölf Jahre später war meine Altersversorgung gesichert.

Bei einem Ausritt mit einer Freundin bemerkte ich eine Spannung in ihrer Stimme, als sie den verzweifelten Wunsch ausdrückte, ihre Schulden zurückzahlen zu wollen. Ich warf ein: »Werde *mit* deinen Schulden glücklich. Einige sehr mächtige Leute sind immer verschuldet, und es stört sie überhaupt nicht.« Die Vorstellung, sie könnte heute genauso glücklich sein wie an dem Tag, an dem ihre Schulden getilgt sein würden, war für sie völlig neu.

Doch Schulden sind bloß eine Geschichte. Wenn ich Leuten helfen will, ihre Gefühle bezüglich Schulden in einem anderen Licht zu sehen, dann necke ich sie: »Wow, diese Leute haben dir *das Geld einfach so gegeben* – auf dein Wort hin, ganz umsonst! Sie haben dir nicht dein Erstgeborenes weggenommen oder irgend so was! Und sie werden dich weder einlochen noch killen, wenn du es nicht zurückzahlst! Wie fantastisch ist das denn?«

Die großen Konzerne und die meisten Länder sind unfassbar hoch verschuldet. Für die Verantwortlichen ist das nur ein witziges Geldspiel. Ich garantiere dir: Für sie ist Geld nicht so real. Die Schuldenzahlungen eines Donald Trump entsprechen vermutlich dem Budget eines Drittweltlandes. Mit dieser Perspektive wird aus einer beängstigenden Geschichte eine Erfolgsstory, ja sogar ein Witz.

Erschaffe eine neue Matrix

Dies ist ein kleiner, aber wesentlicher Schlüssel für deine Kraft der Absicht, wir werden damit in diesem Buch immer wieder spielen. Bei allem, was du denkst, fühlst oder als Signal aussendest, erschaffst du eine nichtphysische Vorlage oder Matrix deiner Absicht – oder ihr Gegenteil. Du kannst dir die Matrix wie das Gitter von Millimeterpapier vorstellen, nur ist sie nicht zwei- oder dreidimensional, sondern multidimensional. Und unsichtbar.

Stelle dir die Linien wie kleine Magneten vor, welche die vollkommenen physischen Elemente und Komponenten so magnetisieren, dass sie die kleinen leeren Würfel in der Matrix ausfüllen. Mit deinen Gedanken, Gefühlen und dem Impuls, den du aussendest, erschaffst du die *allgemeinen* Linien der nichtphysischen Matrix. Dann überlässt du es der Präsenz, dafür zu sorgen, dass die *besten spezifischen physischen Details* magnetisch angezogen werden. Die Endprodukte – Materialisierungen, Ereignisse und Menschen, die auftauchen – entsprechen *in den Grundzügen* der Matrix, die du erschaffen hast.

> *Gedanken und Gefühle bilden die Matrix,*
> *auf der deine Schöpfung aufgebaut ist.*

Wenn du deinen Fokus auf das richtest, was du fühlen und erleben willst, werden Informationen, Ressourcen und Umstände an diese Matrix magnetisch angeheftet. Wenn du aber das fühlst und denkst, was du nicht willst, dir Sorgen und Stress machst und niedrigere Schwingungen aussendest, erzeugst du ebenfalls eine Matrix, und diese füllt sich mit unerwünschten physischen Elementen, die den niedrigeren Schwingungen entsprechen.

> *Geh direkt zum Ursprung jeglicher Materialisierung –*
> *zum Nichtphysischen.*

Durch Aufmerksamkeit erschaffen

Gangster sind durchaus imstande, ebenso wie spirituelle Meister, die Kraft der Absicht zu meistern, darum sei hier noch einmal gesagt: Wie spirituell oder wie »gut« du bist, hat nicht das Geringste mit dem zu tun, worum es hier geht. Du kannst also auf der Stelle deine Bewertungen und klischeehaften Begrenzungen der gängigen Spiritualität über Bord werfen. Sie sind überhaupt nicht hilfreich, wenn es darum geht, deine Kraft oder Macht der Absicht aufzubauen.

Besitze ich ein gehöriges Maß von dem, was üblicherweise als »spirituelle Power« bezeichnet wird? Ja, aber es bedeutet möglicherweise nicht das, was du denkst. Es ist eine nichtphysische Schwingungskraft, die über die physische Welt hinausgeht, auch wenn wir in dieser physischen Welt leben. Je machtvoller du wirst, umso schneller manifestieren sich die Dinge, zum Guten wie zum Schlechten. Je stärker und machtvoller deine Kraft der Absicht wird, umso mehr musst du dir dessen bewusst sein, worauf du sie richtest.

Dich längere Zeit zwanghaft mit einem Problem zu befassen, produziert weniger wünschenswerte Ergebnisse, als wenn du dich auf Lösungen und Möglichkeiten fokussierst. Du willst natürlich genau herausfinden, was verändert werden sollte, aber pass auf: Wenn du dem Problem lange genug deine Aufmerksamkeit gibst, bildet sich daraus unweigerlich eine Matrix. Deine Aufmerksamkeit besitzt die Power eines Laserstrahls. Später wirst du dich fragen: »Wie konnte es nur zu diesem Fiasko kommen? Ich wollte doch bloß herausfinden, was es mit diesem Problem auf sich hat!« Deine Aufmerksamkeit intensivierte die Problemschwingung durch deine Power und Intensität.

Deine Aufmerksamkeit erzeugt eine Matrix.
Pass auf, wohin du zielst!

Du denkst vielleicht, dass du dich auf etwas fokussierst, um es lösen zu können, aber prüfe nach, um ganz sicherzugehen: Wenn das, was du darüber denkst, deine Schwingung herabsenkt, beeinflusst dich das mehr, als du es beeinflusst. Dann ist *das* die machtvollste Komponente.

Ein Beispiel: Wäre ich beim Leiten des fünftägigen Schweigeretreats nicht die machtvollste Komponente, dann könnte mich ein Raum voll hilfesuchender Leute herunterziehen, statt dass ich sie anhebe. Damit sie transformiert werden, muss ich die mächtigste Komponente sein. Übertrage das auf dein Leben: Wenn du die mächtigste Komponente bist, wirst du oft die Situation bei der Arbeit, unter Freunden oder in einer Familienkrise aufhellen können.

Wir bekommen unbegrenzt viele Wiederholungschancen, deshalb solltest du keine Energie damit verschwenden, dir Gedanken über deine Fehler und dein Scheitern zu machen. *Fly or flop* – probiere es aus, denn alles liefert wertvolles Feedback, aus dem du lernen kannst, egal, wie es ausgeht. Bleibe einfach bei deiner Absicht, dass du die mächtigste Komponente sein willst, dann wird es immer öfter der Fall sein.

Überprüfe deine Navigationstafel oder dein direktes Wissen, um einzuschätzen, wo du im Moment stehst. Es gibt hier kein Patentrezept. Halte dich bei allem, was passiert, an das, *was du fühlst oder weißt*, während du mit der Welt und den Umständen umgehst. Entspanne dich und freue dich über die Entfaltung deiner Meisterschaft.

Sei du die mächtigste Komponente.

Der Beweis für das, was du aussendest, liegt immer im Ergebnis. Die Realität zeigt sich in den Ergebnissen, zumindest vorübergehend. Denn zum Glück ist die Realität flüchtig und veränderbar – das ist eine sehr gute Nachricht für uns fehlbare Menschen.

Zusammengefasst: Wenn du durch deinen Fokus auf etwas dessen Schwingung zu verändern vermagst, bist *du* die mächtigste Komponente dieser Interaktion. Dann bist du stark in der Integrität und der Kraft deiner Absicht. Wenn sich eine niedrig schwingende Person oder Situation erhebt, um dir dort zu begegnen, wo du bist, dann bist du die machtvollste Komponente. Du setzt deinen Wunsch ungeteilt und kompromisslos um.

Lies das eben Gelesene noch einmal durch, wenn du noch nicht absolut sicher bist, was es bedeutet, die mächtigste Komponente zu sein. Du brauchst es heute noch nicht zu meistern, aber nimm dir vor, deine Absicht in diese Richtung zu lenken. Und dann ruhe dich aus, um alles zu verdauen.

❀ ❀ ❀

Springe gleich zum Ergebnis!

Wenn du es dir zu eigen machen kannst, gleich zum Ergebnis zu springen, wirst du eine der wirksamsten Methoden überhaupt für dich entdecken. Dafür bist du nun gut vorbereitet.

Was bedeutet es, »gleich zum Ergebnis zu springen«? Wenn du etwas manifestieren willst, fängst du am besten damit an, das *Gefühl* zu manifestieren, das du dir wünschst. Deine eigene Erfahrung wird dich lehren, wie du *sofortiges Manifestieren* bewirken kannst.

Richte deinen Fokus auf die *allgemeinen* Gedanken, Gefühle und Stimmungsqualitäten dessen, was du erschaffen willst, und nicht auf die *spezielle* Materialisierung, die du dir wünschst. Wenn du dich auf das spezielle materielle Ergebnis fokussierst, kann es tatsächlich deine Schwingung herabsetzen, weil deine Aufmerksamkeit dann auf das, was fehlt, gerichtet ist. Außerdem reduziert es deine Möglichkeiten auf diese eine, ganz bestimmte Sache. Halte dir lieber alle Optionen offen.

Wenn du den Fokus allgemeiner auf das Gefühl richtest, lässt das als Erstes deine Schwingung ansteigen. Dadurch eröffnen sich dir grenzenlose Möglichkeiten. Deine Aufgabe ist es nun, das gute Gefühl zu halten, alles Einschränkende beiseitezulassen und aus dem Weg zu bleiben.

Wenn du dich zuerst auf deine Gefühle fokussierst, wirst du das *Ergebnis sofort erleben* und das gute Gefühl *gleich jetzt* spüren. Die physische Materialisierung kann etwas länger dauern – aber in der Zwischenzeit fühlst du dich gut und genießt das Leben. Wenn du deine Aufmerksamkeit auf das Gefühl richtest, das die Manifestation der betreffenden Sache, Person oder Situation in dir hervorrufen würde, dann wirst du das, was du eigentlich wolltest, sofort haben: *jetzt gleich*. Das ist sofortige Manifestation!

Springe gleich zu dem Ergebnis,
das du von vornherein wolltest:
dich gut zu fühlen.

Du kannst Gefühle unmittelbar hervorrufen – und sie unmittelbar genießen! Dieses augenblickliche Manifestieren stärkt deine Zuversicht, bringt deine Energie gut in Schwung, und so baut sich der Energiefluss schnell auf. Du beginnst zu denken: »Toll! Wenn mir das gelingt, kann ich sicher noch mehr!« So werden deine Widerstände allmählich abgebaut, und das schafft Raum für die guten Dinge, die zu dir kommen wollen.

Das Folgende solltest du aber nicht tun, weil sonst ein Teufelskreis entsteht:

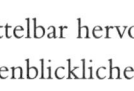 Du erzeugst ein gutes Gefühl, und dann schaust du nach, ob sich die physische Manifestation inzwischen eingestellt hat. Wenn nicht, verlierst du das gute Gefühl und bist wieder dort, wo du vorher warst.

 Also erzeugst du wieder das gute Gefühl, dann schaust du nach, ob sich deine Manifestation inzwischen eingestellt hat, und wenn nicht, verlierst du das gute Gefühl und bist wieder dort, wo du vorher warst.

 Also erzeugst du wieder das gute Gefühl, dann schaust du nach, ob sich deine Manifestation inzwischen eingestellt hat, und wenn nicht, verlierst du das gute Gefühl und bist wieder dort, wo du vorher warst …

Ein neuer Wunsch ist immer aufregend, expandierend und energetisierend. Aber wie oft haben wir schon erlebt, dass unsere Schwingung wieder im Keller landet, wenn sich unser Wunsch nicht schnell genug erfüllt? Nun liegt es bei dir, mit deinem Denken und Fühlen auf jede erdenkliche Weise deine ursprüngliche, authentische Begeisterung wiederherzustellen, um die

Schwingung auszusenden, die deine ersehnte neue Realität *jetzt* anzieht.

Es gibt keinen zuverlässigeren Weg, die Materialisierung zu verzögern, als Stress und Anspannung darüber zu erzeugen. Auf diese Weise stellst du dich *in den Weg*. Selbst wenn es dir gelingt, die Dinge zu bekommen, die du wolltest, ohne dass du deine Schwingung angehoben hast, wirst du vielleicht gar nicht das gute Gefühl erleben, das du erwartet hattest.

Genieße die Wartezeit und halte dich bei Stimmung. Mach es zu deiner allerersten Absicht, dich gut zu fühlen – oder zumindest ein klein wenig besser –, und zwar jetzt gleich.

Hier der Engelskreis – ein positiver Kreislauf, bei dem du darauf fokussiert bleibst, dich gut zu fühlen, statt ständig den Punktestand zu bewerten:

* Je besser du dich fühlst, umso besser werden die Dinge.
* Je besser die Dinge werden, umso besser fühlst du dich.
* Je besser du dich fühlst, umso besser werden die Dinge.
* Je besser die Dinge werden, umso besser fühlst du dich.
* Und je besser du dich fühlst, umso besser werden die Dinge.
* Und je besser die Dinge werden, umso besser fühlst du dich …
  Muss ich noch weitermachen?

Weil ich im schnellen Materialisieren (gewollt oder ungewollt) versiert bin, muss ich besonders gut auf meine Gefühle achten. Ich kann ein unerwünschtes Ereignis sehr schnell manifestieren! Was wir wirklich wollen, wenn wir irgendetwas zu materialisieren beabsichtigen, ist, uns gut zu fühlen; darum ist das Fühlen die primäre Manifestation, auf die wir uns fokussieren müssen. Es wird wichtiger als das materielle Ergebnis, das wir dachten, haben zu wollen. Sich besser zu fühlen ist nicht nur ein Schritt im Materialisierungsprozess – es ist das, worum es überhaupt geht: das lohnende Ergebnis, das du dir von Anfang an gewünscht hast.

Springe gleich zum Ergebnis.
Das Gefühl ist an sich schon eine mächtige
Manifestation. Feiere es!

Wenn die alte Realität emotional fesselnd ist, kann es schwierig sein, die alte Geschichte fallen zu lassen und die positiven Gefühle zu fühlen, die zur Erschaffung der neuen Matrix nötig sind. Was dir hier manchmal den Umschwung bringen kann, ist, eine Geschichte zu erfinden, in der jemand anderes mit einem ähnlichen Wunsch die Hauptrolle spielt. Als ich das versuchte, besaß ich plötzlich die Objektivität, mir das neue Szenario in reichen, sinnlichen Details vorzustellen. Weil es sich nicht um mich drehte, war es leichter, das innerlich Erlebte zu glauben! Ich passte zugleich auf, mich nicht zu sehr an die Details zu hängen – es ging darum, wirksam gute, überzeugende Gefühle hervorzubringen, um die neue Matrix und die neue Realität zu erschaffen.

Wenn du noch immer daran zweifelst, dass du das kannst, schreibe einfach deine eigene neue Szene auf, in der jemand anderes der Hauptdarsteller ist, und schwärme von »seiner« neuen Realität. Lass es interessant und realistisch genug sein, dass es in dir Gefühle weckt – darin liegt die Macht.

Hier ein Beispiel zu deiner Inspiration: Paul steckte in der Klemme. Sein Hypothekenzins war fällig, und er hatte gerade seinen Job verloren. Er fühlte sich ohnmächtig und wusste nicht, wie er das Geld auftreiben sollte. Doch als er aus seiner »Geschichte« ausstieg und in das Gefühl hineinspürte, fühlte er sich ein wenig besser und ging seine Schwester besuchen. Eine Freundin seiner Schwester kam vorbei; sie war gerade in der Stadt, um nach einer Wohnung in der Gegend zu suchen, wo sie sechs Monate mit ihrem Ehemann wohnen könnte, während er an einem Projekt arbeitete. Paul bot ihr an, sein Haus an sie zu vermieten, er würde sich für diese Zeit etwas anderes zum Wohnen suchen. Seine Schwester bot ihm an, er könne ihr Gästezimmer benutzen und dafür ein paar dringend nötige Reparaturen für sie ausführen. Die so eingenommene Miete deckte nicht nur seine Hypothek, sondern auch seine Lebensmittel- und Benzinkosten. So war allen gedient. Paul fand innerhalb von zwei Monaten einen tollen Job, konnte sich etwas Geld auf die Seite legen und kehrte nach sechs Monaten in sein Haus zurück. Zum ersten Mal in seinem Leben wuchsen seine Ersparnisse ständig.

Es fällt dir leichter, an Pauls Realität zu glauben, weil es nicht um dich geht. Es ist nur eine Geschichte, darum widerlegt der Verstand sie nicht! Doch die positiveren Gefühle bringen dich aus deiner unmöglichen Situation heraus in den Bereich der Möglichkeiten. Ich erkannte, dass meine fiktive Geschichte mir sofort ein Lächeln entlockte, und wenn ich mich selbst in die neue Geschichte stellte, wurde ich unmittelbar in die alte Realität zurückgesaugt, die eine so große Gefühlsintensität hatte. Wirklich witzig.

Schreibe deine Einsichten in dein Tagebuch. Schreibe nicht über Probleme.

❀ ❀ ❀

Was ist Realität?

Lass uns nun richtig eintauchen. Solange du dir nicht bewusst vornimmst, dich auf das subtilere Nichtphysische zu fokussieren, sind deine Sinne so eingestellt, dass sie nur die gröberen physischen Eindrücke von Sehen, Hören, Riechen, Schmecken und Körperempfindungen aufnehmen, die eine extreme Anziehung ausüben. Ziehe also regelmäßig deinen Fokus eine Weile vom Physischen ab und beabsichtige, die subtileren, nichtphysischen

Schwingungen zu fühlen. Du kannst das – dieses Buch wird dich dazu anleiten.

Nicht das Realste und Beständigste nimmt meist unsere Aufmerksamkeit am stärksten in Anspruch. Am realsten ist der größere, nichtphysische Aspekt der Realität – zugleich Ursprung und Antrieb, Ursache und Erschaffung der physischen Realität und diese umfassend. Da er unsichtbar ist, zieht er in der Regel unsere Aufmerksamkeit nicht auf sich – sie ihm zu geben ist für jeden von uns eine tagtägliche, bewusste Entscheidung. Ansonsten erhalten wir die vorgegebene Realität, die ausschließlich physisch orientiert, sichtbar, greifbar, instinktiv, vor unser aller Augen und schwer zu ignorieren ist und uns allzu oft von unserer nichtphysischen Erkenntnis und Kraft ablenkt.

Die physische Welt lenkt uns oft von dem ab, was am realsten und machtvollsten ist.

Unsere fünf Hauptsinne arbeiten so, dass sie physische Reize aufnehmen und interpretieren. Wir müssen uns umtrainieren und darauf einstimmen, den Fokus auf das zu richten, was den physischen Sinnen nicht so zugänglich ist. Schließlich werden unsere feineren Sinne empfänglicher für direktes Wissen – wir wissen, ohne zu wissen, *wie* wir wissen.

Man kann nicht leugnen, dass es herausfordernd ist, deinen Fokus auf die wahre Kraft deines nichtphysischen Selbst gerichtet zu halten, wenn dein physisches Selbst Schmerz leidet, wenn dich dein physischer Geliebter verlassen hat oder deine ganz physische Stromrechnung bezahlt werden muss. Es ist nur allzu verführerisch, tagtäglich deine ganze Aufmerksamkeit der physischen Welt zu geben, und auch deine ganze *Power*. Die physische Welt ist so angelegt, dass sie faszinierend real erscheint.

Manchmal ist der kostbarste Schatz am allerletzten Ort verborgen, wo wir ihn vermuten würden. Menschen suchen oft jahrzehntelang nach Antworten und haschen nach Erlösung außerhalb ihrer selbst, während die nichtphysische Präsenz, die alles erschafft, in ihrem Innern und in allem, das sie umgibt, ruhig pulsiert.

Anfänger, aber auch spirituell Fortgeschrittene, die gerade mit *Divine Openings* anfangen, fragen mich, wie man es zurück in die reale Welt mitnehmen kann. Meine erste Antwort ist immer ein Lachen! *Es gibt keine reale Welt!* Es gibt nur die eine Welt, die du erschaffst.

Es gibt *keine objektive Realität an sich.* Was du gegenwärtig als Realität erlebst, ist das, was du mit deiner vergangenen Aufmerksamkeit, den Gedanken und Gefühlen und der kollektiven Realität, die du geglaubt hast, bevor du es besser wusstest, geschaffen hast. Das ist alles. Diese Realität erscheint zwar in der Praxis solide und real, sie ist aber temporär. Du solltest ihr nicht zu viel Gewicht geben. Sie kann sich sehr schnell verändern, sobald du eine neue Matrix erschaffst und dich mehr auf das Nichtphysische einstimmst.

> *Deine Welt ist deine Schöpfung –*
> *das war sie immer und wird sie immer sein.*

Hier ist ein Beispiel aus einer Zeit, in der ich die Realität, die sich mir präsentierte, einfach nicht übernehmen wollte, und dadurch veränderte sie sich. Ich war im Auto unterwegs zum Flughafen Los Angeles, um meine Mutter zu ihrem Flug zu bringen. Wir waren schon fast zwei Stunden gefahren, als es plötzlich so aussah, als hätten wir ihre Geldbörse irgendwo liegengelassen – keine gute Nachricht, wenn man seine ID-Karte benötigt, um an Bord eines Flugzeugs zu gehen! In der Regel weigere ich mich, eine solche Realität sofort für wahr zu halten. Stattdessen erwarte ich, dass sie sich für mich verändert, und halte meine Absicht aufrecht, so leicht wie die Berührung des Flügels einer Fruchtfliege. Ich leiste keinen Widerstand gegen »das, was ist«.

»Ich verliere nie etwas! Du kannst deine Geldbörse unmöglich verloren haben, während du mit mir zusammen warst!«, betonte ich zuversichtlich. Anstatt in Panikaktionen zu verfallen, etwa zum letzten Ort zurückzurasen, wo sie ihre Geldbörse noch hatte, setzte ich mich hin und atmete, um in meine Kraft zu kommen und ein Gefühl von Zentrierung und Ruhe in mir zu finden. Eine Minute zuvor hatte ich das ganze Auto überall bis in die letzte Ritze abgesucht und nichts gefunden. Als ich nun noch einmal nachschaute, tauchte die Börse zwischen den Autositzen auf. Wenn ich ruhig bleibe, läuft es normalerweise so ab. Wenn nicht, dann schaue ich mir an, inwieweit ich es richtig finden kann, so wie es abgelaufen ist.

Du musst die Version, die das kollektive Bewusstsein von der realen Welt hat, nicht leben. Es gibt buchstäblich unbegrenzt viele Versionen der realen Welt, in denen du spielen kannst. Wir wollen nicht mal diskutieren, ob sie real oder illusorisch sind. Sie fühlen sich real an, wenn du sie lebst!

Beabsichtige Folgendes:

* Fokussiere dich mehr auf das Nichtphysische als auf das Physische.
* Identifiziere dich hartnäckig mit deinem machtvollen großen Selbst und nicht mit deinem beschränkten menschlichen Selbst.
* Stelle als Erstes ein gutes Gefühl her.
* Sei dir bewusst, dass das, was du heute siehst, nur das ist, was du gestern erschaffen hast – es kann sich innerhalb eines Augenzwinkerns verändern, wenn du eine neue Matrix erzeugst.
* Entspanne dich und gib dich dem Fluss hin.

Selbst wenn die Gnade dich emporgehoben hat, ist das, was danach geschieht, *vollkommen* von dir selbst abhängig, weil du einen freien Willen besitzt. Du kannst in der Gnade bleiben oder in eine Schlammgrube springen, einen Fuß in die Gnade halten und den anderen in eine Schlammgrube oder jede beliebige Variante dazwischen.

Du kannst mit der realen Welt hadern oder aber eine andere Matrix erzeugen, die sich besser für dich anfühlt, indem du das Gefühl beabsichtigst, das du haben willst. Dein großes Selbst pulsiert ständig in der Schwingung der Lösung, des Friedens, der Liebe, der Glückseligkeit, die du dir wünschst. Um dort hinzukommen, ist nichts zu tun. Stimme dich einfach auf dein großes Selbst ein und setze die Absicht.

Wenn wir die physische Welt und alles, was in ihr geschieht, realer für uns machen als das Nichtphysische, wenn wir die physische Welt zu unserem Gott machen, verwirken wir die Macht. Du bist »nach seinem Ebenbild gemacht«, als ein Schöpfer. Wenn du in die Fußstapfen des Erschaffens durch reine Absicht trittst, erhebst du Anspruch auf dein Erbe. Du bist entweder ein bewusster Schöpfer – oder ein Schwamm, der automatisch alles aufsaugt, was zufällig da ist. Du kannst aber nicht beides sein.

Ich hege keinen allzu großen Respekt vor der Realität – sie ist ganz und gar vorübergehend – vor allem wenn ich sie nicht mag. Daher: Pass auf, wohin du zielst.

Erneuere dein Gotteskonzept – plaudere mit dem Göttlichen

Ich wollte den Morgen mit einer Meditation beginnen, aber etwas stimmte nicht. Ich fühlte mich seltsam abgeschnitten von meinem größeren Selbst. Wie konnte das passieren?

Dann dämmerte es mir: Mein Leben verlief wirklich großartig, aber zuletzt war es sehr geschäftig und ablenkend gewesen. Ich hatte meine Plaudereien mit der Präsenz schon eine ganze Weile vernachlässigt. Mit meinem Verlobten tauschte ich mich viel mehr aus als mit dem Göttlichen! Das hatte sich langsam und unmerklich so eingeschlichen, sodass es mir gar nicht aufgefallen war. Die innere Beziehung mit meinem großen Selbst war auf den Rücksitz gerutscht.

Mit meinem menschlichen Partner und Geliebten ist die Beziehung tief und stark, denn wir verbringen viele schöne, intensive Stunden mit Reden, Berühren, Lachen, dem Austauschen von Gefühlen und Gedanken; wir haben viel Spaß miteinander. Unsere Verbindung gemeinsam zu hegen und zu pflegen ist eine Priorität für uns. Es ist ein Leichtes, mich auf ihn zu fokussieren, habe ich ihn doch täglich direkt vor meiner Nase!

Wer sich offen mitteilt und mit seiner Aufmerksamkeit präsent ist, nährt eine Beziehung. Wird dies aber vernachlässigt, gerät die Beziehung leicht ins Hintertreffen.

Das Unterrichten von *Divine Openings* nährt und erweitert mich, aber es ersetzt nicht jene beständigen, tiefen, intimen, exquisiten Augenblicke, die ich allein mit der göttlichen Präsenz verbringe.

Es spielt eine Rolle, worauf du deine Worte und deinen Fokus richtest!

Ein Jahr lang hatten alle möglichen Aktivitäten und Verantwortlichkeiten meine Aufmerksamkeit beherrscht. Wir hatten unser Haus in Ojai verkauft, waren in eine neue Stadt umgezogen und drei Monate lang von einem provisorischen Quartier ins andere gewechselt, bis wir schließlich ein neues Haus kauften und den Umzug organisierten, renovierten und alles herrichteten, während ich ganztags als Lehrerin für *Divine Openings* tätig war und mich um tausenderlei Dinge kümmerte. Als wir uns einigermaßen eingelebt hatten, wurde es unerlässlich, eine zusätzliche Kraft zu engagieren und eine neue, Zweiundvierzigtausend-Dollar-Website einzurichten. Ja, so viel kostet es, eine Internetpräsenz auf diesem Niveau alle vier Jahre neu aufzubauen, um mit der Technik Schritt zu halten. Damit war ich die ganze Zeit gedanklich beschäftigt, sogar in meinen Träumen. Ich sage es immer wieder: Das, was deine meiste Zeit und Aufmerksamkeit in Anspruch nimmt, ist dein Gott.

Kein Wunder, dass ich mich plötzlich weniger verbunden fühlte. Die bewusste Wahrnehmung meiner Gedanken und Gefühle (*Witnessing*) brachte endlich wieder Klarheit. Ich wusste sofort, wie ich das intime Gefühl zu meinem großen Selbst zurückgewinnen konnte: Ich nahm meine alte freudvolle Praxis wieder auf, während des Tages einen lockeren inneren Dialog mit der Präsenz zu führen.

Nicht dein großes Selbst hat die Verbindung unterbrochen – du warst es.

Hier gebe ich dir ein paar Ideen mit, wie ein zwangloser Plausch mit dem großen Selbst während des Tages aussehen könnte. Es braucht nicht tiefsinnig zu sein, nur häufig, leidenschaftlich und intim:

* »Schau mal, diese Blütenpracht!«
* »Ich fühle mich … mir fällt auf, dass …«
* »Jetzt erzähle ich dir einen guten Witz, den ich gerade gehört habe …«
* »Lass uns mal rausgehen und die Ponys füttern, den Stall ausmisten und an der frischen Luft die Stille genießen – nur wir beide, du und ich.«

- »Was hältst du von dieser Sache? Zeigst du mir ein paar Möglichkeiten?«
- »Ich übergebe dir diese Frage/dieses Problem aus meiner Arbeit – das ist einfach zu groß für mich.«
- »Ich liebe dich, mich, dieses fantastische Leben, dieses Essen, diesen Himmel, diesen Wind.«
- »Dir nahe zu sein fühlt sich wunderbar an!«
- »Wenn ich mein Herz klopfen spüre, weiß ich: Du inszenierst das alles.«
- »Du hast mir gezeigt, wie das, was erst wie ein Rückschlag aussah, tatsächlich zu etwas Besserem führte.«
- »Du kommst an erster Stelle. Du bist mein bester Freund, mein göttlicher Geliebter.«

Diese Gespräche wieder aufzunehmen brachte einen tiefgehenden, sofort spürbaren Unterschied: Die Realität des warmen, intimen Einsseins mit meinem großen Selbst war wieder da! Die innere Führung intensivierte sich und veranlasste mich, meine Vorstellung von »Gott« neu zu überdenken und anzupassen. Ich hatte es zweifellos nötig, der göttlichen Präsenz eine neue, mehr greifbare und spürbare Rolle in meinem Alltagsleben zu geben. Also bat ich darum, sie möge mir quasi als mein »nichtphysisches Managementteam« die zunehmende Komplexität von *Divine Openings* bewältigen helfen. Einige Teilnehmer eines in derselben Woche stattfindenden Webinars probierten es mit mir aus und hatten tiefgreifende Durchbrüche: Gott fühlte sich nicht mehr wie eine Autoritätsfigur an, sondern wie ein Freund. Sie hatten das Gefühl, etwas zu bedeuten, niemals allein, aber intensiv in das Göttliche einbezogen zu sein. »Gott« war für sie plötzlich real.

Ich weiß nicht einmal genau, wie es geschah – denn äußerlich änderte sich gar nichts, außer dem lockeren Geplauder. Doch mein komplizierter Job fühlte sich wieder leichter an. Ich hatte mehr freie Zeit, was für mich eine Voraussetzung ist, um in bester Form zu sein.

Umsetzung in deinem Leben: Aktualisiere dein Konzept von Gott

Lass es uns auf die Erde bringen. Setze es ins Tun um. Mach dich jetzt gleich daran, deine Vorstellung von Gott zu erneuern, upzudaten, zu redesignen und zu aktualisieren. Welche Rolle soll dein großes Selbst in dieser Phase deines Lebens spielen? Was brauchst du dafür? Vollkommene Eltern, einen vollkommenen Geliebten bzw. eine Geliebte, einen Freund oder eine Freundin, einen Sozialbetreuer? Eine Band zum Spielen selbst komponierter Musik, einen Kreativdirektor oder Manager, ein PR-Team? Einen Spaßkoordinator, Spielecoach oder ein Wellnessteam? Schreibe in dein Tagebuch die Rolle und die Eigenschaften, die »Gott« für dich haben sollte, und wie du dich dann fühlen wirst.

Plaudere mit der Präsenz wie mit einem Freund

Lass es sofort konkret werden. Fange jetzt gleich an, mit der Präsenz zu reden, wie du mit einem Freund, einer Freundin, einem Teamkollegen oder einer Geschäftspartnerin reden würdest. Beginne morgen deinen Tag damit, dass du dich mit deinem großen Selbst über den bevorstehenden Tag unterhältst. Setze das Gespräch tagsüber jederzeit fort und hab Spaß dabei.

Erforsche: Wer ist dein Gott?

Deine eigene authentische Antwort zu finden ist einfach: Welcher Person oder Sache gibst du jede Woche das meiste deiner Gedanken, deiner Zeit, deiner Gespräche und Energie? Mit wem plauderst du jede Woche am häufigsten?

Es geht darum, wer du bist

Du denkst, ersehnst oder erträumst dir etwas – und in dem Maße, wie du die unbegrenzte Kraft deines nichtphysischen, großen Selbst in diesem Bereich zu nutzen weißt, manifestiert es sich. Es geht ganz leicht und passiert fast automatisch, von etwas zu träumen, um etwas zu bitten, etwas zu wollen. Wenn du gewohnt bist, dein großes Selbst zu *sein*, das mit kosmischer Kurssteuerung unterwegs ist, wird das Manifestieren zunehmend leichter. Bist du aber in einem bestimmten Bereich nicht im Einklang mit deinem großen Selbst, wird kein Aufwand an Action oder Geld es wettmachen können.

Deine größte Macht liegt im nichtphysischen großen Selbst – und das bringt uns wieder zum Hauptthema: Sei stärker mit deinem großen Selbst identifiziert, denn das ist es, was du in Wahrheit *bist*. Im Nichtphysischen erschaffen wir mehr im »Sein« als im »Tun«.

Gewiss, wir haben uns selbst erschaffen, um auf der physischen Ebene zu »tun« – zu handeln und das Abenteuer der physischen Welt zu erleben. Aber wie schon ein schlauer Spruch sagt: »Wer gut mit dem Hammer umgehen kann, hält alles für einen Nagel.« Die meisten Menschen greifen zuerst automatisch zu Worten und Taten. Sie handeln und sprechen, ohne mit ihrer Energie im Einklang zu sein, und wundern sich dann, wenn es nicht funktioniert. Manche Pop-Gurus raten sogar, man solle sich als ersten Schritt massiv in eine Aktivität stürzen. Das läuft alles verkehrt herum!

Bevor du irgendetwas *tust*, erinnere dich daran, wer du *bist*. Und damit meine ich nicht, dass du nach irgendeiner Vorstellung »spirituell sein« sollst. Was ich mit *Sein* meine: Bist du expansiv und machtvoll, offenherzig und klar wie dein größeres Selbst, völlig im Einklang mit deinem besten Selbst? Wenn nicht, dann schalte in einen anderen Gang. Nimm dir vor, dich ins große Selbst hinein zu erweitern, deine Absicht zu fokussieren, dich zu entspannen und mit dem Tun so lange zu warten, bis du dich zum Tun oder Reden innerlich geleitet fühlst.

Was glaubst du, wer du bist?

Mit einer solchen Frage hat dich vielleicht so mancher Lehrer oder Elternteil beschämt oder gedemütigt, als du noch Kind warst. Ich benutze diese Frage, um dich zu erweitern und einzuladen, nach vorn zu treten und das große Wesen zu sein, das du in Wirklichkeit bist. Wenn du dich zu klein und bescheiden fühlst, bedenke, dass es noch so viel mehr in dir gibt, in das du hineinwachsen kannst und sollst.

Zugegeben, als Menschen sind wir fehlbar, doch zum Glück müssen wir nicht vollkommen ausgeweitet und perfekt sein, um über eine enorme Kraft der Absicht verfügen zu können. Es genügt deine starke Absicht, wach zu bleiben und zu *sein*. Nimm dir jetzt vor, dass du mehr Zeit in deinem großen Selbst einfach »sein« willst, und *identifiziere dich* mehr mit deinem großen Selbst.

Erst die Absicht,
dann das Tun.

Wer wir sind und was wir aussenden, ist viel wichtiger als das, was wir tun oder sagen. Wenn wir unser begrenzteres Selbst sind, stehen uns nur unsere begrenzten menschlichen Fähigkeiten und Ressourcen zur Verfügung. Sind wir aber im *Sein* unser großes Selbst, haben wir mehr von unseren unendlichen nichtphysischen Ressourcen zur Verfügung, und unsere Absichten materialisieren sich schneller und zuverlässiger.

Einmal erzählte mir eine Lehrerin aus einem anderen Programm, sie wünsche sich einen Partner, bei dem sie nicht die ganze Zeit erleuchtet sein müsse. Sie sehne sich nach dem Luxus, auch mal durchhängen und nachlässig sein zu können – als wäre es harte Arbeit, wach zu bleiben! In dem Programm, das sie vermittelte, war es allerdings tatsächlich harte Arbeit, erleuchtet zu werden und ein gutes Leben zu leben. Deshalb kann ich verstehen, warum sie sich so fühlte.

Nach meiner Erfahrung ist es harte Arbeit, mein kleines Selbst zu sein. Ich finde es überhaupt nicht entspannend – es ist die Hölle. Gegen den Strom des Lebens anzukämpfen ist harte Arbeit, hellwach und im Fluss zu sein ist hingegen pures Vergnügen und Leichtigkeit. Solltest du dich dabei ertappen, wie du dieses alte Paradigma von der »Arbeit an dir selbst« hier hereinbringst und die Evolution zu einer anstrengenden Sache machst: Stopp! Das hat hier keinen Platz, es würde dich nur bremsen. Mach dies hier lieber zu einem Spiel, das Spaß macht – unterstützt durch Leichtigkeit und den natürlichen Fluss.

Wenn du Portal 2 schon durchschritten hast, wirst du bereits einen Großteil deiner Zeit als dein größeres, ausgedehnteres Selbst leben. Dann erwartest du nicht mehr, perfekt zu sein, und akzeptierst deine Menschlichkeit und die der anderen.

Das Leben ist bestrebt, uns mit Gnade und einer Überfülle an Gutem zu überschütten. Deshalb zur Erinnerung: Unsere Aufgabe, unsere zehn Prozent bestehen darin, uns aus dem Weg zu halten und im Fluss zu bleiben. Während du auf der vergnüglichen Reise dieses Buches fortschreitest, wirst du erleben, wie alles an seinen richtigen Platz kommt: Du wirst immer mehr mit deinem großen Selbst identifiziert sein, während sich das kleine Selbst immer mehr heraushält und sich zu entspannen beginnt. Letztlich wird es sich in den Dienst deines großen Selbst stellen und als dein großes Selbst sprechen.

Nimm einen tiefen, köstlichen Atemzug und wisse, dass es nichts zu »tun« gibt, außer zu relaxen, zu erleben und zu genießen.

Was bedeutet es,
dein großes Selbst zu sein?

Was heißt es eigentlich, dein großes oder ausgedehntes Selbst zu sein? Sicher heißt es nicht, »gut sein zu wollen«. Du könntest als »gutes« Opfer enden oder völlig aus deiner Mitte geworfen werden, wenn du äußere gesellschaftliche oder menschliche Normen zur Maxime deines Lebens machst, statt dich mit deinem großen Selbst in Einklang zu bringen.

»Gut« zu sein ist etwas Subjektives und beruht auf menschlichem Urteil. In der Praxis ist es nicht hilfreich, deine Kraft der Absicht darauf aufzubauen. Es ist zu sehr an äußeren Werten orientiert. Wenn du als dein großes Selbst lebst, innen fokussiert und aus deiner Mitte heraus gesteuert, bist du *von Natur aus gut* und wirst keinem Menschen absichtlich wehtun.

Statt sich ständig zu vergewissern, dass du auch wirklich »gut bist«, ist es leichter praktizierbar und nützlicher, mittels der Navigationstafel zu überprüfen, wie sehr du mit deinem großen Selbst übereinstimmst. (Den Gebrauch der Navigationstafel zur Einschätzung deiner emotionalen Befindlichkeit hast du bereits in *Alles läuft super, während ich weg bin* kennengelernt.) Damit kannst du eindeutig feststellen, ob du mit dem großen Selbst auf einer Linie bist: Du liest auf der Tafel anhand des Gefühlszustands einfach deine Schwingungshöhe ab.

Hier sei vorausschauend angekündigt, dass du ab Portal 5 die Navigationstafel transzendiert haben wirst und dann durch direktes Wissen navigierst. Stell dir vor, wie aufregend es sein wird, wenn dein großes Selbst in Bereichen jenseits der Verstandes- und Gefühlsebene operiert!

Obwohl nichtphysisch und unsichtbar,
stellt sich die Energie deines großen Selbst für mich so dar.

Umsetzung in deinem Leben: Fokussiere deine Absicht auf das Wahre

Wenn du merkst, dass du dich von der aktuellen physischen Realität (die immer nur temporär ist) ablenken und dir von ihr deine
Macht rauben lässt, dann spiele folgendes Spiel, um Zugang zu
deiner vollen Macht zu gewinnen und deine Kraft der Absicht zu
stärken:

- Fokussiere deine Absicht aus der Perspektive deines großen Selbst.
- Erweitere die Bewusstheit deiner selbst zu etwas, das viel größer und zeitloser ist alle flüchtigen physischen Manifestationen, die deine Aufmerksamkeit fesseln könnten.
- Indem du deine Absicht auf die größere Perspektive richtest, erstarkt sie mühelos.
- Beabsichtige, die Worte in deinem Kopf vorübergehend »anzuhalten«. Probiere es. Du wirst sehen, dass es geht.
- Betrachte jede vorübergehende physische Realität aus dem Blickwinkel des großen Selbst und erkenne, dass die physische Situation viel, viel kleiner ist als du. Durch das Üben dieser Sichtweise schaffst du dir eine neue Gewohnheit.

Das, was du dir wünschst, beginnt sich im nichtphysischen, prämanifesten Bereich anzuordnen, wo jede Schöpfung – ob beabsichtigt oder unbeabsichtigt – ihren Ursprung nimmt. Mit anderen Worten, du erzeugst eine Vorlage (*Template*) im Nichtphysischen, auf der sich die physische Form (dem Gesetz entsprechend) aufbauen muss.

Es geht mehr darum, wer du bist,
als darum, was du tust.

Der schwierigere Weg wäre der Versuch, die Dinge allein auf der Ebene der physischen Arbeit und des physischen Tuns zu verändern. Selbst der Versuch, die Dinge durch das Denken ins Sein zu bringen, würde zu viel Arbeit machen und dein kleines Selbst ins Spiel bringen. Orientiere dich an der unbegrenzten, allmächtigen Perspektive deines großen Selbst und lass die physische Materialisierung sich dem unterordnen – das ist viel einfacher, als Felsblöcke den Berg hinaufzuwälzen.

Am schwierigsten von allem ist der Versuch, die physische Manifestation zu erzwingen, obwohl dies gegenteilige Schwingungen im Moment verhindern. Das ist, als würdest du von einer Seite gegen den Felsen drücken, während dein eigener Widerstand ihn von der anderen Seite zu schieben versucht. Etwas muss nachgeben. Sieh zu, dass *du* es bist. Vom Blickwinkel des großen Selbst aus hast du keinerlei Widerstand gegen deine eigenen Wünsche.

❀ ❀ ❀

Der wahre Sinn von »Was du säst, das wirst du ernten«

In *Alles läuft super, während ich weg bin* erwähnte ich, dass einstmals verwirrende Textstellen aus Schriften, die ich in meiner Kindheit gelesen hatte, nach meinem Erwachen plötzlich einen Sinn für mich ergaben. Die Stelle, wo es heißt: »Denn was der Mensch sät, das wird er ernten«, ist mir inzwischen völlig klar. Es bedeutet nicht, dass man bestraft wird, wenn man schlimm ist, und belohnt wird, wenn man brav ist. Wenn du dich auf der Welt umsiehst, kannst du sehen, dass das nicht stimmt!

Was tatsächlich damit gemeint ist: Deine Schwingung (der Same, den du säst) bestimmt, welche Dinge und Erfahrungen in deine Realität gezogen werden (was du erntest). Es hat überhaupt nichts mit »brav« oder »schlimm« zu tun. Ein Mensch, der selbstlos und großzügig ist, aber eine Opferenergie aussendet, wird leicht verletzt, beraubt oder anderweitig übervorteilt. Ein Krimineller, der in puncto Geld und Vergnügen eine positive Schwingung aussendet, bekommt genau das. Ein Verbrecher, der Schuldgefühle aussendet, wird geschnappt werden. Ein Psychopath, der keine Schuld empfinden kann, wird vielleicht nie erwischt. Aber man braucht sich seinetwegen keine Sorgen zu machen, außer man pulsiert mit der Schwingung von Opferenergie, Minderwertigkeits- oder Schuldgefühlen.

Ich sage oft etwas mehrmals auf unterschiedliche Weise, weil ich aus dem Feedback der Leute gelernt habe, dass manche es am besten auf die eine Weise hören und andere auf eine andere Weise.

Es gibt beispielsweise viele Möglichkeiten, wie dir die schwingungsmäßigen Samen des Geldmangels eingepflanzt wurden: durch Konditionierung seitens der Eltern oder der Gesellschaft, durch Jammern über Geldmangel, ständiges Senden von Opferbotschaften, nachdem man gekündigt oder beraubt wurde, oder durch eine emotionale Überlagerung des Themas Geld mit Angst, Macht, Bösartigkeit, Kritik an den Reichen und so weiter. Viele spirituelle Richtungen verdammen das Geld, weshalb es kein Wunder ist, dass so viele spirituelle Menschen den Reichtum regelrecht abstoßen (ich nenne das manchmal: »auf Geld allergisch reagieren«). Dein großes Selbst hat nicht die geringsten Vorbehalte gegenüber dem Geld, das du haben willst, und auch nicht dagegen, wie viel du davon haben willst.

Doch jemand, der tief im Geldmangel festsitzt, kann schon beim bloßen Gedanken an Geld in die problematische Perspektive des kleinen Selbst fallen. Gleichgültig, wie ein Geldmangel seinen Anfang nahm, solltest du nicht versuchen, die Einstellung deines kleinen Selbst zu reparieren, sondern mit deiner Aufmerksamkeit einfach zur Perspektive des großen Selbst hinüberwechseln, dann wirst du eine andere Schwingung haben. Dein großes Selbst kennt keinerlei Probleme, Ängste oder Einschränkungen bezüglich des Geldes.

Wenn du einem Baumeister die Blaupause für eine Scheune gibst, erwartest du keine Villa von ihm. Genauso wenig kannst du erwarten, ein wohlhabendes Leben zu genießen, wenn du der

Präsenz eine Blaupause für die Armut überreichst, voller Angst, Plackerei, Belastung, Wertlosigkeit und Mangel.

Für den Architekten beginnt alles mit der ursprünglichen Intention und Inspiration, ein bestimmtes Gebäude zu bauen. Seine Absicht lässt ihn einen Plan entwerfen, eine Blaupause. Seine Blaupause ist aber nicht nur eine physische Zeichnung oder ein Printout, sondern auch eine nichtphysische Matrix, die dann mit den wesentlichen Leuten, Ressourcen und Baumaterialien gefüllt wird, die zum Bau des physischen Gebäudes benötigt werden.

Du kannst deine eigene Schwingung nicht überwinden, wie sehr du dich auch anstrengst. Übergib die beängstigenden Dinge, die einfach zu groß für dich sind, an die Präsenz.

Deine Absicht besteht darin, eine Blaupause zu entwerfen, die eine Matrix für die zukünftige Kreation erzeugt, und dann werden die physischen Dinge und Erfahrungen zusammengestellt, um diese Matrix auszugestalten.

> *Deine Absicht, ob bewusst oder nicht,*
> *erzeugt eine Matrix. Durch die Materialisierung*
> *konkretisiert sie sich.*

Jeder von uns kann bereits manifestieren und macht es tagtäglich. Man weiß nur nicht immer, *wie man es macht*. Deine Kraft der Absicht wird wachsen, wenn du mehr Klarheit darüber erlangst, was du aussendest, und wenn du deine Navigationstafel besser ablesen lernst. Wie gesagt, dies alles wirkt besonders machtvoll, wenn du die Erleuchtungseinweihungen empfangen und die Grundprinzipien von *Alles läuft super, während ich weg bin* schon gemeistert hast. Sollte das nicht der Fall sein, kann es frustrierend sein, und dann wirst du dich beklagen, es habe nicht funktioniert. Nun, du bist vorgewarnt!

Kürzlich gab ich einem kultivierten, gebildeten Mann eine Telefonsitzung. Er saß zu diesem Zeitpunkt eine lebenslängliche Gefängnisstrafe ab – wegen eines Verbrechens, von dem er behauptete, es gar nicht begangen zu haben. Er hatte das Buch *The Secret* gelesen und alles kreiert, was er sich jemals gewünscht hatte, und mehr. Und dann ging sein ganzes Leben in die Brüche. Vor unserer Session hatte er gerätselt, warum und wie er diesen verheerenden Absturz herbeigeführt hatte. Er war absolut bereit, sich einzugestehen, dass es auf sein eigenes Konto ging.

Als ich ihn durch einen Prozess aus dem Onlinekurs Portal 4, *Jumping the Matrix*, geleitete, führte ihn sein großes Selbst schnell an den entscheidenden Punkt, als sein bis dahin perfektes Leben anfing, in eine Abwärtsspirale überzugehen. Er sah sich selbst in seinem früheren, perfekten Leben mit seiner perfekten Familie und erlebte sich in dem Moment, als er plötzlich das Gefühl hatte, all dessen nicht würdig zu sein. Er fing an, es systematisch zunichtezumachen, wodurch er seinen Job, seine Familie, das Traumhaus und seine Ehe verlor. Er tat sich mit einer gestörten Frau zusammen, was ihm schließlich schwere kriminelle Anschuldigungen und Gefängnis einbrachte.

Stell dir vor: Trotz all seines Wissens und seiner Macht im Manifestieren gab es bei ihm diesen blinden Fleck: das Gefühl, es nicht zu verdienen. Und diese Gegenabsicht hatte alles wieder zunichtegemacht. So hatte er zwar den Materialisierungsprozess ziemlich gut erlernt, jedoch keine Beziehung zu seinem größeren, nichtphysischen Selbst entwickelt. Er war ganz und gar materiell ausgerichtet. Die Methode des Buches *The Secret* übergeht völlig den größeren Aspekt dessen, was du bist – dein größeres Selbst.

Sobald du dich verwandelst, ändern sich auch deine Vergangenheit, Gegenwart und Zukunft.

Ich führte diesen Mann in eine andere Realität, in der sich eine andere Version seiner selbst würdig fühlte und in dem früheren glücklichen Leben weilte. Die Sitzung half ihm, seine Realität in den darauffolgenden fünf Monaten buchstäblich zu transformieren, was dazu führte, dass der Schuldspruch aufgehoben wurde. Man ließ ihn frei, ohne dass er Berufung eingelegt hatte (was er sich nicht hätte leisten können). So etwas passiert sonst nie, wie ihm mehrere Anwälte versicherten – ein wahres Wunder!

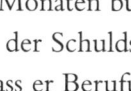

Erhebe Anspruch auf deine nichtphysische Macht

Wir kommen hierher, zu diesem großen kosmischen Versteckspiel, um eifrig mitzumischen. Doch das Wissen, dass wir Gott in mannigfacher physischer Form verkörpern, ist mit einem Tabu belegt. Natürlich lieben wir das Spiel und wollen nicht, dass es allzu schnell wieder vorbei ist. Gleichzeitig fühlen wir uns aber angezogen von der Möglichkeit eines befreienden Erwachens.

Damit ist jedoch weit mehr verbunden als das bloße Erwachen und Uns-Erinnern, wer wir wirklich sind. Jedes Mal, mit jedem neuen Leben, in dem wir aus dem Schlaf aufwachen, geht es nicht bloß um ein monotones Herumkreisen und schließlich »Wieder-nach-Hause-Kommen«. Tatsächlich findet eine stetige Vorwärtsentwicklung und Erweiterung statt, die unsere menschliche Evolution vorantreibt – einerseits durch die gegensätzliche Spannung zwischen dem Vergessen und der Sehnsucht nach Erinnerung und andererseits durch die Anziehungskraft der Freude, die mit der vollen Entfaltung unseres nächsthöheren Potenzials einhergeht.

Mit jeder Runde in unserem Spiel von Schlummern und Wiederaufwachen erweitert sich das Universum durch die Explosion von Wünschen, die wir in unserem leidenschaftlichen Drang nach ewiger Verbesserung ins All hinausschleudern.

»Gottverwirklichung« ist ein Begriff, den manche Traditionen verwenden, um das Leben eines Menschen zu beschreiben, der im vollen Bewusstsein seiner Einheit mit Gott die damit verbundenen Kräfte in seinem Leben verfügbar machen kann. Wie bei allen Konzepten kann auch bei diesem Begriff große Verwirrung durch viele widersprüchliche Definitionen entstehen.

Der Eingang zu der Höhle, in welcher der große Schatz verborgen liegt, wird von Drachen bewacht, die da sind: Gefühle der Minderwertigkeit, der Unwürdigkeit und Ohnmacht, Selbstbegrenzung, Angst und Gedanken wie: »Oh, ich kann doch unmöglich so groß, so weise und so wundervoll sein!« Eine Klientin von mir, die kürzlich mit ihren Eltern eine Kirche in Irland besuchte, war total schockiert, in wie vielen alten Gebeten die ganze Kirchengemeinde zum Singen der Litanei der Unwürdigkeit genötigt war. Das hat sie nicht mitgesungen!

In deinem Verhältnis zu Gott gibt es ein natürliches Fortschreiten, von einer persönlichen Beziehung mit der Präsenz, die ein Getrenntsein impliziert, bis hin zu der Erkenntnis, dass du eins bist mit der göttlichen Präsenz. Viele, die schon längere Zeit *Divine Openings* praktizieren, erzählen mir, dass es sich jetzt so anfühlt, als würden sie mit sich selbst reden, statt mit einem erhabenen Wesen irgendwo da oben. Sie haben sich selbst als göttliche Präsenz in einem menschlichen Körper erkannt – nicht nur in der Theorie, sondern als unmittelbare Erfahrung. Eine Frau in Großbritannien teilte kürzlich in einem Webinar mit, sie habe unvermittelt ihr großes Selbst als Lichtmatrix in ihrem Körper erlebt. Das ist real.

Jedes Mal, wenn wir beten, bitten wir Gott um etwas. Wir senden eine Botschaft aus, die sagt: »Ich bin vom Schöpfergott getrennt und habe nicht selbst die Macht, etwas zu erschaffen«, oder noch schlimmer: »Ich bin ein Opfer.« Wir schaffen damit eine Trennung, die eigentlich gar nicht existiert. Formuliere also deine Absicht in dem Bewusstsein, dass sie bereits erfüllt ist.

An diesem Punkt in deiner Evolution findet eine dramatische Zunahme deiner Kraft der Absicht statt. Nun bittest du Gott nicht mehr um Manifestationen aus Barmherzigkeit, wie ein Kind um Erlaubnis bittet oder ein Gefangener um seine Freilassung fleht. Du bist nun ein angehender bewusster Schöpfer, der seine zunehmende Schöpferkraft ausübt. Dich der Präsenz hinzugeben bedeutet nun, dich dem größeren Aspekt von dir selbst anzuvertrauen, der unbegrenzt und widerstandslos ist. Du bist nicht mehr auf irgendjemanden außerhalb von dir angewiesen, oder auf eine Autoritätsfigur, die du zufriedenstellen oder gar besänftigen müsstest.

Du fängst an, in jedem Augenblick innerhalb eines Kontinuums bewusst zu operieren, wobei du mal mehr und mal weniger auf dein größtes Selbst ausgerichtet bist, das heißt, du bist immer mehr oder weniger ausgedehnt. Du machst aber kein Problem daraus, wenn du kontrahierst oder nicht im Einklang bist, weil du weißt, dass die Spannung und der Kontrast, nicht im Einklang zu sein, einen machtvollen Anreiz darstellen, sich wieder auszurichten. Durch diese Energie wirst du und wird das Universum noch weiter ausgedehnt.

Bleib in Bewegung und sei wach.

Wenn ich einen Faktor identifizieren sollte, der deine Kraft der Absicht am stärksten erhöht, so wäre es deine Erfahrung, dich selbst als den Schöpfer zu erleben, der sich durch deinen physischen Körper ausdrückt. Schöpfer erschaffen etwas! Du bringst deine Kraft zum Wachsen, wenn du vorrangig dieses Gefühl und diesen Seinszustand im Auge behältst. Dein Leben gestaltet sich immer besser. Dass du auch immer besser darin wirst, materielle Manifestationen erscheinen zu lassen, ist lediglich ein Nebeneffekt.

❦ ❦ ❦

Erleuchtung – oder Suchen?

Sobald deine Erleuchtung sich zu entfalten beginnt, wirst du dich kontinuierlich und unendlich immer mehr ausweiten, sofern du es zulässt und dem nicht *allzu* sehr im Wege stehst. Beabsichtige einfach, wach zu bleiben, und nimm dir vor, alles fühlen und nach innen nehmen zu wollen, dann wirst du dich so rasch entwickeln, wie du es eben bewältigen kannst. Viele bitten sogar darum, es möge langsamer vor sich gehen!

Wie ich schon erwähnte, ist das Aufbauen deiner Kraft der Absicht mehr davon abhängig, was du *nicht* machst, als von dem, was du machst. Hier nenne ich dir ein wesentliches Prinzip, wenn du die Kraft der Absicht meistern willst:

> *Du kannst keine höhere Stufe der Meisterschaft erlangen, solange du noch auf der Suche bist und Probleme zu verarbeiten trachtest.*

Natürlich kannst du dich dem widersetzen, wenn du musst. Rationalisiere es auf jede erdenkliche Weise, wenn du willst. Entscheide frei, wie du damit umgehen willst. Dies ist weder ein Urteil noch ein Gebot – ich gebe dir nur meine Wahrnehmung von dem weiter, was bei Tausenden von Menschen funktioniert oder nicht funktioniert hat. Es ist meine tägliche Erfahrung.

Für den Fall, dass ich hier offene Türen einrenne: Wenn du zu suchen aufgehört hast oder nie ein Junkie für diverse spirituelle oder persönliche Entwicklungsmodalitäten warst: Herzlichen Glückwunsch! Du wirst höher aufsteigen – wegen dem, was du *nicht* machst. Lies dieses Kapitel, einfach um dich zu freuen und dir dazu zu gratulieren, wo du stehst. Oder so zum Spaß, um darüber zu lachen, denn es ist komisch.

Zu diesem Thema habe ich schon einiges in *Alles läuft super, während ich weg bin* gesagt, warum also sage ich es hier noch einmal? Weil die Menschen nicht hören, was sie nicht bereit sind zu hören – selbst wenn sie es schon oft gehört haben. Süchte sind mächtig, doch sobald du eine Entscheidung triffst, bist du der Mächtigere. Vielleicht gehörst du zu denen, die unaufhörlich schwere Felsbrocken bergauf geschoben haben und es nun endlich leid sind – und damit bereit, das, was ich hier sage, zu hören.

In einer Sitzung gestand kürzlich eine äußerst kluge, aktive Geschäftsfrau, dass sie das Buch dreimal durchlesen musste, bevor sie überhaupt anfangen konnte, das zu hören, was ich über die Navigationstafel und einige andere Dinge zu sagen hatte. Einige Abschnitte waren für ihre Realität so fremd ... genauso gut hätte das Buch auch in Farsi geschrieben sein können. Es drang noch nicht durch die alte, verdichtete Realität hindurch. »Ich hab's einfach nicht kapiert ... bis ich anfing, mir deine Audios im Onlineportal 1 anzuhören«, bekannte sie.

Mit den Ohren des alten Paradigmas zuzuhören und das Gehörte in das Raster des alten Paradigmas hineinzupressen – das konnte einfach nicht funktionieren. Trotzdem blieb sie dabei, und am Ende war sie froh darüber. Denn irgendwann fing sie an, die Konzepte, Glaubenssätze und Denkschablonen des alten Paradigmas zu erkennen und loszulassen. Das Neue begann für sie zu funktionieren. Ich würdigte und anerkannte ihre Bereitschaft, dranzubleiben und nicht aufzugeben. Vor allem lobte ich, dass sie sich genug Zeit genommen hatte, alles auf sich wirken zu lassen.

Ich treffe Leute, die mich fragen: »Womit lässt sich *Divine Openings* denn vergleichen?« Das bedeutet nichts anderes als: »In welche Schublade kann ich es stecken, damit ich mich auf nichts Neues einlassen muss?« Ich antworte dann: »Es lässt sich mit *nichts* vergleichen, was du kennst.« Dann schauen sie mich mit ausdrucksloser Miene an, während das Gehirn leerläuft. Es ist, als wollten sie sagen: »Aber es *muss* sich doch mit irgendwas vergleichen lassen, das ich schon kenne!«

Wenn jemand *Divine Openings* ausprobiert, es aber in eine bereits vorhandene Schublade steckt, zusammen mit all dem anderen Zeug, das er in seiner metaphysischen Küchenkramkiste gesammelt hat, wird es seine ganze Wahrnehmung und Erfahrung von *Divine Openings* verzerren, verwässern und zusammenschrumpfen. Er wird überhaupt nichts mitkriegen. Manchmal plappern selbst Fortgeschrittene unbewusst New-Age-Floskeln und Begriffe des alten Paradigmas papageienhaft nach. In den Webinars lenkt der freimütige Cowgirl-Guru in mir die Aufmerksamkeit oft unverblümt auf diesen Punkt, doch die Leute spüren die Liebe dahinter und verstehen die Botschaft. Wenn mir einer sagt: »Daran arbeite ich noch«, fällt mir Tom Hanks in dem Film *Eine Klasse für sich* ein, als er sagt: »Beim Baseball wird nicht geflennt!« Und mein Guru-Cowgirl sagt dann: »Bei *Divine Openings* wird nicht ›daran gearbeitet‹!«

Wenn eine Teilnehmerin immer noch auf dem Trampelpfad der »Session des Monats« vor sich hin dümpelt, sich abrackert und mir dann sagt: »*Divine Openings* funktioniert nicht für mich«, dann schnappt mein Cowgirl-Guru zurück: »Was du machst, ist nicht *Divine Openings*, sondern ein Spiri-Eintopf mit New-Age-Brei. Natürlich funktioniert so was nicht und wird auch nie funktionieren. Wenn du mit einem Fuß in deiner alten Realität und mit dem anderen Fuß in *Divine Openings* stehst, ist das ein solcher Spagat, dass es dir die Hose zerreißt!«

Wenn du dir Audios von meinen Sessions und Webinars anhörst, dann weißt du, dass die Leute erst dann frei werden, wenn sie aufhören, an sich zu arbeiten. Ich habe noch nie erlebt, dass jemand frei wurde, solange er weiter im Hamsterrad von »Reparieren, Klären, Reinigen, Heilen« herumstrampelte.

Wenn der Kaiser keine Kleider anhat, ist das für mich eine eindeutige Sache. Ich tue einfach nur, was ich tue, ich sehe, was ich sehe, und ich schreibe, was mir von innen eingegeben wird. Ich hatte noch nicht erkannt, dass die Sucht-nach-Suche eine einzigartige Entdeckung war, bis mir irgendwann ein Mann schrieb: »Danke, dass du der Sucht-nach-Suche (englisch: *seeking addiction*) einen Namen gegeben hast. Ich habe das noch nirgendwo anders gefunden. Das war sehr erleuchtend!«

Ich habe tatsächlich diesen Begriff *seeking addiction* erfunden. Niemand sonst schien das zu bemerken, oder es wollte keiner bemerken. Doch auf diesem Gebiet bin ich Expertin. Ich war eine ernsthafte Such-Süchtige und pflegte viel mit anderen Such-Süchtigen abzuhängen. Es hat nie funktioniert. Trotzdem tun einige es immer noch, Jahrzehnte später!

Jetzt kannst du eine Passage aus meinem humorvollen Buch *Confessions of a Cowgirl Guru* (»Bekenntnisse eines Cowgirl-Gurus«) genießen:

DAS HAMSTERRAD

Früher lief ich ständig in einem Hamsterrad. Dadurch kam ich richtig gut in Form, es wurde aber frustrierend und langweilig. Mein Hamsterrad war das der persönlichen und spirituellen Entwicklung. Rückblickend erscheint es merkwürdig, dass ich so lange dabeiblieb – aber tun wir nicht alle eine Menge Dinge, und das jahrzehntelang, obwohl sie nie wirklich funktioniert haben? Zum Beispiel, die Männer ändern zu wollen. Deine Freundinnen tun das alle, aber keine scheint damit Erfolg zu haben. Dennoch ist es wohl am einfachsten, man macht einfach damit weiter, weil es alle tun.

Jetzt bin ich eine genesende spirituelle Sucherin. Und ich versuche auch nicht mehr, die Männer zu ändern. Ich hole sie mir gebrauchsfertig, vorgewaschen und schon getragen. Eine andere Frau vor mir hat bereits die ganze Schwerarbeit erledigt.

Wusstest du, dass ich die Anonymen Spirituellen Sucher schon vor sieben Jahren gründete? Diese Vereinigung ist so anonym, dass keiner davon weiß. Ich eröffnete ihre Treffen mit den Worten: ›Hi, ich bin Lola Jones, und ich bin ein genesender Such-Junkie.‹

Jetzt bin ich fast sieben Jahre clean und glückselig. Doch eines Morgens wachte ich mit einem Zittern in den Gliedern auf und wurde wieder rückfällig. Um mich zu stabilisieren, zählte ich meine Gebetsperlen und chantete hundertachtmal die hundertacht heiligen Namen Gottes. Das erwies sich aber als zwecklos – ich steuerte mit Volldampf zurück ins suchtmäßige Suchen.

Ich rief bei meiner Astrologin Moon Beam Steinberg an und bat sie um Rat. Sie sagte: ›Hey, wo hast du denn gesteckt? Ein rückläufiger Merkur ist ein Picknick im Vergleich zu dem, was deine Planeten gerade anstellen. Am besten bleibst du im Bett und setzt einen Sturzhelm auf!‹ Der Helm machte mir Kopfweh, und das brachte das Thema Ohnmacht hoch. Also las ich drei metaphysische Bücher: über Schamanismus, die Kabbala und den Buddhismus. Sie sagten alle etwas anderes, und das verwirrte mich so sehr, dass ich meine Kristalle hervorholte, um meine Chakren zu klären. Dann rief ich die Naturgeister der Bäume an, mir bei der Entscheidung zu helfen, ob ich eine therapeutische Origami-Klasse besuchen oder zur Gruppentherapie gehen sollte.

All meine Freunde würden in der Gruppentherapie sein – also ging ich auch dorthin, und nachdem ich gehört hatte, wie mies sie drauf waren, fühlte ich mich viel besser.

In meiner Aura schien blockierte Wut zu sein, also floatete ich in meinem pyramidenförmigen Salzwasser-Deprivationstank, nachdem ich mir einen Schuss Weizengrassaft zur Leberentgiftung gegönnt hatte. Danach gelang es mir, mithilfe von primärtherapeutischem Schreien meine Energiekanäle genügend durchzuputzen, um mit Pranaheilung ein paar Past-Life-Geschichten, die im Tank hochgekommen waren, zu klären, was mich dazu inspirierte, meinen teuren, inzwischen verstorbenen Onkel Luigi zu channeln – ein Knallkopp und alter Schmutzfink, als er noch inkarniert war, und jetzt einer meiner Geistführer. Er gab durch: ›Du brauchst Sex, Schatzi. Hol dir einen Liebeszauber und einen großen Rosenquarz im Laden von deiner Tante Rosaria, aber scheue keine Kosten, denn du bist es wert! Außerdem ist ihre Autorate fällig.‹

Das besorgte ich mir – nicht den Sex, aber den Liebeszauber und den Kristall – und nahm alles zu unserer Frauenermächtigungsgruppe mit, wo ich es auf den heiligen Altar legte, den wir nachher nackt umtanzten, während wir Chants sangen und Fotos von unseren Ex-Lovern verbrannten. Wir bemalten unsere Körper und beteten um Befreiung von karmischen Anhaftungen.

Dann gab es Mittagessen.

Irgendetwas fühlte sich noch immer nicht richtig an. Ich fand einfach nicht zu meinem Glücksgefühl zurück. Also hinterließ ich eine Nachricht für River Dolphin Rider, meine Massagetherapeutin, doch die befand sich gerade auf einem dreimonatigen Walkabout bei den australischen Aborigines, um dort die magischen Schamkapseln der Männer zu studieren. So ein Flop! – für mich, nicht für sie. Zum Glück hingen ein paar Typen beim Zentrum für Anti-Apokalyptische Kontemplation herum, und einer von ihnen gab mir einen Glückskeks mit einer Botschaft aus dem Universum: In zwei Jahren würde ich meinen Seelenpartner treffen!

Das fand ich so deprimierend, dass ich meinen Jung'schen Gestalt-Ho'oponopono-Reikimeister fragte, ob er mich nicht schnell für eine Totalenergie-Notfallsitzung drannehmen könnte, um mein Liebesleben ein bisschen anzukurbeln. Als ich wieder herauskam, standen mir die Haare zu Berge, und ich rannte (nicht therapeutisch) schreiend zu meiner Naturfriseuse, die mit jedem Haarfollikel kommuniziert und nur die Haare abschneidet, die wirklich geschnitten werden wollen. Sie schockierte mich, als sie darauf bestand, mir eine Dauerwelle zu verpassen. ›Wozu brauche ich eine Dauerwelle?‹, kreischte ich, ›ich dachte, du arbeitest chemiefrei?‹

Da sagte sie achselzuckend: ›Meine Autorate ist fällig.‹

Während sie sich an meinen Haaren zu schaffen machte, wiederholte ich hundertachtmal jede Affirmation, jedes Mantra und jeden Chant, die ich kannte. Dann ging ich zu einem Treffen der Anonymen Spirituellen Sucher, um ihnen von meinem Rückfall zu berichten und mein Gelübde zu erneuern. Als ich hörte, dass auch andere vom Weg abgekommen waren, fühlte ich mich gleich viel besser. Ein Typ hatte sich an diesem Tag noch mehr alternative Sessions zu Gemüte geführt als ich. Er muss wohl etwas früher aufgestanden sein.

Wieder daheim angekommen, versuchte ich zu meditieren, doch es überkam mich das unkontrollierbare Verlangen, mich in ein essenzielles Ölbad zu setzen, mit einem Ionengenerator zum Abtöten der Parasiten, während ich etwas über meine Kindheitswunden in mein Tagebuch schrieb. Das wurde so intensiv, dass ich in Panik geriet und eine Mitsucherin anrief, und gemeinsam praktizierten wir dann bis zum Abendessen Techniken zur Auflösung von emotionalen Verletzungen.

Aber nichts von alldem hat geholfen! Schließlich trank ich einen Sechserpack Bier, rauchte einen Joint und aß einen Hamburger, während ich mir die TV-Serie *The Real Housewives of Beverly Hills* reinzog – und siehe da: Die Welt war wieder in Ordnung.

Der Teil über den Joint, den Sechserpack und den Hamburger beim Anschauen der *Real Housewives of Beverly Hills* ist natürlich ein Witz. Ich würde mir nie und nimmer diese Serie anschauen!

Das ist natürlich humorvoll gemeint. Ich bin nicht ernst! Ich bin fast nie ernst. Hab ich dich etwa drangekriegt? Nur gut, dass ich nicht auf Anerkennung oder Popularität aus bin, denn manche mögen nicht, was ich in der Welt lehre und lebe. Mir geht es aber um deine Freiheit, nicht um Anerkennung. Ich hoffe, dass auch du über das Bedürfnis nach Anerkennung hinaus bist.

Die Leute würden mich viel lieber mögen, würde ich das sagen, was sie hören wollen, und nicht ihr altes Paradigma infrage stellen, sondern ihre Schlafenszeit auf dem Hamsterrad verlängern. Gerade das kann ich aber beim besten Willen nicht tun. Genauso wenig kann ich andere Menschen dazu ermutigen, sich abhängig zu machen. Ich lehne es ab, irgendetwas für jemanden in Ordnung zu bringen. Aber ich schaffe ein attraktives Feld, in das man sich eintunen kann: Es verweist jeden an sein großes Selbst, sein Zuhause und gibt ihm seine Navigationstafel zurück – und damit seine Kraft, die eigene Schwingung anzuheben. Wenn du dieses Buch erlebst, unterstützt dich die Gnade, aber du musst die eigene Macht selbst in Anspruch nehmen. Ich bin ein Katalysator. Die Macht liegt bereits bei dir.

In *Alles läuft super, während ich weg bin* und dem Onlineportal 1 werden die Schritte angeboten, wie man sich vom Leiden befreit und in die Leichtigkeit und den Fluss von Portal 2 kommt. Obwohl ich leidenschaftlich an Resultaten interessiert bin, gebe ich einfach mein Bestes und identifiziere mich nicht damit, ob die Menschen dies alles in sich hineinlassen können oder nicht. Glücklicherweise sagen mir die Tausenden von E-Mails, die ich bekomme, dass *Divine Openings* wirklich funktioniert – ich könnte einfach nicht damit weitermachen, wenn das nicht der Fall wäre. Wären die Menschen nach zwei Jahren nicht erheblich besser dran, müsste ich aufhören.

Manche besuchen weiter die *Divine-Openings*-Website, nachdem sie glücklich und frei geworden sind, weil es sich wie ihr Zuhause anfühlt und sie sich darüber austauschen und gemeinsam freuen können, wie ihre weitergehende Expansion dort unterstützt wird, zumal so vieles auf der Welt dies überhaupt nicht unterstützt. Einer der beglückendsten Kommentare ist es für mich, wenn jemand schreibt, dass er jetzt »einfach lebt«. Einmal fragte ich eine fortgeschrittene Schülerin, was für sie aktuell am aufregendsten sei, und sie sagte: »Ich fühle mich neuerdings schon super, wenn ich nur über den Fußboden laufe.«

Definitionsgemäß hast du entweder *erkannt*, dass du Es bist – oder du bist noch am *Suchen*. Ich sage das immer und immer wieder, auf so viele verschiedene Arten, in den Büchern, den Audios, den Videos, den Webinaren, bis die alten Konditionierungen und Grenzen dahinschmelzen und die Menschen bereit und fähig sind, es zu hören.

> *Du kannst keine hohe Stufe der Meisterschaft erlangen, solange du noch am Suchen bist.*

Ich hörte 2006 mit dem Suchen auf, während meiner einundzwanzig Schweigetage, und seither schwingt sich mein Leben in ständig neue Höhen von Liebe, innerem Frieden, Sicherheit, Macht, Wohlstand und Meisterschaft empor, ohne dass ich daran arbeite. Ich habe seitdem nichts mehr geklärt oder gereinigt, habe nicht an mir selbst gearbeitet oder an mir arbeiten lassen – im Ernst! Seit *Divine Openings* in mein Leben kam, versuchte ich ein paar Mal, mich von anderen retten zu lassen, aber das hat glücklicherweise nicht gut funktioniert, und auf diese Art hat mich die Präsenz zu mir selbst geführt. Einfach hier zu sein fühlt sich richtig gut an und wird immer besser, ganz ohne Mühe – außer der Absicht, wach zu bleiben.

Manchmal bin ich überrascht, wenn ich sehe, wie jemand einen hohen Grad an Glückseligkeit und Bewusstheit erreicht, ihn aber wieder verliert, indem er zum Suchen zurückkehrt und damit buchstäblich seine Macht wegwirft. Ich habe Menschen gesehen, die hohe Zustände erreichten, dann jedoch ihren Freunden oder ihrem Verstand folgten und wieder zum alten, vertrauten Herdenverhalten zurückkehrten. Meinen Schülern gebe ich dazu einen Hinweis für den bewussten Verstand: »*Führe* deinen Verstand, aber *folge ihm nicht.*«

Deine Navigationstafel gibt dir sehr klare Hinweise auf die Grenzlinie zwischen dem Annehmen von Hilfe und dem Abgeben deiner Macht. Sobald du das direkte Wissen erreicht hast, ist es kein Thema mehr.

Eine Meisterin (ob Mann oder Frau), die sich ewig weiterentwickelt, hat ihre Macht für sich in Anspruch genommen und lebt sie. Ein Suchender redet darüber oder »lernt dazu«, vermeidet aber im Grunde *die tatsächliche Erfahrung*. Ein Suchender hält seinen Verstand geflissentlich gefüllt mit Konzepten, Worten, Methoden, Wünschen, Ideen, Aktivitäten – jeglicher Art von Ablenkungen –, statt einfach still zu sein, zu schauen und nach innen zu lauschen. Meisterschaft stellt sich ein, wenn du dir den Raum und die Zeit freihältst, um nach innen zu gehen und dein großes Selbst *unmittelbar* zu erleben.

Dies ist wichtig, darum sei bereit, es zu hören:
Das Lesen von spirituellen Büchern, der Besuch
von Seminaren, das Arbeiten an dir selbst, die Arbeit
anderer an dir und die Teilnahme an allen möglichen
Prozessen – dies alles lenkt dich von der Meisterschaft
ab, die du eigentlich suchst.

Divine Openings führt dich immer zurück zu deinem Kern, zurück zu deiner eigenen Macht – zurück in dein Inneres, wo sie immer schon vorhanden war. *Divine Openings* erinnert dich immer wieder daran, dass du aufhören sollst, auf der ganzen Welt danach zu suchen, und stattdessen in deinem eigenen Hinterhof nachzusehen, wo das, was du gesucht hast, die ganze Zeit schon da ist.

❀ ❀ ❀

Lerne, selbst zu fahren

Ich bin mir sicher, dass dir das, was ich dir jetzt erzählen werde, irgendwie bekannt vorkommen wird. Und genauso sicher bin ich, dass du dich mit mir freuen wirst. Wenn ich vor vielen Jahren, lange vor *Divine Openings*, einem Gefühl begegnete, das ich nicht fühlen wollte, geriet ich oft in Panik und hatte dann eine therapeutische Sitzung nötig. Ich wollte, dass jemand das Gefühl für mich reparierte. Danach fühlte ich mich eine Zeitlang besser. Doch sobald ein anderes unerwünschtes Gefühl auftauchte und ich keinen blassen Schimmer hatte, wie ich damit umgehen sollte, brauchte ich eine weitere Sitzung. Das ging jahrzehntelang so, nahezu wöchentlich, und es hat mich vermutlich fünfzigtausend Dollar gekostet.

So hatte ich wertvolle Kraft und Energie abgegeben, wovon ich damals aber keine Ahnung hatte. Wertvolle Gefühle blieben unbeachtet – wie Gold, das man einfach links liegen lässt. Ohne mein heutiges Wissen über die Gefühlsskala der Navigationstafel waren mir die Gefühle unheimlich, und so betäubte oder ignorierte ich sie einfach. So blieben zahlreiche unbezahlbare Gelegenheiten, mir meine Kraft zurückzuholen, völlig ungenutzt.

Ich hatte starke, seit Langem bestärkte Schwingungsmuster, die mich auf bestimmten Gebieten, etwa in meinen Liebesbeziehungen, sehr einschränkten. Wenn jemand das für mich »geklärt« oder »geheilt« hatte oder es zumindest versuchte, ging ich erleichtert nach Hause, erzeugte dann aber weiterhin die gleiche Schwingung. Ich erzeugte die gleichen Gefühle und damit wieder die gleichen äußeren Umstände. Selbst wenn die Wirkung eine Weile anhielt und ich mich etwas besser fühlte – welche Kraft hatte ich dadurch gewonnen? Keine!

Da ich nicht wusste, dass ich es selbst kreierte, war ich automatisch ein Opfer und hatte keinen blassen Schimmer, warum alles so geschah, wie es geschah. Opfer haben das Gefühl, etwas außerhalb von ihnen oder jemand anderes würde Macht über sie ausüben, sodass sie sich von Ereignissen in ihrem Leben überrollt und verletzt fühlen. Einem guten Menschen, dem Unrecht geschieht, wird viel Sympathie entgegengebracht, und mich schaudert jetzt bei dem Gedanken, wie viele Stunden ich mit dem Mitleid sympathisierender, wohlmeinender Freunde zubrachte. Dass das Opferloch dadurch nur noch tiefer gegraben wurde, wusste keiner. Das selbstgerechte Opfer zu sein war ein riesiger, aber wertloser Trostpreis.

Heute kann ich unbeschwerten Herzens für ein ungewolltes Ereignis die Verantwortung übernehmen – selbst wenn ich total bereue, was ich kreiert habe. Ich gewinne im selben Moment den Großteil meiner Kraft zurück. Ohne dass ich einen Finger krümmen müsste, macht es aus mir sofort einen machtvollen, bewussten Schöpfer. Ich brauche noch nicht einmal zu wissen, *wie* ich es kreierte. Wenn ich es verstehen soll, wird es passieren.

> *Beteuere mit einem Lächeln:*
> *»Ich habe das erschaffen, und ich kann auch*
> *etwas anderes erschaffen.«*

Als ich anfing, öfter Kalifornien zu besuchen, war ich etwas eingeschüchtert von dem rasanten Straßenverkehr in Los Angeles, mit seinem Labyrinth an unbekannten Straßen und Autobahnen. Nach dem beschaulicheren Tempo in Austin fühlte ich mich in L.A. wie eine autofahrende Großmutter. Als Beifahrerin kann ich mir keine Fahrstrecken merken, und so lernte ich nie, mit dem Auto allein irgendwo hinzukommen. Ich konnte nicht einmal zum Lebensmittelmarkt fahren, ohne nach dem Weg zu fragen. So angenehm es auch war, dass mein Partner immer den Chauffeur spielte, so lähmend war es für meine Unabhängigkeit und Navigationsfähigkeit.

Als ich dann nach Kalifornien gezogen war, installierte ich mir gleich eine Navigationsapp auf meinem iPhone und fing an, mich allein hinauszuwagen. Schon bald war es kein Problem mehr, irgendwohin zu fahren, und eines schönen Tages fand ich mich überraschend in Hochstimmung, während ich im schnellen, dichten Verkehr zum Flughafen von Los Angeles fuhr, um meine Mama abzuholen. Danach fand ich intuitiv auch ohne mein Navi den Weg hinüber nach Hollywood, um ihr die Sehenswürdigkeiten zu zeigen. Diesen Quantensprung geschafft zu haben war für mich ein ermächtigender Augenblick. Erinnerst du dich an deine Freude, als du deinen Führerschein bekommen hast? Das war genauso stark.

Ich hatte an meiner Ängstlichkeit weder gearbeitet noch sie analysiert – sie löste sich ganz natürlich auf, nachdem ich meine

Absicht, selbst fahren zu wollen, formuliert und meinen Widerstand aufgegeben hatte. Ich war frei und im Vollbesitz meiner Macht. Ich hatte gelernt, mich selbst zu fahren.

So ähnlich ist es auch mit dem Entwickeln deiner Kraft der Absicht. Eine wesentliche Komponente davon ist die Fähigkeit, das Steuer deiner eigenen Schwingung, Energie und Gefühle selbst in die Hand zu nehmen, sodass du völlige Meisterschaft über den eigenes Navigationssystem erlangst – die Navigationstafel und darüber hinaus: das direkte Wissen.

Gelegentlich Hilfe von anderen anzunehmen ist trotzdem wunderbar, solange du dabei deine Power nicht abgibst. Deine Kraft der Absicht wird gestärkt, und du lernst, dich selbst und dein Leben zu gestalten – oder es so umzugestalten, wie es dir gefällt.

Du kannst dahin gelangen, dass du deine Navigationstafel so gut ablesen bzw. dein direktes Wissen so fein einstellen kannst, dass du manches schon aus meilenweiter Entfernung herannahen fühlst. Dann kannst du noch rechtzeitig Anpassungen vornehmen, wenn dir das, was du kommen spürst, nicht gefällt. Vor allem kannst du gefühlsmäßig schon zum Ergebnis springen und die bevorstehenden, wunderbaren Dinge fühlen und genießen, lange bevor sie tatsächlich bei dir ankommen.

Es gibt einen wunderbaren Rocksong namens »Drive« von einer Band, die seltsamerweise Incubus heißt. Das Lied handelt davon, »einer im Bienenstock« zu sein und einem »vagen, bedrängenden Massensog« nachzugeben, der Herde zu folgen und sich der breiten Masse anzuschließen. »Alle anderen scheinen auf diese Weise klarzukommen«, singt der Sänger mit kraftvoller, tiefer Stimme. »Ich fange an zu denken, ich sollte derjenige hinter dem Lenkrad sein«, und dann: »Nimm das Lenkrad und fahre.« Das Lied schließt mit: »Doch wenn ich selbst fahre, finde ich mein Leben. Was auch immer das Morgen bringt, ich werde da sein, mit offenen Armen und offenen Augen.«

Während du das Lenkrad hältst und als dein großes Selbst durchs Leben fährst, kannst du dankbar sein für die unschätzbare Orientierungshilfe, die deine Navigationstafel und das direkte Wissen dir geben.

Um ein kraftvoller Meister
der Absicht zu sein, musst du selbst
am Steuer sitzen.

Ich verteile keine Fische, ich bringe den Menschen das Fischen bei. Jemanden herumzukutschieren bringt ihn nicht in seine Power – ich bringe ihm lieber bei, wie er selbst fahren kann. Ich mache keine »Klärungen« und emotionalen »Heilungen«. Ich »mache« überhaupt nichts mit irgendwem. Ich bringe den Menschen nur bei, wie sie ihre Schwingung selbst anheben und die Gnade zulassen können, die sie noch weiter emporhebt. Und ich helfe ihnen, eine höhere Schwingung zu halten, bis sie es auch allein können.

Jemand fragte mich: »Würdest du ein Space-Clearing in meinem Haus machen?« Die Antwortet auf diese und ähnliche Fragen lautet immer: »Nein, in deinem Haus mag es zwar alte, noch verweilende Schwingungen geben, aber dein Haus ist nicht das Problem und auch nicht die Quelle deiner Kraft. Die Power in deinem Haus bist *du*. Ich zeige dir, wie du deine eigene Schwingung anheben und beibehalten kannst, dann muss selbst die niedrigste Schwingung in deinem Haus *aufsteigen, um dir zu begegnen.*

Gedanken und Gefühle
müssen übereinstimmen

Um erfolgreich manifestieren zu können, müssen deine Gedanken und Gefühle übereinstimmen. Ja, es ist dir möglich, durch deine Gedanken etwas in Erscheinung zu bringen – *sofern deine Gefühle deinen Gedanken nicht widersprechen*. Sind deine Gefühle nicht im Einklang mit deinem Wunsch, dann ist deine Energie gespalten. Gefühle sind wertvolle Boten, die dich darauf aufmerksam machen, welche Schwingung du tatsächlich aussendest.

Manchen Menschen, die *Alles läuft super, während ich weg bin* gelesen haben, gelingt es tatsächlich, einige Widerstände, vermiedene Emotionen, blinde Flecken und Gefühlstaubheit noch »hinüberzuretten«. Wenn du das *Divine-Openings*-Mantra »Alle Gefühle sind gut« noch nicht annehmen kannst, solltest du das jetzt zu deiner Absicht machen, denn es ist ebenso wesentlich für das Meistern der Kraft der Intention wie für das Navigieren durch dein Leben.

Emotionen werden allzu oft gefürchtet und gemieden, statt dass sie für die Weisheit und Kraft, die in ihnen verborgen liegen, anerkannt und geschätzt werden. Die Angst vor dem Sprechen in der Öffentlichkeit, Höhenangst und Todesangst – diese Ängste kannst du vergessen. Sie sind nichts im Vergleich zur Angst vor dem Fühlen, die auf unserem Planeten die größte ist.

Wir kommen aus der Nichtkörperlichkeit hierher, um dieses Fest der Sinne zu feiern. Aber wenn uns die Gefühle zu intensiv werden, laufen wir manchmal vor ihnen weg, kämpfen gegen sie an oder geraten in Streit mit ihnen, geben anderen die Schuld, diese Gefühle bei uns auszulösen, oder versuchen, sie durch spirituelle Abkürzungen und Ausflüchte zu umgehen. Ein spiritueller Bypass besteht dann, wenn man ein Gefühl flüchtig übergeht, es leugnet, vor ihm davonläuft oder versucht, es mit spirituellen oder intellektuellen Argumenten wegzurationalisieren.

Wenn du gegenüber manchen deiner Gefühle über längere Zeit taub warst, kann es sogar mit *Divine Openings* eine Weile dauern, diesen Widerstand zum Schmelzen zu bringen. Das kannst du beschleunigen, doch bedarf es dazu deiner bewussten Entscheidung. *Formuliere die Absicht, deine Gefühle vollständig erleben zu wollen.*

> *Niedrigere Gefühle signalisieren dir,*
> *dass du die in ihnen gebundene Energie*
> *freisetzen sollst.*

Sobald du sämtliche Gefühle anzunehmen bereit bist, werden die niedrigeren (sogenannten negativen) Gefühle ihre Schwingung schneller anheben, weil du sie nicht mehr verurteilst. Dann wirst du relativ schnell das Ergebnis erhalten, das du eigentlich wolltest: dich gut zu fühlen – wie es für dein großes Selbst normal ist.

Ruhe dich nun aus, um das Gelesene in dich aufzunehmen.

❀ ❀ ❀

Gegenabsichten

Der Hauptgrund, warum eine Intention sich nicht materialisiert, kann darin bestehen, dass Absichten, Energie, Gedanken und Emotionen nicht alle an einem Strang ziehen, also nicht miteinander übereinstimmen. Dann sprechen wir von »Gegenabsichten«: Die Intention ist gespalten. Du meinst, eine bestimmte Sache zu wollen, aber tatsächlich willst du zwei entgegengesetzte Dinge.

Zum Beispiel könnte eine Frau sagen, dass sie ihre Kraft für sich beanspruchen will, aber tatsächlich vermeidet sie es, tiefer nach innen zu gehen, weil die intensiven Gefühle, vor denen sie ihr Leben lang davongelaufen ist, als Erstes hochkommen. Das könnte ein Ende haben, wenn sie tief eintauchen und diese Gefühle in ihrem Herzen fühlen und sie »umarmen« würde (»Eintauchen« und »Umarmen« sind in *Alles läuft super, während ich weg bin* ausführlich beschrieben). So aber ist sie weiterhin ständig auf der Suche, um einen neuen spirituellen Bypass oder eine Patentlösung zu finden, damit sie diese Gefühle nicht annehmen und sich selbst damit lieben muss.

Wenn sie sich aber selbst nicht erlaubt, alles zu fühlen, fliegt sie ständig im Blindflug, ohne die Unterstützung der Gefühlsskala ihrer Navigationstafel, und rätselt dann herum, warum sie die ersehnte und beabsichtigte Meisterschaft nicht erreicht. Ihre Gegenabsicht – nämlich, das Fühlen zu vermeiden – ist stärker als ihre erklärte Absicht, zur Meisterschaft zu gelangen.

Ein weiteres Beispiel: Der Job eines Mannes, in dem er drei Jahrzehnte gearbeitet hatte, wurde durch Outsourcing nach China wegrationalisiert. Seine erklärte Absicht war eine neue Karriere, doch er erkannte nicht, dass er eine starke Gegenabsicht hegte: Insgeheim wollte er recht behalten und bestätigt bekommen, wie falsch Outsourcing ist. Er verbreitete die Schwingung eines »unschuldigen Opfers« der heutigen Arbeitswelt und des Wirtschaftssystems. Und selbst wenn er eine neue Arbeitsstelle finden könnte, würde er das unbewusst als Entschädigung dafür sehen, dass ihm sein »Job von China gestohlen wurde«. Er zog jedoch keine Arbeit an, sosehr er sich auch darum bemühte. Erst als er seine widersprüchliche Absicht aufgab und sich nur noch darauf fokussierte, wo er wirklich hinwollte, kreierte er sich eine neue Karriere, die ihm heute sogar viel mehr Spaß macht als die alte Arbeit.

Gegenabsichten spalten deine Energie und bewirken, dass sich das von dir gewünschte Ergebnis verzögert, reduziert wird oder überhaupt nicht eintritt. Sobald du erkennst, was du in Wirklichkeit beabsichtigst und daher aussendest, hast du die Möglichkeit, es zu bereinigen.

Mit Gegenabsichten pulsierst du mit der Schwingung zweier *gegensätzlicher* Dinge. Deine Gedanken, Absichten und Emotionen tendieren in entgegengesetzte Richtungen.

Die Gegenabsicht muss nicht gleich auf Anhieb erkennbar sein. Du kannst *denken*, dass du etwas von ganzem Herzen willst, aber wenn du dann *hineinspürst*, wirst du vielleicht entdecken, dass dein Wunsch nur halbherzig ist – tatsächlich zieht etwas in die entgegengesetzte Richtung, zu etwas ganz anderem.

So könnten einige häufige Gegenabsichten aussehen:

 Du hast die Absicht umzuziehen, willst aber eigentlich bleiben, wo du bist.

 Du hast die Absicht dich zu binden (an einen Weg, einen Liebespartner, ein Projekt), willst aber andere imaginierte Möglichkeiten nicht aufgeben.

 Du willst ein neues Abenteuer, klammerst dich aber an Sicherheit und Stabilität.

 Du willst dich verlieben, doch das Gefühl, »um keinen Preis verletzt zu werden«, ist stärker.

 Du willst Veränderung, willst aber lieber in deiner Komfortzone bleiben.

 Du intendierst eine größere Wahrheit, hältst aber weiterhin an alten Überzeugungen oder New-Age-Ansichten, an die deine Freunde glauben, fest.

 Du willst dein wahres Selbst sein, machst dir aber Sorgen, ob man dich dann noch mag.

 Du willst die Erleuchtung, aber gleichzeitig möchtest du so leben wie deine Sucher-Freunde.

* Du willst mehr Geld kreieren, dich aber nicht auf neue, herausfordernde oder unbekannte Dinge einlassen.
* Du willst mehr Geld kreieren, glaubst aber, es könnte dein glückliches, ausgeglichenes Leben zerstören.

Gegenabsichten sind nicht unbedingt schlecht. Absicht und Gegenabsicht können jede für sich gleich gut sein – sie widersprechen sich nur gegenseitig. Ich entdeckte bei mir zwei großartige, aber *offensichtlich im Konflikt befindliche* Absichten, als mein besessener Wunsch, dieses Buch zu vollenden, meine vorherige Absicht durchkreuzte, besser für meinen Körper zu sorgen. Als ich dann die beiden Anliegen bewusst ins Gleichgewicht brachte, konnte ich beides tun. Genug Bewegung und gesundes Essen *unterstützten* tatsächlich das effiziente Schreiben des Buches durch mehr Energie und Vitalität und weniger Steifheit vom langen Sitzen am Computer.

Wesentlich ist die Klärung deiner Absichten, denn alle geteilten Absichten verneinen, vernebeln und verwässern deine Kraft. Wenn deine Absichten gemischt sind, sind auch deine Ergebnisse gemischt, wie du schon bemerkt hast.

Selbst wenn du dich entscheidest, eine Gegenabsicht zu verfolgen, sei dir zumindest klar darüber. Dann beschwindelst oder bekämpfst du dich nicht selbst. Du wirst eine Lösung bekommen. Dann kannst du ehrlich und machtvoll sagen: »Ich wähle dies, weil es sicher ist.«

Eine unwidersprochene Absicht ist
eine klare und machtvolle Absicht.

Göttliche Kräfte erfüllen sofort deine Wünsche, doch bewusste oder unbewusste Gegenabsichten wie Zweifel, Stress, Unglauben, Spannung, Angst oder Sorgen verzögern dies. Es ist unnötig, das in Ordnung zu bringen oder daran zu arbeiten. Du kannst einfach Klarheit erlangen und das Ganze von der Warte deines großen Selbst sehen – dann regelt sich alles von selbst.

Gewinne Klarheit – und peng!

Kläre deine Absichten, dann wird deine Kraft der Absicht mühelos zunehmen. Du denkst vielleicht, du hättest die Absicht, eine Gehaltserhöhung zu bekommen, und wunderst dich, warum es nicht passiert. Aber dann fällt dir auf, dass du eine starke Gegenabsicht hast: zu beweisen, dass deine Chefin im Unrecht ist. Du kannst aber nicht eine Schwingung aussenden, dass deine Chefin im Unrecht ist, und sie gleichzeitig dazu bewegen, dir eine Gehaltserhöhung zu geben – egal, wie sehr du dich anstrengst. Du wirst dich entscheiden müssen, was dir wichtiger ist.

Es ist schwierig, einen tollen Partner zu finden, der dich nicht enttäuscht, wenn du deine Enttäuschung über frühere Beziehungen aussendest. Da kannst du noch so viele Verabredungen treffen und Beziehungskurse besuchen.

Wenn du eine starke Gegenabsicht hegst, dass nur schlechte Menschen reich werden und gute Menschen sich nichts aus Geld machen, wirst du Geld abstoßen oder es nicht lange behalten.

Wenn du Unwürdigkeit ausstrahlst, ob bewusst oder unbewusst, ist es schwierig, gute Dinge an dich heranzulassen. Und wenn du sie doch heranlässt, werden sie bald wieder verschwinden. Wenn du eine Opferschwingung aussendest, wirst du missbraucht. Wenn du Ärger oder Wut aussendest, auch wenn du dich bemühst, es zu unterdrücken oder hinter einer freundlichen, spirituellen, glücklichen Fassade zu verbergen, wirst du wahrscheinlich trotzdem ärgerliche Menschen, Unfälle, Gewalttaten oder entzündliche, brennende körperliche Beschwerden anziehen.

Mit Kreischen kann man ein Baby nicht in den Schlaf wiegen. Und ein schläfriges Klavierstück reißt die Leute nicht vom Hocker, um das Tanzbein zu schwingen. Solche Schwingungen passen einfach nicht zusammen.

Die Gnade und die Güte des Lebens sind auf deiner Seite, aber sie können deinen freien Willen und deine selbstgewählte Schwingung nicht außer Kraft setzen. Wenn deine Energie gespalten ist, kann das gewünschte Ergebnis immer noch eintreten, aber es wird länger dauern. Wenn ein Teil es für möglich hält, ein anderer Teil es aber bezweifelt, ist deine Schwingung geteilt. Dann bist du nicht im Einklang mit deinem großen Selbst, das immer nur unbegrenzte Möglichkeiten sieht.

Willkommen in der menschlichen Rasse! Auch ich ertappe mich bei geteilten Absichten. Ich möchte vielleicht, dass etwas geschieht, bin aber zu sehr auf das fokussiert, was ich nicht mag, wie schwierig es ist oder dass ich keine Zeit dafür habe: Daher bin ich der Ursprung des Problems. Man könnte also ebenso von fehlgeleiteten Absichten, gespaltenen Absichten, negativen Absichten oder Hintertürabsichten sprechen. Ich denke, dass jeder dieser Begriffe das Konzept klar veranschaulicht.

Wenn ich loslasse, erscheint das, was ich will, manchmal über Nacht. Ich hätte mir gewünscht, dass meine Kreditkartenfirma einen besseren Kundenservice einrichtet, aber mein ständiger Fokus darauf, wie schlecht sie das machten, erzeugte eine Gegenabsicht, die den Prozess verlangsamte. Schließlich gab ich auf, recherchierte ein wenig und bekam eine neue Kreditkarte bei einer anderen Firma, die doppelt so viele Bonusmeilen gewährte. Später fand ich heraus, dass es noch einen weiteren Bonus gab: Sie haben Preise für ihren Kundenservice gewonnen! Alles, was ich zu tun hatte, war, meine gespaltene Aufmerksamkeit aufzuheben und den Fokus nur auf das zu richten, was ich wollte.

In einer Liebesbeziehung hatte ich versucht, einige Wünsche zu kommunizieren, aber es war eine emotionale Ladung mit dabei, sodass der Widerstand meines Gegenübers nur noch zunahm. Schließlich hörte ich auf, mich auf das zu konzentrieren, was er nicht machte, und entzog ihm meine Energie (aber nicht meine Liebe) so plötzlich, dass er wohl das Einrasten hören musste. Ich sprang gleich zum Ergebnis und refokussierte mich auf ihn als »meinen idealen Geliebten«. Dann genoss ich die Gefühle, die ich haben wollte, als wären sie gerade da. Ich verbrachte einige Minuten im Lächeln über meine inneren Visionen, und dann ging ich hinaus und hatte eine gute Zeit.

Innerhalb von zwei Stunden passierte eine dramatische Veränderung. Das, was er sagte und tat, war so völlig anders (im positiven Sinne) als zuvor, dass mir fast die Kinnlade runterfiel. Auf diese Weise verlierst du nie – entweder verändert sich die betreffende Person oder Situation, oder es wird jemand oder etwas anderes auftauchen. Das Leben steigert sich in Richtung besser und besser und besser.

Achtsamkeitsübungen:
Werde dir deiner Gegenabsichten gewahr

Notiere dir ein paar Dinge, die du schon einmal zu sein, zu tun oder zu haben beabsichtigtest, die aber nicht eingetreten sind. Schreibe neben jede Absicht, welche Gegenabsichten du gehabt haben könntest, sodass das Gewünschte nicht eintreten konnte.

1. . . . .

. . . .

2. . . . .

. . . .

3. . . . .

. . . .

4. . . . .

. . . .

5. . . . .

. . . .

Du bist ein machtvoller, bewusster Schöpfer! Du brauchst nicht erst
daran zu arbeiten. Du brauchst dich nur bewusst zu entscheiden,
was du beabsichtigen willst und was du dafür loslassen musst.

❀ ❀ ❀

Fühle und folge

Wenn ich beim Ausreiten auf meinem Pferd sitze und ein anderes
Pferd scheut aus irgendeinem Grund, kann es sein, dass auch
mein Pferd aufschreckt. Wenn eine Gefahr droht, will es wissen,
was los ist. Wenn ein anderes Pferd rennt, will meines auch rennen. Es will nicht außerhalb der Herde allein zurückbleiben. Es
würde direkt in eine Gefahr hineinlaufen, wenn das andere Pferd
es täte. Wir Menschen sind ebenfalls Herdentiere – glücklicherweise dann, wenn wir einander helfen, aber unglücklicherweise
auch dann, wenn wir etwas tun, weil es andere tun, obwohl es
nicht funktioniert.

Ich habe *Divine Openings* kreiert, mit null Bedürfnis nach Bestätigung oder Unterstützung von irgendjemandem, und eine

Zeitlang war ich damit allein. Doch schon bald fühlten sich andere angezogen, und alles beschleunigte sich. Es gab weder eine Vorgabe noch einen Plan, dem wir hätten folgen können. Es war etwas völlig Neues, und so lernten wir durch Fehler, trotz der starken Führung.

Ich würde euch keine Regeln, Garantien, unabänderliche Dogmen oder Schwarz-Weiß-Antworten geben, selbst wenn ich es für möglich hielte, dass sie existierten. Ich möchte, dass du deine Gefühle im Augenblick erspürst und deinem inneren Wissen folgst. Die Wahrheit ist abhängig von den Umständen, der Zeit, dem Ort und deinem Bewusstseinszustand, und die Wahrheit des aktuellen Augenblicks ist dir zu allen Zeiten zugänglich.

Divine Openings schafft dir eine Verbindung zur reinen Quelle, und deine Antworten sind immer zeitgemäß, aktuell, frisch und für dich wie maßgeschneidert – nicht für irgendjemand anderen, und schon gar nicht für jemanden, der vor Tausenden von Jahren lebte. Seither hat sich das Leben dramatisch weiterentwickelt.

> *Erhebst du Anspruch auf deine größte Macht,*
> *dann ignoriere die Herde.*

Kannst du dir selbst treu bleiben, ohne von irgendjemandem unterstützt oder bestätigt zu werden? Ich kann es, weil ich alles von innen bekomme und mich selbst auf machtvolle Weise bestätige. Gib dir selbst zu allererst. Ich nenne es »für dich selbst da sein«. Wenn du für dich selbst da bist, strömen andere herbei, um sich dir anzuschließen.

Lass alle Idealvorstellungen los, die du aus den Medien oder von anderen übernommen hast – in Bezug auf Gemeinschaft, Stadt, Land, Partner, Beruf, Haus, Kinder, Leben, Aussehen, Besitz, Urlaub und Freizeitaktivitäten. Fühle stattdessen Stück für

Stück in dich hinein, um deine wahren Herzenswünsche herauszufinden, und lass ihnen genug Zeit, in einer für dich einzigartigen Art und Weise aufzublühen. Du könntest überrascht werden.

Vielleicht weißt du nicht, was am besten für dich wäre, aber du weißt, wie du dich fühlen willst. Dein großes Selbst kennt die beste Form, in der sich dein Gefühl manifestieren kann, und wird sie dir liebend gern bereitstellen, wenn du die Einschränkungen loslässt und dich für alle Möglichkeiten öffnest.

Ich war einmal überzeugt, dass ich *niemals* von Austin wegziehen würde, doch sobald das Leben mich in Richtung Kalifornien lenkte, fühlte sich die Energie von Austin für mich alt und vertrocknet an. Ich dachte, ich würde platzen, wenn sich mein Haus in Austin nicht schneller verkaufen ließ. Der Umzug nach Kalifornien eröffnete mir eine völlig neue Welt, und jetzt kann ich es mir gar nicht mehr anders vorstellen. Ich habe Texas überhaupt nicht vermisst, und meine Freunde kommen mich besuchen.

Glücklicherweise war ich mir so klar darin, welches *Gefühl* ich wollte, dass ich bereit war, loszulassen und flexibel zu bleiben hinsichtlich meines nächsten »besten Platzes« – hinsichtlich der physischen Formen, Fakten und Details meines neuen Lebens. Ich konnte *fühlen*, dass diese Veränderung für mich richtig war.

> *Wir wissen nicht immer,*
> *welche Form für uns am besten wäre,*
> *doch unser großes Selbst führt uns zu ihr hin.*

Absichten und Gegenabsichten

Schreibe drei erwünschte *Gefühle* auf, die für dich in den verschiedenen Lebensbereichen wesentlich sind. Natürlich sind das nicht die einzigen Gefühle, die du fühlen willst, aber im jeweiligen Bereich die erfüllendsten.

Feindseligkeit
Leidlichkeit
Lebendigkeit

Dabei können deine Gegenabsichten auftauchen und dich darauf aufmerksam machen, was im Wege steht, welche Gefühlen du glaubst, nicht haben zu können und so weiter. Sei dankbar, dass sie sich dir zu erkennen geben. Nimm sie an, und du wirst Klarheit erlangen.

Bereich	Beabsichtigte Gefühle	Gegenabsichten
Arbeit	*Leichtigkeit, Fülle, Lebendigkeit, Feindseligkeit, Freiheitsgefühl*	*Blockaden, Angst, Sorge, kann Arbeit = Geld verdienen, ich bekomme immer zu wenig Geld für meine Arbeit*
Freizeit / Natur verbunden heit	*Ewigkeitsgefühl, Freiheitsgefühl, Lebendigkeit, Feindseligkeit, Fröhlichkeit*	*zu wenig Zeit, viel zu tun, zu viel Alltag, kann sleuet auch sparen*
Liebe / Liebe bedingungslos Nähe	*Wärme, Sicherheitsaspekt, Leidlichkeit, Zusammengehörig, Kraftspüren, Leidlichkeit, Freiheitsgefühl*	*alles gut* 🙂
Freund-schaften	*Leidlichkeit, Freude, Freiheit, Sorglosigkeit*	*alles gut* 🙂
Familie	*Zusammengehörigkeit, sehen, Leidlichkeit, Freiheit, Fühlgehörn*	*Freiheitsgefühl, Verlassenheitsgefühl, Sorge*

140

① zutiefst erfüllt sein
② ich schwimme im Geld
   ich bade in der Fülle

Kreativer Ausdruck	Leichtigkeit Lebensfreude Im Fluss sein Gefühl von Fließen Geschwindigkeit	Sie hat keine Zeit dafür gehabt im Kreis drehen blockiere mich selbst
Beitrag für andere	heilende zu- wendung offene Herzens- gefühle	alles gut :)
Geistige Anregung	ich mache eine tolle Kunsttherapie Ausbildung!!!! ich liebe es und werde in der Idee!!	Angst, dass ich das Geld dafür nicht habe
Gesundheit	vollständiges Heilungsgefühl Lebensfreude Leichtigkeit Energie Jugendlichkeit	es dauert zu lange der Heilungsprozess werde die Energie spüren werde die Schmerze erleben Bekommen Anspannung Angst
Zeit	Unendlichkeits- gefühle Fülle	sehr wenig Zeit zu haben für die wichtigen Dinge im Leben
Andere Lebens- bereiche ~~FINANZIELLE~~ ~~FÜLLE~~	im unendlichen Fluss sein, im Geld schwimmen können ohne Sorgen	ich total blockiert fühle mit Sorge und Angst, traue mich nicht, blockiert sein

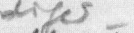

Du kannst damit rechnen, dass du die äquivalenten Schwingungen
dieser Gefühle bekommen wirst, wenn auch nicht immer buchstäb-

lich in der Form, die du dir vorgestellt hast. Lass dich überraschen, in welcher Form das Leben sie dir schickt. Solange du das Gefühl bekommst, das du erleben wolltest, wirst du mehr als zufrieden sein. Du wirst zutiefst erfüllt sein.

Du könntest zum Beispiel die Absicht hegen, eine Stelle zu finden, die dich reich macht, findest aber stattdessen eine Aufgabe, bei der du genau die Gefühle erlebst, von denen du meintest, sie nur durch Geld erreichen zu können. Der springende Punkt ist, dafür dankbar zu sein, dass du im Wesentlichen das Gefühl bekommen hast, das du wolltest. Je mehr du wertschätzt, was du geschaffen hast, umso mehr Gutes wird kommen.

Oder du hegst die Absicht, den perfekten Liebespartner zu finden, aber zuerst findet ein dich bedingungslos liebendes Haustier den Weg zu dir, weil du noch nicht bereit bist, menschliche Liebe hereinzulassen – wegen einer Gegenabsicht, zum Beispiel der Angst, verletzt oder ausgenutzt zu werden. Der springende Punkt ist jedoch das Gefühl, das du dir gewünscht hast! Sei dem Tier dankbar und denke nicht, es sei nicht das Richtige oder nicht gut genug – dann wird noch mehr Liebe kommen können.

Deine tieferen Herzenswünsche werden durch spezielle, oberflächliche Eigenschaften des Wunschpartners und Träume deines kleinen Selbst bestimmt nicht erfüllt. Statt aufzuschreiben, welche besonderen Qualitäten dein Idealpartner haben soll oder welche Änderungen du von deinem Ehegespons erwartest oder wo genau deine neue Wohnung, dein neues Haus sein soll, geh zuerst ganz allgemein von den Gefühlen aus, die du dir wünschst. Daraus bildet sich die Grundmatrix, die später mit den Details aufgefüllt wird.

Wenn unsere Wunschvorstellungen nicht unserer Entwicklung dienen oder nicht unseren wahren Herzenswünschen entsprechen, wird unser großes Selbst versuchen, uns in eine andere

Richtung zu steuern. Manchen Menschen ist es vielleicht gar nicht dienlich, viel Geld zu haben. Ein Mann, den ich kenne, kam zu sehr viel Geld, verwendete es aber, um sich aus Situationen herauszukaufen, statt mit allen Gefühlen durch sie hindurchzugehen. Das hemmte seine Evolution. Es diente weder seiner spirituellen Entwicklung noch seinem Glück. Doch wenn wir es zulassen, entwickeln sich die Dinge immer zu unserem Besten. Dieser Mann schwenkte auf einen anderen Weg und bewegt sich nun glücklich weiter.

❦ ❦ ❦

Hör auf, Felsblöcke auf Berge hinaufzuwälzen

Ich hatte das Beispiel von dem Versuch, einen Felsblock den Berg hinaufzuwälzen, zur Illustration erwähnt, wie es sich anfühlt, wenn man zu viel durch menschliche Anstrengung und physische Mittel erreichen will. Vielleicht hattest du schon mal so einen bildhaft riesigen, schweren Felsen in einem Bereich deines Lebens – bezüglich Geld, Gesundheit, Beziehungen, eine Depression –, wo du erleben musstest, wie vergeblich deine Bemühung war, ihn bergauf zu schieben. Eine solche Erfahrung öffnet die Bereitschaft für einen anderen Weg.

In der antiken griechischen Mythologie gab es einen Mann namens Sisyphos, der dazu verdammt wurde, einen Felsblock einen Berg hinaufzuwälzen – nur, um zusehen zu müssen, wie der Stein jedes Mal wieder zurückrollte, und das bis in alle Ewigkeit! Vielleicht fühlst du dich manchmal ein bisschen wie dieser Sisyphos, der immer wieder versucht, diesen Fels den Berg hinaufzubekommen.

Der Fels liegt unten in einer Senke, ringsum von Bergen umgeben, und egal, in welche Richtung du ihn zu bewegen versuchst, es geht immer bergauf. Du versuchst es trotzdem. Du strengst dich an, du stresst und manipulierst dich und erfindest unentwegt neue Strategien. Doch der Fels rollt immer wieder zurück nach unten, nachdem du ihn höchstens ein paar Zentimeter bewegt hast, wenn überhaupt. Es erscheint unmöglich, dein Vorhaben zu schaffen, und allein mit deinen physischen Mitteln als Mensch ist es auch tatsächlich unmöglich.

Dein riesiger Felsblock, das könnten Personen sein, die sich deiner Kontrolle entziehen, oder es könnten irgendwelche Hindernisse auf der physischen Ebene sein. In deiner Entschlossenheit gibst du alles, was du hast – so lange, wie du kannst. Aber es ist anstrengend und nimmt kein Ende, du erschöpfst dich.

Es muss aber nicht so hart sein. Statt dir bessere Wege auszudenken, wie du den Felsen schieben oder stärkere Muskel entwickeln könntest, solltest du deine Aufmerksamkeit komplett von dem Felsen abziehen und primär auf dein nichtphysisches Selbst richten. Dein kleines Selbst hat einen engen Blickwinkel, der sich auf dein physisches Dasein und dein Erdenleben fokussiert. In seiner Beschränktheit sieht es viel weniger Möglichkeiten und schließt vieles als unmöglich aus.

Für dein größeres Selbst, dem alle nichtphysische Macht zur Verfügung steht, die weit über deine physischen menschlichen Ressourcen hinausgeht, gibt es einen viel leichteren Weg, den Fels zu bewegen, ohne dass du überhaupt versuchst, ihn bergauf zu schieben. Stattdessen kannst du als dein großes Selbst genau die Schwingung aussenden, die du als Ergebnis haben willst, statt dem problematischen Felsen so viel Aufmerksamkeit zu geben. Dein nichtphysisches, großes Selbst ist alles und überall; ihm steht eine unbegrenzte Reihe an Möglichkeiten zur Verfügung, auch solche, die physisch noch gar nicht existieren. Das macht einen großen Unterschied, was Fokus und Perspektive angeht. Für das große, nichtphysische Selbst ist das bloße Bewegen eines Felsens eine relative Lappalie. Für das kleinere, begrenztere Selbst, mit dem du dich identifizierst, ist das Bewegen eines massiven Felsens eine riesenhafte, schier unüberwindliche Herausforderung.

Die Macht, die dein begrenztes und dein großes Selbst über den Felsen haben.

Den Felsen bergauf zu schieben ist der mühsame Weg. Du kannst aber direkt zu seinem nichtphysischen Ursprung gehen, sozusagen dorthin wo du den Felsen erschaffen hast – und mühelos etwas anderes erschaffen.

Fokussiere dich auf das *Gefühl*, das du hättest, wenn du den Felsen losgeworden wärst. So erzeugst du eine ganz neue Matrix, die dann physisch aufgefüllt wird. Jetzt ist deine Schwingung eine völlig andere als zu der Zeit, da du den Felsen materialisiert hast. Es ist überflüssig, dich zu erschöpfen, indem du Felsen den Berg hinaufschiebst. Setz dich lieber hin, mit einem stillen Lächeln, oder lass dich nur das tun, wozu du geführt wirst. In der Regel vergisst du dann den Felsen und machst dir eine schöne Zeit.

> **Umsetzung in deinem Leben: Wie wirst du dich fühlen?**
> Schreibe es in dein Tagebuch.
> * Wie wirst du dich fühlen, wenn der Felsen weg ist?
> * Zu welchem Tun wird dich dieses neue Gefühl inspirieren?
> * Wie anders wird sich deine Welt anfühlen?
> * Wie viel Energie wirst du haben, wenn die Energie, die bisher zum Wegräumen des Felsens aufgewendet wurde, frei wird?

Sobald deine Schwingung in Bezug auf den Felsblock gleichmäßig hoch ist und du dich mehr darauf fokussierst, wie du dich *fühlen* willst, wird sich der Felsen bewegen, die Form verändern oder verschwinden.

Als ich zum ersten Mal über das Hinaufwälzen von Felsblöcken in einem Newsletter schrieb, antwortete mir Angeline Morrison, eine Absolventin des fünftägigen Schweigeretreats, Sängerin und Kunstprofessorin in Großbritannien, mit diesem brillanten Text:

»Liebste Lola, ich bin wirklich gespannt auf das neue Buch, das du schreibst – deine Beschreibung hat meinen Verstand ins Wirbeln versetzt über all die möglichen Arten, wie dieser Fels in Bewegung geraten könnte: Ein Ungeheuer schwebt am Himmel darüber, wütend und Feuer schnaubend. Da erblickt es plötzlich genau den Felsblock, nach dem es gesucht hat! Lächelnd wie ein frisch gestilltes Baby hebt es den Felsen hoch, umarmt ihn wie einen Teddybär und fliegt am Daumen lutschend davon.

Ein Mann mit Sonnenbrille im hautengen rosafarbenen Jumpsuit kommt mit einem Kanister Farbe und einem Pinsel herbeigelaufen. ›Treten Sie zur Seite, mein Fräulein‹, sagt er. ›Ich komme vom Büro für Hindernisentfernung.‹ Er pfeift ein keckes Lied, während er den Felsblock mit einer magischen, unsichtbaren Farbe übermalt. Du schaust ihm fast ohnmächtig vor Lachen zu, während der Fels verschwindet.

Der Fels verwandelt sich in ein wunderbar verpacktes Geburtstagsgeschenk, ganz für dich allein! Wie sich herausstellt, ist der Fels vollgepackt mit Gold, Diamanten und anderen Reichtümern. Er gehört dir, also kannst du ihn an den Meistbietenden verkaufen.

Ein gigantisches flauschiges Kätzchen kommt herbei und schubst den Felsen auf die Seite, als wäre er ein Katzenspielzeug.«

Angeline schrieb weiter: »Ich kann überhaupt nicht mehr aufhören, über diesen verdammten Felsen nachzudenken. Zurzeit hat er meinen Verstand voll in Beschlag genommen, aber was für ein Spaß!

Du hast den Fels noch gar nicht berührt, da packt dich die Neugier, und du fängst an, an ihm herumzustochern. Während er leicht seine Form verändert und ganz flach wird, entdeckst du, dass es eine federgefüllte Qualitätsmatratze ist. Du legst dich drauf, um ein bisschen auszuruhen – aber was ist dieses summende Geräusch? Tausend edelsteinfarbige Schmetterlinge kommen herbei, sie tragen eine Federdecke, in die sie dich sanft einhüllen für den schönsten traumerfüllten Schlaf deines Lebens.

Was macht dieser junge Typ im Trainingsanzug dort drüben am Felsen? Aha, er ist ein Graffitikünstler! Er sprüht gerade. Du schaust ihm fasziniert zu, während er zeichnet und sprüht, erstaunliche Bogen, Muster und Wörter kreiert. Immer mehr Graffitisprayer gesellen sich zu ihm – unser Fels erweist sich als perfekte Leinwand. Es werden immer mehr, jemand bringt eine Musikanlage und gibt den DJ. Andere bringen Essen und Getränke und bauen Stände auf. Man riecht Brathähnchen und Reis, Kuchen, heiße Schokolade und Rumpunsch und alle möglichen Düfte, Trommeln und Bässe dröhnen, und alle amüsieren sich bestens. Und das alles zu Ehren deines Felsens!«

Das alles kann sich reichlich absurd und irritierend anhören, wenn du *Alles läuft super, während ich weg bin* noch nicht gelesen und dein Schwingungsniveau noch nicht angehoben hast, bevor du nun dieses Buch liest. Beachte, wie Angeline all ihre Sinne einsetzte, als sie so kreativ mit dem Felsen herumspielte. Überleg mal, wie oft wir unsere Zweifel, Begrenzungen und Ängste dramatisieren, um mit einer Zwanzig-Millionen-Dollar-Hollywood-Produktion in Konkurrenz zu treten, und dabei energetisch keine Kosten sparen, unsere Horrorvisionen mit Dolby-Sound und 3-D-Technicolor auszugestalten. Aber wie oft investieren wir so viel kreative, sensorische Fülle und Macht des Details in das, *was wir erschaffen wollen?*

Praktische Umsetzung

Hör jetzt auf zu lesen und lass dein großes Selbst mit deinem »Felsen« herumspielen. Lass dir eine grandiose Megainszenierung einfallen!

❀ ❀ ❀

Negative Absichten erzeugen

Negative Absichten erschaffst du, wenn du deine schöpferische Energie, deine Zeit und Aufmerksamkeit dazu verwendest, dir Sorgen zu machen, zu zweifeln und dich schlecht zu fühlen wegen dem, was dir fehlt. Durch deinen Fokus auf den Mangel skizzierst du eine Matrix, die das Universum für dich ausfüllen wird.

> *Dein Verstand ist ein machtvolles Instrument.*
> *Pass bloß auf, wohin du damit zielst!*

Füge aber dem Widerstand nicht noch mehr Widerstand hinzu, indem du dich über deine Negativität aufregst! In dem Moment, wo du ins Fühlen eintauchst und *die mentale Geschichte fallen lässt*, hörst du auf, etwas Unerwünschtes zu erschaffen – du bist davon befreit. Negative Emotionen kreieren negative Manifestationen, wenn du dich dagegen sträubst, sie zu fühlen, oder wenn du sie festhältst, indem du immer wieder deine Geschichte im Kopf kreisen lässt.

Wenn du noch nicht effizient im Eintauchen bist, besorge dir das Audio-Video-Set mit dem Titel »Diving In« von der Website www.DivineOpenings.de (unter Audio-Sets). Nichts davon ist Arbeit – aber es ist *dein Leben*, von dem wir hier reden! Es gibt nichts Wichtigeres.

❀ ❀ ❀

Verborgene Geschichten

Im ersten Buch hast du gelernt, wie man »die Nase anhebt« oder wie man »eintaucht«, wenn die Schwingung niedrig ist. Wenn das längerfristig nichts hilft und die unerwünschten Gefühle und Ereignisse sich wiederholen, ist das ein Hinweis, dass es da eine verborgene Geschichte geben muss, die du dir immer wieder erzählst, ohne dir dessen bewusst zu sein. Die Geschichte erzeugt in dir stetig dieselben niedrigen Gefühle.

Hier ist nun der Schlüssel, um dieses Schloss zu öffnen. Frage dich selbst: »Was für eine Geschichte müsste ich am Laufen haben, um dieses Gefühl oder diese Art von Ereignissen in meinem Leben immer wieder anzuziehen?«

Es könnte sein, dass etwas in dir noch nicht transformiert ist: Du hast nach wie vor Angst, vor Menschengruppen das Wort zu ergreifen, bist noch immer traurig über eine Beziehung oder einen Verlust, den du erlitten hast, empfindest Angst oder Hoffnungslosigkeit in Bezug auf Geld oder hast nicht genügend Selbstvertrauen in deinem Beruf – was auch immer es für dich sein mag.

Es muss da eine Geschichte geben, die diese Gefühle hervorruft. Wenn die Geschichte aufhört, diese Gefühle zu erzeugen, werden sie einfach nicht mehr da sein. Genauso wie der Ventilator aufhört, sich zu drehen, wenn du den Strom abschaltest.

Sagen wir beispielsweise, dir würde immer wieder das Herz gebrochen oder die Stelle, die du dir wünschst, würde dir nicht gegeben oder du würdest ständig Geld verlieren. Das zeigt lediglich, dass eine Geschichte am Werk ist. Sie zeigt sich durch wiederkehrende Ereignisse in deinem Leben oder dadurch, dass Dinge nicht eintreten, die du dir wünschst.

Hier ist der Schlüssel noch einmal anders ausgedrückt: Wie könnte die Geschichte lauten, die du dir offenbar unterschwellig erzählst, irgendwo im Hintergrund, wo du sie nicht genau vernehmen kannst, wo sie aber in dir noch schwingt?

Werde weich und sei nachsichtig mit dir selbst. Lass die Gnade ihre neunzig Prozent beisteuern, dann funktioniert alles gleich besser.

Es ist *nicht deine Schuld*.

Irgendwann in der Vergangenheit hast du jemandem diese Geschichte »abgekauft«. Du hast sie entweder geglaubt oder irrtümlich selbst erfunden. Vielleicht hat deine Familie diese Geschichte über viele Generationen hinweg bis zu dir weitergereicht. Sie hat sich so sehr in dir eingenistet, dass sie in deinem Kern schwingt – aber du wusstest nicht, dass sie dort war. Bis jetzt.

Lass die Geschichte platzen! Deine Erleichterung wird süß sein, und sie wird andauern. Was für eine köstliche Freiheit! Jetzt weißt du: »Aha! Ich erkenne dich jetzt, du alte Geschichte! Du bist nicht wahr, du bist nicht mein großes Selbst, das zu mir spricht. Du bist nur eine Geschichte!«

In dieser Reihenfolge wird deine »Geschichte« bewusst gemacht und beendet:

- Wenn du weiterhin absackst, hebe die Nase an.
- Wenn sich alles wiederholt oder ein ähnliches Ereignis eintritt, tauche in das Gefühl ein.
- Sprenge die verborgene Geschichte. Ende der Geschichte. Ende des Leidens.

Manche Menschen brauchen es, durch diesen Prozess in einem Live-Webinar hindurchgeführt zu werden. Die eigene Erfahrung ist viel wirksamer, als darüber zu lesen oder nachzudenken.

❀ ❀ ❀

Bring innen und außen ins Gleichgewicht

Nun wollen wir tiefer ins Nichtphysische eintauchen. Meine Worte sind von der Absicht getragen, deinen Zugang zum direkten Wissen für dich zu vertiefen und nicht bloß mit Konzepten zu hantieren.

Du kamst in der Absicht hierher, auf der physischen Ebene mitzuspielen. Es ist ein aufregendes, herausforderndes Leben, als bahnbrechender Mitschöpfer an diesem Spiel teilzunehmen. Die physische Welt kann aber so einnehmend, ablenkend und verwirrend sein, dass wir darüber leicht vergessen, dass sie nicht alles ist, was uns und unser Leben ausmacht.

Der kleinste, am meisten begrenzte Teil deiner Realität – die physische Ebene – wird von den meisten Menschen am lautesten, greifbarsten und intensivsten erfahren. Im lärmenden Trubel eines Lebens voller Arbeit und reger Geschäftigkeit können die nichtphysischen Impulse leicht untergehen – es sei denn, wir geben ihnen regelmäßig und bewusst unsere Aufmerksamkeit.

Als wir in dieses Leben geboren wurden, waren wir auf die feinstofflichen, nichtphysischen Frequenzen eingestimmt. Als wir dann immer tiefer in dieses physische Leben einzutauchen lernten, stellten wir uns auf die gröberen Signale der physischen Welt und ihrer Menschen ein, weil wir merkten, dass wir uns anpassen mussten, um zu überleben. Die meisten von uns haben ihre nichtphysische Verbindung schon in der frühen Kindheit aufgegeben, und viele finden in diesem Leben nie wieder dorthin zurück.

Wenn uns die Erfahrung des Erwachens zuteilwird, können wir uns bewusst auf die größere Realität des Nichtphysischen rückbesinnen und dort unseren wichtigsten Kraftort wiederfinden. Natürlich sind Physisches und Nichtphysisches eine Einheit und werden immer mehr als solche erlebt, je weiter wir fortschreiten. Deinen Fokus ganz bewusst auf das Nichtphysische zu lenken, öffnet dir den Zugang zu deiner größten Macht.

Nachdem ich mich längere Zeit körperlich großartig gefühlt hatte und ziemlich produktiv gewesen war, wachte ich mehrere Tage hintereinander völlig »daneben« auf. Ohne Grund war mein Magen verstimmt, und ich hatte leichte, dumpfe Kopfschmerzen. Ich hatte wie besessen an zwei Büchern geschrieben und es wahnsinnig genossen. Und gerade hatte ich einen wunderschönen Sonntag beim Reiten am Strand verbracht. Ich saß vor einem prasselnden Feuer am Kamin und überließ mich dem Gefühl, tauchte tief in die Empfindungen hinter dem körperlichen Unbehagen ein, während ich gedankenleer in die züngelnden Flammen starrte. Keine Geschichte, kein Versuch, einen Sinn darin zu finden.

Diesem Gefühl nachzugehen brachte mir eine direkte Erkenntnis: Ich habe ein friedliches Leben. Ich schaue draußen auf die Berge, die Bäume, die Natur. Es ist kein Leben mit hohem Negativstress, eher ein Leben mit hohem Positivstress. Ich wache jeden Tag mit Ideen auf, die mich aus dem Bett springen lassen und zum Tun drängen. Hochfrequente Energie-Downloads kommen ständig, und es gibt immer noch mehr zu tun und zu schreiben und zu erschaffen, als ich bewältigen kann.

Mein Verstand ist aktiv, aber auch produktiv und die meiste Zeit positiv. Ich bin total beschäftigt mit Kreieren, Machen, Schreiben, Managen, Lehren. Und außerdem bin ich noch aktiv mit Körperübungen, Saubermachen, Arrangieren, Ausgehen, der Pflege meiner sozialen Kontakte, Reiten und Tun, was Spaß macht.

Als ich in die Stille ging, war die Botschaft klar und deutlich: Es war Zeit, innezuhalten und all die hereinkommende Energie gründlich zu verdauen, ihr zu erlauben, sich in der Stille zu integrieren, während mein Verstand ruhte. Selbst das Channeln dieser hochfrequenten Schreibbotschaften war kein reines Ausruhen. Mein Körper sagte mir, dass er »einfach nur sitzen« und absolut gar nichts tun wollte. »Sei nicht produktiv, geh nicht aus, um Spaß zu haben, tu überhaupt nichts!«

Es fühlte sich wunderbar an, einfach nur so dazusitzen und meinen Verstand leer werden zu lassen. Bewusst an gar nichts denkend, begann ich nun meinen Tag mit einer Meditation, statt voller Tatendrang aus dem Bett zu springen. Etwas später fuhr ich nur so zum Spaß mit dem Auto durch die Gegend, ohne Radio, in der Absicht, meinen Verstand im Leerlauf zu halten, während ich Dinge erledigte, durch den Supermarkt schlenderte und zum Lunch ging. Normalerweise nehme ich ein Buch mit, wenn ich allein zu Mittag esse, und daran ist nichts verkehrt, aber an diesem Tag genoss ich einfach nur mein Essen, während ich in der Leere saß. Am Abend beendete ich den Tag mit einer Meditation. Nachts erwachte ich mit einer Art Tapetenschleier vor meinen Augen, auf dem grün leuchtende Gänseblümchen in einem geometrischen Muster mein ganzes Gesichtsfeld ausfüllten. Ahhhh!

Die Dinge erledigen sich für uns in der Ruhe und Stille der »fruchtbaren Leere«, die wir mit unserem Verstand nicht ausloten können. Das »Ich«, das sich sonst um die Geschäfte der Welt kümmert, geht dann aus dem Weg und ruht sich aus, während die Präsenz übernimmt. Viele meiner Schüler berichteten, sie seien beim Lesen von *Alles läuft super, während ich weg bin* praktisch k.o. gegangen. Die Präsenz sagt damit: »Lass mich dir helfen, dies alles aufzunehmen, ehe du weiterliest. Und das geht am besten, wenn du aus dem Weg bist.«

Das ist auch der Grund, warum ich die Erfahrung des fünftägigen Schweigeretreats nicht in einem Onlineretreat zu komprimieren versuche. Es wäre einfach nicht die gleiche Erfahrung. Wir kümmern uns fünf Tage lang um alles, für dich und die ganze Gruppe. Sobald »du« und all die Ablenkungen deiner herrlich aufregenden physischen Welt aus dem Weg sind, kann eine massive Neuausrichtung eintreten. Danach kannst du wieder rausgehen und total leben!

Das ist der Grund, warum dich das Lesen spiritueller Bücher, das Empfangen von Energiesessions, das Teilnehmen an Kursen, das permanente Füttern deines Verstandes und das Lernen neuer Dinge sowie deine ständige Selbstverbesserungsarbeit in Wahrheit von genau dem abhalten, was du angeblich suchst. Es ist die ganze Zeit schon vorhanden – es bedarf nur gelegentlicher Stille, um hineinspüren und es vollständig erfahren zu können.

Die Stille und Ruhe der Leere sind regenerierend, deshalb bin ich sanft darin eingetaucht, bis meine Energie sich wieder ausgeglichen hatte und mir einen köstlichen neuen Raum eröffnete.

Wenn du nur meditierst, besteht die Gefahr, dass du die physische Welt meidest und vernachlässigst; dein äußeres Leben kann dann ziemlich durcheinandergeraten, und deine Finanzen, Beziehungen, deine Gesundheit und das körperliche Wohlbefinden können stagnieren oder gar zusammenbrechen. Dann solltest du mehr in die Welt hinausgehen und dich um deine Geschäfte kümmern. Wenn du aber umgekehrt den inneren Fokus vernachlässigst, wird dein Leben leer und unbefriedigend werden, ungeachtet deiner äußeren Erfolge. Dann geh nach innen und erlebe die Quelle in dir, als die höchste Wirklichkeit.

Ich muss lächeln bei dem Gefühl, wie mich innen und außen abwechselnd in kontrastierenden Wellen anziehen. Oh, diese physische Welt ist so aufregend, dass ich mich dort hinausbegeben will – ich will jetzt nicht sitzen und meditieren! Und dann wieder rufen mich die köstliche Stille und das Alleinsein nach innen – ich will sie um keinen Preis verlassen!

Freue dich, wenn die Geschenke der physischen und
nichtphysischen Welt im Gleichgewicht sind!

Der physische Bereich ist kostbar, weil die Erfahrungen, die er uns liefert, unsere Evolution befeuern und beflügeln. Jede Erfahrung gibt uns neue Gedanken, neue Gefühle, neue Wünsche, eröffnet neue Möglichkeiten – und unsere Antwort darauf treibt die Entwicklung des ganzen Universums voran.

In dem Film *Der Sarah-Palin-Effekt* beschreibt Ed Harris (als John McCain), wie im Laufe seines Lebens einige seiner männlichen Rollenvorbilder starben oder vertrockneten, als ihnen ihr Lebenssinn genommen wurde. Bei Männern, deren berufliche Stellung ihnen ihre Identität und Bedeutung im Leben verlieh, kommt es besonders häufig vor, dass sie bald nach der Pensionierung sterben. Wenn der Lebenssinn wegfällt, fließt die Lebensenergie nicht mehr richtig, und wenn die Energie stagniert, stagnieren auch Körper und Geist.

Das gesamte physische Universum ebenso wie der nichtphysische Bereich brauchen *dich* als Antriebskraft, um ihre Bewegung und Expansion in Gang zu halten.

Genauso brauchst du die kontrastierende Stille und das Schweigen des Nichtphysischen als Gegenpol zum Getümmel der physischen Welt, um dich auszuruhen und zu regenerieren. Nur die Gegensätze können sich gegenseitig fördern und befruchten. Du darfst also den Kontrast nicht als »verkehrt« ansehen. Erst durch den Kontrast wird Vielfalt möglich, die jedem Gegensatz erst seine wahre Bedeutung und Energie verleiht. Betrachte den Kontrast als eine köstliche Speisekarte, aus der du auswählen kannst.

innen / außen
Ruhe / Bewegung
Stille / Klang

Fülle / Leere
schwarz oder voll / weiß oder leer
hell / dunkel
lebhaft / ruhig
analytischer Verstand / Intuition und direktes Wissen
Tun / Ruhe

Während ich dieses Buch schrieb, unterbrach ich gelegentlich meine Arbeit und machte eine Pause, um mit meinem Pferd auszureiten, auf meiner Sonnenterrasse zu liegen und in die grünen Bäume zu schauen, um das Geschriebene zu integrieren, mich ins Gleichgewicht zu bringen und zu erden. Ich brauchte das Alleinsein viel mehr. Geschirrspülen und Gartenarbeit erdeten mich und boten eine willkommene Abwechslung. Im großen Zusammenhang bist du ein viel größeres Sein, aber in diesem eng fokussierten menschlichen Leben bist du auch ein körperliches Wesen, das versucht, mit der rasanten Expansion in diesen Zeiten der enormen Beschleunigung Schritt zu halten. Darum sorge so gut für dich, als wärst du ein wohlbehütetes, geliebtes Kind.

Geh hinaus zum Spielen in dieser großen, weiten, wunderbaren Welt, die zu erleben du gekommen bist. Setze die von dir gewählten Absichten und nimm an ihrer Entfaltung teil. Schwelge in Liebe und Gemeinschaft, Arbeit und Spiel. Und gelegentlich schalte ab, räume deine Festplatte auf, drücke auf den Resetknopf und lade dich aus der Stille wieder hoch. Wenn du ein Gefühl für den Kontrast entwickelst und mit ihm surfst, wird er dich letztlich in der Balance halten.

Bring dein inneres und äußeres Leben ins
Gleichgewicht, von Augenblick zu Augenblick.

❁ ❁ ❁

Wie erschafft die Absicht?

ie Teilnehmer am Fünf-Tage-Schweigeretreat lachen, wenn ich am Schluss sage: »Eure Freunde werden euch fragen: ›Was hast du gemacht?‹, und ihr werdet sagen: ›Nichts.‹ Sie werden fragen: ›Was hat Lola dir gegeben?‹ oder: ›Was hat sie mit dir gemacht?‹, und ihr werdet antworten: ›Nichts.‹ Da werden sie ausflippen und werden weiterbohren: ›Also, *was hat dir das Ganze dann gebracht?*‹ ›Nichts.‹«

»Nichts« ist ein treffender
Name für Gott.

Du bist erschaffen aus Nichts und *Divine Openings* hilft dir, aus Nichts zu erschaffen, wie es der höchste Schöpfer macht. Die tiefe, geheimnisvolle »fruchtbare Leere« ist ein nichtphysischer Nicht-Ort, den ich mir als Mutterschoß der Schöpfung denke – die »Nicht-Ding-heit«, aus der alles kommt und zu der alles zurückkehrt. In tiefer, ekstatischer Meditation oder nach einem *Divine Opening* hast du diesen stillen, leeren Raum zwischen deinen Gedanken besucht.

Die »fruchtbare Leere« ist die nichtphysische, prämanifeste Ursuppe aller Möglichkeiten und Potenziale.

Dieser unsagbare Gott, von dem wir reden, ist Alles *und* Nichts – und erschafft Alles *aus dem* Nichts.

Er ist *vor* aller Energie und *vor* aller Schwingung.

Er ist unbegrenztes Potenzial, manifestiert wie unmanifestiert.

Je mehr wir uns mit unserem nichtphysischen Sein identifizieren, umso mehr Zugang erhalten wir zu unserer unbegrenzten Macht, Freiheit und Freude.

Identifiziere dich vor allem
mit deinem nichtphysischen Sein.

Du bist der manifest gewordene Gott – Gott in physischer Form. Vielleicht hast du das schon tausend Mal gehört, aber hast du es wirklich hereingelassen? *Lebst* du es? Es ist nicht etwas, das man verstehen und begreifen, sondern umsetzen muss.

Obwohl *Divine Openings* und die Kraft der Absicht wirklich nichts mit dem Geschlecht zu tun haben, finde ich einen geschlechtlichen Vergleich in diesem speziellen Kontext hilfreich: Wenn deine Absicht – die männlich-aktive, dynamische Gedankenenergie – die fruchtbare Leere – den weiblich-geheimnisvollen, unbeschreiblichen Schoß der Schöpfung – penetriert, werden unendliche Möglichkeiten und Potenziale durchgescreent und zu einer synchronistischen Ausrichtung mit deiner Absicht verdichtet. Deine Schöpfung wird auf der nichtphysischen Ebene befruchtet. Sobald sie zur Reifung gelangt, taucht sie physisch in unserer Dimension auf.

Dafür gibt es keinen Mechanismus – die Schöpfung tritt buchstäblich aus dem Nichts auf, durch reine Absicht. So einfach ist das. In der Tat. Wenn du etwas beabsichtigst, tue es mit der Leichtigkeit der Berührung eines Fruchtfliegenflügels. Dann lass los und überlass dem Göttlichen die Schwergewichte. Wenn du zum Handeln geleitet wirst, dann handle.

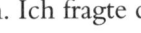

Der Widerstand ist dein Freund!

Das ist eine Tatsache. Das meine ich wirklich so. Kein Witz. Manchmal geraten Leute in Panik wegen ihres Widerstands und wollen ihn loswerden. Sie machen ihn schlecht. Damit fügen sie jedoch dem Widerstand nur noch mehr Widerstand hinzu – im Grunde weisen sie ein Geschenk zurück. Du kannst dich also beruhigen. Gib deinem Widerstand keine Aufmerksamkeit, denn … ja, du hast richtig geraten: Je mehr Aufmerksamkeit du ihm gibst, umso größer wird er. Dem Widerstand mit Widerstand zu begegnen, füttert ihn mit Energie und Aufmerksamkeit.

Es ist leichter, ihn loszulassen, wenn du *den Widerstand ins Recht setzt.* Gib allen niedrigeren Gefühlszuständen auf deiner Navigationstafel ihre Berechtigung, dann kannst du aus ihrer Botschaft einen Nutzen ziehen. Es hat seine Berechtigung, dass Menschen unterschiedlicher Meinung sind und Dinge auszutragen haben, weil wir unterschiedliche Dinge wollen. Wenn du das nicht wahrhaben willst, widersetzt du dich der Tatsache, dass wir in einer Welt von freiwilligen Schöpfern leben, die unterschiedliche Ideen verfolgen.

In der Zeit, als ich noch Konfliktmanagementseminare in Unternehmen leitete, ging ich auf jemanden zu und bat ihn, eine Hand zu heben, sodass sie mit der Handfläche zu mir zeigte. Dann drückte ich mit meiner Handfläche fest gegen seine. Die Leute drückten immer zurück. Keiner gab nach, nicht einmal der Schwächste im Raum. Ich fragte dann: »Warum drücken Sie gegen meine Hand?«, und die Antwort war immer: »Weil Sie *gegen meine* gedrückt haben.«

Was hältst du davon? Im Grunde macht es dir Spaß zu drücken! Es macht dir Spaß, dich selbst zu pushen, andere Leute zu pushen, gegen deine Grenzen und die Grenzen des Möglichen zu pushen. Das stimuliert und erweitert dich.

Und was hältst du davon? Du magst es, Probleme zu lösen. Du hast Spaß daran, dich an ihnen zu reiben, sie zu überlisten und zu überwinden. Wenn du keine Probleme hättest, würdest du dir welche kreieren, um eine Herausforderung zu haben, die du bewältigen musst. Etwa wenn du mit Gewichten trainierst oder schwere Objekte hebst, damit du stärker wirst. Und genauso machst du es im Leben. Es stimmt zwar, dass wir manchmal *allzu* hart an etwas arbeiten, aber jede Herausforderung lässt dich tatsächlich kraftvoller werden und macht dich klüger. Die Evolution macht sich das zunutze.

Forschungsarbeiten zeigen, dass wir länger jung und vital bleiben, wenn wir unserem Verstand immer neue Rätsel zu lösen aufgeben, ihn mit neuen Lernaufgaben und Herausforderungen konfrontieren. Wer sich zur Ruhe setzt, sich verweichlicht und aufhört zu wachsen, altert schneller.

Der Widerstand ist dein Freund.

Gib dem Widerstand sein Recht. Entspanne dich damit, atme mit ihm, umarme ihn. Wertschätze ihn, tanze mit ihm, lache über ihn und akzeptiere ihn als Teil deines kostbaren Menschseins. Ich sehe, wie manche ihn fürchten, bekämpfen, schlechtreden, kritisieren und loswerden wollen, indem sie daran arbeiten – aber dadurch wird er nur größer. Unsere Probleme wurden noch nie weniger, wenn wir uns auf sie konzentrierten, und unsere Widerstände gingen nie weg, wenn wir sie zu reparieren

versuchten. Das gehört noch zum alten Reparatur-Paradigma –
und es ist endlos!

Lege stattdessen deinen Fokus darauf, wie du dich fühlen und
wohin du kommen willst, und dann spüre ganz sanft und ruhig
in die auftauchenden Gefühle hinein. Ob Widerstand oder nicht,
sie sind wertvoll!

Als Nächstes wollen wir mit ein paar Möglichkeiten spielen,
wie wir Widerstände wertschätzen und für uns nutzen können.
Doch vorher schließe die Augen, atme sanft und verarbeite, was
du gelesen hast.

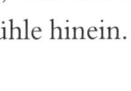

Um voranzukommen, ziehe den Bogen zurück

Einmal war ich ganz beglückt, mich zu einer Webinar-Teilneh-
merin sagen zu hören, dass sie Widerstand als etwas betrachten
solle, das ihr hilft, ein Energiepotenzial aufzubauen. Es ist gerade
so, wie wenn man beim Bogenschießen durch das Zurückziehen
der Sehne den Druck erhöht, während man den Pfeil auf sein
Ziel richtet. Auf diese Weise erhöht man die Kraft und Geschwindigkeit, mit welcher der Pfeil fliegen wird.

Wenn man den Widerstand durch Spannen des Bogens noch
mehr erhöht, verstärkt sich die Spannung so sehr, dass das Losgehen des Pfeiles immer unvermeidlicher wird – und wenn es
geschieht, fliegt er noch schneller.

Jedes Mal, wenn wir etwas ins Recht setzen, verliert es seine
Macht über uns. Deinen Widerstand als verkehrt hinzustellen
bedeutet, dem Widerstand zu widerstehen! Wenn du dir den
Widerstand hingegen zum Freund machst und ihn schätzt, wird

er dir genau sagen, wo deine Schwierigkeit liegt, und für dich die Spannung erhöhen, sodass du eine Lösung finden oder loslassen kannst.

Wenn ich gelegentlich mit einer großen Herausforderung konfrontiert bin, muss ich darin ein Weilchen schmoren: »Ich mag das nicht. Ich *mag das überhaupt nicht. Das ist falsch, und das* ist auch falsch, und *das muss anders sein!*« Doch nach einer Weile bin ich damit durch und benutze die aufgebaute Spannung, um mich an eine andere Stelle zu katapultieren, von wo aus ich mich darauf fokussieren kann, was ich wirklich will. Es wird zu einer Gelegenheit, einer richtigen Chance. Damit erschaffe ich eine neue Matrix, und alles sieht anders aus.

Manche Rennpferde, wie der berühmte Champion Seabiscuit, mobilisieren ihre gesamte Energie, wenn sie das ganze Feld von hinten überholen und nach vorn ausbrechen können. Wenn er schon von Anfang an vorn war, kümmerte es Seabiscuit nicht, ob andere Pferde ihn überholten. Er war so clever, dass er im Kopf wahrscheinlich schon beim Start gewonnen hatte, und dann verlor er schnell seine Motivation und dachte lieber an ein Schläfchen und sein Fressen statt ans Rennen. Als sein Trainer das endlich begriffen hatte, instruierte er den Jockey, Seabiscuit zu Beginn jedes Rennens zurückzuhalten und am Davongaloppieren zu *hindern*, bis er genügend angestachelt war, um zu gewinnen. Die Spannung des Zurückgehaltenwerdens – im Kontrast zur Spitzenposition – holte das Beste aus ihm heraus und verstärkte seinen Siegeswillen.

Es gibt Zeiten, in denen du dich im starken Widerstand fühlst und es schwierig findest, weich zu werden. Aber keine Sorge, der Widerstand hat seine eigene Art, an dir zu arbeiten: Er fühlt sich nicht gut an, und genau das treibt dich zur Veränderung. Es hilft dir, dich in Bewegung zu setzen. Leiste also ruhig eine Weile Widerstand. Siehst du, wie das den Widerstand zum Widerstand aufhebt? Macht es dich nicht auch irgendwie fuchsig? Auch das funktioniert!

Leiste deinem Widerstand keinen Widerstand.

Jedes Mal, wenn du etwas akzeptierst und für richtig befindest, gewinnst du an Kraft, wodurch sich auf alchemistische Weise die Schwingung machtvoll anhebt und du sie für dich nutzen kannst. Sobald du den Widerstand durch Akzeptanz entkräftest, wird er weich und löst sich auf. Wenn du ihn schlechtredest, erhöhst du nur die Spannung.

Es spielt dabei keine Rolle, ob du das Gefühl hast, »etwas zu erfinden«. Du erfindest sowieso alles, also kannst du genauso gut Dinge erfinden, die dich beruhigen und in deine Kraft bringen. Es ist wahr, weil es funktioniert. Deute einfach deinen Widerstand als »richtig« um.

Nimm den Widerstand an, und er weicht sich auf.

Führende Innovative kümmern sich oft schon um Erfordernisse und Probleme, lange bevor die breite Öffentlichkeit bereit ist, die möglichen Verbesserungen anzunehmen. Die Hersteller von Elektroautos erleben, dass die breite Masse für einen so großen Paradigmenwechsel noch nicht überall bereit ist. Erst wenn die Erhöhung der Spritpreise ausreichend schmerzhaft geworden ist, werden die Leute *fordern*, dass die Autos keine fossilen Brennstoffe mehr verbrennen. Manche Experten in den USA sagen sogar voraus, dass die Spritpreise erst noch auf umgerechnet 2,60 Euro pro Liter ansteigen müssen, ehe der Bogen weit genug angespannt ist, um die Masse zum Umschwenken zu bewegen. Ebenso wie gesunde, naturbelassene Lebensmittel jahrzehntelang abgelehnt wurden und als exzentrisch galten, bis die hohe Krankheitsrate den Bogen überspannte und in weiten Kreisen einen Umschwung einleitete.

Widerstand zeigt seine Wirkung, so oder so.

Körperliche Aktivität: Mikro-Anspannung

Beim Mikro-Tensing wird bewusst Anspannung eingesetzt, um Widerstand aufzulösen. Wenn es in deinem Körper eine verspannte Stelle gibt, hat es mit einer niedrigen Schwingung begonnen, die unbeachtet blieb und sich verschlimmerte, bis sie sich physisch manifestierte. Dieser Bereich ruft nach Energie, die durch Stress und Widerstand blockiert ist. Diese Spannung kannst du nutzen, statt sie zu bekämpfen.

Wenn du mit Mikro-Tensing spielen möchtest, spanne ganz leicht die harte Stelle an, so leicht, dass es niemandem auffallen würde. Lass es so sanft und leicht sein wie die Berührung des Flügels einer Fruchtfliege. Deshalb nenne ich es Mikro-Tensing – weil es so minimal ist. Benutze dafür eher deine Intention als deine Muskeln. Da dein Körper einbezogen ist, kommst du leicht aus dem Kopf heraus und kannst *deine Absicht fast greifbar spüren*.

Mit deinem bewussten Fokus spanne diese Stelle also an. Halte die Spannung ein paar Sekunden, dann lass los und entspanne dich in die Erleichterung hinein. Bestätige sie und sei dir immer mehr darüber bewusst, dass du zwischen *Spannung und Entspannung* wählen kannst. Spiele ein paar Mal damit, um dir zu beweisen, dass Entspannung deine freie Entscheidung ist.

Der Widerstand arbeitet also sogar für dich, wenn du ihn annimmst und wertschätzt! Widerstand fühlt sich nicht gut an und soll es auch nicht, aber letzten Endes wirst du loslassen können.

❀ ❀ ❀

Lass von dir abprallen, was du nicht willst

Hast du schon mal eines dieser batteriebetriebenen Spielzeug-autos gesehen, die in einer geraden Linie fahren, bis sie mit etwas zusammenstoßen, dann ganz schnell umschwenken und in eine andere Richtung fahren? Sie halten niemals an und machen sich keine Gedanken über den Widerstand einer Wand. Sie geben nie der Wand die Schuld – sie prallen einfach davon ab. Sie stoppen nicht, um zu untersuchen, wo das Problem liegt – sie fahren ein-fach in eine andere Richtung weiter.

Wie diese kleinen Autos kannst du einfach feststellen, was du nicht willst, und deine Absicht auf etwas anderes umlenken. Kon-zentriere dich nie zu lange auf ein Hindernis. Der Trick besteht darin, möglichst schnell deine Energie vom Hindernis abprallen zu lassen und dich dorthin zu wenden, wo der Weg offensteht.

Falls dein Verstand dir vorschlägt, dich zu beschränken, nimm die Einladung zu diesem Spiel nicht an. Nur weil »es jeder macht«, erscheint es vielleicht normal, sich auf Beschränkungen zu fokussieren. Die einschränkende Bedingung könnte sogar »wahr« sein – du kannst die Wand sehen, kannst sie fühlen und von anderen bestätigt bekommen, *dass sie da ist, aber nicht da sein sollte.* Das würde jedoch bedeuten, der Beschränkung mehr Macht und somit *mehr Realität* zu verleihen.

Gib es zu, wenn du etwas nicht willst, aber lass dich schnell davon abprallen, in die Richtung von dem, was du willst. Lass alles, was du nicht willst, von dir abprallen: Gedanken, Gefühle, Ereignisse, Glaubenssätze, während du dich bei ihnen bedankst, dass sie sich gezeigt haben und dich weiterbringen.

Ein Beispiel: Tinas Geschäftspartner trug seinen Teil der Last und Verantwortung nicht mehr. Aufgrund persönlicher Probleme, an denen er aber nichts veränderte, war er bitter und mürrisch geworden. Tina versuchte es mit der üblichen unterstützenden, wertschätzenden Kommunikation. Als das nicht funktionierte, wurde sie ärgerlich und fühlte sich ausgebremst, doch sie nutzte ihren Ärger als Treibstoff. Sobald sie sich klarmachte, dass sich die Situation auch in dem Fall, dass er sich nicht änderte, letzten Endes als Segen erweisen könnte, begann sich dieser Segen bereits zu entfalten.

Sie fing an, sich vorzustellen, wie großartig sie sich fühlen würde, wenn sie ein tolles Team von Menschen um sich hätte, die ihre Arbeit genauso liebten wie sie selbst. Und wie großartig es sich anfühlen würde, die Arbeit fröhlich, kreativ und effizient zu erledigen. Das schuf eine völlig neue Matrix, die sich gut anfühlte, und sie wusste instinktiv, dass sie sich zu irgendeiner neuen Realität ausgestalten würde. Als Tina sich dazu geleitet fühlte, nahm sie es erneut auf sich, das unbequeme Gespräch mit ihrem Partner zu suchen, doch dieser war so defensiv und unkooperativ, dass sie es wieder aufgab. Sie entzog dem Partner ihre Aufmerksamkeit und richtete sie auf ihre neue Matrix, ohne dass sie irgendeine Vorstellung davon gehabt hätte, wie das alles funktionieren solle.

Eine Woche später verlangte sie von ihrem Partner, einen kritischen Termin einzuhalten. Da begann er einen Streit und stürmte mit den Worten aus dem Zimmer: »Ich steige aus! Du kannst mich auszahlen und mir das Geld monatlich über das nächste Jahr verteilt auszahlen.« Obwohl sie erleichtert und sehr beschwingt war, gab es immer noch einen Hauch von Sorge, wie sie all die Arbeit erledigt bekommen *und* ihn auszahlen könne. Sie fühlte dieses Gefühl, ließ die Geschichte fallen, richtete ihren Fokus auf positive Gefühle, die eine neue Matrix erzeugen würden, und ließ los.

Am nächsten Tag sah sie einen jungen Mann, der in einem Coffeeshop arbeitete und sie durch seine Begeisterung, Wärme,

Energie und Intelligenz beeindruckte. Es stellte sich heraus, dass er weit unter seinen Fähigkeiten dort arbeitete, um sich den Unterhalt zwischen größeren Jobs zu verdienen. Zufällig entsprach sein Profil genau ihren Anforderungen, und er war auch bereit, sich nach oben zu arbeiten. Sie engagierte ihn nach einem kurzen Interview, und zusammen mit einem bereitwilligen Teilzeitrentner, den sie ebenfalls einstellte, hatten sie jede Menge Spaß miteinander und führten das Geschäft zu neuen Erfolgen. Sie konnte problemlos ihren abwesenden Partner auszahlen und ist jetzt alleinige Besitzerin der aufblühenden Firma – das Glück im Unglück hatte sich materialisiert.

Egal, wie beängstigend es im Moment auch aussehen mag, lass dieses schreckliche Gefühl einfach vom Hindernis abprallen und dich in die Richtung schubsen, in die du willst. Manchmal fragen mich Leute in einer ähnlichen Situation wie Tina: »Was mache ich bloß verkehrt? Kreiere ich mir das selbst? Habe ich Widerstände?« Und ich schlage vor: »Nein, das Leben gibt dir nur einen Wink, damit du etwas änderst. Erst im Nachhinein erweist sich der Wink als ein Segen – ein Schubs, dich in Bewegung zu setzen.«

Wenn du dieses starke Gefühl von »Das will ich nicht!« annimmst, dir zu eigen machst und dich darauf einlässt, die Situation umzudeuten, wird deine Schwingung auf der Navigationstafel emporsteigen und sich in eine starke Energie verwandeln, die du für ganz große Veränderungen nutzen kannst. Sobald dir klar geworden ist, was du *nicht* willst, hat dir dein Widerstand bestens gedient.

Lass dich so schnell
wie möglich von Hindernissen abprallen.

Durch jedes Ereignis und jeden Menschen, jede Rüttelschwelle, Wendung oder Sackgasse und durch jeden Umweg erlangst du Klarheit über deine Wünsche. Dabei erkennst du humorvoll und dankbar an, dass du dir alles selbst in den Weg gelegt hattest, damit es dich zu deiner weiteren Entfaltung anstupsen und provozieren, ködern oder antreiben möge. Du prallst von jeder soliden Wand ab, die sich dir entgegenstellt, wobei du sogar noch an Tempo zulegst, während du auf die Erfüllung deines Wunsches zusteuerst. Jede Weggabelung ist eine Einladung zu neuen Möglichkeiten.

Du leistest gegen nichts Widerstand und benutzt alles für deinen evolutionären Prozess. Jetzt bist du im Fluss des Lebens, in Harmonie mit Allem-was-ist, und schaust belustigt zu, wie sich das ganze Universum bei deiner leisesten Absicht um seine Achse zu drehen beginnt, um dir deine neue Matrix auszugestalten.

Stoße dich vom Boden ab (wenn du schon mal dort unten gelandet bist)

Wir haben mit der Idee von dem kleinen Auto gespielt, das von allen Hindernissen abprallt. Allerdings fällt das kleine Auto manchmal in ein Loch. Manche Leute geben nach einem solchen Unglück gleich auf und tun nichts, um das Auto aus dem Schlamassel herauszuholen. Andere werden durch Fehlschläge, Herausforderungen oder Misserfolge geradezu energetisiert; es aktiviert ihr Verlangen nach neuen, größeren Höhen. Mit *Divine Openings* wirst du elastischer und stößt dich einfach vom Boden ab, sobald du hingefallen bist. Jedenfalls bleibst du nie lange unten. Und je länger du dranbleibst, desto seltener fällst du in Löcher. Normalerweise spürst oder siehst du sie frühzeitig kommen und hast reichlich Zeit, um deinen Kurs zu ändern.

Der frühere amerikanische Präsident Bill Clinton erhielt den Spitznamen »Comeback Kid«, weil er sich während seiner gesamten Karriere immer wieder aus scheinbar aussichtslosen Situationen abstoßen konnte, die andere für unüberwindliche Hindernisse gehalten hätten. Er bewahrte sich trotz allem seinen unerschütterlichen Optimismus. Tatsächlich schien ihm jedes Comeback nach einer Niederlage einen Energieschub zu geben. Offenbar hat der Kick karrierebedrohender Risiken auch seine sexuellen Eskapaden befeuert. Ich halte ihn übrigens für einen unserer besten Präsidenten und habe keine sexuellen Vorurteile. Dennoch war dies eine karrieretötende Gegenabsicht angesichts der Tatsache, dass die Öffentlichkeit mehr an Sexskandalen interessiert ist als daran, ob jemand einen guten Job macht.

Wenn du dir eine Nachrichtensendung anschaust und dich ohnmächtig fühlst, weil dir das Leben so hart und ungerecht oder die Regierung so hoffnungslos dumm erscheint, dann lass es einfach von dir abprallen. Weigere dich hartnäckig, deine Energie in diese Version der Realität zu investieren. Halte einen Moment inne, geh in dein Inneres, nimm ein paar tiefe Atemzüge und fokussiere deine Absicht auf das, was du wirklich willst.

Deine Absichten spielen eine Rolle;
sie machen wirklich einen Unterschied.

Du kannst dir vornehmen – und deine Absicht entsprechend formulieren –, dass du dich vom Boden abstoßen willst, wenn deine Schwingung mal in den Keller geht. Nutze den zusätzlichen Schwung, den der Kontrast dir liefert, um dich auf Touren zu bringen. Wähle einen anderen Weg oder versuche es noch einmal mit einer klareren Absicht. Mache es zu einem *produktiven* Teil deiner Geschichte: »Der Gegensatz hilft mir, Klarheit über die Richtung zu gewinnen, in die ich gehen will, und darüber, was ich will und was ich nicht will.« Sobald du anfängst, danach zu leben, wird es für dich zunehmend wahr werden.

Wenn du folgende Geschichten über Bord wirfst, gewinnst du Kraft zurück:

* »Es spielt eine Rolle, wie die Leute über mich denken.«
* »Es wird einen schlechten Eindruck machen, wenn ich stolpere.«
* »Wenn ich eine Sache übernehme, muss es von Anfang an gut laufen.«
* »Andere sollten sich anders benehmen, damit ich mich wohlfühle.«
* »Das Leben ist irgendwie nicht richtig, es ist unfair.«
* »Die Welt liegt im Chaos und ist dem Untergang geweiht.«
* »Ich muss die Welt/andere Menschen retten.«

Nichts von dem Genannten unterliegt deiner Kontrolle oder geht dich etwas an. Verschwende nicht deine Absichten und deine Energie, indem du versuchst, das Unkontrollierbare zu kontrollieren – es wird dich höchstens ermüden. Bleibe bei dem, was du tun kannst, setze deine Kraft dort ein, wo es zählt. Reguliere deine Schwingung und lass sie in die ganze Welt ausstrahlen.

Falls du skeptisch gegenüber der Behauptung bist, dass die Welt sich ständig zum Besseren entwickelt, und etwas brauchst, das deine linke Gehirnhälfte zufriedenstellt, dann lies das Buch *The Rational Optimist*. Der Autor Matt Ridley beweist anhand von Fakten und grafischen Abbildungen, dass sich der Fortschritt auf unserer Erde tatsächlich enorm beschleunigt hat, verbunden mit einer zunehmenden Steigerung unserer Evolution auf Warpgeschwindigkeit.

Die Physiker sagen uns, dass sich das Universum tatsächlich ausdehnt. Ist das nicht eine perfekte Metapher? Wir befinden uns in einer ständigen Entwicklung, Verfeinerung, Expansion und Verbesserung. Durch unsere Wünsche nach »mehr« und »besser« wird die Evolution vorangetrieben. Das Universum wächst sogar noch mehr aufgrund von alldem, was wir darin erschaffen.

Misserfolg ist nur eine Geschichte,
eine Interpretation der Ereignisse. Stoße dich
vom Boden ab, empor zu neuen Höhen.

Noch ein paar »Geschichten«, die du loslassen solltest:

* »Ein Misserfolg sagt etwas über mich.«
* »Das Gegenteil meiner Wünsche wird als Bestrafung wahr.«
* »Es gibt ein Endziel, das ich erreichen muss.«
* »Irgendetwas stimmt nicht mit mir. Ich habe eine Macke.«
* »Ich bin hier auf Erden oder es passiert etwas Schlimmes, damit ich meine Lektionen lerne.«
* »Was mich an meiner Entfaltung hindert, ist mein Karma, die negative Energie eines anderen Menschen, die Sternkonstellationen, schlechtes Feng-Shui oder die numerologischen Fakten.«

Übernimm Verantwortung für alles, denn du hast es erschaffen, egal, was es ist. Nutze jeden Misserfolg, um dich abzustoßen und nach oben zu gelangen. Alles ist perfekt.

❀ ❀ ❀

Surfe auf den Wellen der Gefühle

Der Intellekt möchte alles, was dir begegnet, als Problem oder Aufgabe sehen, die es zu lösen gilt. Dieses alte Paradigma verleiht den Schwierigkeiten, Verzögerungen, Herausforderungen oder Unwägbarkeiten eine ihnen nicht zustehende Realität, Gewichtung und Ernsthaftigkeit. Wenn du etwas nicht als Problem klassifizierst, sondern es einfach »Gefühl« nennst und auf ihm *surfst* wie auf einer Welle, wirst du weniger Widerstand erleben. Die Surfer reden über Wellen nicht als »Probleme« – sie nennen es Spaß!

Wenn du schon seit Langem mit einer bestimmten Emotion oder Herausforderung ringst, nenne es lieber eine *schwingungsmäßige Gewohnheit* als ein Problem. Das klingt weicher, nicht wahr? Eine Schwingungsgewohnheit kann noch heute ihre Frequenz erhöhen, wenn du sie einfach akzeptierst, statt sie schlechtzureden. Da gibt es nichts zu klären, zu reparieren oder zu heilen, und mit jeder alten Schwingungsgewohnheit, die du loslässt, gewinnst du mehr Energie und Power für dich zurück.

Wenn du gerade nicht im höchsten Gefühlsbereich der Skala bist, zeigt es dir nur, dass die Navigationstafel funktioniert. Du musst nichts klären, reparieren oder heilen. Wenn mir jemand erzählt, er müsse eine bestimmte Energie, Emotion oder Frage in seinem Leben klären, dann bekommt er zu hören: »Ich denke, was du wirklich brauchst, ist das Navigieren mit deinen Gefühlen, statt sie loswerden zu wollen. Du kannst lernen, auf deinen Gefühlen zu surfen, und dann wirst du deine eigene Schwingung jederzeit und überall anheben können.«

Surfe jede Welle
und jedes Tal.

Ich habe oft den Surfern zugeschaut. Sie verbringen die *meiste* Zeit mit Hinauspaddeln, Warten auf eine passende Welle und Herunterfallen vom Brett – und das den ganzen Tag. Sie befinden sich mal in den Wellentälern und mal auf den Wellenkämmen – und das ist nicht alles glamourös! Sie unternehmen diese ganze Surferei nur wegen der Ekstase jener magischen Augenblicke, in denen sie total im Flow sind.

❀ ❀ ❀

Übung: Wähle deine Geschichte mit Bedacht

Deine Geschichte kann dich entweder ermächtigen oder entmachten, sie kann dir Kraft geben oder rauben. Ob es dir bewusst ist oder nicht: Du lebst diese Geschichte. Jede Geschichte, die du erzählst, ist Ausdruck einer Absicht. Spüre bei jeder der folgenden Geschichten deinen Körper. Welcher Teil von jedem Paar fühlt sich besser an?

❀ Es ist unfair, dass ich ausgenutzt werde.
❀ Das liefert mir den Treibstoff für eine machtvolle Veränderung. Ich stoße mich davon ab, um höher zu gehen.

❀ Die Wirtschaft ist in einer Flaute, und erst wenn sich das ändert, kann ich wohlhabend sein.
❀ Ich erschaffe mir meine eigene Wirtschaft. Ich lasse das Göttliche die Schwerarbeit erledigen und werde vom Fluss getragen. Ich surfe auf jeder Welle und jedem Tal.

❀ So ist Bill nun mal, wir werden uns nie vertragen.
❀ Ich habe nur dafür zu sorgen, dass ich mein glückliches großes Selbst bin, dann ist alles möglich.

Aus meiner Liedersammlung *Watch Where You Point That Thing* stammt die Zeile: »Dein Verstand ist ein machtvolles Instrument. Pass auf, wohin du damit zielst.« Die Aufnahmen sind erhältlich über www.DivineOpenings.com und umfassen ein ganzes Spektrum von Songs, Musik zum Tanzen und Meditieren.

Wertschätzung verstärkt die Kraft der Absicht

Vielleicht bist auch du bereits zu einem »automatischen Wertschätzungsgenerator« geworden, dessen Kraft wundervoll und beeindruckend ist. Lass sie uns hier noch weiter ausdehnen.

Gib für einen Moment allen nichtphysischen Kräften deine Wertschätzung, die in diesem Augenblick auf dein Glücklichsein und deinen Erfolg ausgerichtet sind. Spüre, welche Freude sie daran haben, die Dinge für dich zu arrangieren, zu orchestrieren, vorzubereiten und aufzureihen. Sie senden dir Signale und Zeichen, schicken dir passende Menschen über den Weg oder bringen dich zum Lachen. Es ist, als hättest du ein Team von Managern, Assistenten, Vermittlern, Heilern, Genies und Spezialisten auf jedem Gebiet, in dem du es benötigst. Du brauchst es nur zuzulassen.

Selbst nichtphysische Wesen lieben Wertschätzung, auch wenn sie mit Namen und Identitäten, wie wir sie besitzen, nichts am Hut haben. Sie sind überhaupt nicht von uns getrennt, und sie sind auch nirgendwo anders – sie sind genau hier, genau jetzt da. Du kannst dankbar sein, dass dein großes Selbst eins ist mit jedem, der dir nahesteht und die irdische Ebene schon verlassen hat, und auch mit anderen, die dir auf der physischen Ebene noch gar nicht begegnet sind. Ich erlebe dies alles als direktes Wissen, das von nirgendwo zu kommen scheint, doch manchmal kann ich meinen verstorbenen Vater spüren, meine Großmutter, frühere Lehrer und andere. Ich lächle oft und sage: »Danke«, wenn ich schlagartig aus dem Nichts direktes Wissen bekomme. Viele Menschen erzählen mir, dass sie erleben, wie mein nicht-physischer Aspekt sie auf diese Weise besucht oder ihnen hilft, das ist aber nicht mein menschliches Selbst.

Um zum Physischen zurückzukommen: Während ich Rechnungen bezahle, *anerkenne* ich die Dienste und Produkte, die ich erhalten habe. Wie toll, ich habe Strom, ohne mich darum kümmern zu müssen! Das Wasser strömt einfach nur aus meinen Leitungen! Mein Haus habe ich auf Kredit bekommen, ohne dass ich es bar bezahlen musste! Nach Jahren habe ich nun alle Schulden, bis auf die vom Haus, abbezahlt. Wenn ich in ein neues Zuhause umziehe, beginnen die Bäume und Sträucher sehr rasch zu wachsen. Sie gedeihen, weil ich sie wertschätze, sie betrachte und mich darüber entzücke, wie ihre Blätter und Blüten wachsen. Das hat nichts Zeremonielles, es ist einfach nur eine Lebensweise.

Wertschätzung formt eine Schwingung auf derselben Frequenz wie Liebe, eine wirklich sehr hohe Schwingung. Du fühlst dich gut, während du auf dieser Frequenz schwingst − das allein ist Grund genug, es zu tun. Halte deinen Fokus darauf gerichtet, gute Gefühle zu generieren, statt dir über etwas Sorgen zu machen, was sich noch nicht materialisiert hat.

Ich habe gelernt, die Uneinigkeit mit starken, intelligenten, eigenwilligen Menschen wertzuschätzen und ehrlich willkommen zu heißen. Wird bei einem Meinungsstreit der Fokus auf Wertschätzung statt Ablehnung gelegt, löst sich der Widerstand auf, und die Meinungsverschiedenheiten fühlen sich besser an. Sich besser zu fühlen ist das Wichtigste.

Einige der klügsten und auch metaphysisch gebildetsten Menschen gehören zu den unglücklichsten, denn wenn der Verstand die Kontrolle hat, verwendet diese auf Missstände programmierte

Granate viel Energie und Absicht darauf, allem nachzugehen, was im Argen liegt. Es mag ja klug sein, sich darüber zu informieren, was in der Welt vorgeht, aber kannst du deine Schwingung oben halten, während du es beobachtest? Ich hoffe, du kannst es. Wenn wir die Realität so nehmen, als wären wir nur passive Beobachter, dann treten wir unsere Macht ab, Realität zu erschaffen. Bring dich auf die Schwingung, die von deinem großen Selbst ausgeht, dann wirst du Schöpfer und kein bloßer Beobachter sein. Ja, es kann herausfordernd sein, aber es lohnt sich, es zu meistern.

Du beobachtest nicht bloß die Realität –
du erschaffst sie.

Wertschätzung bedeutet, du entscheidest dich bewusst dafür, deinen Fokus auf das Gute zu richten – und das bringt dich in Bezug auf jedes Thema und jeden Lebensbereich dorthin, wo dein großes Selbst steht. Es bedeutet, inmitten eines Haufens von Dingen, die du schwerlich gut finden kannst, einen kleinen Funken von etwas zu finden, das du wertschätzen kannst. Du hast sicher schon die lustige Geschichte von den zwei Mädchen gehört – die eine Optimistin, die andere Pessimistin –, die ganz unterschiedlich auf die gleichen Umstände reagierten. Der Pessimistin wurde gesagt, dass in einem Raum voller Pferdemist etwas für sie verborgen sei. Sie kam bereits nach einer Minute wütend wieder heraus und schimpfte über den Gestank und die Sinnlosigkeit der Übung.

Das optimistische Mädchen wurde ebenfalls hineingeschickt, und es ließ sich begeistert davon hinreißen, den Dung von einem Ende des Raumes zum anderen zu schaufeln. Als sie gefragt wurde, warum sie nicht aufhören wolle, gab sie enthusiastisch zur Antwort: »Ich dachte, mit all dem Pferdemist hier muss irgendwo ein Pony versteckt sein, und wenn ich nicht aufgebe, werde ich es schließlich finden.«

Schätze Dinge wert, weil es sich gut anfühlt. Schätze sie wert, um deine Schwingung anzuheben. Vor allen Dingen schätze wert, bevor das Gute da ist. *Springe direkt zum Ergebnis* und fühle dich jetzt schon gut – geh davon aus, dass hier irgendwo ein Pony versteckt ist! Lange bevor ich mit neun Jahren ein Pony geschenkt bekam, malte ich Bilder von ihnen, bewunderte Ponys, las Bücher über sie.

Meine Absicht war stur, leidenschaftlich stark, und ich hielt daran fest, während ich das Gefühl genoss, das ich beim Malen der Ponys hatte. Meine Eltern lebten von Monat zu Monat, mein Vater ernährte uns fünf, indem er tagsüber arbeitete und danach in die Abendschule ging, doch fanden sie irgendwie einen Weg, mir dieses erste Pony, *Star Baby*, zu schenken. Im Rückblick sieht man, dass das Pony genau wie die Ponys auf meinen Zeichnungen aussah. Jahrzehnte später bekam ich die Ranch, die ich so viele Male detailliert gezeichnet hatte, mit ihrem Teich und den Bäumen, dem Haus, dem Truck, den Enten, Hunden und Pferden. Ich malte sie immer von oben, wie aus der Luft gesehen, was für mich mittlerweile wie die Perspektive des großen Selbst aussieht.

> *»Das Leben ist das, was wir daraus machen.*
> *Das war es schon immer, und das wird es immer sein.«*

Grandma Moses, eine amerikanische Folklore-Sängerin,
die in ihrem siebten Lebensjahrzehnt anfing zu malen
(1860 bis 1961)

Tu das Beste, was dir möglich ist. Übe dich täglich darin. Wähle deine Einstellung in jeder Minute. Schwärme von dem, was großartig ist, wenn du aufwächst und bevor du schlafen gehst, und mit der Zeit wirst du süchtig danach werden, wie gut es sich anfühlt. Während du deine Gedanken auf die Frequenz der Wert-

schätzung ausrichtest, wird es zu einer Schwingungsgewohnheit. Du erhöhst deine Kraft, durch die Absicht zu erschaffen, indem du eins mit deinem großen Selbst und deiner unbegrenzten nichtphysischen Kraft bist.

Genusspraxis: Geh gleich jetzt in die Wertschätzung

Markiere dir diese Seite und komme täglich darauf zurück, bis es dir zur Gewohnheit geworden ist und du diese Erinnerung nicht mehr brauchst. Gönne dir selbst das tägliche Vergnügen einer Kombination der folgenden Aktivitäten. Je mehr du dich aufbauen musst, desto länger praktiziere sie.

* Schwärme von zwanzig Dingen, die du wertschätzt, auch wenn es Kleinigkeiten sind. (Wenn dir nicht so viele einfallen, *brauchst du unbedingt mehr Übung!*)
* Anerkenne dein nichtphysisches Team und die unbegrenzte Hilfe, die dir von dort zur Verfügung steht.
* Schätze ein Gefühl, das du nicht magst, für die wertvolle Anzeige auf deiner Navigationstafel. Spüre, wie sich deine Schwingung durch deine Anerkennung anhebt.
* Anerkenne ein Hindernis, während du die Absicht setzt, dich davon abzustoßen.
* Finde etwas, das du an jemandem wertschätzen kannst, den du kritisch siehst. Spüre, wie deine Energie dabei zunimmt.
* Erinnere dich: Es ist keine harte Arbeit. Tu es oft, *einfach so zum Spaß.*

❀ ❀ ❀

Du gehst dorthin, wohin du schaust

Ist dir das schon mal aufgefallen: Wenn du auf der Autobahn dahinfährst und deinen Blick auf etwas richtest, das sich rechts von der Straße befindet, weichst du etwas nach rechts ab? Und wenn du nicht aufpasst, landest du sogar im Straßengraben.

Du gehst dorthin,
wohin deine Nase zeigt.

In meinem Leben schwanke ich zwischen der Variante, die Mainstream-Medien überhaupt aus meinem Leben zu verbannen, und der Variante, nur ausgewählte Häppchen an Informationen reinzulassen. Es ist immer weise, wählerisch zu sein, wenn du aber noch mit dem Anheben bzw. Stabilisieren deiner Schwingung zugange bist, ist es von äußerster Wichtigkeit. Achte darauf, wie du dich mit dem fühlst, was du an dich heranlässt.

Vielleicht bist du schon so unsinkbar, dass du deine Schwingung selbst angesichts negativer Eindrücke unerschütterlich oben halten oder in allem das Schöne finden kannst. Wenn du aber noch nicht ganz an diesem Punkt angekommen bist, solltest du dir die Negativität der Medien nicht zu Gemüte führen. Ich treffe bewusst die Wahl, mir keine Dinge anzuschauen, die sich nicht gut anfühlen, auch wenn ich durchaus in der Lage bin, meine Schwingung oben zu halten. Die meisten Menschen, die nicht einmal im Traum Junk-Food essen würden, denken sich überhaupt nichts dabei, Tratsch, negative Nachrichten und Unterhaltungsprogramme in sich aufzunehmen.

Ich finde die Zeitschrift *Fast Company* faszinierend, weil sie sich ausschließlich auf innovative und kreative Spitzenunternehmer der neuen Schule fokussiert, nicht auf die Denkmuster der alten Schule oder die Wall-Street-Denkweisen. Das Magazin berichtet von Menschen, die Trends kreieren, statt ihnen zu folgen. Wenn ich das lese, hilft es mir, bei einigen der besten Dinge, die in dieser sich rasant verändernden Welt passieren, auf dem Laufenden zu bleiben, und ich picke mir das heraus, was meine eigene Kreativität anregt.

Ein detaillierter, kürzlich erschienener Artikel berichtete über den Filmregisseur Martin Scorsese und darüber, ein kreatives Leben zu leben. Scorsese ist schon immer seinem inneren Kompass gefolgt, was sich nicht immer mit den großen Hollywood-Studios vertrug. Erst jetzt, da er älter ist als die meisten Menschen, wenn sie in Rente gehen, genießt er hohes Ansehen unter den Hollywood-Insidern mit den großen Budgets.

Interessanterweise ist Scorseses Herz, ähnlich wie das von Clint Eastwood und Woody Allen, mit den Jahren weicher geworden. Er ist kein zorniger Mann mehr, sondern dreht jetzt mehr aufbauende, inspirierende Filme. Seine Frau hatte ihn gefragt: »Warum machst du nicht einen Film, den sich auch unsere Tochter ansehen kann?« Es war wunderbar, mitzuerleben, wie er seiner zwölf Jahre alten Tochter dankte, als er den Golden Globe für seinen Film *Hugo* in Empfang nahm.

Auch Woody Allen bekam Beifall für seinen – für ihn untypisch – aufbauenden und tiefsinnigen Film *Midnight in Paris*, der weit entfernt ist von seinen früheren nihilistischen Filmen mit den angstbesetzten Figuren. Die Botschaft dieses Films lautet: »Jetzt ist die perfekte Zeit zum Leben.« Manche Menschen lassen es zu, dass das Alter sie weicher macht, während andere sich noch mehr verhärten.

Aufmerksamkeit ist wie ein Muskel

Übung spielt eine wichtige Rolle, um die Kraft der Absicht aufzubauen. Wenn du einen Muskel aufbauen möchtest, musst du ihn regelmäßig einsetzen und belasten, sogar bis an seine Grenze beanspruchen. Wenn du bequem und unbewusst wirst, so wird auch deine Kraft der Absicht lasch werden, genau wie ein Muskel. Du kannst nicht einfach wieder einschlafen und gleichzeitig deine Kraft der Absicht aufrechterhalten.

Das Gleichgewicht zwischen innen und außen verlangt tägliche Entscheidungen und Fokussierung. Bring dich voll und ganz, mit Freude und Begeisterung in die physische Welt ein und spiele das Spiel des Lebens auf der Erde, ohne zu vergessen, dass das Physische nur ein kleiner Teil von dem ist, wer du wirklich bist. Erinnere dich daran, dass das, was gerade physisch abläuft, nicht die höchste Wirklichkeit ist; es ist eine vorübergehende Realität, und du bist ein bewusster Schöpfer. Beobachte dich selbst dabei voller Mitgefühl und lass dich von deinem großen Selbst führen.

Wenn du ein großartiges Leben haben willst, sei bewusst in dem, was du denkst und worauf du deine Aufmerksamkeit richtest. Ertappe dich bei weniger produktiven Gedanken, noch bevor du dich von ihnen mitreißen lässt. Du musst sowieso jeden Tag denken und Entscheidungen treffen – also mache es so gut und bewusst wie möglich, mit einer gewissen positiven Starrsinnigkeit. Wenn du dich selbst als stur oder widerspenstig einschätzt, dann sei eben stur in dem, wohin du deinen Fokus lenkst, was du glaubst und was du willst. Bleib hartnäckig dabei, dich nicht mit weniger zufriedenzugeben als mit einer hohen Schwingung und einem wunderbaren Leben.

Ob du nun Krankenschwester, Arzt oder Buchhalter bist, entscheide dich noch heute, dass deine wahre Aufgabe darin besteht, klar und glücklich zu sein. Ob du nun Anwalt, Klempner oder Koch bist, mach es dir zur Aufgabe, jeden einzelnen Moment zu genießen und jeden Menschen, der dir begegnet, glücklicher zurückzulassen.

Das Leben bietet dir viele Möglichkeiten. Lenke deinen Fokus auf das, was dich unterstützt, und ziehe ihn von dem ab, was dich nicht unterstützt.

Benutze deine Kraft der Absicht, eine belastende Verantwortung voll anzunehmen und sie in eine bereichernde Erfahrung und einen Gewinn umzuwandeln. Indem ich alle Gefühle, die während meines Umzugs nach Kalifornien auftauchten, willkommen hieß, kamen sie in Bewegung – und ich mit ihnen. Dadurch, dass ich die niedrigeren Gefühle nicht verurteilte und mich von niemandem davon befreien ließ, führte jeder Augenblick zum nächsten, jede Öffnung zur nächsten, jede Erleichterung zu der Erfahrung: Die Evolution funktioniert von selbst – das Leben ist so gemacht, dass es mich weiterbewegt.

Während ich noch in Texas wohnte, begann ich mich schon so zu fühlen und so zu reden, als wäre ich bereits nach Kalifornien umgezogen. *Im Nichtphysischen war ich bereits umgezogen* – ich wartete lediglich darauf, dass mein Körper mich einholte. Ich sage das mit einem Lächeln: Lass dich nicht allzu sehr von den kleinen Dingen, von deiner momentanen physischen Realität beeinflussen. Sie geht vorüber. Deine gegenwärtige Realität ist bereits vergangene Geschichte.

Du erschaffst dir nichts Negatives, wenn du absichtlich und bewusst bei niedrigeren Gefühlen verweilst, also mach dir deshalb keinen Stress. Du bist in einem Zustand der Gnade, der dich buchstäblich vom Gesetz der Anziehung ausnimmt, sofern du etwas bewusst fühlen willst, mit der Absicht, es loszulassen und weicher zu werden. Du erschaffst nur dann etwas Negatives, wenn du über längere Zeit unbewusst in einer niedrigeren Schwingung steckst oder wenn du Gefühlen und Veränderungen Widerstand leistest. Überlege nicht weiter, *warum du dieses Gefühl hast,* sondern fühle es einfach, ohne irgendwelche Geschichten im Kopf – ohne Worte, ohne Handlungsfaden. Nimm höchstens ein paar Schlüsselwörter zu Hilfe, um das Gefühl vollständig spüren zu können.

Eine Frau erzählte mir kürzlich, sie hätte gedacht, dass sie den Prozess des »Eintauchens« aus dem Buch *Alles läuft super, während ich weg bin* praktiziere, doch es habe nicht funktioniert – bis eines Tages ihr großes Selbst zu ihr durchdrang und sagte: »Stopp! Du tauchst in die Geschichte ein, nicht in das Gefühl!«

Absicht, Suchtverhalten und Essen

Viele wunderbare Dinge können genau wie jene, die wir als destruktiv betrachten, zur Sucht werden: Arbeit, neue Beziehungen, Sex, emotionales Drama, Adrenalinkicks, Pornos, Weltflucht, Essen, Drogen, Antidepressiva, Schmerzmittel, Abstumpfen, Rauchen, Alkohol, Wut, Spiele, Risiken eingehen, Fernsehen, Internet, Social Media …

Meine Definition ist einfach: Sucht ist eine Schwingungsgewohnheit, die hartnäckig ist, dir aber nicht dient und schwer zu beenden ist. Sie funktioniert folgendermaßen:

* Man benutzt oder tut etwas (wir wollen es einen »Fix« nennen), um sich besser zu fühlen.
* Die Erleichterung ist von kurzer Dauer, also muss es immer wieder gemacht werden.
* Es wird zu einer Schwingungsgewohnheit, die sich selbst am Laufen hält.
* Ein eingebauter Rationalisierungsmechanismus rechtfertigt hartnäckig diese Gewohnheit.

- Bald ist mehr von dem Fix nötig, um die gleiche Erleichterung oder Befriedigung zu bekommen.
- Schließlich verschafft der Fix *keine* Erleichterung mehr, die Schwingungsgewohnheit aber bleibt.
- Sucht raubt uns unsere Kraft der Absicht und unseren freien Willen.
- Erleichterung zu bekommen ist nicht länger die Absicht; *den Fix zu bekommen ist nun wichtiger geworden als die ursprüngliche Absicht.*
- Das schlechte Gefühl ruft noch mehr den Wunsch danach hervor, sich besser zu fühlen; daher wird noch mehr von dem Fix eingesetzt.
- Alle Formen von Sucht tauschen langfristig Gutes gegen einen kurzfristigen Fix ein.

Ich betrachte schwingungsmäßige Suchtgewohnheiten, selbst die, die man »ernst« oder »schwerwiegend« nennt, nicht als großes Problem, solange der Betroffene sich wirklich bereitwillig dafür einsetzt, wieder in seine Kraft und Macht zu kommen. Alles ist nur vorübergehend. Das Leben will sich bewegen.

Genau wie jeder von uns versuchen Menschen,
die süchtig sind, einfach nur, sich gut zu fühlen.

Setze jetzt folgende Absicht: Werde aufmerksam, wann du irgendeinen Fix benutzt, um dich *besser zu fühlen* – um Schmerz zu lindern, schlechte Gefühle zu vermeiden, dich zu entspannen, dich zu betäuben, loszulassen, dich geliebt zu fühlen, dich versorgt oder seelisch genährt zu fühlen, dich geselliger oder nicht so allein zu fühlen. Das tiefere emotionale Bedürfnis ist in Wirklichkeit das, was uns vom Fix abhängig hält – der körperliche Teil der Sucht ist der schwächste Teil. Wenn du ein paar Tage vom

Fix wegbleibst, geht das körperliche Verlangen danach ziemlich rasch vorbei. Das emotionale Verlangen wird dagegen nicht einfach verschwinden – es muss gesättigt werden.

Was ist die Lösung bei schwingungsmäßigen Suchtgewohnheiten?

* Mache es zu deiner Hauptintention, *dich besser zu fühlen.*
* Fühle das Gefühl, von dem du Erleichterung suchst – ist es Langeweile, Einsamkeit, Zweifel, Stress, Wut, Angst, Traurigkeit, Verlust, mangelnder Selbstwert, Ohnmacht?
* Was möchtest du fühlen? *Beabsichtige, dieses Gefühl hervorzurufen.*
* Lass dich im Voraus das langfristige gute Gefühl fühlen, das du dir wünschst, und es werden sich Wege zeigen, wie du dorthin gelangen kannst.
* Wenn es Energie oder Kraft ist, die du dir wünschst, so beabsichtige Energie: Bewege deinen Körper, tanze, trinke Wasser, atme volle fünf Minuten langsam und tief.
* Wenn es Liebe ist, beabsichtige Liebe: Leg dir ein Haustier zu, schließe Freundschaften, arbeite als Freiwilliger oder ehrenamtlich, verliebe dich, öffne deine Liebeskanäle.
* Wenn es darum geht, ein Loch zu füllen, beabsichtige, dass es sich auf eine gesunde Weise füllt: Sprich mit der Präsenz, meditiere und geh hinaus ins Leben.
* Dein großes Selbst fühlt sich bereits gut; wenn du dich also in die Schwingung des großen Selbst begibst, fühlst du dich auch ohne den Fix gut.
* Nimm dir Sitzungen oder eine Entwöhnungskur, wenn du dabei Hilfe brauchst, die Schwelle zu überwinden.
* Das Wesentliche: Fokussiere dich auf das Gefühl, das du langfristig haben möchtest, statt nach einem kurzfristigen Fix zu greifen.

Essüchte

Essen und Körpergewicht sind Bereiche, in denen sich die Menschen nicht so klar darüber sind, auf welche Weise Absicht und Schwingung wirken. Du kannst über Nacht von einer Krankheit geheilt werden, dich neu verlieben oder einen Haufen Geld bekommen – aber das Gewicht verändert sich nicht so schnell. Du siehst beim Abnehmen oft monatelang keine aufregenden Ergebnisse, daher ist es besonders wichtig, sich auf das Langfristige zu fokussieren.

Wenn du Gegenabsichten hegst,
gewinnt diejenige, die sich am besten für dich anfühlt –
selbst wenn sie nur kurzfristig Erleichterung bringt.

Esssucht – der Gebrauch von Essen als Fix, um Gefühle zu therapieren – ist tückisch, denn Essen ist die einzige Sucht, die man nicht einfach abrupt abstellen kann. Schließlich muss man ja immer noch dreimal täglich etwas essen. Wenn Essen dein bevorzugtes oder einziges Mittel ist, um dich besser zu fühlen, und du nicht in der Lage bist, deinen freien Willen zu gebrauchen, um einen anderen Weg zu einem besseren Gefühl zu finden, *dann ist Essen eine Sucht.* Da Süchte einen mächtigen Mechanismus in sich tragen, der sie rechtfertigt, braucht es viel Einsatzbereitschaft und Entschiedenheit, in dieser Hinsicht ein bewusster Schöpfer zu sein.

Übung: Fühle dich besser ohne den Essens-Fix

Setze jetzt die Absicht für dein schlankes, leichtes, gesundes, glückliches Selbst. Und dann tu Folgendes, wirklich jedes einzelne Mal, wenn du etwas in den Mund stecken willst, ganz bewusst und absichtsvoll:

- Halte inne und spüre, ob du wirklich *Brennstoff brauchst* oder ob du einfach nur einen schnellen Fix brauchst, um dich besser zu fühlen.
- Spüre das Gefühl, für das du Erleichterung suchst, lass die Geschichte fallen und tauche ein.
- Beabsichtige das Gefühl, das du fühlen *möchtest.*
- Finde andere »Bonbons«, die du dir gönnen kannst, die nicht durch Mund und Magen gehen.
- Wie schon erwähnt: Wenn es Energie oder Kraft ist, die du brauchst, dann beabsichtige Energie, bewege deinen Körper, tanze, trinke Wasser und atme fünf Minuten lang tief und langsam. Übe auch den Feueratem, du findest eine Audioaufnahme auf der Website www.DivineOpenings.de, wenn du im Suchfeld »Feueratem« eingibst.
- Wenn es Liebe ist, so beabsichtige Liebe, mache Liebe, öffne dich für die Liebe, leg dir ein Haustier zu, schließe Freundschaften, arbeite als freiwilliger Helfer.
- Wenn es darum geht, ein Loch zu stopfen, beabsichtige, es auf gesunde Art und Weise zu füllen, sprich mit der Präsenz, meditiere häufiger zum Vergnügen, lebe intensiver.
- Bemerke deine Ängste und Gegenabsichten, wenn es darum geht, gesündere Wege zu wählen.

Wähle andere Mittel als das Essen,
um dich besser zu fühlen.

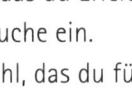

Menschen, die viel überschüssiges Fett gespeichert haben, weisen in manchen Bereichen eine niedrige Schwingung auf – sei es in puncto Selbstwert, Schutzbedürfnis, Helfersyndrom oder einer allgemein trägen emotionalen und physischen Energie. Dies ist eine Beobachtung, die aus enormer Erfahrung stammt, und kein Vorurteil.

Menschen, die eine »Opfer«-Schwingung ausstrahlen, sind fast immer:

❀ dünn und senden das Schwingungssignal aus: »Ich bin klein und machtlos.«

❀ Oder sie sind übergewichtig oder unförmig und senden das Signal: »Ich versuche, mich mit Fett abzuschirmen oder mich mit Essen zu betäuben oder zu trösten.«

Die Gefühle kommen aber aus dem Innern; ein Schutzschild nach außen bringt gar nichts. Eine Frau wünschte sich viel mehr Privatsphäre und Erwachsenenzeit, als sie bekam, seit sie einen Sohn hatte, und ihr Körper versuchte buchstäblich, mehr Raum für sie zu beanspruchen. Sie entdeckte folgende Gegenabsicht: Für ihren Körper fühlten sich die Fettpolster wie ein Schutzmantel an. Natürlich überrannte ihr Sohn sie nicht wirklich – das war nur die Wahrnehmung und Überlebensreaktion ihres kleinen Selbst.

Sie redete ihrem Körper beruhigend zu und versprach ihm, sie würde sich gut um ihn kümmern, sodass er keinen Schutzschild mehr benötigte, und mithilfe von Massagen hob sie ihre Schwingung an. Sie kümmerte sich emotional besser um sich selbst, unternahm kleine Ausflüge mit Freunden, achtete besonders darauf, keine Schwingungen und Emotionen von Familienmitgliedern zu übernehmen und sich nicht mit Essen zu trösten oder zu belohnen. Sie nahm rasch ab.

Als ich mit dem Schreiben dieses Buches anfing, ließ ich einige Wochen lang alles andere fallen, einschließlich sportlicher Bewegung und bestimmter Essgewohnheiten, die mir gutgetan hatten. Ich achtete nicht mehr so sehr darauf, was ich aß, und schleppte bald ein paar Extrapfunde mit mir herum. Die Geschichte »Gewichtszunahme nach der Menopause« bescherte mir ein Gefühl von Ohnmacht, darum fing ich an, überall nach älteren Menschen, die schlank waren, Ausschau zu halten – und davon gibt es jede Menge. Damit war die Geschichte geplatzt.

Meine gegenläufigen Absichten waren einerseits der besessene Wunsch, dieses Buch so rasch wie möglich fertigzustellen, und andererseits meine Absicht, gut für meinen Körper zu sorgen. In diesem Wettstreit war mein Körper eine Zeitlang auf verlorenem Posten und begann sich bald lauthals darüber zu beschweren – ihm hatte der vorherige Lebensstil besser gefallen!

Mir wurde auch klar, dass ich auf das gesellschaftsfähige Abendritual zurückgefallen war, mir zum Feierabend ein üppiges Essen, ein Glas Wein und einen Zeitvertreib im Sitzen zu gönnen. Wein und schweres Essen machen mich sofort träge, bis zum nächsten Morgen, und so können die Pfunde sich heranschleichen. Es ist eine durchaus menschliche Neigung, sich dem sozialen Umfeld anzupassen, auch wenn es auf Kosten des eigenen Wohlbefindens geht. Aber mir geht es total gegen den Strich, einer Sache nachzugeben, die einem kristallklaren Bewusstsein entgegensteht.

Natürlich sind Belohnungen, die das Ende des Arbeitstages signalisieren und uns zu Entspannung und Spiel verhelfen, enorm wichtig. Meine überwiegende Absicht war es jedoch, gesund, leicht und schlank zu sein, mich großartig zu fühlen und auch, mich zu belohnen – aber mit dem schnellsten, einfachsten Fix, den unsere Gesellschaft benutzt, hat es für mich überhaupt nicht funktioniert. Als ich meine widersprüchlichen Absichten erkannt und wieder Klarheit erlangt hatte, war mir meine Hauptintention viel wichtiger als irgendein Quick-Fix.

Wenn der Körper es gewohnt ist, bestimmte Dinge zu essen oder zu trinken, dann sind ein paar Tage des Entzugs von den Suchtgewohnheiten nötig, um die körperlich-mentalen Reaktionen neu auszurichten. Der Körper verlangt nach dem, was er immer bekommen hat, und besteht darauf, es weiter zu bekommen – *auch wenn es dir gar kein gutes Gefühl mehr verschafft.*

Wenn wir unserem Körper ständig eingeredet haben, wie lecker dieses ungesunde Junk-Food ist und wie fade all das Grünzeug schmeckt, und nun soll er plötzlich umdenken: »Gemüse schmeckt lecker«, dann müssen wir unsere Navigationstafel neu einstellen. Sie ist durcheinandergeraten, auf den Kopf gestellt, und ihre Anzeigen stimmen nicht mehr. Die Grundlage einer Sucht ist, dass der Körpergeist das haben will, an das wir ihn gewöhnt haben, egal, ob es uns guttut oder nicht. Die Navigationstafel kann bei jedem mal durcheinandergeraten, und es ist einfach, sie wieder richtig zum Funktionieren zu bringen.

Es hat mich zuerst ein wenig Mühe gekostet, mein System dazu zu überreden, seine Gelüste zu ändern, aber sobald es sich umgestellt hatte, fühlte es sich so gut an, dass es leicht beizubehalten war. Ich fand kreativere Wege, mich zu belohnen: mit Spaziergängen, Wanderungen, Ausritten und Fahrradtouren, leichteren Abendmahlzeiten, frisch gepressten Säften, Mineralwasser, Filmen und Massagen. Ich setzte die Absicht, Freunde zu haben, mit denen ich mehr von diesen Dingen tun konnte, und sie zeigten sich.

Eine Art, wie du die Umstellung erleichtern kannst, besteht darin, zuerst die *gesünderen* Dinge hinzuzunehmen, *bevor* du die weniger gesunden weglässt. Füge zuerst frisch gepresste Säfte und Körperübungen hinzu, ehe du das fettige Essen weglässt – der Kontrast hilft, die Navigationstafel neu einzustellen.

Wenn du etwas zu dir nimmst, obwohl es sich nicht gut anfühlt, ist das *Selbstmissbrauch* – und Schuld lässt dich auf der Navigationstafel nach unten rutschen. Gut zu essen kann dir das fantastische Gefühl vermitteln, dass du gut für dich sorgst, und das ist die Art von emotionaler Nahrung, die wir lieben.

Achte darauf, wann deine Absicht stärker auf kurzfristige Erleichterung ausgerichtet ist als auf langfristige Erleichterung, denn die stärkste Absicht *gewinnt immer*. Fokussiere dich in erster Linie auf deine langfristige Intention und stehe zu ihr.

Weil ich alles, was ich spürte und erlebte, als Feedback nutzte, ging es mir im Laufe der Zeit immer besser: einfach indem ich meine Absicht stärker darauf richtete, wie ich mich fühlen wollte und dass ich mir mehr Zeit nehmen und wie früher klügere Entscheidungen treffen wollte, und indem ich mir vornahm, mein Essen mehr zu genießen. So fing ich bald an, auf meinem Teller Essen übrig zu lassen. Das war neu. Das hatte ich mir nicht einmal vorgenommen – meine Absicht begann es einfach auf diese Weise auszuspielen. Widersprüchliche Absichten lassen sich durchaus miteinander versöhnen. Ich bin wieder in der Balance und kann beides haben. Im Grunde geht es darum, wach zu bleiben.

Spür in dich hinein, wenn du etwas zu essen auswählst, und frage dich: »Was wird sich jetzt *und* morgen gut für meinen Körper anfühlen? Was wird mir jetzt gut schmecken *und* mir auch in einem Monat ein gutes Selbstgefühl geben?« Mit süßen Krapfen und Muffins an der Kuchentheke konfrontiert, fragte ich mich: »Was will ich mehr, meine Geschmacksknospen fünf Minuten lang kitzeln oder dieses fantastische Gefühl meines leichten und schlanken Körpers behalten?« Da wollte mein Körper diese verlockenden Dinge nicht mehr.

Richte deinen Fokus nicht aufs Abnehmen.
Stell dir vor, dich rank und schlank zu fühlen!

Ich lächle darüber, wie sehr ich diesen leichten, schlanken Körper liebe, und rühre mir meine eigene gesunde Schokolade an, die sogar noch den Stoffwechsel anregt. In fünf Minuten kann ich mir mithilfe von Super-Foods genug Schokolade für eine Woche zusammenmischen: Ich schmelze gleiche Mengen an rohem Kakaopulver, Honig, Kokosöl, Kokosflocken und geriebenen Nüssen. Dann rühre ich noch einen Löffel Zimt und eine Prise Cayennepfeffer und Kurkuma ein und stelle alles in den Kühlschrank.

Fokussiere dich darauf, wo du hinwillst, und nicht auf das, was verkehrt läuft. Dein großes Selbst unterstützt es nicht, wenn du etwas an dir selbst oder sonstigen Dingen schlechtmachst. Du hast die Wahl.

Genusspraxis: Lass dich öfter spüren, wie du dich fühlen möchtest

Lege Absichten fest, wie du dich bezüglich des Essens fühlen willst. Begleite dich Schritt für Schritt mit einem sanften Lächeln, während du mit weichem Blick jeden Satz liest und ihn bewusst einatmest:

* Erkenne dich selbst als das Göttliche in einem physischen Körper.
* Lebe mit der Intention, Liebe für dich selbst und deinen Körper zu empfinden.
* Nimm dir vor, deine emotionalen Bedürfnisse mit anderen Dingen als Essen zu befriedigen.
* Beginne mit dem Essen von Speisen oder Nahrungsmitteln, bei denen du ein gutes Gefühl hast, und schwärme, um das harmonische Gefühl noch zu verstärken, während du sie isst.
* Werde langsam und genieße das Zubereiten und Essen!
* Beabsichtige lieber gute Gefühle bei deinen Essensentscheidungen, statt dich auf das Kalorienzählen und Abnehmen zu konzentrieren.
* Wähle dein Essen danach aus, wie es sich für deinen Körper anfühlt, nachdem du es gegessen hast.
* Spüre, was für ein Akt der Liebe es ist, gut für deinen Körper zu sorgen.

- Achte auf gegensätzliche Absichten bezüglich des Essens. Beabsichtige das Gefühl, das du haben möchtest, wenn du mit ungeteilter Energie dein Essen genießt.
- Spüre die Gefühle, die du langfristig in Bezug auf das Essen haben willst.

Mit der Einstellung »Ich möchte schlank sein« und gleichzeitig »Alles leckere Essen macht mich dick!«, hegt man ganz offensichtlich einander widersprechende Absichten. Es gibt nicht die »einzig richtige Wahrheit« über das Essen oder sonst irgendetwas, das ich dir als Gesamtpaket überreichen könnte. Ich kann nicht sagen: »Das ist gut für dich« oder: »Das ist schlecht für dich.« Die Wahrheit verändert sich je nach der Realität, in der du dich bewegst. Alles ist in irgendeiner Realität wahr. Höheres Bewusstsein hat aber nichts damit zu tun, sämtliche esoterischen Geheimnisse und Gesetze zu lernen. Wir sollen bewusste Schöpfer sein, statt nach einer Wahrheit außerhalb von uns selbst zu suchen. Wird jeder von uns in diesem Leben alles meistern können? Vielleicht, vielleicht auch nicht – doch wir werden in jedem Fall ein fantastisches Leben haben.

In jeder Realität ist die Wahrheit eine andere.

Alkohol ist für manche Menschen Gift, für andere aber eher harmlos. Ein bekannter spiritueller Meister hat in den Sechzigerjahren einmal fünf LSD-Tabletten geschluckt, um den Hippies, die von seiner hohen, leichten, freien Schwingung angezogen waren, etwas zu beweisen: Die Droge zeigte bei ihm nicht die geringste Wirkung – er lachte nur darüber. Um seine Aussage noch zu verstärken, sandte er eine Welle von Shakti-Energie aus, die jeden Umstehenden in Glückseligkeit versetzte. Nicht die Droge, sondern *er* war die mächtigste Komponente. Seine nichtphysische Power überstieg in jeder Hinsicht seine physische Realität – sehr hoch entwickelt, aber möglich.

Ich habe diesen kompletten Sprung aus der Körpermatrix zwar *noch nicht* geschafft und konnte *sämtliche* Gesetzmäßigkeiten der physischen Realität noch nicht aushebeln – aber immerhin bin ich für mein Alter fantastisch in Form! Ich esse gesund, treibe Sport und nehme Nahrungsergänzungsmittel zur Verlangsamung des Alterungsprozesses. Aus der kollektiven Geldmatrix bin ich allerdings schon vor langer Zeit ausgestiegen, Geld ist für mich kein Thema mehr, und ich habe mir vor Kurzem eine neue Beziehungsmatrix erschaffen. Es gibt keinen festgelegten Zeitplan. Jeder kommt dann an, wann er ankommt – und bis dahin kannst du auf deinem Weg ein großartiges Leben haben! Ich hatte die ganze Zeit, während ich dorthin gesurft bin, eine wunderbare Zeit.

Ich *liebe* einfach das Gefühl, das ich bekomme, wenn ich leichte Kost esse und mich körperlich fit halte. Es gibt mir ein gutes Gefühl – lebendig, stark und voller Schwung. Ich mag es nicht, wie ich mich fühle, wenn ich schweres, üppiges Essen zu mir genommen habe. Der Schlüssel ist auch hier, sich für das zu entscheiden, was sich *jetzt genauso gut anfühlt wie später*.

Sei kein Schwamm
mehr für fremde Energien

Heiler, Berater, andere Menschen in helfenden Berufen, Mütter, übersensible Menschen, sie alle können sich von den Problemen anderer zu *viel aufbürden lassen* – sie tragen dann energetisch buchstäblich ein viel zu großes Gewicht, und ihr Körper drückt es aus. Wenn ihnen nicht bewusst ist, dass sie das tun, versuchen sie möglicherweise, ihren Stress durch mehr Essen loszuwerden, was das Ganze noch verschlimmert.

Wenn du niedrige Schwingungen von anderen wie ein Schwamm aufsaugst, beschwert sich dein Körper: »Wenn du mit diesen Schwingungen nicht anders umgehst, lege ich mir einen Fettpanzer zu. Du lässt mir keine andere Wahl.« Das Körperfett sammelt sich an und geht nicht mehr weg, solange du nicht aufhörst, ein Schwamm zu sein, und stattdessen mehr auf dich selbst achtest.

Fülle deinen ganzen energetischen Raum aus, dann brauchst du nicht dick zu werden, um deinen eigenen Raum physisch in Besitz zu nehmen. Lass deine *Energie* zunehmen. Selbst kleine, zierliche Menschen können großen, herrischen Pferden, Hunden oder Menschen ihre Aufmerksamkeit abverlangen, wenn sie große Energie ausstrahlen. Sie bekommen augenblicklich mehr Respekt.

Heiler und Berater können auch an Gewicht zunehmen, wenn sie glauben, sich vor Negativität und dunklen Energien feinstofflich schützen zu müssen. Wenn du »spirituelle Schutzmaßnahmen« anwendest, sendest du damit die Botschaft aus, dass du ein Opfer bist. Das *zieht schlimme Dinge an* und bestätigt so den Glauben, dass du Schutz brauchst, was dir wiederum noch mehr das Gefühl gibt, ein Opfer zu sein, und … Siehst du den Teufelskreis?

Ich habe noch nie jemanden gesehen, der energetischen Schutz einsetzte und nicht selbst jede Menge negativer Dinge kreierte, vor denen er sich dann schützen musste. Der sogenannte Schutz ist also völlig wirkungslos. Geh einfach mal davon aus, dass er nicht nötig ist – und sei dir bewusst, wann du die Energien oder Probleme anderer Menschen übernimmst.

Vor zwanzig Jahren habe ich aufgehört, irgendeine Macht an imaginäre dunkle oder böse Kräfte abzugeben. Um genau zu sein, nachdem mich eine furchterregende, böse Präsenz nachts aus dem Schlaf gerissen hatte. Das Gesicht dieser Präsenz tauchte nur einen Meter von mir entfernt auf – hässlich, verwesend und bedrohlich. Mein großes Selbst sagte mir sofort: »Das ist ein Teil von dir.« Also sagte ich zu ihr: »Hallo, alter Freund. Ich nehme dich an. Willkommen daheim, ich habe keine Angst vor dir.« Daraufhin verschwand die Präsenz, ebenso wie alle beängstigenden Träume, und seither ist nie wieder etwas in dieser Art passiert. Das bin alles ich. Das bist alles du. Setze jetzt die Absicht, dir deine Macht wieder zurückzuholen, die du an die Angst vor äußeren Kräften abgegeben hattest. Es gibt keine äußeren Kräfte.

Du verhältst dich wie ein Schwamm, wenn du:

* dir Sorgen über die Probleme anderer Menschen machst;
* versuchst, Menschen zu helfen, die sich besser selbst helfen sollten;
* mit ihnen leidest und auf eine Weise mitfühlst, die deine eigene Schwingung senkt, statt ihre Schwingung auf deine Höhe anzuheben;
* dich wegen der Schwierigkeiten anderer stresst. Dein großes Selbst fühlt sich ihretwegen nie schlecht, sondern bleibt oben, liebt sie und traut ihrem großen Selbst zu, selbst mit allem fertigzuwerden und sich so weiterzuentwickeln, wie es für sie hilfreich ist;
* das Gefühl hast, spirituellen Schutz zu brauchen, was in Wirklichkeit Negativität anzieht, weil du an eine Gefahr von außen glaubst;
* glaubst, dass dir irgendetwas, das du nicht durch deine eigene Schwingung erschaffen hast, ernsthaft Schaden zufügen könnte;
* deine eigene Schwingung nicht oben halten kannst, wenn du in der Menschenmenge bist oder dich zu empfindsam fühlst. Das ist nicht bloß Empfindsamkeit – es ist auch eine Opferschwingung, die zulässt, dass deine Energie von anderen beeinträchtigt wird.

Was kannst du also tun? Hege die Absicht, deine Kraft zu kennen, und lass deinen Worten Taten folgen. Weigere dich, deine Power wegzugeben. Sage: »Ich bin es, der all das erschafft.« Wenn du immer noch wie ein Schwamm Energien von anderen aufsaugst, sei besonders achtsam, mit wem du zusammen bist und was du aufnimmst. Lies etwas über Menschen, die du bewunderst, weil sie niemals ihre Kraft abgeben, und nimm dir ein Beispiel an ihnen. Den Rat, einfach zu lächeln, würde ich nie jemandem geben, der spirituelles Bypassing praktiziert oder mein erstes Buch noch nicht gelesen hat. Sobald du aber in deine Power gekommen bist, kann ein einfaches Lächeln deine Schwingung anheben! Dann sage ich: Lächle, bleib oben, bleib leicht.

Sei wirklich *gesundheitsbewusst*

In einem späteren Abschnitt dieses Buches wird eine Übung beschrieben, die dir dabei hilft, deine Energie so kraftvoll auszustrahlen, dass es gar keinen Platz mehr für unerwünschte Schwingungen gibt, die in dein Energiefeld eindringen könnten. Dann ist die Matrix, die du erschaffst, klar, rein und die *deine*.

Genauso wie es mich verwundert, dass viele Menschen, die »spirituell« werden, bald pleite sind, wundert es mich, dass viele »Gesundheitsbewusste« immer ängstlicher werden, sie könnten das Falsche essen, und dann oft sogar *weniger gesund* sind! Bioläden und Reformhäuser sind voller besorgter, unglücklich und krank aussehender Menschen, die mit gerunzelter Stirn eifrig das Kleingedruckte auf den Etiketten studieren.

»Überall ist etwas drin, das dich umbringen kann« und »Mir bleibt nichts anderes übrig, als mich auf bestimmte Lebensmittel zu beschränken« sind weit verbreitete Glaubenssätze. Ich kenne das, denn das habe ich auch gemacht: Mit sechzehn wurde ich zum fanatischen Gesundheitsapostel und brachte meine Eltern damit aus der Fassung. In mancher Weise hat es mir einen unglaublich guten Dienst erwiesen, denn es hat mir geholfen, die ganzen Erbkrankheiten in meiner Familie zu vermeiden und meinen Alterungsprozess hinauszuzögern. In anderer Hinsicht schränkte es mich ein, weil ich dem Essen einfach zu viel Macht gab.

Es gibt jede Menge wohlmeinender Gesundheitspraktiker, die alle möglichen Nahrungsmittel verteufeln und Ängste schüren in Bezug auf unsere Ernährung, die Umwelt und alle möglichen anderen Dinge. Wenn du klar im Kopf bist, wirst du intuitiv vorgehen, experimentieren und auch davon profitieren. Wenn du nicht klar im Kopf bist, wirst du vermutlich zu viel von deiner Macht abtreten. Wenn *du* zur mächtigsten Komponente in der Nahrungsgleichung geworden bist, kannst du *alles* essen.

Wenn Menschen an meinem fünftägigen Schweigeretreat teilnehmen, verschwinden auf mysteriöse Weise oftmals ihre Lebensmittelallergien und Unverträglichkeiten. Wir fanden das ganz zufällig heraus. Früher gaben wir uns alle Mühe, auf die Diäteinschränkungen der Leute Rücksicht zu nehmen, aber es wurde bald lächerlich: So viele spirituelle und krankheitsbewusste Menschen essen nach den unterschiedlichsten Ernährungsvorschriften, und jeder ist überzeugt, dass seine Diät die einzig richtige ist und dass man mit schlimmen Folgen zu rechnen habe, wenn man sie nicht befolgt. Ja, ich nenne das *krankheitsbewusst*, nicht *gesundheitsbewusst*! Der Hauptfokus liegt auf Krankheit und Angst. Aufmerksamkeit schlüpft unbemerkt ins Gewand der Absicht.

Ist die Absicht wirklich Gesundheitsbewusstsein?
Oder ist es Krankheitsbewusstsein?

Wir mussten aus organisatorischen Gründen aufhören, Diätwünsche und Reduktionskost zu bedienen. Ich glaubte ohnehin nicht daran. Ich wusste, dass es trotzdem funktionieren würde, weil ich in den Retreats eine machtvolle Matrix kreiere, die sich als die mächtigste Komponente erweist. Die Teilnehmer sind von einem so kraftvollen Schwingungsfeld umgeben, dass sie sich danach ausrichten und in eine viel größere Version von sich selbst eintreten. Was dann passiert, ist sehr interessant: Das Essen ist mit einem Mal nicht mehr mächtiger als sie. *Sie selbst* werden zur vorherrschenden Komponente, nicht das Essen.

Das Retreat nimmt dir nicht deinen freien Willen, und das würden wir auch nicht wollen, selbst wenn es zu deinem Besten wäre. Tatsächlich sind aber die Teilnehmer, wenn sie heimfahren, bestens dafür gerüstet, ihren erhöhten Schwingungszustand beizubehalten. Den meisten gelingt das, aber einige wenige werden nachlässig und fallen wieder in die alte Schwingungsgewohnheit zurück: Sie geben ihre Macht an Nahrungsmittel und andere Dinge ab, sobald ich die Matrix nicht länger für sie aufrechterhalte.

Wie ein Opfer auf eine harmlose Substanz aus der Umwelt zu reagieren, ist genau das Gleiche, wie wenn wir vor schaurigen Dingen davonlaufen, die wir in unseren Träumen und Visionen selbst erschaffen. Ein ganz normales Nahrungsmittel zu fürchten erzeugt eine schädliche Schwingung; allerdings ist es nicht das Essen, was es verursacht, sondern wir selbst.

Glaub mir, dein großes Selbst hat keine Lebensmittelallergien oder irgendwelche anderen Probleme. Allergien sind eine fehlgeleitete Abwehrreaktion auf ungefährliche Substanzen – stets ein Hinweis auf eine Art von Opferschwingung. Auch ich hatte früher einmal Allergien, doch an dem Tag vor dreißig Jahren, als ich diesen Zusammenhang kapierte, ertönte buchstäblich ein Gong in meinem Kopf, und danach hatte ich nie wieder Allergien.

Zugegeben, es *gibt* Realitäten, in denen Menschen an allen möglichen Allergien und Nahrungsunverträglichkeiten leiden. Alles, was ich damit sagen will, ist, dass es nicht *deine* Realität sein muss, wenn du mehr von deiner Kraft als bewusster Schöpfer für dich in Anspruch nimmst. Auf einer bestimmten Bewusstseinsebene sind solche Überempfindlichkeiten in Bezug auf Umweltfaktoren real – sie verschwinden aber auf einem Bewusstseinsniveau, wo der Mensch *spürt*, dass die Welt ein sicherer Ort zum Leben ist.

Welche Schwingungskomponente ist mächtiger,
du oder das Essen?

Lebe ruhig nach den Regeln der alten Realität, wenn du dich noch darin befindest. Tue, was du tun musst, um deinen Körper, dieses kostbare Fahrzeug, gut zu versorgen und dich gut zu fühlen. Iss gesund, bewege dich und spiele mehr. An einem bestimmten Punkt werden manche die Realität wechseln, und dann werden sie alle Nahrungsmittel besser verdauen können. Auf der nächsthöheren Ebene brauchen sie sich nicht mehr so viele Gedanken darüber zu machen, was sie essen. Die Regeln verändern sich mit dem Bewusstsein. Du solltest aber nicht danach streben oder dir Stress deswegen machen. Richte deine Absicht darauf, das Leben zu genießen.

Die Sehnsucht, die absolute Wahrheit außerhalb von dir selbst zu finden, kann ein Hemmnis sein, weil es so viele angeblich *erwiesene, bestätigte, reale* Bedrohungen dort draußen gibt! Wenn du der Wissenschaft und den Statistiken Glauben schenkst, trittst du ihnen deine eigene, Wunder wirkende Macht ab. Die Wissenschaft kann dir den Beweis erbringen, deine Krankheit sei unheilbar – doch ein Wunder kann deine Krankheit, deine Allergie zum Verschwinden bringen.

Es kann unsere Komfortzone ganz schön in Aufruhr versetzen, wenn sich die Realität verbiegt und verändert, denn wir wollen uns wirklich darauf *verlassen können, dass unsere Realität zuverlässig ist.* Ich weihe zum Beispiel Menschen darin ein, körperliche Krankheiten zu heilen, und manche können sich dann auch von etwas Schwerwiegendem befreien. Später erleben einige jedoch einen Rückschlag – ihr Verstand wehrt sich dagegen und versucht, ihnen auszureden, dass sie es tatsächlich können, *selbst nachdem sie es schon getan haben.*

Wenn du etwas isst und dabei denkst, ein bestimmtes Nahrungsmittel sei schlecht für dich, wird es dir nicht bekommen, weil *deine Absicht* einen Widerstand dagegen erzeugt und bewirkt, dass dein Körper es schlecht aufnehmen kann. Wenn du irgendein Nahrungsmittel zu deinem Feind machst, baust du eine disharmonische Schwingung auf. Natürlich wirst du dann, wenn du es verzehrst, an Gewicht zunehmen oder schlecht darauf reagieren. Lebe nach den Regeln der Realität, in der du dich befindest, bis du die Realität wechselst.

Achte genau auf deine *Absichten,* während du einkaufst, Essen zubereitest oder zu dir nimmst. Wenn es deine Intention ist, dich vor Schaden zu bewahren, verstärkst du die Angstschwingung, gibst Macht ab und hebst den Nutzen der Nahrung für dich auf. Falls du in der Frequenz schwingst, die meisten Lebensmittel könnten dir schaden, erzeugst du Disharmonie zwischen dir und all diesen Lebensmitteln, die du im Laden zu kaufen bekommst.

Wenn jemand die Schwingung aussendet: »Ich möchte gesund sein« und: »Alles, was gut schmeckt, ist schlecht für mich«, dann sind das äußerst widersprüchliche Absichten. Bedenke, dass diese Gegenabsicht tatsächlich gar nicht wahr ist – es ist nur eine Geschichte!

Du hast zu jedem Nahrungsmittel und jeder Speise, die du als schlecht abgetan hast, eine schwingungsmäßige Beziehung.

Wenn du sie je wieder essen und trotzdem gesund und beweglich bleiben willst, musst du deine Beziehung zu ihr ändern. Wenn du vorhast, gelegentlich Alkohol zu trinken (aber bitte nicht, um etwas »wegzutherapieren«), dann anerkenne seinen Wert und harmonisiere dich damit. Sobald du dich schuldig fühlst, wird das Schuldgefühl deine Schwingung senken, aber nicht, weil die *Substanz* die Macht hat, deine Schwingung zu senken, sondern weil *du allein* dazu die Macht hast.

Du siehst also, die Essensfanatiker haben recht, und auch die Leute, die alles im rechten Maß essen, haben recht, und ebenso schaffen es auch ein paar von den Allesessern, dass es für sie funktioniert. Du wirst die Kraft der Absicht in bestimmten Bereichen deines Lebens schneller meistern als in anderen. Je entspannter du damit umgehst, alle diesbezüglichen Gefühle okay findest und einfach akzeptierst, dass du jetzt gerade da bist, wo du bist, desto schneller wirst du vorankommen. Langsamer ist schneller bei *Divine Openings,* und das Beste ist: Du kannst auf der gesamten Reise glücklich sein, schon lange bevor das physische Ergebnis eintritt, von dem du denkst, du bräuchtest es. Ich habe mich hier so sehr hineinentspannt, dass es wirklich nichts mehr gibt, nach dem ich mich sehnen würde. Natürlich habe ich ein paar Wünsche, aber deren Erfüllung hat Zeit – sie ist schon unterwegs.

> *Wenn du etwas konsumierst,*
> *das du für schädlich hältst, beabsichtigst du praktisch,*
> *dass es deinem Körper schadet.*

Manche Menschen segnen ihre Mahlzeit vor dem Essen, aber ich denke, du wirst die folgende Übung als klarer und machtvoller erleben: *Du harmonisierst dich einfach mit der Nahrung und sie mit dir.* Das heißt nicht, dass mit dem Essen etwas nicht stimmt und in Ordnung gebracht werden müsste. Es ist lediglich eine Schwingungsausrichtung. Beim Erschaffen durch Absicht dreht es sich ausschließlich um die Ausrichtung!

Umsetzung in deinem Leben:
Bring dich in Harmonie mit deinem Essen

❀ Markiere dir diese Buchseite. Übe anfangs mit Nahrungsmitteln, von denen du denkst, dass sie gut für dich sind. Das nächste Mal, wenn du dich zum Essen hinsetzt, mach langsam, nimm einen vollen, tiefen Atemzug und nimm dir vor, dein Essen mit Freude zu genießen und sehr langsam auszukosten.

❀ Setz dich aufrecht hin, schließ die Augen und lächle in deinen Bauch hinein. Sende ein Lächeln in dein Essen, atme drei oder vier Atemzüge lang Harmonie und Zustimmung. Es ist die Absicht, die zählt, nicht das Ritual.

❀ Setze die Absicht, dass dein Körper das Essen effizient verwertet und alles bekommt, was er braucht. Wenn du zu einem bestimmten Nahrungsmittel kein gutes Gefühl hast, iss es nicht. Wähle lieber etwas anderes.

❀ Vielleicht möchtest du dies eine Zeitlang praktizieren, bis du es meisterst und selbst zur mächtigsten Komponente wirst. Die Rückmeldungen, die das Leben dir gibt, und deine Gefühle werden dich leiten, dass du widersprüchliche Absichten und einschränkende Glaubenssätze erkennen und loslassen kannst.

❀ ❀ ❀

Vergiss nicht, deinen Abschluss zu machen

Sobald du das Fahrradfahren gelernt hast, benötigst du keine Stützräder mehr. Sobald du die Telefonnummer gewählt hast und dein Gesprächspartner abgehoben hat, hörst du auf zu wählen und redest mit ihm. Sobald du deinen Seelengefährten gefunden hast, hörst du auf, dich mit anderen zu verabreden, und widmest dich der Vertiefung und Entwicklung deiner Beziehung. Wenn dir die Übungen und Aktivitäten keine Freude mehr machen, wirst du auf natürliche Weise aus ihnen herauswachsen.

Du wirst aus dieser formalen Praxis, dich mit deinem Essen zu harmonisieren, herauswachsen. Eines Tages wirst du sehen, dass du ganz allgemein mit Nahrung in Harmonie bist – sie ist dein Freund. Wenn du einmal für ein bestimmtes Essen keine Resonanz spürst, wirst du es einfach nicht essen. Ich empfehle dir also definitiv nicht, ständig Junk-Food zu essen. Sondern: Liebe, was du isst, oder iss es nicht.

Vermutlich bist du inzwischen auch aus dem formalen Ablauf des »Eintauchens« herausgewachsen. Ich schuf diese Methode, um die Menschen wieder zu ihrer natürlichen Funktionsweise zurückfinden zu lassen. Sobald du die Gefühle verstehen und wertschätzen gelernt hast, brauchst du keine Methode mehr, um das zu tun, wofür du von Natur aus gemacht bist: jedes Gefühl, das auftaucht, komplett zu fühlen, ohne dich in seiner Geschichte zu verlieren. Dadurch erhöht das Gefühl seine Schwingungsfrequenz und bringt dir die Kraft deines großen Selbst zurück.

In diesem beschleunigten Leben wirst du aus vielem herauswachsen. Wenn du dich in irgendeinem Lebensbereich unmotiviert und träge, blockiert oder lustlos fühlst, obwohl du dich generell ganz glücklich fühlst, kann es sein, dass du aus etwas herausgewachsen bist und es dir noch nicht eingestehst. Dies kann der Grund sein, weshalb deine Navigationstafel dir niedrigere Werte auf deiner Gefühlsskala anzeigt. Das Leben wird dich nicht unterstützen, wenn du dich in Stagnation befindest, und es wird versuchen, dich vorwärtszubewegen. Es wird dir jedoch viel mehr Freude bringen, wenn du dich selbst bewusst in Bewegung setzt.

Ein Mann erzählte mir, er könne die entwürdigende Beziehung, in der er war, nicht verlassen, weil er sich als Familienvater loyal verhalten wolle – bis seine Frau schließlich die Scheidung einreichte. Eine Frau war ihrer Arbeit überdrüssig, vernachlässigte Aufgaben und ließ insgesamt immer mehr nach, wollte aber nicht kündigen – daraufhin wurde sie gefeuert.

Kein Versagen, nur Rückmeldung

Okay, du hast eine Absicht gesetzt. Lass sie los und geh in deinem Leben einfach weiter. Alles, was sich abspielt, ist wertvoll. Nichts ist verkehrt, egal, wie es im jeweiligen Augenblick für dich aussehen mag. Es ist alles nur vorübergehend und bewegt sich weiter.

Alles, was geschieht, ist als Feedback zu werten, denn es zeigt dir, wo deine Absichten eindeutig und klar und wo sie vermischt sind. Dort, wo die Integrität deiner Absicht stark ist, entwickeln sich die Dinge reibungslos. Dort, wo es Widersprüche oder einen Riss in der Integrität deiner Absicht gibt, passieren Pannen oder die Dinge verzögern sich. Nutze diese Pannen als Rückmeldung, die dich leitet.

Leonard Cohen hat es in seinem Lied »Anthem« brillant ausgedrückt: »There's a crack in everything. That's how the light gets in.« – »In allem ist ein Riss. So kommt das Licht herein.«

Es ist kein Versagen – es ist eine Rückmeldung.

Lass dich von dem abprallen, was du nicht willst, hin zu dem, was du willst, und nutze ganz bewusst das Gefühl der Abstoßung als Antrieb. Nutze die Intensität deiner Abneigung, um dich zu dem zu bringen, wo deine Zuneigung hinwill.

Übung: Bring dich mit allem in Harmonie

Richte bei allem, was du vorhast, deine Absicht zuerst auf die schwingungsmäßige Ausrichtung – egal, ob es um ein Projekt, eine bevorstehende Besprechung, ein Pferd, einen Freund oder eine Ski-abfahrt geht. Je nachdem, wie es sich entwickelt, gibt dir das Leben Rückmeldung darüber, ob deine Absichten eindeutig waren und gut funktioniert haben oder ob deine Absichten widersprüchlich waren und es nicht so lief, wie du es wolltest.

Das Leben gibt dir ständig Feedback

Sobald du deine Absicht gesetzt hast, brauchst du nur eines zu tun: aus dem Weg zu gehen. Das Leben liefert dir jegliche Rückmeldung, die du benötigst, um deinen Kurs immer wieder zu korrigieren und neu auszurichten. Achte auf das, was geschieht, nimm Notiz davon, wie du dich fühlst, folge deinen inneren Impulsen und bleib im Fluss. Das Leben legt dir jeden Tag den nächsten Schritt vor deine Füße. Du musst die Zukunft und den Gesamtplan nicht kennen, setze einfach nur deinen Fuß auf den nächsten Trittstein.

Mein Umzug nach Kalifornien veranschaulicht das sehr schön. Sobald ich beschlossen hatte, dass es sich total richtig für mich anfühlte, nach Kalifornien zu ziehen, bewegten sich meine Gefühle über eine Bandbreite von ekstatisch bis verwirrt, von ungeduldig bis wütend. Doch dies war alles ein Teil des wertvollen

Feedbackprozesses, den mir die Navigationstafel ermöglichte. Darum kamen mir diese »Navigationsindikatoren« nie verkehrt vor. Ich hatte nie den Eindruck, die niedriger schwingenden Gefühle korrigieren, heilen oder verändern zu müssen oder mir Hilfe zu holen, damit sie weggingen. Jedes einzelne Gefühl geleitete mich durch das notwendige Loslassen von Grenzen, das Ausweiten meiner Wahrnehmung und das Zurückholen der Energie, die zur Durchführung der nächsten Schritte führen würde.

Als ich die erste E-Mail an meine Gemeinde vor Ort schickte, in der ich meine Ranch zum Verkauf auswies, stiegen Gefühle in mir auf, und ich fühlte sie. An dem Tag, als das erste Angebot hereinkam, spürte ich den Anflug beginnender Kopfschmerzen. Hervorragendes Feedback.

Eines Tages fiel mir auf, dass ich in meiner verbleibenden Zeit in Austin nicht mehr so intensiv lebte, wie ich es könnte. Ich hatte mein Leben energetisch auf Sparflamme gestellt, auf ein Wartegleis für die Zeit in der Zukunft, da ich mein neues Leben in Kalifornien beginnen würde. Auch hier leistete ich keinen Widerstand, sondern tauchte in diese Leere ein, tat ein ganzes Wochenende lang gar nichts, außer einen Roman auf der Veranda zu lesen, aus dem ich jeden Tropfen an Gefühl herauspresste. Nachdem sich mein Widerstand völlig gelegt hatte, tauchte ich erneut total in das Schreiben dieses Buches ein, wieder voll lebendig in Austin, und stellte so den größten Teil dieses Buches fertig. Die Rückmeldungen, die du vom Leben bekommst, führen alle dorthin, wo du hinwillst – wenn du es erlaubst.

Bis zu dem Zeitpunkt, als ich mein Haus einige Wochen später offiziell auf dem Markt anbot, präsentierte mir das Leben alle Gelegenheiten, die ich brauchte, um durch sämtliche Gefühle des Loslassens von meinem alten Leben und des Neubeginns in Kalifornien hindurchzutauchen. Vier Monate vor dem Umzug fing ich an, Schritt für Schritt den ganzen Kram auszusortieren, den ich nicht nach Kalifornien mitschleppen wollte. Jedes Ding, das ich weggab, brachte mich einem leichten Umzug einen Schritt näher.

Ja, es gibt einiges zu tun, aber wir können es mehr genießen, und es verlangt weniger »Action«, wenn wir unser Handeln vorher schwingungsmäßig ausgerichtet haben. Unser inneres Genie ist dann mit aktiv. Wir sind »in the zone« (ein Ausdruck, der vor allem im Sport verwendet wird: voll konzentriert, in Topform, in unserem Element, Anm. d. Übers.). Dann schaffen wir mehr als zehn Leute zusammen, weil wir dem Leben erlauben, uns zu assistieren.

Ohne etwas zu forcieren, wartete ich immer ab, bis sich der nächste Schritt ganz natürlich ergab, und dann lief es inspiriert, freudvoll und voller Entlastung ab, ohne dass ich dabei Felsbrocken mühsam bergauf zu wälzen hatte. Alles willkommen zu heißen und sich in kleinen, wohlüberlegten Schritten sanft in Bewegung zu setzen macht es so viel leichter. Und wie gewohnt brachte das langsame und beständige Vorgehen die ganze Sache viel schneller über die Bühne. Unter der Devise: »Geh es sanft an. Sei lieb mit mir selbst!«

So ließ ich innerhalb weniger Monate mein achtunddreißig Jahre dauerndes Leben in Austin hinter mir und ließ mich ohne jegliche Zweifel in Ojai nieder, ohne Heimweh, Bedauern oder übrig gebliebene Gefühle zum Umzug. Ich übersiedelte hundertprozentig mit Körper, Verstand, Geist und Seele nach Kalifornien – und habe nie zurückgeschaut.

Die Gnade regelt so viele Details für uns, sobald wir unsere Absicht gesetzt haben, loszulassen und aus dem Weg zu gehen. Eine meiner ersten Herausforderungen nach dem Umzug war, dass ich eine ganze Liste von Homesittern für unsere Ranch in Austin zurückgelassen hatte, die jederzeit gern bereit gewesen waren, ein Retreat zu genießen und sich im Ausgleich um meine Pferde und meinen geliebten Hund Honey zu kümmern, wenn ich auf Reisen war. In Ojai kannten wir am Anfang niemanden und sorgten uns ein wenig, dass wir zu Hause festsitzen würden. Doch seit den Anfängen von *Divine Openings* ist Sorge für mich nur noch eine milde Emotion – kein Vergleich mehr mit der Bauchkrämpfe, Kniezittern und Kopfweh bereitenden Emotion, die sie einmal gewesen war. Ich wusste, dass diese Sorge als Kontrast diente, von dem ich mich abstoßen würde, und bald würde eine Lösung auftauchen.

Tatsächlich tauchte innerhalb von ein paar Monaten Jill auf, eine strahlende Natur, die an einigen Retreats in Ojai teilgenommen hatte. Sie hat einen völlig flexiblen Zeitplan und bot uns an, das Haus für uns zu hüten. Dann stellte sich heraus, dass auch meine neue Assistentin Susan es liebt, Haussitter zu sein. Und einer unserer früheren Ranchsitter in Austin, eine Lehrerin, schrieb mir: »Behalte mich im Hinterkopf für die Sommermonate. Ich würde liebend gern zu euch rauskommen und euer Haus hüten.«

Das Leben bringt uns Überraschungen, Goldgruben, Glücksfälle, Segnungen und Boni, wenn wir starke, klare Absichten und ein leichtes Herz haben. Die Gnade übernimmt tatsächlich neunzig Prozent von allem für uns, und wenn ich mein großes Selbst bin, produzieren meine Handlungen eine erstaunliche Menge an Ergebnissen.

Da die Gnade neunzig Prozent erledigt, bestehen unsere zehn Prozent darin, unsere Gedanken und Handlungen von einer Entscheidung zur nächsten auszuwählen. Unser Bestes zu geben, um in allem eine klare Absicht zu verfolgen: in Bezug auf unser Zuhause, unsere Arbeit, unsere Kleidung, auf Gespräche, Beziehungen, Körper, Gedanken und Gefühle.

Ob du nun ein Projekt planst, eine Arbeitssuche beginnst, ein neues Unternehmen, einen Kaffeeklatsch, ein Essen, eine Expedition oder einen romantischen Abend vorbereitest: Erhöhe dein Vergnügen, indem du deine Absicht ins Spiel bringst und mit deiner Vorstellungskraft das Ganze zum Leben erweckst. Lass dabei einen flexiblen Spielraum, um im Fluss zu bleiben. Der Rahmen, die Klänge, Düfte, Kleidung und köstlichen Überraschungen mögen schlicht oder kunstvoll und aufwendig sein, aber sie sind *beabsichtigt*.

Um die Arbeit auf einen Bruchteil zu reduzieren,
richte zuerst die Energie aus, und dann handle danach.

Koste die Wartezeit aus, bis das Ereignis da ist, und genieße das Gefühl der Vorfreude genauso wie das eigentliche Ereignis. Bewusste Intention und bewusstes Handeln sind keine Arbeit – sie *reduzieren* die Arbeit. Und da du sowieso leben, denken, entscheiden und handeln wirst, kannst du es genauso gut bewusst tun.

❋ ❋ ❋

Rechthabenwollen

Wir alle kamen auf redliche Weise zu dem menschlichen Bedürfnis, recht zu haben. Sei also mitfühlend mit dir selbst und anderen, was das Rechthaben angeht. In prähistorischen Zeiten war die Rückmeldung, die dem Steinzeitmenschen zeigte, dass er einen Fehler gemacht hatte, oft eine Verletzung oder sofortiger Tod. Du hast was Falsches gemacht – das Mammut hat dich erwischt. Du hast die falsche Beere gegessen – du bist tot.

Das Falsche zu tun war tödlich, und das Richtige zu tun war so unmittelbar mit dem Überleben verknüpft, dass die Menschen zwangsläufig ein äußerst starkes Bedürfnis danach entwickelten, recht zu haben. Deine prähistorischen Vorfahren mussten um jeden Preis den *richtigen* Weg erkennen und wählen – ihr Leben hing davon ab.

Der Wunsch, recht haben zu wollen, ist eine sehr vertrackte Gegenabsicht. Sie verbirgt sich hinter vielen Streitigkeiten und Konflikten, posiert als Vernunft und Logik und kleidet sich in Tugend und Rechtschaffenheit. Ich kenne einen Mann, der Unmengen an Geld und kostbarer Zeit in ein Buch steckte, das im Grunde keinerlei Wert hatte, außer aufzuzeigen, wie sehr seine Exfrau und sein Vater im Unrecht waren. Um dieses Buch zu schreiben, opferte er Zeit, die er besser dafür hätte verwenden können, sich gut zu fühlen und Tausende von Dollars an Einkommen zu verdienen.

Das Rechthabenwollen taucht häufig als unerwarteter Gast in menschlichen Interaktionen auf. Die Beteiligten sagen möglicherweise, ihre Absicht läge in der Liebe und Achtung für den anderen oder im gemeinsamen Erschaffen und in der Zusammenarbeit – aber dann entsteht plötzlich ein Konflikt, und schon regt sich der Wunsch, recht haben zu wollen. Der Wunsch nach Rechthaben kann zeitweise die erklärte Absicht, zu lieben oder zusammenarbeiten zu wollen, völlig über den Haufen werfen.

Zugegeben, der Verstand ist eine Granate, die darauf programmiert ist, sich auf jeden Fehler zu stürzen. Aber am meisten hassen wir es, wenn herauskommt, dass wir falschliegen! »Ich kann unmöglich zugeben, dass das, was ich in all diesen Jahren gemacht habe, nicht funktioniert hat! Das würde doch heißen, dass ich mich geirrt habe!« In den Klauen unseres urzeitlichen, primitiven Gehirns fühlt sich ein Irrtum so magenumdrehend bedrohlich an, als würde uns das Mammut genau in diesem Augenblick angreifen. Wenn wir zu unserem erleuchteten Bewusstsein erwachen, entdecken wir, dass es sehr viel schmerzhafter ist, aus der

Harmonie mit unserem großen Selbst herauszufallen, als sich zu irren. Es ist alles relativ.

Natürlich möchtest du gehört und geschätzt werden, und ich empfehle nicht, dass du aufhörst, dem Ausdruck zu verleihen, woran du glaubst – aber mit klaren Absichten kannst du alles haben.

Deine größere Absicht besteht natürlicherweise darin, zu unterstützen, anzuerkennen und verbunden zu sein, doch dein Verstand kann starke gegenläufige Absichten hegen, die dem widersprechen. Wenn sich der Wunsch, recht zu haben, dazugesellt, kann man eine auf Fakten gestützte Diskussion komplett vergessen, denn wenn die Logik mit negativer Emotion gefärbt ist, kann der Verstand sie wie eine Waffe schwingen. Wie immer ist es besser, dich nicht gegen deinen Widerstand oder die Widerstände anderer zu sträuben, sondern diesen starken menschlichen Drang, unbedingt recht haben zu wollen, zu erkennen und dich damit zu entspannen, statt noch stärker dagegenzuhalten. Also versuche in solchen Momenten, dich emotional zurückzulehnen und einfach zu atmen.

Wenn du mitten in einer »Diskussion« mit jemandem bist, in der jeder von euch fest entschlossen ist, zu beweisen, dass er recht hat, dann ist es am besten, wenn ihr erst einmal physisch Abstand nehmt. Macht eine Pause, in der jeder erst einmal fühlen kann, was bei ihm läuft. Spüre dein Bedürfnis, im Recht zu sein, und tauche tiefer in das Gefühl ein. Lass deine starre Haltung weicher werden. Fokussiere dich auf deine primären Absichten und erneuere deine Intention, dich mit dem anderen zu verbinden und mit ihm zu kooperieren.

Umsetzung in deinem Leben:
Zähme die Gegenabsicht des Rechthabenwollens

Mach diese Übung gemeinsam mit einem Menschen, mit dem du etwas zu besprechen hast. Nehmt euch vor, eure Absichten zu klären, und setzt euch in einem geeigneten Raum und Rahmen einander gegenüber. Beginnt mit anerkennenden Sätzen wie: »Unsere Beziehung ist mir wichtig. Ich respektiere dich und möchte, dass wir dies hier lösen. Ich schätze es sehr, dass du dafür offen bist.«

Der Zweck dieser machtvollen Übung ist es, einander wirklich zu hören und gehört zu werden, und nicht, über Richtig oder Falsch zu debattieren. Nimm dir vor, zuzuhören, und nimm dir vor allem Zeit, um zu fühlen und zu atmen, während dein Gegenüber spricht. Fühle, ob das Bedürfnis, im Recht zu sein, bei dir eine Anspannung in deinem Kopf oder im Körper auslöst. Kämpfe nicht dagegen an, aber geh dem auch nicht nach.

Wechselt euch im Sprechen ab. Ihr könnt es formlos steuern, indem einer vorschlägt: »Rede du zuerst, und ich werde dir zuhören, ohne dich zu unterbrechen, zehn oder fünfzehn Minuten lang. Dann tauschen wir die Rollen.«

Halte sanften Augenkontakt und höre zu. Menschen denken besser über das nach, was sie sagen, wenn sie sich dabei gegenseitig in die Augen schauen. Anschließend sagst du, dass du nun gern dran wärst zu sprechen, während der andere zuhört, ohne dich zu unterbrechen.

Sprecht davon, was ihr empfindet oder denkt, und nicht darüber, was der andere *getan hat*:

❀ »An dieser Stelle habe ich mich schrecklich gefühlt« anstelle von: »Du hast meine Gefühle verletzt.«

❀ »Diesen Teil konnte ich gut aufnehmen, aber ich fühlte mich nicht respektiert, als ...« anstelle von: »Was du gesagt hast, war so respektlos!«

-  »Ich hatte ein gutes Gefühl bei ..., fühlte mich aber nicht so gut, als ... geschah« anstelle von: »Du hättest so etwas Furchtbares nicht sagen (oder tun) sollen.«
- »Das erscheint mir zu riskant, und ich fühlte mich bei der Entscheidung übergangen« anstelle von: »Du hast diese Entscheidung getroffen, ohne ausreichend zu recherchieren oder mich um Rat zu fragen.«

Sätze wie: »*Du* hast das und das getan ...« oder: »*Du* hattest unrecht mit ...« führen dich nur tiefer ins Richtig-Falsch-Territorium, und dort erhöht sich der Widerstand deines Gegenübers, egal, wie sehr du auch recht haben magst. Deine Absicht sollte darin bestehen, zu vermitteln, *wie sich die Dinge für dich angefühlt haben* oder *wo du jetzt damit stehst,* und nicht darin, diesen Streit zu gewinnen oder dem anderen eine Schuld zuzuweisen. Wenn du nur von dir redest, von *deinem Erleben* und deinen Gefühlen, kann sich der Widerstand beim anderen entspannen und sogar auflösen.

Sag lieber, wie du dich gefühlt hast, und nicht, wie du über das Verhalten des anderen denkst. Dadurch hältst du dich aus dem Urteilen und den Vorwürfen heraus. Menschen haben nun mal verschiedene Meinungen, und sie neigen zu Fehlinterpretationen und Missverständnissen. Menschen werden auch emotional, aber dann eskaliert es schnell. Wenn du die Sache mit deinem großen Selbst angehst und deine Absicht darin liegt, die Großartigkeit im anderen zu sehen und zu ehren, dann wird sein großes Selbst dir auf dieser Ebene begegnen.

Diese Übung besänftigt die primitive Bestie in uns, die um jeden Preis recht haben muss. Sie hilft uns, die größere, primäre Absicht unserer Verbindung wiederherzustellen. In der Regel lösen sich dann die »Streitpunkte« einfach auf und bedürfen gar keiner weiteren Diskussion. Es geht ja sowieso meist nicht um irgendwelche Streitfragen, sondern primär ums Rechthabenwollen!

Wenn es nötig sein sollte, dann diskutiert es noch weiter, aber bleibt dabei sanft. Es ist sehr gut möglich, dass ihr am Ende immer noch verschiedener Meinung seid, euch nun aber mit gegenseitigem Respekt weiter begegnet und somit produktiv vorangehen könnt.

❀ ❀ ❀

Göttliches Timing?

Eines Tages kam mir die Erkenntnis, dass »göttliches Timing« in den meisten Fällen ein weiterer metaphysischer Mythos ist, den wir als Ausrede verwenden, um Verzögerungen zu rechtfertigen, statt uns unsere eigenen Widerstände oder widersprüchlichen Absichten einzugestehen.

Wir können mit vielen skurrilen Ausreden aufwarten, warum wir das, was wir uns wünschen, nicht bekommen haben. »Ich habe so lange gebraucht, bis ich dort ankam, weil es göttliches Timing war«, oder: »Merkur war gerade rückläufig.« Selbst wenn ein rückläufiger Merkur eine wissenschaftlich erwiesene, gültige Ausrede für Erfolglosigkeit wäre (was er nicht ist), würde ich trotzdem lieber *selbst* die Verantwortung dafür übernehmen und sie nicht an Merkur abtreten. Heute würde ich lieber spielerisch sagen: »Ich habe so lange gebraucht, es an mich heranzulassen, weil ich so ein sturer Eselsarsch war«, statt dass ich so etwas wie »göttliches Timing«, die Ausrichtung der Sterne oder irgendeine andere Ausrede bemühe, mit der ich meine Macht an äußere Kräfte abgeben würde.

Lieber sage ich: »Ich habe es selbst erschaffen.«

Dann würde ich versuchen, mir möglichst schnell darüber Klarheit zu verschaffen, welche Rolle ich selbst in der ganzen Angelegenheit gespielt habe. Wenn eine größere Verzögerung eintritt, bin immer *ich selbst* es – und nicht die Präsenz –, die mir das vorenthält, was ich mir wünsche. Die Präsenz erschafft es unverzüglich, und dann kann es ganz schnell im Physischen erscheinen, sofern meine Ausrichtung stimmt.

Etwas anderes, das ich früher gern gesagt habe, war: »Wenn wir etwas noch nicht sehen, dann ist es noch am Garen.« Doch dann habe ich begriffen, dass in der Regel nicht *es*, sondern *ich* noch am Garen war. In Wirklichkeit war *es* in dem Moment, als ich es mir wünschte, bereits fertig und gar, nur konnte ich es noch nicht hereinlassen. Sich dies einzugestehen hilft allein schon, die eigene Macht zurückzugewinnen. Wenn wir jedoch sagen, *es* sei noch am Garen, oder wenn wir es so darstellen, als entzöge es sich unserem Einfluss, dann verwirken wir unsere Macht.

Die göttliche Präsenz benötigt keine zwei Jahre, um uns etwas zuzustellen, aber *ich* könnte so lange brauchen, bis ich eine bestimmte Fähigkeit entwickelt habe, wie zum Beispiel mein Singen. Sobald ich es mir vorgenommen hatte, dauerte es etwa zwei Jahre vom Beginn der Gesangsstunden bis zur ersten Aufnahme meiner eigenen Lieder. Damit lag ich ziemlich gut in der Zeit, und ich war die ganze Zeit entspannt, hatte Spaß und wenig Druck oder Widerstände. Ich war am Garen.

Bei meiner langsameren Entwicklung im Bereich der Liebesbeziehungen ist es so: Die Präsenz hätte mir die ideale Beziehung schon vor Jahren liefern können – doch ich brauchte länger, bis ich mich darauf einlassen konnte.

Göttliches Timing *kann* ins Spiel kommen – in dieser physischen Dimension brauchen manche Dinge *tatsächlich* eine Weile, bis sie sich zusammenfügen, so wie ein Baby neun Monate braucht, bis es ausgetragen ist. Aber meistens sind wir selbst der Grund, warum die Show noch nicht stattfinden kann. Du wirst lernen, zu spüren, ob du noch am Garen bist oder ob es sich wirklich um »göttliches Timing« handelt.

Frage dich: Ist es noch am Garen?
Oder bin ich es, die noch am Garen ist?

Beim Schreiben dieses Buches muss die Garzeit länger als ein Jahr betragen haben. Eines Morgens, als ich meditieren wollte, kamen mir große Teile des Textes in den Kopf, fertig gegart, ohne jede intellektuelle Anstrengung. Also setzte ich mich erwartungsvoll zum Schreiben hin.

Auf diesem Niveau des Spürens und der Wertschätzung für meine Navigationstafel (das »Instrumentenbrett«) spüre ich das, was kommt, normalerweise schon lange, bevor es da ist. Als ich früher einmal eine Lehrerin über ihre Fähigkeit sprechen hörte, ursprüngliche und einzigartige Informationen auf diese Weise empfangen zu können, habe ich sie sehr beneidet. Doch wenn du etwas, das du jetzt noch nicht kannst, aufrichtig herbeisehnst, wirst du bald dazu in der Lage sein. Du wirst eine grundlose Begeisterung, eine freudige Erregung spüren, eine Welle von Hochgefühl, ohne eine Ahnung zu haben, in welcher Form das kommende Ereignis eintreten könnte. Dies ist ein Teil des Phänomens, das ich »gleich zum Ergebnis springen« nenne. Du bekommst die Möglichkeit, das ersehnte Gefühl schon lange bevor die eigentliche Sache bei dir ankommt, auszukosten – und dieses gute Gefühl *ist der größte Lohn von allem.*

Ein gutes Gefühl ist ein Zeichen dafür,
dass etwas Gutes auf dich zukommt.

Natürlich wirst du es auch spüren können, wenn sich Dinge an-
bahnen, *die dir nicht gefallen werden*. Du spürst es im Voraus, sodass
dir noch genug Zeit bleibt, um deine Gefühle anzuheben, etwaige Gegenabsichten zu klären und so deine Reiseroute anzupassen, um das Ergebnis noch zu beeinflussen.

Deine primäre Aufgabe ist es,
dich gut zu fühlen.

Beabsichtige, die noch nicht manifestierte Energie zu genießen,
auf ihr zu surfen, sie wertzuschätzen und dankbar dafür zu sein,
noch ehe ihre physische Manifestation eintritt. Halte deine Gefühle für ebenso wertvoll, wenn nicht wertvoller als das, was sich
materialisieren wird.

Es gibt nichts, woran du arbeiten müsstest. Genieße das Leben
und sei dir bewusst, dass du und dein Gefühl gerade eine enorme
Erweiterung für neue Möglichkeiten erfahren.

Mehr zum Timing

Wenn also weder göttliches Timing noch Karma oder irgendwelche Planeten dafür verantwortlich gemacht werden können,
dass eine Absicht sich nur langsam verwirklicht, was wäre dann
ein angemessener Zeitraum, in dem sie sich materialisieren sollte? Hier ist das Warnsignal: Wenn dich der Zeitrahmen irgendwie beunruhigt, so stehst du im Weg. Schon klar, du brauchst es
jetzt und willst es möglichst gleich haben! Es ist aber völlig kontraproduktiv, wenn du die Schwingung von »immer noch nicht
da« oder »viel zu langsam« aussendest und dich beunruhigst.

Das ist der Punkt, an dem viele Leute beinahe durchdrehen.
Sie kennen und spüren ihre wahre nichtphysische Macht zur au-

genblicklichen Manifestation, darum kann es sie schier verrückt machen, wenn es sich auf der physischen Ebene nicht rasch manifestiert. In ihrer Not gehen sie in den Sturzflug, sacken energetisch ab und gehen dazu über, ihren Mangel auszustrahlen – und damit verzögern sie die Materialisation weiter oder heben sie sogar auf.

Manchmal kehren sie zum Suchen zurück, in der Annahme, es gäbe irgendwo eine Patentlösung, eine Wunderwaffe, irgendeine esoterische Formel, die es doch noch geschehen lässt. Es liegt aber nicht an mangelndem Wissen, dass es nicht geschieht! Was schlimmer ist: In dem Moment, wo du suchst, bekundest du damit, dass dir die innere Kraft fehlt – und das Universum muss dem zustimmen!

Die physische Materialisation geschieht bei mir in der Regel superschnell, aber nicht immer. Ich habe reichlich persönliche Erfahrungen damit gesammelt, dass Dinge unterschiedlich lange brauchten, bis sie sich in der Welt zeigten. Es hängt alles davon ab, wie klar und eindeutig mein Sender zu einem bestimmten Thema pulsiert, und das wird davon beeinflusst, wie widersprüchlich ich mich innerlich fühle. Es hängt davon ab, wie lange ich brauche, um mich darin einzuleben, damit entspannter und lockerer umzugehen und mir selbst aus dem Weg zu gehen.

Wie du bereits weißt, liegt der wirksamste Schlüssel, um die Materialisation zu beschleunigen, darin, *gleich zum Ergebnis zu springen* – was bedeutet, das Gefühl zu identifizieren, das du dir wünschst, und gleich damit anzufangen, es unmittelbar zu fühlen. Versuchst du aber, dich besser zu fühlen, nur um den Manifestationsprozess zu manipulieren, wird es nicht funktionieren, weil es nicht echt ist. Werde einfach deshalb glücklich, damit du das Glücklichsein ab sofort genießen kannst.

Richte deinen Fokus lieber darauf,
wie du dich fühlen möchtest, als auf das Materielle –
allein deshalb, weil es besser funktioniert.

Ich könnte zahlreiche konkrete Beispiele nennen, wie es in meinem eigenen Leben funktioniert hat: Schon am Anfang von *Divine Openings* war ich Feuer und Flamme und hegte keinerlei Zweifel, dass ich *Divine Openings* ins Leben rufen und in die Welt hinaustragen wollte. So ist es stetig gewachsen und entwickelt sich immer weiter. Ich fing klein an, weil ich diese Entwicklung brauchte. Ich wäre am Anfang für eine Weltbühne nicht bereit gewesen. Ich musste erst durch einige Widerstände hindurchgehen, reifen und mir ein paar raue Kanten abschleifen. Die Erfahrung wurde gemacht, und der Prozess setzt sich ständig fort.

In dem Maße, wie sich mein Bewusstsein erweiterte, konnte das Göttliche immer deutlicher durch mich sprechen. Es ist so, dass Channeling als Energie und nicht mit Worten durchkommt, und es bedarf einer Übersetzung aus dem rein nichtphysischen Impuls in die physische menschliche Sprache. Man könnte also sagen, dass ich reine, nichtphysische Energie und Absicht in Sprache übertrage. Diese Entwicklung ist noch voll im Gange. Ich bin ständig dabei, mich zu erweitern, immer mehr hereinzulassen und neue, bessere Wege zu finden, die Dinge auszudrücken. Du kannst diese Entwicklung an der Sprache jedes meiner Bücher und in den von mir kreierten Onlineportalen ablesen. Die Wahrheit erweitert und entwickelt sich, wie wir auch.

Ziemlich am Anfang kontaktierte mich eine Frau, die über ihren E-Mail-Verteiler Informationen über *Divine Openings* an eine Million Adressen senden wollte. Ich wusste, dass ich das noch nicht bewältigen konnte, weder logistisch noch schwingungsmäßig, also vertröstete ich sie und bat um zwei Monate, um mich darauf vorzubereiten. Es war eine wilde und aufregende

Zeit, die meine Fähigkeit herausforderte, mich auf das Tempo meines großen Selbst einzustellen und eine Website zu kreieren, die einem solchen Umfang an Mails gerecht werden würde. Die innere Weisheit sagte mir: »Überstürze nichts«, während mein Verstand sagte: »Wenn du's nicht bald tust, verpasst du vielleicht diese Gelegenheit.« Ich verpasste sie nicht. Die Frau wartete auf mich, bis ich fertig war.

Im Laufe der Jahre habe ich gelernt, dieses nebulöse Ding namens *Divine Openings* besser zu erklären, auf eine völlig neue Art zu unterrichten, die Nachricht unter den Menschen zu verbreiten, dass es mich gibt, einen Internetauftritt zu kreieren, bessere Aufnahmetechniken für Audios zu nutzen, Videos zu produzieren und tausenderlei Fertigkeiten der physischen Welt zu bewältigen. Natürlich geschah das nicht über Nacht. In manchen Zeiten war ich mehr im Fluss als in anderen, und ja, es gab auch Zeiten, in denen ich emotional ganz schön gebeutelt wurde (was im ersten Buch als »Rüttelschwellen« bezeichnet wird). Ich erlebte Frustrationen, erschuf Hindernisse und kam über sie hinweg. Bei alldem lag mein primärer Fokus darauf, mich während dieser ganzen Reise glücklich zu fühlen – und das gilt nach wie vor.

All diese Schritte, die mir damals schwierig oder langsam erscheinen mochten, waren Mittel, die *mich* wachsen ließen, während *Divine Openings* wuchs. Selbst wenn ich einige Schritte hätte überspringen können – hätte ich sie denn überspringen *wollen*? Wenn du alle Phasen der allmählichen Entfaltung deines Lebens überspringen könntest und gleich zum Tag deines größten Triumphes springen könntest, würdest du es tun?

Warum sollte man stundenlang mit jemandem Schach spielen, wenn man das Brett einfach für den letzten Zug aufstellen, den ganzen Stress ums Gewinnen ausschalten oder mit sich selbst Schach spielen könnte – um jedes Mal zu gewinnen? Warum mietet sich ein Bergsteiger keinen Hubschrauber, der ihn am Gipfel absetzt? Also wirklich! Warum chauffiert ein Marathonläufer nicht einfach bis zur Ziellinie und überquert sie zu Fuß? Warum lesen wir nicht einfach den »Und sie lebten glücklich bis an ihr Lebensende«-Teil von Romanen oder schauen uns nur das Happy End von Filmen an? Es würde uns viel Zeit und alle möglichen Aufregungen und Kopfschmerzen ersparen.

Doch jeder einzelne Schritt in jedem Leben ist eine Gelegenheit, um Erfahrungen zu sammeln, Spaß zu erleben, dankbar zu sein, sich zu erweitern, Rückmeldungen zu bekommen, zu lernen und zu wachsen. Und damit meine ich nicht, Lektionen zu lernen – Gott bewahre! Denn das Leben ist ein Abenteuer und keine ewige Schule, von der du nie mit einem Abschluss abgehst! Ich bin freiwillig aus dem Lektionen-Paradigma ausgestiegen, mit voller Absicht. Ich meine es wirklich so: Im Leben Spaß zu haben, dankbar zu sein, zu lernen und zu wachsen – aber nicht, »eine Lektion beigebracht zu bekommen«.

Bevor das Team von Oprah (Winfreys) Fernsehshow jemanden zur Show einlud, untersuchte es die Geschäftsstruktur der potenziellen Gäste – ein zu starker Zustrom an Neukunden konnte die Fähigkeiten einer Organisation übersteigen, mit katastrophalen Folgen! Einige Teilnehmer hatten berichtet, dass ihre Firma durch ihren Auftritt bei der Show in den Konkurs getrieben wurde, weil die telefonischen Anfragen und Bestellungen so stark zunahmen, dass sie nicht mehr zu bewältigen waren, während die Stammkunden durch das ständige Besetztzeichen blockiert wurden. Eine Freundin von mir, die bei Oprah gewesen war, erzählte, der Host-Server ihrer Website sei daraufhin abgestürzt und war etwa eine Stunde lang lahmgelegt. Er erholte sich jedoch wieder, und sie konnte dank ihrer automatisierten Webseite den enormen Zuwachs an Interessenten in den Griff bekommen.

Dass Babys im Mutterbauch so lange zu ihrer Entwicklung brauchen, hat gute Gründe. Wir leben in einer physischen Welt, und das Leben lässt sich nun mal nicht beschleunigen. Die Präsenz urteilt nicht und macht sich keine Sorgen, wenn deine Evolution langsam vor sich geht, deshalb brauchst auch du dir deswegen keine Sorgen zu machen. Die Präsenz sorgt sich überhaupt nie, sondern sendet so kraftvolle Schwingungen von Liebe, grenzenlosen Möglichkeiten und Ekstase aus, dass Details und Kehrseiten einfach überlagert werden. Du kannst es nicht vermasseln! Das kannst du fühlen, wenn du weich wirst, dich entspannst und loslässt – und im Rhythmus deines großen Selbst pulsierst.

Liebesbeziehungen waren für mich lange Zeit eine größere Herausforderung als alle anderen Bereiche. Ich bin unabhängig, habe hohe Erwartungen und Widerstände gegen Verpflichtungen. Seit 1983 bin ich geschieden! Ich hatte lange Beziehungen, habe aber nie wieder geheiratet. Erst als ich dazu bereit war, traf ich jemanden, bei dem ich das Gefühl hatte, ich könnte mein Leben lang mit ihm zusammenbleiben.

Hätte die Präsenz einen Zauberstab über mir schwenken sollen, um das zu ändern? Ich glaube nicht, auch wenn es ehrlich gesagt Zeiten gab, in denen ich es mir gewünscht hätte. So genoss ich eine allmähliche Entfaltung und freute mich bei jedem Schritt über das präzise Feedback meiner Navigationstafel, die mir liebevoll und akkurat aufzeigte: »Das hier ist deine Schwingung, und hier ist das, was sie manifestiert. Wie fühlt sich das an? Okay, jetzt ist deine Schwingung dies, und hier ist das Ergebnis davon. Wie fühlt sich das an?«

Mein Liebesleben ist fabelhaft und wird von Jahr zu Jahr besser. Und die Präsenz spielt in diesem Augenblick meiner humorvollen Seite etwas zu: Auf meiner Terrasse sitzen zwei Tauben, gurren sich an und turteln keine zwei Meter von mir entfernt.

Beabsichtige eine Liebesaffäre
mit dem Nichtphysischen.

Durch den Kontrast der Gegensätze wirst du vom Leben geführt. Es ist wie bei dem Kinderspiel, wo das eine Kind mit verbundenen Augen etwas sucht, während das andere ruft: »Wärmer, kälter, kälter … oje, eiskalt … wärmer, kälter … oh, wärmer, ganz warm, jaaa, *heiß*!«

Die Präsenz ist das sehende Kind. Ihre Stimme ist deine Navigationstafel (bzw. das Gefühl, das du von ihrer Skala abliest). Obwohl dein göttliches Selbst alles sieht und weiß, spielt dein menschliches Ich dieses abenteuerliche Spiel, es tut so, als wärst du ein begrenztes Wesen, was das Element sich entfaltender Bewegung in Zeit und Raum sowie das Element der Überraschung mit hineinbringt.

Wenn die Zeit, in der sich etwas materialisiert, näher rückt, kann ich spüren, wie die Energie von »Wärmer, wärmer!« so spürbar aufgeheizt wird, dass es geradezu unmöglich erscheint, dass es nicht schon da ist. Dann sage ich zu Freunden: »Es ist schon so nah, dass ich es fast schmecken kann!« Zeichen und Omen tragen manchmal noch zur freudigen Erwartung bei – zwei Habichte, die am Himmel über mir kreisen. Oder draußen in eine Wolke von Schmetterlingen zu laufen, die plötzlich aus dem Nichts auftaucht und mich komplett einhüllt. Interessanterweise sehe ich von dort, wo ich jetzt wohne, häufig zwei Habichte in Augenhöhe ganz nah am Himmel kreisen. Ich habe sogar schon vier gesehen – es steigert sich!

Wenn du an den Strom angeschlossen bist, spürst du zuerst die nichtphysische Energie, während sich deine neue Schöpfung der physischen Materialisation nähert. Dies ist oft intensiver als ihr eigentliches Auftauchen, weil das Nichtphysische die stärkere Realität ist und dort der größere Teil des schöpferischen Prozesses abläuft. Bis es so weit ist, hast du dich bereits auf das Tempo dieser Energie eingestellt.

Je mehr du das Nichtphysische als deine primäre Realität erkennst und spürst, desto mehr wirst du dir deiner nichtphysischen Schöpfungen bewusst. Sie sind erst eine Matrix deiner Absicht, lange bevor sie genug Gestalt angenommen haben, um sich in der physischen Dimension zu zeigen. Wie kannst du diese Fähigkeit entwickeln? Beabsichtige es und lass der Absicht Handlungen folgen, indem du dem Nichtphysischen mehr von deiner Aufmerksamkeit widmest als dem Physischen. Und wenn das Physische keine Hinweise auf das, was du beabsichtigt hast, zu zeigen scheint, so bist du derart solide im Nichtphysischen verankert, dass dir keine Kraft und Macht verloren geht.

Wenn du dir erlaubst, dich bei diesem Abenteuer zu entspannen, und alles als Feedback und nicht als Frustration verstehst, wirst du abheben. Selbst wenn es sich nicht gut anfühlt, wirst du die wertvollen Gelegenheiten, die darin liegen, zu schätzen wissen.

❧ ❧ ❧

Der Flügelschlag einer Fruchtfliege

Du hast vielleicht schon von Nicht-Anhaftung oder Nicht-Bindung gehört, doch nun entleere bitte deinen Kopf von allen bisherigen Definitionen und nimm dies hier ganz frisch in dich auf. Wenn ich das Wort »Nicht-Anhaftung« verwende, meine ich nicht das Loslassen von jeglicher Bindung an irdische Dinge. Daran glaube ich nicht – ich halte das für fehlgeleitet.

Glaube das, was für dich stimmt – doch meine Sicht ist die, dass wir in eine physische Welt gekommen sind, um uns daran zu erfreuen, nicht, um sie zu ignorieren oder abzulehnen, aus ihr auszusteigen oder sie als Opfer darzubringen, um in den Himmel zu kommen. Als Mensch nach mehr zu streben ist so natürlich und wesentlich wie das Atmen; es ist der Antrieb für die Evolution jeder Spezies – wenn nicht sogar des ganzen Universums.

Mit Nicht-Anhaftung meine ich, mit dem, was wir uns wünschen, ganz locker und entspannt umzugehen und nicht hektisch danach zu grapschen, was höchstens Widerstand erzeugt und das Eintreffen des Gewünschten hinauszögert. Wenn du dich zu sehr an etwas bindest, stehst du dir selbst im Weg. Die leichteste Art und Weise, die Ankunft dessen, was du dir wünschst, zu beschleunigen, besteht darin, eine möglichst lockere und entspannte Haltung dazu einzunehmen. Das mag schwierig sein, bis du dich daran gewöhnt hast – aber machen wir uns doch nichts vor: Die Alternative – Anspannung – ist bestimmt zehn Mal schwieriger zu bewältigen.

Je entspannter die Absicht, umso schneller kann die Schöpfung sich manifestieren. Als ich meinen Onlinekurs Portal 2 schrieb, suchte ich nach einem Weg, es körperlich *spürbar* zu machen, wie leicht diese Absicht sein sollte, und es kamen die folgenden Worte zu mir: »Lass deine Absicht so leicht sein wie den Flügelschlag einer Fruchtfliege.« (»Make your intention as light as the touch of a gnat's wing.«) Diese Textzeile stammt (auf Deutsch leicht abgewandelt) aus meinem Lied »Heaven« (»Himmel«), das in der Musikzusammenstellung *Watch Where You Point That Thing* auf der *Divine-Openings*-Website zu finden ist.

Lass deine Absicht so leicht sein
wie den Flügelschlag einer Fruchtfliege.

Beabsichtige mit der Leichtigkeit des Flügelschlags einer Fruchtfliege. Das Bild verhilft dir zu dieser Weichheit. Dann lass die

Absicht los, in dem Wissen, dass sie sich erfüllen wird oder dass etwas erscheint, das deine Herzenswünsche noch besser erfüllt. Wenn du loslässt, können die Kräfte des Universums für dich zu arbeiten beginnen, unbelastet von deinem Widerstand.

Allerdings ist es ein Maßstab für deine Meisterschaft, wie wenig anhaftend du sein kannst, obwohl du dir eine Sache brennend wünschst oder sie dringend und möglichst schnell brauchst. Für viele ist es einfach, sich kleine Dinge zu materialisieren, wie zum Beispiel, dass dir jemand ein blaues Shirt in dem Stil schenkt, den du dir vorgestellt hast, oder dass ein Freund oder eine Freundin gerade in dem Moment anruft, als du an ihn oder sie gedacht hast, oder dass unerwartet kleinere Geldbeträge eintreffen. Wenn es aber darum geht, die großen Dinge zu materialisieren, wie Liebe, Heilung von einer ernsten Krankheit oder Schuldenfreiheit, kann es sein, dass du dich anspannst und eher Widerstand aufbaust.

Eine zweckmäßige Definition
für Widerstand ist in diesem Zusammenhang
»Anspannung«.

Bei kleineren Schöpfungen fällt es dir leicht, denn wenn es um deine Gefühle geht und nicht viel auf dem Spiel steht, bist du nicht gestresst oder angespannt und daher weniger anhaftend. Du bist entspannt. Du hast keine *Zweifel*, dass solche kleinen Wunder für dich möglich sind. Doch bei größeren Wünschen hast du Zweifel, dass sie möglich sind, und diese negative Gegenabsicht kommt dir in die Quere. Je größer deine Absicht, umso größer ist die Notwendigkeit, sie loszulassen. Größere Dinge können dennoch genauso magisch auftauchen wie die kleinen Dinge.

Wenn du etwas visualisierst, beabsichtigst oder imaginierst, tue es auf jeden Fall mit Leichtigkeit, als wäre es nur so zum Vergnügen. Entspanne dich darin, fantasiere mit Leichtigkeit darüber, spüre es so, als wäre es bereits deines, und dann lass rasch los.

> *Die Leute sagen manchmal:*
> *»Ich wünsche es mir so arg.« Es sich auf eine*
> *gute Art zu wünschen funktioniert besser.*

Es ist unnötig, die Absicht *aufrechtzuerhalten* oder sie zu wiederholen, daran zu arbeiten oder ihr Nahrung zu geben. Hart daran zu arbeiten ist kontraproduktiv, weil es Anspannung und damit Widerstand in den Materialisierungsprozess bringt – und somit die Schwingung des Zweifels, ob es so leicht gehen kann. Mehr als neunundneunzig Prozent der Schöpfungsarbeit geschieht durch deine Absicht. Die universelle Intelligenz bekommt sofort mit, was du willst. Dann ist es deine Aufgabe, zuzulassen, dass das Alles-was-ist alle Dinge in vollkommener Synchronizität zum perfekten Zeitpunkt zusammenführt. Das geht am besten, wenn du dich völlig heraushältst. Anders könnte man es auch so sagen: »Fokussiere, ohne zu forcieren.«

Du bist nicht davon getrennt

»Bitte, in dem Wissen, dass du es bekommst«, ist eine uralte Weisheit. Aber fähig zu sein, das körperliche Gefühl ebenso wie das Wissen, dass du *es bekommst*, hervorzurufen, ist schon seit Jahrhunderten eine der größten Herausforderungen. Du siehst dich um, und es ist nicht da. Du spürst deine Gefühle, und sie fühlen sich ebenfalls so an, als wäre es nicht da – solange, bis du mehr auf das Nichtphysische eingestimmt bist.

Die Bibel sagt uns, wir sollten Glauben haben – auch das ist eine schwierige Sache. Wie du schon mitbekommen hast, fordere ich niemanden auf, irgendetwas zu glauben, denn du brauchst keinen Glauben – ich bevorzuge Beweise. Du kannst fast augenblicklich Gefühlsbeweise generieren, lange bevor du die physischen Beweise erhältst. Gefühle *sind* die wichtigste Manifestation, die du haben wolltest.

Hier stelle ich dir Möglichkeiten vor, wie du die Realität dessen, was du dir wünschst, als Bauchgefühl spüren kannst – und um die Lücke zwischen dem, was du dir wünschst, und seinem Eintreffen zu schließen.

Alles im Universum ist eins. Niemand und nichts ist in Wirklichkeit von dir getrennt. Du bist alle, und alle sind du. Du und dein schlimmster Feind seid eins, egal, wie es aus deiner menschlichen Perspektive aussieht. Du bist eins mit den entferntesten Bereichen dieses Universums und aller anderen Universen. Der Verstand, diese fehlersuchende Granate und Trennungsmaschinerie, will dir weismachen, dass alles von dir getrennt sei, aber diese Trennung existiert nicht.

Raum, Zeit und einschränkende Grenzen sind Illusionen, auf die wir uns geeinigt haben, als wir hierhergekommen sind. Es sind Konventionen, nach denen wir uns zu richten bereit sind, aber wir brauchen nicht so sklavisch an sie zu glauben. In jedem Augenblick kannst du dich entscheiden, dich selbst als einen Teil eines holografischen Universums zu erleben: Alles ist in dir – in Wirklichkeit ist nichts von dir getrennt.

Wenn ein geliebter Mensch seinen Körper verlässt, so wurde er dir nicht genommen. Es mag so scheinen, dass dein geliebtes Haustier oder deine Großmutter verstorben ist, in der Einheit sind sie jedoch lebendiger als du, und sie sind hier bei dir, deiner vollkommen bewusst. Wenn jemand, der dir nahesteht, seinen physischen Körper verlässt, so kann es das kostbarste Geschenk sein, das er dir je gegeben hat, wenn du es annimmst. In *Alles läuft super, während ich weg bin* schlug ich vor, dir eine persönliche

Vorstellung von der göttlichen Präsenz zu schaffen, die sie dir ganz nahebringt und zu der du einen intimen Bezug hast. Das kann noch leichter werden, wenn die Menschen, die dir auf Erden nahestanden, ins Nichtphysische eingehen – sie können für dich eine Brücke zur nichtphysischen Ebene werden. Wenn du dich auf die hohen Frequenzen dort, wo sie sind, einstimmst, kannst du sie spüren und sogar mit ihnen reden. Fokussiere dich auf sie, und deine Absicht allein wird die Verbindung herstellen.

Auch wenn ich mich bewusst auf das Nichtphysische fokussiere und der materiellen Manifestation wenig Beachtung schenke, so mache dich bereit für diesen gebündelten Powersatz: *Du und jegliche physische Person, Sache oder Erfahrung, die du dir wünschst, seid bereits eins.* Erkenne dies, begib dich in die Schwingung dieser Realität, spüre sie im Nichtphysischen, dann wirst du sie erleben.

Für manche Leser, die dieses »große Opening« bereits erfahren und das Weichwerden geübt haben, ist dieser kurze, schlichte Abschnitt phänomenal machtvoll. Halte jetzt inne und erkenne dein Einssein mit dem, was du dir wünschst.

> *Beanspruche dein Einssein*
> *mit dem, was du dir wünschst.*
> *Du bist nicht davon getrennt.*

❀ ❀ ❀

Dein Reservoir

Du weißt ja, dass ich Dinge auf unterschiedliche Weise und auf verschiedenen Ebenen wiederhole. Vielleicht bist du noch nicht ganz dafür bereit, die Wahrheit in dich einzulassen, dass du eins bist mit dem, was du dir wünschst. Dann fühle zunächst mal in dein Reservoir hinein.

Es existiert tatsächlich im nichtphysischen Bereich ein gigantisches Energiereservoir, in dem all das, was du dir jemals gewünscht hast, für dich bewahrt wird, bis du bereit bist, es einzulassen. Niedrigere Schwingungen auf der Navigationstafel halten die Schleusentore teilweise geschlossen, das Gute im Leben stellt allerdings immer sicher, dass ein gewisser Fluss zu dir stattfindet. Du weißt bereits, dass deine Aufgabe nicht darin besteht, an dir zu arbeiten oder die Schleusentore mit Muskelkraft aufzustemmen, sondern diese niedrigeren Gefühle zu verlagern, weich zu werden und es einzulassen.

Auch wenn dieses Reservoir kein physischer See ist, hilft die Vorstellung eines gigantischen Sees dem menschlichen Verstand, es zu begreifen. Dieser See tritt an die Stelle des Bildes, das, was du dir wünschst, sei noch nicht hier. Natürlich kannst du das Bild des Sees auch durch etwas anderes ersetzen. Es ist ja *dein* Reservoir, also kann es jede beliebige Form annehmen, die dir gefällt.

Dies ist nicht nur eine Metapher. Es ist im Nichtphysischen ganz real, und sobald etwas in deinem Reservoir ist, ist es nur eine Schwingungsverschiebung davon entfernt, im Physischen aufzutauchen. Wenn das Nichtphysische für dich nun immer realer wird, wirst du die Realität von diesem Reservoir und allem, was darin ist, spüren.

Alles, was sich die Menschen wünschen, wollen sie deshalb, weil sie glauben, dass sie sich dadurch besser fühlen werden – sie halten es für den Schlüssel zu ihrem Glück. Du kannst aber gleich zum Ergebnis springen: Spüre es jetzt und hier in deinem Reservoir. Sei glücklich, jetzt sofort. Es ist bereits erschaffen und gehört schon dir. Es ist im Reservoir.

Genusspraxis: Besuche dein Reservoir

(Es gibt eine Hördatei im Onlineportal 2, die dich durch diese Meditation begleiten kann.)

Während du an Menschen, Situationen oder Gefühle denkst, die du dir wünschst und in dein Leben ziehen willst, mache einmal einen kleinen Ausflug und besuche dein Reservoir. Nimm alles wahr, was sich darin befindet. Vielleicht paddelt dein idealer Geliebter in einem Kajak auf dem See. Vielleicht ist dein neuer Job darin oder mehr Geld. Dort drüben siehst du deine nächste Ebene von Freude und Freiheit, deine lustigen neuen Freunde, eine exotische Reise und dein tieferes Einssein mit der Präsenz. Dein glückliches Altwerden ist dort, Hand in Hand mit deiner gereiften Weisheit und Kreativität.

Beim Reservoir ist schon eine Party im Gang, und alle warten nur darauf, dass du kommst und die Gefühle erlebst, die dort auf dich warten. Es ist deine Party!

Tauche in das Wasser des Reservoirs ein und nimm ein erfrischendes Bad in den guten Gefühlen, die dort auf dich warten. Oder fliege oben drüber und verschaffe dir einen Überblick über diese deine Schöpfung. Beruhige dich selbst mit den Worten: »Alles ist schon erschaffen. Es gehört bereits mir. Es ist alles schon da.« Das ist keine wunscherfüllende Affirmation – im Bereich des Nichtphysischen ist es die Wahrheit. Sie auszusprechen hilft dir lediglich, in Übereinstimmung mit dieser Wahrheit zu kommen.

Entspanne dich und genieße das Wissen. Sobald du es spürst, nähert es sich. Sprich dir also gut zu, um dieses gute Gefühl am Fließen zu halten. Halte dich nicht mit Gedanken auf, wie es sein oder aussehen sollte. Überlasse es der Präsenz, sich um all diese Details zu kümmern.

Das Haus, in das wir in Ojai einzogen, war schwer vernachlässigt worden, und wir wollten es so schnell wie möglich bewohnbar machen, damit wir unsere Arbeit wiederaufnehmen konnten. Zum Beispiel hatte das Haus Zementfußböden mit offen daliegenden Klebestreifen, da die vorhergehenden Besitzer den Teppichboden herausgerissen hatten, es sich dann aber nicht leisten konnten, ihn zu ersetzen. Es mussten viele wichtige Dinge alle auf einmal getan werden, sodass wir innerhalb einer einzigen Woche neue Teppiche, neue Fliesen, einen neuen Wasserboiler, neue Steckdosen, neue Farbe an den Wänden, eine neue Scheune und ein repariertes Dach arrangierten. Mit alldem und zig anderen Dingen, die auf Vordermann gebracht wurden, hatten wir nicht die köstliche Gelegenheit, jede neue Sache einzeln zu bewundern. Doch ich liebe es, wenn ich meine Wertschätzung in die Länge ziehen kann.

Monatelang verschob ich das Anschließen der Badewanne, die ich aus Texas mitgebracht hatte. Doch im Laufe der Zeit machten wir so viele Dinge, um das Haus zu verschönern, und es war mir möglich, langsamer zu treten und jedes dieser Dinge voll auszukosten und zu genießen, eins nach dem anderen, statt gleich zur nächsten Sache weiterhetzen zu müssen. Jede neue Blütenpflanze, jede neue Verbesserung, die in der Scheune hinzukam, jeder neue Farbfleck war ein Genuss für sich.

Das Warten und die Vorfreude auf die Badewanne auszukosten machte Spaß, und als sie endlich heiß und dampfend an einem frostigen Abend in diesem ersten Winter dastand, erfreute ich mich umso mehr daran, weil ich sie so lange hatte entbehren müssen. Ich bin jetzt immer glücklich, aber offen für mehr.

Genieße das Warten, als würdest du
den Besuch deines Geliebten erwarten.

Der Verstand könnte sagen, dass wir all unsere Wünsche augenblicklich erfüllt haben müssen, doch es ist erstaunlich, um wie viel befriedigender es ist, das Kommen einer jeden Erfahrung, jeder Sache, jeder Person, jeder Ausweitung, jedes Augenblicks Schritt für Schritt auf dem ganzen Weg zu genießen und sich die Zeit zu nehmen, alles gründlich auszukosten.

Weshalb sollte alles augenblicklich kommen? Wir erweitern und entwickeln uns im Laufe der Zeit, und wir lassen es herein, wenn wir dafür bereit sind. Es wird dir nie etwas vorenthalten – alles ist in deinem Reservoir.

So viele Menschen schreiben mir Folgendes: Als sie anfingen, sich besser zu fühlen, legten sie paradoxerweise oft gar keinen so großen Wert mehr auf all das »Zeug«, das sie früher für unentbehrlich für ihr Glück gehalten hatten. Sobald sie glücklich waren, verblasste die Bedeutung dieser Dinge, aber dann begann das, was sie sich gewünscht hatten, trotzdem aufzutauchen. Auch wenn ihnen ihr Fortschritt zu jener Zeit langsam vorkam, war ein Jahr später ihr Leben kaum wiederzuerkennen.

Wenn es dir hilft, die physischen Erfahrungsberichte von anderen zu lesen, um deine Schwingung anzuheben und deinen Sinn für Möglichkeiten zu erweitern, lies einige von den Tausenden von Erfahrungsberichten unter www.DivineOpenings.de.

Muss ich visualisieren?

Um etwas zu erschaffen, musst du nichts visualisieren – es ist bereits für dich da! Benutze das Visualisieren aus dem gleichen Grund, aus dem du deine Kinder vor ein unterhaltsames Video setzt, damit deine Arbeit in Ruhe getan werden kann. Die Präsenz braucht es, dass du entspannt bist und dir keine Sorgen machst, damit sie dir deine Schöpfung gar kochen kann, ohne dass du ihr im Weg stehst. Alles läuft super, während du weg bist. Visualisiere höchstens, um selbst glücklich und guter Laune zu sein. Benutze Tagträume einfach dazu, die gute Schwingung zu genießen, dass es schon dir gehört – *jetzt*.

Wenn du nicht über das nachdenkst, was du beabsichtigst hast, erzeugst du zumindest keine Widersprüche oder Zweifel und sendest keine Gegenabsichten aus. Es ist besser, ein Nickerchen zu machen, als der Erfüllung deiner Absicht in die Quere zu kommen. Zu meditieren, »um daran zu arbeiten«, verstellt dir ebenfalls den Weg – was du willst, ist schon in deinem Reservoir. Wenn du meditierst, genieße dabei deine Vorfreude. In dem Moment, wo der Wunsch auftauchte, hat die Präsenz das Gewünschte erschaffen und gesagt: »Hier, es gehört dir! Du warst noch nie davon getrennt, aber wenn du's noch nicht hereinlassen kannst, bewahre ich es für dich im Reservoir so lange auf, bis du so weit bist.« Du kannst loslassen und dich entspannen.

Aus irgendeinem anderen Grund zu visualisieren als aus Vergnügen ist, als würdest du der Präsenz in den Ohren liegen. Sie hat aber ein perfektes Gedächtnis, vernahm deinen Wunsch gleich beim ersten Mal und hat die Sache im Nichtphysischen bereits erschaffen und in deinem Reservoir abgelegt. Öffne daher die Schleusentore und lass es in dein Leben kommen.

Wenn Tagträumen und Visualisieren auf eine leichte, lockere Art deinen Geist produktiv hält, deinen Körper entspannt und deine Seele beruhigt, dann tu es. Wenn es aber zu permanenter Anspannung führt, Gefühle des Mangels und den Drang nach Aktivität in dir hervorruft, dann hör auf. Leiste deinem Widerstand keinen Widerstand. Wenn du schön vor dich hin träumst und gegenläufige Absichten oder Zweifel auftauchen, so tauche in das Gefühl ein, bis es sich anhebt. Schau nach, ob du dir begrenzende Geschichten erzählst. Oder denke an etwas anderes, um beiseitezutreten.

Visualisiere rein zum Vergnügen.

Werde kreativ, wenn dir das Bild vom Reservoir nicht zusagt. Visualisiere und träume von deinem Tresorraum oder deiner geheimen Höhle oder öffne eine Zeitkapsel und lies einen Zeitungsartikel, der beweist, dass deine Schöpfung in der Zukunft umgesetzt wurde. Spiele damit herum und nutze deine Fantasie. Schwärme davon, wie es sich anfühlt.

Visionscollagen

Eine Visionscollage (*Vision Board*) herzustellen ist keine neue Idee, aber neu ist diese Vorgehensweise: Deine Wünsche wurden dir bereits in dem Moment gewährt, als du sie in die Welt gesetzt hast, und du warst niemals von dem getrennt, was du dir wünschst. Stell dir also keine Visionstafel zusammen, um etwas zu erschaffen – diese Schöpfung hat schon stattgefunden. Die Visionscollage hilft dir lediglich dabei, direkt *zum Ergebnis zu springen* und das neue Gefühl hervorzubringen, das die neue Matrix erzeugt und dann entsprechend aufgefüllt werden kann. Es wird dich an dein Einssein mit deinem Wunsch erinnern und dir helfen, das ersehnte Gefühl zu spüren.

Besorge dir eine Styroporplatte oder eine Pinnwand. Hefte Bilder an die Platte, die eher die *Gefühle und Lebenserfahrungen* repräsentieren, die du dir wünschst, als die physischen Objekte. Du könntest gefühlsbetonte Begriffe hinzufügen: Leichtigkeit, Freude, Liebe, Erfolg, Selbstvertrauen, Abenteuer, Vitalität, Energie, Flow, Freundschaft, Unterstützung, Wertschätzung, Freiheit, Geborgenheit und so weiter.

Du könntest Bilder von den physischen Dingen, die du dir wünschst, oder Wörter wie Wohnung, Zuhause, Ersparnisse, Partnerschaft, Reisen verwenden, aber halte sie allgemein und offen, das führt zu besseren Ergebnissen. Wenn du dich nicht darauf kaprizierst, ein bestimmtes Land zu bereisen oder einen bestimmten Menschen zu heiraten, kann dir die Präsenz sogar etwas noch Besseres bringen. Ein Teenager träumte jahrelang davon, einen bestimmten megaprominenten Filmstar zu heiraten. Sie hängte sein Foto an ihre Visionscollage, und Jahre später hat sie ihn tatsächlich bekommen! Doch es war nicht ganz so, wie sie es sich ausgemalt hatte: Er war schwul, aber nicht bereit, offen der zu sein, der er wirklich war, und er brauchte eine Alibi-Ehefrau.

Häng deine Visionscollage an einen Platz, wo du sie sehen und dich an der Entfaltung deiner Träume erfreuen kannst. Dann fertige dir eine neue Collage mit frischen Wünschen an. Ich liebe es, ein Jahr später zu jedem Thema eine kleine Feier zu veranstalten.

Die Ich-AG

Wenn du dir eine neue Arbeitsstelle oder eine berufliche Laufbahn kreieren möchtest, so bedenke zuerst Folgendes: Studien zeigen, dass viele Menschen ihre natürlichen Gaben und Talente für selbstverständlich halten und unterbewerten in der irrigen Annahme, das, was ihnen leichtfällt, könne nicht besonders wertvoll sein, während das, was mehr Anstrengung erfordert, einen höheren Wert hat. Nichts könnte weiter von der Wahrheit entfernt sein! Du solltest das verfolgen, was sich für dich ganz natürlich anfühlt, was dir leichtfällt und vor allem Spaß macht. Aus der Perspektive des großen Selbst betrachtet, ist deine einzigartige und möglicherweise etwas seltsame Kombination von Begabungen, Erfahrungen, Interessen und Wissen genau passend für irgendetwas. Bitte deine Freunde und Arbeitgeber, eine Liste deiner Begabungen aufzustellen – sie werden Dinge erwähnen, von denen dir gar nicht bewusst war, dass sie wertvoll sein könnten.

Stell dir ein »Marketingpaket« über dich selbst zusammen. Gestalte es wie einen Bericht oder eine Produktbroschüre – und das Produkt bist *du*. Kreiere Schwerpunktkapitel, in denen du jede deiner Fähigkeiten, Begabungen und Kompetenzen in den Vordergrund stellst, und illustriere das Ganze mit bunten Bildern von dir und deiner Arbeit, die rüberbringen, wie du dich in deiner nächsten Phase fühlen willst. Hefte alles in einer attraktiven Mappe ab, schreibe auf das Deckblatt »(Dein Name) AG« und bewundere dein PR-Profil so lange, bis du *dich dir selbst verkauft* hast. Es ist die Präsenz, die sich durch dich ausdrückt.

Als ich es zum ersten Mal ausprobierte, spielte ich so lange damit herum, bis meine Werbung bei mir selbst voll angekommen war. Ich heuerte einen professionellen Fotografen für die Aufnahmen an, machte präzise Vorschläge, was ich tun wollte, um die speziellen Anforderungen einer Fima abzudecken, bei der ich arbeiten wollte – und der Geschäftsführer erschuf daraufhin einen ganz neuen Posten, der zu meinen diversen Begabungen passte.

Visionscollagen und Ich-AG-Mappen sind hilfreich, um gleich zum Ergebnis zu springen und dich mit Leichtigkeit in die neue Schwingung, die du dir wünschst, hinübergleiten zu lassen, statt schwere Felsblöcke bergauf zu wälzen.

Spaßaktivität: Party für Visionscollagen und Ich-AGs

Du kannst mit deinen Freunden viel Spaß erleben, wenn du das Erstellen der Collagen als Partyspiel organisierst. Dabei könnt ihr euch gegenseitig auf eure Talente und besonderen Qualitäten aufmerksam machen. Lesen genügt nicht – erlebe es!

Nicht warten – selbst generieren!

Du bist ein regelrechter Generator von Gefühlen, Botenstoffen, energetischen Matrizen, Energiewirbeln und Schwingungen. Du würdest staunen, wenn du deinen »Generator« hören könntest, wie er als Reaktion auf deine eigenen Gedanken, Gefühle und Absichten vor sich hin summt. Tatsächlich können einige es schon hören und spüren, wie es summt. Du kannst spüren, wie die Botenstoffe sich in den Blutstrom ergießen, wenn du den einen oder anderen Gedanken denkst.

Was auch immer du beabsichtigst, geschieht rascher, wenn du die Energien, Gefühle und Gedanken, die du haben möchtest, selbst erzeugst, statt darauf zu warten, dass sie von allein auftauchen.

An die Wirkung der Menschen und Umstände in unserer Umgebung gebunden zu sein ist eine schwierige Art zu leben. Du weißt ja, wie das läuft: Man ist glücklich, wenn der Partner liebevoll ist – unglücklich, wenn er es nicht ist; glücklich, wenn der Chef zufrieden ist – gestresst, wenn er es nicht ist; beruhigt, wenn genügend Geld auf dem Konto ist – besorgt, wenn es fehlt; wohlhabend, wenn die Wirtschaftslage gut ist – und am Kämpfen, wenn sie es nicht ist. Diese äußeren Reize sind lediglich Dinge, an denen du dich abstößt, während du deinen Kurs korrigierst.

Die meisten Menschen werden dir beipflichten, wenn du sagst: »So wie es dort draußen abläuft, das beeinflusst meine Gefühle« oder: »Ich werde mich sicher fühlen, wenn ich Arbeit habe«. Du weißt jedoch, dass du nicht darauf zu warten brauchst, dass dir die physischen Dinge in den Schoß fallen, damit du glücklich sein kannst. Du kannst dein Glücklichsein aus dem Nichts heraus generieren, jederzeit. Du kannst also *gleich zum Ergebnis springen* und jetzt sofort glücklich sein, und außerdem beschleunigst du damit zusätzlich die ersehnte Materialisation.

Eines Tages ist mir aufgefallen, dass das englische Wort *en-joy* (»sich freuen«) buchstäblich bedeutet, »die Freude (*joy*) hineinzulegen« – und nicht darauf zu warten, dass es geschieht, oder zu hoffen, dass es geschehen wird. Zu glauben, dass Freude etwas ist, was dir passiert, macht dich ohnmächtig und abhängig. *Erzeuge* deine Gefühle und Seinszustände, statt passiv auf sie zu warten.

> *Wenn du dich über etwas freust,*
> *legst du selbst die Freude in deine Erfahrung hinein.*

In dem Buch *Alles läuft super, während ich weg bin* und im Onlineportal 1 wird dir gezeigt, wie du das »Schwärmen« praktizieren kannst – indem du laut aussprichst, was du an einer Sache oder einem Menschen wertschätzt, bis du förmlich kribbelst in dieser hohen Schwingung. Du sprichst die Worte nicht bloß intellektuell aus, sondern lädst sie mit deiner Leidenschaft, Begeisterung und Power auf. Du fühlst, wie sich die Schwingung anhebt, lange bevor sich irgendetwas in deiner äußeren Welt verändert. Du überspringst den ganzen Prozess und *gelangst gleich zum Ergebnis:* Du fühlst dich zuerst glücklicher und beobachtest dann, wie neue Dinge in deinem Leben auftauchen, um zu deiner neu generierten Matrix zu passen.

Das Schwärmen ist eine proaktive, selbst gewählte Alternative im Gegensatz zum Warten auf äußere Hinweise für etwas, das dich glücklich macht. Manche reservierte Menschen sträuben sich gegen das Schwärmen, weil es sich für sie unecht, würdelos oder sogar prahlerisch anfühlt. Aber es braucht keine bestimmte Form anzunehmen – es kann auch feiner, ruhiger und mehr privat ablaufen. Wenn wir es nicht in die Hand nehmen, selbst zu generieren, macht es uns zu passiv Reagierenden oder sogar zu Opfern von dem, was außerhalb von uns geschieht.

Das Generieren funktioniert, denn wie es sich zeigt, bekommst du mehr von dem, worauf du deinen Fokus richtest und was du dramatisierst und übertreibst. Lenke dein Bewusstsein proaktiv in produktive Richtungen, dann erschaffst du selbst die Beweise und siehst die Ergebnisse.

In seinem humorvollen, erkenntnisreichen Buch *Mensch, bist du dick geworden! Wie ich einmal immer die Wahrheit sagte und andere Selbstversuche* handelt der Autor A. J. Jacobs in seinem Alltag nach den Regeln der Höflichkeit von George Washington und wird dabei in der Tat kultivierter und galanter. Er fühlt sich respektvoller, wenn er sich bei Begegnungen verbeugt, vernünftiger, wenn er wohlbedachte, formelle Briefe schreibt, um Konflikte zu beheben, und weiser, wenn er seine Wut zügelt.

Sport zu treiben, wenn du dich müde fühlst, lässt dich mehr Energie spüren, und von guten Dingen zu schwärmen, wenn du deprimiert bist, macht dich optimistischer. Warte nicht darauf, dass das Gefühl dich findet – *erzeuge* es aktiv.

Gib dich nicht einmal zufrieden mit: »Bitte in dem Wissen, dass dir gegeben wird« – sondern »Beabsichtige in dem Wissen, dass du der Schöpfer davon bist«. Warte nicht auf die Anzeichen, sondern spüre das Ergebnis gleich hier und jetzt.

Wenn du dein großes, unbegrenztes, nichtphysisches Selbst wahrhaft spüren und erkennen möchtest, dann setze diese Absicht: Entscheide dich, es zu *sein* und zu *leben*, statt nur danach zu streben und zu lechzen.

Warte nicht passiv ab – erzeuge proaktiv.

Frage dich nicht, ob du würdig seist – nimm es in Anspruch. So einfach ist das. Je mehr du dich für deine Ausweitung und Freude entscheidest, umso mehr werden sie zu deiner Realität.

❧ ❧ ❧

Schwärmen mit dem ganzen Körper

Lass uns das Schwärmen noch einen Riesenschritt weiterführen. Deinen Körper zu bewegen gibt ihm mehr Kraft und Wirkung. Es gibt für jede Emotion eine Körperhaltung, die mit ihr einhergeht und sie verstärkt. Du kannst das ausprobieren: Ziehe mal die Schultern hoch und mach einen Buckel. Lass dein Gesicht erschlaffen und schau mit halb geschlossenen Lidern. Das entspricht physiologisch einem Zustand von Müdigkeit, Entmutigung oder Depression. In dieser Haltung generierst du keine Energie.

Hebe jetzt die Hände in Richtung Decke und schwenke sie hin und her. Setze ein breites Lächeln auf, öffne die Augen ganz weit und drehe den Kopf von einer Seite zur anderen. Jetzt generierst du Energie. Das erhöht die Wirkung deines Schwärmens, weil es ihm körperlich entspricht. Dein Gesicht und dein Körper verraten normalerweise etwas über deine Schwingung, aber es ist durchaus möglich, glückselig zu sein und nach außen völlig ungerührt zu wirken.

Gedanken, Gefühle, Stoffwechsel, Bewegungsarten und Emotionen unterliegen viel mehr unseren Gewohnheiten, als uns bewusst ist. Indem wir den Körper von seinen gewohnten, starren Bewegungsmustern befreien, machen wir uns auch frei von gewohnheitsmäßig einschränkenden Arten des Denkens, Fühlens und Seins im Leben.

Wir entwickeln automatische Grundgewohnheiten
in Bezug auf Schwingung, Gefühle,
Denken und Bewegung.

Wenn du in einem unproduktiven Gedanken oder Gefühl feststeckst und es abschütteln willst, oder wenn du einfach ein höheres Hoch generieren willst, steh einfach auf und bewege dich, statt dich durch Denken dorthin bringen zu wollen. Deine ganze Körperchemie verändert sich, wenn dein Körper und der ganze Blutkreislauf sich freier bewegen.

Absicht ist gewiss machtvoll, aber noch machtvoller ist sie, wenn du sie konsequent in Handeln *umsetzt* und deinem ganzen System dadurch zu verstehen gibst, dass du es wirklich ernst meinst. Zum Beispiel kannst du dir vornehmen, Sport oder Körperübungen zu machen, und begeistert davon reden, aber deine Muskeln beginnen sich erst zu vergrößern, wenn du die Gewichte in die Hand nimmst und anfängst, sie zu heben. Du kannst dir vornehmen, ein Buch zu schreiben und leidenschaftlich von deinem Buch erzählen, aber erst wenn du den Stift aufs Papier setzt oder zu tippen beginnst, weiß dein gesamtes Sein, dass du es ernst meinst.

Wir sagen viele Dinge. Tue sie.

Ich praktiziere spontane, freie Bewegungen schon seit Jahren, und ihre enorme Wirkung zeigt sich am deutlichsten in den fünftägigen Schweigeretreats. Menschen mit niedrigem Schwingungsniveau – insbesondere gefühlstaube, fettgepolsterte oder depressive Menschen, die normalerweise länger brauchen, bis sie ihre Gefühle spüren können – stellen fest, dass sie sich durch Bewegungen, die nicht den gewohnten Bewegungsmustern folgen, rascher lockern und beweglicher werden. Natürlich spielt dabei das Resonanzfeld, das ich in den Retreats generiere, eine kraftvolle Rolle, doch die Bewegungen helfen, sich zu lockern und ins Fließen zu kommen. Es ist uns einfach nicht bewusst, wie stark Emotionen und Physiologie miteinander verknüpft sind.

Meine Musiksammlung *Watch Where You Point That Thing* ist mit einer Textbeschreibung und einer Hördatei erhältlich, in der beschrieben wird, wie *Non-habitual movement* (»Bewegung ohne Routine«) als Übung abläuft. Die Musik ist übrigens die perfekte Ergänzung zu diesem Buch, du findest sie auf meiner Website.

Körperübung: Freie, spontane Bewegungen

1. Spiele Musik ab, zu der du dich gern bewegst.
2. Beginne mit ganz feinen, langsamen Aufwärmbewegungen, Beugen und Strecken, aber mach nicht deine üblichen, routinemäßigen Bewegungen. Bewege dich spontan, auf völlig ungewohnte Art.

3. Nach dem Aufwärmen probiere mit deinem Körper die dümmsten, groteskesten Bewegungen aus, die dir einfallen. Spüre die auftauchenden Widerstände und atme durch sie hindurch.

4. Beginne am unteren Ende der Navigationstafel und agiere alle Gefühle von unten nach oben durch entsprechende Bewegungen aus.

5. Ertappe dich jedes Mal dabei, wenn du in eine automatische Bewegung fällst, und lass etwa alle fünfzehn Sekunden etwas außergewöhnlich Neues oder Verrücktes passieren: Bewege dich wie ein Tier, krieche auf dem Boden, geh im Rückwärtsgang, flattere und schlage mit den Flügeln oder ahme einen Tintenfisch nach. Bewege alle Gelenke auf eine Art, dass sich neue Empfindungen und Gefühle zeigen.

6. Gegen Ende drücke dich durch Bewegung als dein unbegrenztes, nichtphysisches Selbst aus.

7. Am Schluss lege dich hin und entspanne dich. Fühle den Kontrast von Klang und Stille, Bewegung und Ruhe. Spüre die neue Energie, die du generiert hast.

Steh am besten sofort vom Lesen auf und probiere es aus. Sträubst du dich dagegen? Erkenne, ob es eine gegenläufige Absicht gibt, die dich in deiner Komfortzone und bei deinen alten Gewohnheiten bleiben lassen will. Wenn die Gegenabsicht stärker ist als der Wunsch nach Ausdehnung, so gewinnt die Gegenabsicht. Lässt du das geschehen oder wirst du selbst proaktiv?

Setze die Absicht, die Gefühle deiner Wahl generieren zu wollen, statt darauf zu warten, dass sich von selbst Gefühle einstellen. Das macht viel mehr Spaß, als dich von den Umständen steuern zu lassen und nur darauf zu reagieren.

Wenn du der Generator bist, bist du die Ursache,
und das Leben antwortet auf dich.

Ich habe in letzter Zeit zu viel gesessen und geschrieben, und jetzt gerade sagt mir mein Körper, ich solle aufstehen und mich bewegen. Ich setze mich dafür ein, das zu leben, was ich predige, denn Worte allein haben keinen Wert. Würde ich diese Dinge nicht selbst umsetzen, dann würdest du den Mangel an Integrität spüren, und meine Kraft der Absicht würde darunter leiden. Das geht gar nicht! Außerdem tut Widerstand weh, und Erleichterung fühlt sich wirklich gut an.

Bin bald wieder zurück.

Entweder Schwamm oder Anführer

Lass uns noch deutlicher zeigen, wie du deine eigene Schwingung entweder selbst generierst oder sie für dich bestimmen lässt. Nach einem Webinar mit mir erlebte eine Frau einen enormen Durchbruch, was ihr Lebensglück und ihre Gesundheit betraf. Sie begriff, wie sehr sie ihren Schwingungszustand von der Außenwelt und den Menschen in ihrem Umfeld abhängig gemacht hatte. Sie hatte nach Zustimmung und Anerkennung gesucht, hatte versucht, mitfühlend zu sein, und wie viele Frauen hatte sie geglaubt, es sei ihre Aufgabe, die Gefühle der anderen zu fühlen und in Ordnung zu bringen.

So war sie zu einer Art Schwamm geworden für alles, was andere dachten, fühlten und aussendeten – anstelle einer Anführerin, die bewusst ihre Schwingung selbst generiert. »Ich dachte, das wäre Liebe!«, sagte sie.

Du bist entweder ein Schwamm oder ein Anführer. Beides zusammen kannst du nicht sein. Eine andere Schülerin übernahm die führende Rolle, und daraufhin wandelte sich ihre ganze Familie. Selbst ihr Macho-Vater ruft sie jetzt an, weil ihn das aufbaut und beruhigt, auch wenn er das nie zugeben würde – er ruft nur an, um zu »plaudern«. Als Kind und junge Erwachsene war sie, ohne es zu hinterfragen, zum Schwamm geworden. Jetzt weiß sie es besser und entscheidet sich dafür, schwingungsmäßig lieber in Führung zu gehen.

Das Land wird wohlhabender, wenn die Nachrichten berichten, »die Wirtschaftslage« würde boomen, und die Leute werden ärmer, wenn die Nachrichten berichten, die Wirtschaftslage sei schlecht. Warum? Weil Schwämme nur dann Wohlstand aufbauen können, wenn es dort draußen eine Schwingung des Wohlstands gibt, die sie aufsaugen können. Sie generieren sie nicht selbst. Sie folgen der Herde, statt zu führen.

Wenn jeder hört, wie schlecht die Wirtschaftslage ist, bringen die Nachrichten die Schwingung vieler Menschen im ganzen Land in den Sturzflug. Dann gehen Unternehmen bankrott, und die Menschen finden keine Arbeit. Sie saugen auf wie Schwämme. Es gibt genauso viel Geld und Güter wie immer. »Die Wirtschaftslage« gibt es überhaupt nicht – sie ist eine Illusion, an die Menschen glauben können oder auch nicht. Jeder von uns erschafft sich seine eigene Wirtschaftslage. Menschen, die arglos niedrige Schwingung oder schlechte Nachrichten wie ein Schwamm aufsaugen, erschaffen sich nicht ihre eigene Realität – sie lassen sich von der Regierung, den Medien oder ihren Kollegen sagen, was ihre Realität ist.

Jedes Mal, wenn all die glückseligen Menschen aus dem fünftägigen Schweigeretreat gehen, erinnere ich sie daran, dass sie nun fünf Tage lang zwölf Stunden am Tag in meinem Resonanzfeld saßen sind – zusätzlich zur Vorbereitungszeit, in der sie allmählich ihre Energie auf die des Retreats angehoben haben. Ich erinnere sie dann daran, dass ich eine sehr hohe Schwingung gehalten habe, die sie leicht aufnehmen und als Unterstützung nehmen konnten.

Ich war Anführerin, Navigationsgerät und Chauffeur in einem. Um ihre Glückseligkeit allerdings aufrechtzuerhalten und auszudehnen, müssen sie dann lernen, selbst zu fahren. Wenn sie als Schwamm in die Welt ziehen oder zum Suchen zurückkehren und andere Menschen an ihrer Stelle lenken lassen, geben sie Macht ab und bewegen sich rückwärts.

Du, als die göttliche Präsenz, bist der rechtmäßige Anführer in deinem eigenen Leben. Wenn ich den inneren Impuls dazu bekomme, lasse ich Hilfe ein, aber nur von jemandem, der mich auf mein eigenes machtvolles inneres Sein zurückverweist. Baue deine innere Kraft auf, statt dich auf äußere Krücken, Menschen, Suchen und Therapiemethoden zu verlassen.

Du bist entweder Schwamm oder Anführer.

Die Präsenz wird niemals sagen: »Okay, jetzt bist du erleuchtet und in Glückseligkeit, ich werde nie mehr zulassen, dass du diese Schwingung verlässt.« Nein, du hast einen freien Willen, und das ist gut so. Du kannst auf allen Wellen reiten, kannst alle Gefühle als gut und wertvoll akzeptieren, kraftvoll weiter auf deinem Weg navigieren – oder du kannst das Lenkrad an andere Menschen abgeben und in die alte Realität zurückkehren. Es wird dir immer zur Wahl stehen. Sei dein eigener Anführer.

Meditation: Verstärke deine Ausstrahlung

Diese meditative Aktivität ist hilfreich, um dich täglich neu aufzuladen, das Aufsaugen von Schwingungen anderer Leute zu verhindern oder das loszulassen, was du aufgenommen hast, und um insgesamt mehr Energie, physische Kraft, Gesundheit, geistige Klarheit und Entspannung für dich zu generieren. Sie wird dir eine echte Belohnung geben anstelle einer Ersatzbefriedigung mit einem »Fix«.

Schließe die Augen und beabsichtige einfach, deinen pulsierenden, schwingenden, strahlenden Kern zu verstärken. Wenn du dich auf die Resonanz deines eigenen großen Selbst fokussierst, dominiert es so kraftvoll, dass es in deinem gesamten Energiefeld keinen Raum mehr für andere Schwingungen gibt. Du musst es nicht sehen können, beabsichtige es einfach und spüre es.

Es kann sich anfangs überwältigend fühlen, geh es daher sachte an. Auf diese Weise strahlt dein großes Selbst die ganze Zeit seine Schwingung aus, und dies bringt dich physisch in seinen ausgedehnten Zustand. Es ist eine super Morgenmeditation – sie dauert nur ein paar Sekunden, du kannst sie aber auch länger genießen.

Es gibt einige Audios und Videos im Onlineportal 5 auf der Website, die dich durch diese Meditation führen.

❀ ❀ ❀

Genau hier, genau jetzt

Deine Kraft ist immer genau hier und genau jetzt. Du hast nichts Unwiederbringliches verloren. Es gibt keine Geschichte, die nicht verworfen oder umgeschrieben werden könnte, kein Karma, das abzuarbeiten wäre. Es gibt keine wirklich fatalen Fehler, da es keinen Tod gibt und kein Ende deines ewigen Abenteuers.

Es gibt kein verloren gegangenes, uraltes Wissen, das du wiederfinden musst. Die gegenwärtigen, neuen Energien sind kraftvoller als jegliche uralten esoterischen Geheimnisse oder Texte, die du vielleicht ausgräbst, und die Energien von morgen werden noch kraftvoller als die heutigen sein, weil wir bereit für sie werden. Wir dehnen unsere Kanäle nach und nach aus, und alles, was wir je erfahren haben, steht uns direkt in diesem Leben zur Verfügung. Zu wissen, dass deine Kraft im Jetzt liegt, macht dich frei, deine Kraft der Absicht zu entwickeln, weil du nicht ständig daran denkst, es gäbe irgendwo etwas anderes, das du brauchst.

Reisen zu Pyramiden, Kraftorten und heiligen Stätten interessieren mich nicht. Warum nicht diese Energie und diesen Zauber an den Ort bringen, an dem du bist? Dein Kraftort ist genau dort, wo du sitzt, wenn du klar bist und es zulässt. Wenn du deine Kraft und Macht an magische Zeitpunkte, Zahlen und Kraftorte abgibst, wirst du immer »dort draußen« danach suchen oder auf das nächste magische, numerologische Datum warten.

Der magische Tag ist heute.

Ein rückläufiger Merkur beeinflusst mich in keinster Weise, weil ich ihm keinerlei Macht über mich gebe. Wenn jemand solche Termine als mögliche Problemtage nennt, ignoriere ich es einfach. Es hält *denjenigen* zurück, weil er diesem Geschehen Macht über sich gibt. Sein Handy funktioniert vielleicht nicht, und seine Projekte stagnieren möglicherweise an einem solchen Tag, aber meine laufen einwandfrei.

Die Menschen suchen oft verzweifelt nach einer Ausrede, die das erklärt, was ihnen gerade geschieht. Mit einer solchen Sichtweise gibt man Macht an eine äußere Ursache ab, statt die eigene Macht und Urheberschaft für sich in Anspruch zu nehmen. Ich sage lieber: »Ich habe es geschaffen«, und behalte meine Macht, als sie an irgendeinen äußeren Einfluss abzutreten. Macht und Kraft wegzugeben *verringert deine Kraft der Absicht.* Wenn du Power abgibst, sagst du damit: »Ich erschaffe es nicht – ich bin machtlos«, und dann muss die Präsenz dir darin zustimmen.

Deine Macht und Kraft ist jetzt.
Das magische Datum ist heute.
Die Macht ist in dir.
Dein Kraftplatz?
Du sitzt darauf.

Du hast zu allem im Universum Zugang, wenn du es wirklich brauchst: Vergangenheit, Gegenwart, Zukunft, andere Dimensionen, überhaupt alles. Du brauchst nicht an deinen früheren Leben zu arbeiten – jegliche Schwingungen aus vergangenen Leben, die du immer noch aussendest, spiegeln sich in deinen gegenwärtigen Umständen wider, sodass du sie spüren kannst. Du brauchst nicht in der Vergangenheit zu graben – lenke einfach deine Aufmerksamkeit auf das, was direkt vor deiner Nase liegt, genau hier, genau jetzt.

Alle Talente und Gaben, mit denen du hierhergekommen bist, stehen dir zur Verfügung, genau hier, genau jetzt. Du brauchst nicht nach Ägypten zu fahren, um sie zu entdecken. Fang an, das zu tun, wozu es dich Schritt für Schritt hinzieht, und lass es aufblühen. Beabsichtige, dich zu entfalten, und lass es geschehen. Verlasse deine Komfortzone und probiere neue Dinge aus. Lass Widerstände und Ängste los und geh aus dem Weg.

Verwurzle dich gut im Jetzt, dann bist du frei, um das Universum zu erforschen. Hör auf, dich dagegen zu sträuben, dass du *genau jetzt, genau hier* bist, dann gelangst du paradoxerweise überallhin.

Nach Durchlaufen der Kurse von Portal 1 bis 3 ist man auf die Erfahrung anderer Wirklichkeiten vorbereitet, die im Onlineportal 4, *Jumping the Matrix* vermittelt wird. Erst wenn du in deinem großen Selbst stabil zentriert bist, kannst du damit umgehen, wenn deine Realität ins Wanken gerät und sich als weniger stabil erweist, als du dachtest.

Im Onlinekurs von Portal 4 entdecken wir, dass alle Zeit, jeglicher Raum und andere Dimensionen hier und jetzt existieren. Alles davon umfasst eine explosive Vielfalt unendlich kreativer Aspekte des einen. Wir bringen ausgewählte Teile dieser alternativen Realitäten *ins Jetzt*. In diesen kraftvollen, tiefen Prozessen besuchst du eines aus der unendlichen Zahl alternativer Ichs, die andere Entscheidungen trafen als du – und sich damit ein anderes und in mancher Hinsicht besseres Leben kreierten als das Ich, das jetzt in dieser Dimension lebt. Wir treffen Entscheidungen an kritischen Wendepunkten unseres Lebens, und jeder derartige Wendepunkt verändert unseren Lebenskurs. Alternative Ichs trafen andere Entscheidungen, und entsprechend anders verliefen auch ihre Leben.

Nicht ganz da

Du kennst sicher den Ausdruck: »Er ist nicht ganz da«, mit dem wir jemanden beschreiben, der ein wenig verrückt oder geistesabwesend ist. Hier will ich nun diesen Begriff für jemanden verwenden, der nicht vollständig in seinem Körper anwesend ist.

Unsere Kraft der Absicht nimmt zu, wenn wir voll und ganz im Körper und auf dieser Erde verankert sind, engagiert am Leben teilnehmen und uns gut damit fühlen. Der sogenannte spirituelle Bypass versucht es zu umgehen, den Körper und die Emotionen zu spüren, und schwächt damit deine Kraft der Absicht. Bring den Himmel lieber auf die Erde, statt von hier weg aufzusteigen. Hör auf, dich dagegen zu sträuben, hier zu sein, und sei hundertprozentig hier.

Unsere »Geschichten« verleiten uns dazu, den Fokus darauf zu richten, wie falsch oder arg ein Gefühl ist und wie verkehrt die Situation oder Person ist, die uns dieses Gefühl gab. *Alles läuft super, während ich weg bin* zeigte uns, wie wir am besten mit Gefühlen umgehen – doch wir sind menschlich! Manche von uns leisten dem Fühlen auf sehr schlaue Art Widerstand. Kein Problem! Das Leben wird uns immer wieder in Situationen bringen, die uns auffordern, unsere Gefühle zu meistern – so lange, bis wir es tun. Bleib dabei und entspanne dich.

Wenn du nicht ganz anwesend bist, ist auch deine Kraft der Absicht nicht ganz anwesend. Spirituelle Menschen, die Probleme damit haben, mit der Welt, Geld, Beziehungen, Sex und anderen physischen Aspekten des Lebens umzugehen, sind oft »nicht ganz da«.

Um all deine Macht und Kraft geltend
machen zu können, musst du voll und
ganz anwesend sein.

Um deine Kraft der Absicht zu meistern, ist es entscheidend, in deinem Körper anzukommen und ganz im Hier und Jetzt zu sein. Schätze und begrüße jede Erfahrung, auch diejenigen, die dir nicht gefallen. Halte dich aus den Details der Geschichte heraus und geh in einen sanfteren, weicheren Gefühlsfokus, um deine neue Matrix aufzubauen. Sage dir Dinge wie: »Es wird immer besser. Ich erweitere mich von Tag zu Tag.« Lass dich damit weich werden.

Umarme in jedem Augenblick das, was ist (»das Seiende«), und sieh es als richtig an. Bemerke, dass das Seiende stets vorübergehend ist. Wenn du vergisst, dass es vorübergeht, und dich zu sehr auf eine aktuelle, unerwünschte Realität fokussierst, wirst du sie immer wieder neu erschaffen.

Ich verstehe sehr gut, wie herausfordernd das sein kann. Auch ich erlebe Momente, in denen die Realität von etwas Unerwünschtem viel zu sehr meine Aufmerksamkeit auf sich zieht. Und doch habe ich erlebt, wie sich scheinbar unmögliche Dinge über Nacht veränderten, als ich meine Aufmerksamkeit vom Problem abzog und stattdessen auf etwas richtete, was eine vage, allgemeine Möglichkeit der Erleichterung in sich barg.

Genau jetzt, genau hier zu sein ist ein Schlüssel zur Glückseligkeit. Du kannst anfangen, deine Realität zu verändern, indem du einfach nur die Absicht dazu setzt.

Alles, was du brauchst,
ist genau hier, genau jetzt.

Übung: Erde dich im Hier und Jetzt

Diese Aktivität besteht aus mehreren Teilen. Mach sie langsam und spüre dabei tief. Genieße die körperlich-sinnliche Erfahrung, die das Erden greifbar, real und kraftvoll sein lässt. Jedes Mal, wenn du versuchst, deine Weiterentwicklung nur im Kopf zu vollziehen, ohne sie durch physisches Erleben zu verankern, funktioniert es einfach nicht so gut. Gedachtes wird zur Realität durch Erfahrung.

1. Fokussiere dich auf deinen physischen Körper: Bring deine Aufmerksamkeit in die linke Hand. Streichle deinen rechten Unterarm liebevoll mit deiner linken Hand. Erlebe voll und ganz, was deine linke Hand spürt, mit all deinen Sinnen. Achte darauf, wie sich die linke Hand anfühlt und wie sie die Temperatur, Oberfläche, Form und Größe deines rechten Unterarms wahrnimmt. Bemerke jede weitere Information, die deine linke Hand von deinem rechten Arm aufpickt. Fühle all das und lass den Verstand leer werden.

2. Mache daraus eine Übung für deine Genusspraxis. Fokussiere dich mehr auf das Vergnügen, das sie dir bereitet, als darauf, dass du sie tun »solltest«. Achte darauf, wie leicht oder schwer du das findest, und verweile in diesem Gefühl. Mach eine angenehme Übung daraus. Nimm wahr, wie sehr du dich würdig fühlst, Genuss zu empfangen, oder wie leicht du abgelenkt wirst, und sei mit diesem Gefühl. Lass jegliche Geschichten, die deinen Genuss trüben, platzen.

3. Lege jetzt die Aufmerksamkeit auf deinen rechten Unterarm und spüre ihn. Bemerke, wie dein rechter Unterarm seine Empfindungen hat, unabhängig von deiner linken Hand.

4. Bewege den Arm nun langsam durch die Luft und spüre die Luft, die deinen Arm umgibt. Was fällt dir an der Luft auf? Temperatur? Bewegung? Gerüche? Andere Empfindungen?
5. Lausche auf die Geräusche um dich herum. In diesem sensibilisierten Zustand fallen dir Dinge auf, die du vorher nicht bemerkt hast.
6. Rieche die Gerüche um dich herum. Rieche an einem Körperteil von dir. Schnüffle an deinem Hund oder deiner Katze. Atme den Duft einer Kerze oder Seife ein.

Im Onlineportal 2 auf der Website gibt es mehrere Audios und Videos, die dich bei dieser Übung zur Erdung in deinem Körper begleiten.

Jetzt bist du also hier, in deinem Körper. Spirituelle Menschen sind oft unbewusst auf der Flucht vor der körperlichen Erfahrung, schmieden Pläne, wie sie von hier wegkommen, oder träumen davon, »irgendwo anders« hinzugelangen. Sie mögen einen guten Grund haben, aus ihrem Körper heraustreten zu wollen, und dafür kann ich Mitgefühl empfinden. Manche wollen alte Schwingungen und Gefühle in ihrem Körper umgehen, was jedoch ihre Möglichkeiten für Erleuchtung und Erfolg in diesem Leben einschränkt und begrenzt.

Divine Openings ist eine
innerkörperliche Erfahrung.

Manche wollen außerkörperliche Erfahrungen machen oder in andere Dimensionen reisen. Sicher, du kannst andere Dimensionen besuchen, aber solange du hier in dieser nicht glücklich und geerdet bist, wirst du auch dort nicht glücklicher sein. Tatsächlich ist es so: Wenn Leute aus ihrem Körper herausgehen oder sich in verrückte, spirituelle Erfahrungen flüchten wollen, sind sie hinterher sogar noch unglücklicher, wenn sie wieder in ihren Körper zurückkehren müssen.

Divine Openings ist eine innerkörperliche Erfahrung. Du hattest beschlossen, auf diesen wunderbaren Planeten zu kommen, darum fasse also die Absicht, ganz und gar hier zu sein. Lande auf der Erde!

Unterbrich jetzt das Lesen und spür hinein, wie sehr du in deinem Körper bist. Drücke es in Prozenten aus, um dir dessen mehr bewusst zu werden. Beabsichtige, dass du hundertprozentig hier verkörpert bist.

❧ ❧ ❧

Werde frei von der Vergangenheit

Möglicherweise hast du dir tatsächlich schon all deine Kraft und Macht aus der Vergangenheit zurückgeholt. Die meisten von uns lassen jedoch regelmäßig geringe Mengen an Kraft unbemerkt an Leckstellen wegfließen. Das läuft subtil und allmählich ab und wird durch gute Absichten gerechtfertigt. Daher ist es hilfreich, wenn du die Absicht setzt, dich davon frei zu halten.

Bei jedem Fünf-Tage-Schweigeretreat – etwa viermal jährlich – achte ich darauf, ob ich Kraft abgegeben habe, und falls ja, dann hole ich sie wieder nach Hause zurück. Niemand nahm sie mir weg – ich gab sie selbst weg, und ich kann sie mir zurückholen.

Vielleicht hast du dir schon einiges zurückgeholt, bist aber nun endlich bereit, noch mehr zu beanspruchen. Beklagst du dich über irgendwelche vergangenen Umstände? Grollst du noch wegen irgendetwas? Gibst du dein Glücklichsein an jemanden weg, der dich verletzte oder im Stich ließ? Bist du wütend auf dich selbst? *Alles läuft super, während ich weg bin* führt die meisten Menschen über diesen Punkt hinaus, doch wenn der Widerstand gegen das Fühlen und Loslassen der ganzen Geschichte sehr groß ist oder wenn dich der Reiz des »Im-Recht-Seins, welches Unrecht mir geschah« noch im Griff hat, hast du nun die Möglichkeit, deine ganze Kraft zurückzugewinnen.

Menschen, die in ihrer Vergangenheit ein Trauma erlitten haben, versuchen manchmal, diesen Gefühlen zu entgehen, indem sie nur teilweise in ihrem Körper anwesend sind oder den spirituellen Bypass anwenden. Begib dich völlig in deinen Körper und beanspruche deine Kraft.

Wenn du es nach dem Lesen von *Alles läuft super, während ich weg bin* immer noch schwierig findest, sämtliche Gefühle wertzuschätzen, dann begib dich erneut in diesen Prozess und lass es dich noch tiefer erleben.

Die Qualität deines Lebens hängt davon ab, dass du dir deine ganze Kraft aus früheren Ereignissen, alten Traumatisierungen und von Menschen, die dich verletzten oder die du verletzt hast, wieder zurückholst. Es ist einfach nicht möglich, deine ganze Kraft der Absicht in Anspruch zu nehmen, wenn ein Teil deiner Energie noch an deine Vergangenheit gebunden ist. Du brauchst sie hier und jetzt.

Die Tonaufnahmen mit meiner Stimme in den Onlinekursen können sehr hilfreich sein, weil sie der Live-Interaktion mit mir zum Glück sehr nahekommen, denn ich gebe nur noch selten Einzelsitzungen. Die Aufnahmen können dir helfen, durch Gefühlstaubheit und andere Widerstände hindurchzugehen.

Wenn dich jemand in der Vergangenheit verletzt hat und du immer noch diese Schwingung aussendest, dann bist du es, der dich jetzt selbst verletzt.

Wenn dein Herz Schlüsselpersonen aus deiner Vergangenheit gegenüber immer noch verschlossen ist, vor allem Familienmitgliedern, so musst du deine Liebeskanäle einfach zum Öffnen und Fließen bringen. Jemand mag dir in der Vergangenheit sehr wehgetan haben, wenn du dich aber nicht davon befreist, *bist du der Mensch, der dir jetzt damit wehtut.* Es ist erstaunlich, wie sehr sich deine Kraft der Absicht verstärkt, wenn deine Liebeskanäle offen sind. Wenn du hineinspürst, merkst du, wie viel Sinn es ergibt: »offen« bedeutet Fließen, »geschlossen«, selbst wenn es nur ein bisschen ist, bedeutet weniger Fluss. Dein großes Selbst liebt bedingungslos und urteilt nicht, daher bringt es dich aus der Übereinstimmung mit deinem großen Selbst heraus, wenn du urteilst oder Liebe zurückhältst.

Das Wichtigste von allem ist, dass dein Herz offen für *dich* ist. Wenn du immer noch dich selbst verurteilst, beschuldigst oder dich wertlos fühlst, dann setze jetzt sofort die Absicht, es loszulassen, weil es dich daran hindert, mit der Präsenz im Einklang zu sein.

Umsetzung in deinem Leben: Gewinne die Kraft zurück, die noch an die Vergangenheit gebunden ist.

Halte inne und setze die folgenden Absichten:

* Ich beabsichtige, dass alle Macht, die ich in früheren Verletzungen und Enttäuschungen gebunden habe, jetzt zu mir zurückkehrt. Um meine ganze Kraft zurückzubekommen, bin ich gewillt, aufzuhören, irgendjemandem die Schuld dafür zu geben. Ich lasse meine Liebe fließen, egal, wie der andere sich verhält und was er fühlt. Ich muss nicht wissen, wie das geht – ich beabsichtige es.

* Ich beabsichtige, dass alle Macht, die ich an Schuldgefühle für Fehler oder dafür, andere verletzt zu haben, gebunden hatte,

jetzt zu mir zurückkehrt. Ich erkläre, dass die Geschichte nicht länger irgendwelche Kraft von mir in Beschlag hält, und ich hole diese Kraft nun zu mir zurück. Ich muss nicht wissen, wie das geht – ich beabsichtige es.

❀ Ich beabsichtige, dass alle Macht, die gebunden ist in allem, was weniger als Liebe für die anderen ist, jetzt sofort zu mir zurückkehrt. Ich muss nicht wissen, wie das geht – ich beabsichtige es.

❀ Ich beabsichtige, dass alle Macht, die in meinem genetischen Erbe gebunden ist, jetzt zu mir zurückkehrt. Ich weiß nicht, wie das geht – ich beabsichtige es.

Du hast deine Absichten formuliert. Jetzt lass los und überlass dem Göttlichen die Schwergewichte.

❀ ❀ ❀

Beanspruche hundert Prozent deiner Kraft!

Nun hast du Absichten gesetzt, Bindungen an die Vergangenheit gelockert oder aufgehoben und dir vorgenommen, jetzt und hier zu sein. Ich finde es am effektivsten, ein Thema von verschiedenen Seiten her aufzurollen. Was der eine Mensch am besten auf die eine Art von mir hören kann, wird ein anderer auf andere Art besser aufnehmen.

Stell dir vor, eine Frau hätte insgesamt einhundert Watt an Energie für ihr Leben; sie ist eine Hundert-Watt-Lampe. Aber leuchtet sie auch mit hundert Watt? Oder gibt es etwas, das ihr Energie abzieht? Hat ihre Stromzufuhr einen Dimmer, der ihre Ausstrahlung und Lebenskraft eindämmt?

Wenn sie noch niedrige Schwingungen aus einer früheren, problematischen Partnerschaft in sich am Summen hält, sind vielleicht zehn Watt ihrer Kraft daran gebunden. Daneben gibt es noch diesen Groll über die Ungerechtigkeit, nicht befördert worden zu sein, und der bindet fünfzehn Watt ihrer Energie. Und dann die Angst über ihre zukünftigen Berufschancen, weil sie älter wird: fünfundzwanzig Watt. Die Sorge um ihre Gesundheit verbraucht weitere zehn Watt. Wenn sie alles zusammenzählt, stellt sie fest, dass ihr sechzig Prozent ihrer Gesamtenergie nicht zur Verfügung stehen, und sie erkennt, dass sie diese Energie produktiver einsetzen könnte.

Vierzig Prozent ihrer Energie mit höherer Schwingung stehen ihr also zur Verfügung, und das ist ziemlich gut – doch die sechzig Prozent, die anderweitig gebunden sind, machen sie müde, kraftlos und lassen sie weniger brillant und talentiert erscheinen, als sie eigentlich ist.

Um wettzumachen, dass sie nicht ihre gesamte Energie zur Verfügung hat, muss sie länger und härter arbeiten. Es ist mühsam, zu versuchen, die eigene Schwingung zu überwinden – so als würdest du gegen den Fahrtwind ankämpfen, den du selbst erzeugst. Es ist mühsam, zu versuchen, Felsbrocken den Berg hinaufzuwälzen. Alles wird viel leichter, wenn du deine ganze Energie frei zur Verfügung hast, um sie nach deiner Wahl einzusetzen.

Und diese Frau lebt auch nicht vollständig im Jetzt. Diese ganzen sechzig Prozent sind entweder an die Vergangenheit oder an die Zukunft gebunden. In der Vergangenheit haben wir keine Macht – sie ist bereits Geschichte. Und unsere Macht, für die Zukunft Absichten zu setzen, liegt allein im Jetzt.

Es geht hier nicht um eine genaue mathematische Berechnung. Das Beispiel soll nur helfen, dir bewusst zu machen, ob ein Teil deiner Energie gebunden ist und wie viel dir tatsächlich zur Verfügung steht. Sobald du das erkannt hast, kannst du die Zahlenspielerei vergessen.

Mit einer Computeranalogie könnte man sagen: Wenn du zu viele Zusatzprogramme laufen lässt, kostet das zu viel Energie und verlangsamt deine Festplatte. Hast du schon je Programme auf deinem Computer schließen müssen, um der momentanen

Aufgabe mehr Kraft freizuschalten? Die Kraft der Absicht dieser Frau wäre wesentlich machtvoller, wenn sie diese anderen sechzig Prozent ihrer Kraft freigeben würde.

Versuche, nichts zurechtzurücken oder zu korrigieren. Die Lage bessert sich in dem Moment, in dem du dir dessen bewusst wirst und das Licht der Bewusstheit darauf scheint. Sobald du es begriffen hast, beginnst du dich zu verändern, und das Leben und die Gnade werden dir helfen.

Eine Frau erzählte mir in einem Webinar von ihren Geldproblemen, ich spürte aber rasch, dass es dabei nicht um Geld ging – es ging um ihre Energie, ihre Kraft und Klarheit. Ich konnte hören und spüren, dass sie auf wenig Watt lief, und fragte sie, wie viel Prozent ihrer Energie wohl gebunden seien. Wir schätzten die »Watt«, errechneten die Summe und kamen auf siebzig Prozent!

Sie hatte ihre alte Wut und ihren Groll implodieren lassen und erlaubte sich nicht, das zu fühlen, was sie fühlte, oder sich das zu wünschen, was sie sich wünschte. Nach all den Jahren harter Arbeit bei sehr geringer Belohnung war sie fügsam geworden und hatte resigniert. Sie steckte in ihrer Komfortzone fest und hatte keine Kraft, um dort herauszuspringen. Sie hatte sich so lange zuerst um andere gekümmert, bis sie ganz ausgezehrt war, ohne es zu merken. Es war ein riesiger blinder Fleck.

Nun aber holte sie sich ihre Kraft durch reine Absicht zurück. Ich forderte sie auf, in ihre Zukunft hineinzuspüren und zu erleben, wie es sich anfühlen würde, wenn sie mit hundert Watt strahlte. »Wie wirst du dich fühlen, wenn jemand dir sagt, dass sich sein ganzes Leben verbesserte, nachdem er ein paar Tage mit dir zusammen war, in denen du nichts anderes getan hast, als du selbst zu sein und mit hundert Watt zu strahlen?«

Wir taten also nichts, um es in Ordnung zu bringen. Im Anschluss an das *Divine Openings* wurde ihre göttliche Intelligenz aktiv, mit der sie sich immer besser verbinden und die sie immer intensiver für sich nutzen konnte, nachdem sie ihre Energie wieder vollständig für sich beanspruchte. Diese höhere Intelligenz hat alle nötigen Veränderungen herbeigeführt, und die Frau ist mittlerweile überglücklich. Ihre Ehe verbesserte sich enorm, ihre Lebensfreude stieg ins Unermessliche. Sie hat ihre Kraft zurück, um sie für das zu nutzen, was sie will.

Deine Aufmerksamkeit und deine Absicht sind machtvolle Werkzeuge, und sobald du mit *Divine Openings* aus dem Blickwinkel des größeren Selbst zu sehen lernst, kann dieses göttlich-intelligente System, in das du dich eingeklinkt hast, nach und nach sämtliche Anpassungen vornehmen, um dich wieder vollständiger mit deinem göttlichen Selbst in Einklang zu bringen.

Für die folgende Übung nimm deine Navigationstafel (auch »Instrumentenbrett«) zu Hilfe, falls du sie nicht schon auswendig kennst. (Du findest sie in *Alles läuft super, während ich weg bin*, auf Seite 81, oder kannst sie dir von der Website herunterladen und sogar in Farbe ausdrucken. Gib dazu unter www.DivineOpenings.de im Suchfeld Navigationstafel ein.) Notiere dir zu jedem Gefühl eine Zahl zur Einschätzung der darin gebundenen Energie. Zum Schluss zähle alles zusammen. Dies soll dich aber nicht erschrecken, sondern helfen, dir deiner Kraft bewusst zu werden und sie wiederzugewinnen, damit letztlich deine Power zu hundert Prozent hinter deinen Absichten steht. Keine Sorge: Die Energie der höheren Schwingungen ist sehr viel machtvoller als die Energie der niedrigeren Schwingungen.

Beantworte auch die folgenden Fragen und schreibe die Antworten am besten direkt hier ins Buch. Du wirst dich freuen, wenn du irgendwann demnächst darauf zurückkommst und entdeckst, wie viel kraftvoller du geworden bist!

Übung zur Wahrnehmung: Geschätzte Prozentanteile

Wie viel Prozent deiner Macht, Energie, Gedanken und Gefühle sind in niedrigeren Schwingungen gebunden – oder in Bedauern, Verlust, Wut, Schuld und Verletzungen aus der Vergangenheit? Spüre in jedes dieser Gefühle hinein, ohne es zu bewerten. Lass die Geschichte dazu fallen und fühle es einfach. So wirst du dir deine Energie zurückholen!

Wie viel von deiner Kraft ist an Menschen aus deiner Vergangenheit gebunden?

. . . .

. . . .

Wie viel von deiner Kraft ist in Sorgen über die Zukunft gebunden?

. . . .

. . . .

Wie viel von deiner Kraft ist in Gedanken darüber gebunden, was du nicht hast oder was du jetzt nicht tun kannst?

. . . .

. . . .

Wie viel ist gebunden an den Widerstand gegen das, was du nicht tun willst oder wovor du Angst hast, es zu tun?

. . . .

. . . .

Wie viel von deiner Kraft ist gebunden an Dinge, an denen du nichts ändern kannst?

. . . .

. . . .

Wie hoch ist der geschätzte Gesamtbetrag an gebundener Energie?

. . . .

. . . .

Jetzt, wo du weißt, wo deine Kraft liegt, halte inne. Es gibt nichts zu korrigieren. Schalte in einen anderen Gang um und geh spielen. Du wirst dich von diesen Dingen schwungvoll abstoßen.

Stell dir vor und spüre, wie kraftvoll und glücklich du dich fühlen wirst, wenn dir die gesamten hundert Watt deiner Energie zur Verfügung stehen. Fokussiere dich hauptsächlich auf den Seinszustand, den du genießen wirst, und fange gleich damit an, dieses freiere Gefühl zu genießen – jetzt sofort.

Kannst du dir vorstellen, welch magnetische Anziehung du auf Menschen, Gelegenheiten und gute Dinge ausüben wirst, wenn du dich so fühlst? Stell dir vor, wie du dich immer besser und besser fühlst – besser, als du es dir jetzt überhaupt vorstellen kannst.

Nimm dir etwas Zeit, um dich auszudehnen, deiner Fantasie freien, spielerischen Lauf zu lassen, leicht wie der Flügelschlag einer Fruchtfliege. Es gibt nichts, das du zu erledigen oder zu reparieren hättest – spiele einfach.

Allzu oft steigern wir uns in einen emotionalen Zustand hinein, indem wir uns ausführlich Dinge vorstellen oder Situationen dramatisieren, vor denen wir Angst haben oder die wir nicht wollen. Allerdings bringen wir viel zu wenig oder gar keine Zeit und

Energie dafür auf, uns bildlich und gefühlsmäßig auszumalen, was wir ersehnen. Allzu oft gestalten wir unsere Ängste viel lebendiger und körperlich spürbarer als unsere Wünsche. Wir sind schrecklich gut darin, uns das Erschreckendste und Schlimmste vorzustellen. Denk nur an einige deiner herzzerreißenden Hollywood-Produktionen, die du dir dramaturgisch in deinem Kopf inszeniert hast: Wie oft dreht es sich dabei um Verluste, Ablehnungen, Einschränkungen, Verletzungen und Probleme? Es sind negative Absichten, die deinen gewünschten Ergebnissen im Weg stehen.

Verbringe mehr Zeit mit der ausführlichen Inszenierung deiner Herzenswünsche als mit dem Drama deiner angsterzeugenden Geschichten.

Wann hast du dir das letzte Mal eine bunte 3-D-Eigenproduktion mit Duft und Dolby-Klang erstellt, in der du als Hauptdarsteller(in) deine tiefsten Sehnsüchte in lebhaftesten Details ausagiertest? Lange her? Stell dir das Beste vor und mache dich bereit, es unten gleich aufzuschreiben. Es spielt keine Rolle, ob es dann in der Realität genauso erscheinen wird – am besten lässt du deine Fantasie sofort wieder los, nachdem du sie dir ausgemalt hast. Es geht darum, dass du dich jetzt gleich beschwingt und lebendiger fühlst, weil es dich mit deinem großen Selbst in Einklang gebracht hat.

Genieße deine Fantasievorstellung, ohne gierig danach zu greifen oder sie in einen bestimmten Zeitplan zu pressen. Und wenn du damit fertig bist, lass sie wieder los. Es kommt der Tag, an dem du dich die meiste Zeit automatisch in dieser Art fokussieren wirst. Dein Verstand wird umtrainiert, um auf das zuzusteuern, was du dir wünschst, unabhängig von dem, was um dich herum passiert. Jetzt ist die Zeit, dich darin zu üben.

Kreativübung: Fantasiere über neue Möglichkeiten

Lass deiner Fantasie freien Lauf und schreibe in dein Tagebuch, wie es sich anfühlen wird, wenn du ganz in deiner Kraft bist. Schmücke es mit Details für alle Sinne aus. Wenn du zum Abdriften neigst, tauche tief in das Gefühl ein, das dich ablenkt. Werde dir der Geschichte bewusst, die immer wieder dieses Gefühl generiert.

❀ ❀ ❀

Erhebe Anspruch auf den Thron deines Lebens

Hier ist ein anderer konkreter Weg, mehr von deiner eigenen angeborenen Kraft und Macht in Anspruch zu nehmen. Wir begannen das Buch mit der grundlegenden Übereinkunft, dass deine größte Macht im nichtphysischen Aspekt von dir liegt und dass sich deine Kraft enorm verstärkt, je mehr du deinen Fokus darauf richtest. Lass uns das nun mal auf eine greifbare Weise durchspielen, die Spaß macht.

Jemand sagte vor ein paar Jahren zu mir: »Dieser Sessel, in dem du sitzt, wenn du unterrichtest, ist wie dein Thron.« Ich dachte einen Moment darüber nach, und dann traf es mich wie ein Blitzschlag: Natürlich! Ich sitze wirklich auf kraftvolle Weise wie eine Königin auf dem Thron meines eigenen Lebens! Kein Zweifel – ich herrsche über mein Leben!

Im nächsten Fünf-Tage-Retreat ließ ich jeden einmal auf diesem großen, übermäßig gepolsterten Sessel Platz nehmen, um ihm die Möglichkeit zu geben, ihn als den »Thron seines eigenen Lebens« zu erleben. Das ermächtigte die Teilnehmer auf eine tiefere und greifbarere Weise, als Worte es je könnten. Während sie auf dem Thron saßen, konnten sie es in ihrem ganzen Körper spüren. Was sie vorher bloß intellektuell gewusst hatten, integrierte sich tief und wurde zur Realität.

Du bist der nichtphysische König, die nichtphysische Königin deines Herrschaftsbereichs, mitsamt deinem eigenen Thron – dem Thron deines Lebens. Jeder hat einen, doch es kann sein, dass du anderen Menschen und Dingen erlaubt hast, sich deines Throns zu bemächtigen. Du kannst deine Macht abgegeben haben, ohne es zu bemerken, kannst vergessen haben, was für ein mächtiges, nichtphysisches Wesen du bist.

Nach einer Weile wird es sich vielleicht gar nicht mehr wie dein Thron anfühlen. Es kann sein, dass andere ihn schmutzig und verbeult zurücklassen und gar nicht respektvoll damit umgehen. Möglicherweise schreiben sie dir vor, was du in deinem eigenen Königreich tun kannst und was nicht. Gern würdest du deinen Thron wieder zurückerobern, aber du weißt nicht, wie.

Es geht so: Wirf sie alle freundlich, aber bestimmt von deinem Thron herunter. Sag ihnen im Geiste, ganz privat: »Ich liebe dich sehr, und ich habe dir erlaubt, dich dorthin zu setzen, aber jetzt geh runter von meinem Thron. Du hast deinen eigenen – besteige ihn!«

Entthrone sie alle: die Wirtschaft, die Klimakrise, deine Familie, Freunde, Bekannte, die Arbeit, deine Kollegen, das Geld. Alles, was dir Sorgen bereitet hat, all deine Bedenken – wirf sie höflich vom Thron deines Lebens herunter. Sie gehören nicht dorthin – nur du, als dein großes Selbst, gehörst dorthin.

Dein Auto, deine Rechnungen, deine Schulden, die Krankenversicherungsgesetze und die Regierung – all diese Dinge, die du auf deinen Thron gesetzt hast –, wirf sie respektvoll herunter und schaffe dir damit Platz, damit du auf dem Thron deines eigenen Lebens sitzen kannst.

All die Sorgen und Anliegen, die du auf den Thron deines Lebens gesetzt hast und an die du deine Macht abgegeben hast, sind vergänglich. Die nichtphysische Realität ist unvergänglich. Dort wohnt deine wahre Macht. Wirf alles und jeden vom Thron deines Lebens herunter, sodass du ruhig oder auch aufgeregt dort sitzen kannst, ganz wie es dir beliebt – mit deinem großen Selbst als souveränem Herrscher über deine Realität.

Während der ersten drei Jahre von *Divine Openings* warf ich wirklich alles und jeden vom Thron meines Lebens herunter. Ich ging auf kalten Entzug und entschied mich, überhaupt keine äußerliche Hilfe in Bezug auf meine emotionale, mentale, spirituelle und körperliche Gesundheit mehr in Anspruch zu nehmen. Nachdem ich in den Jahrzehnten meines Suchens allzu abhängig von Lehrern, Ratgebern, Bücher, Heilern und Seminaren gewesen war, war ich es schließlich leid, in dem endlosen Hamsterrad zu laufen, ohne je irgendwo anzukommen. Also machte ich ernst. Ich wollte nur noch auf meine innere Führung vertrauen und traf eine Entscheidung. Ich gab mir selbst das Versprechen, keine Macht mehr an äußere Quellen abzugeben – keine Readings mehr, keine Sessions, keine Bücher, keine Seminare. Ich blieb bei meiner Absicht. Und es funktionierte.

Die Kraft, die ich mir zurückeroberte, war unglaublich. Sie gab mir die Fähigkeit, die Arbeit zu tun, die ich jetzt tue – Menschen dabei zu unterstützen, ihre Leben zu verändern, Wunder zu erschaffen, sich und andere von Krankheiten zu heilen.

Machtvolle Entscheidungen zu treffen und deinen Worten Taten folgen zu lassen steigert exponentiell deine Kraft als bewusster Schöpfer. Die Kraft liegt darin, es zu leben, statt nur darüber zu reden. Die Absicht allein reicht nicht aus, wenn es darum geht, deine Macht anzuerkennen und in Besitz zu nehmen – du musst entschiedene, konsequente Handlungen folgen lassen. Ich konnte nicht einfach behaupten, meine ganze Kraft und Macht für mich haben zu wollen – um dann schon beim ersten Unbehagen zu jemand anderem zu laufen, der mich in Ordnung bringt und meine Klarheit wieder herstellt.

Niemand kann dir jemals deine Kraft und Macht nehmen. Wenn andere sie haben, dann nur, weil du sie ihnen gegeben hast. Um deine Kraft der Absicht aufzubauen, nimm deine Kraft und Macht von allem und jedem zurück, dem du sie jemals gegeben hast.

Die Menschen sprechen von Vergebung, doch es bedeutet nichts anderes, als dass du deine Verantwortung, dich gut zu fühlen, zu dir selbst zurücknimmst. Dass du nicht zulässt, dass etwas, das jemand anderer mit dir gemacht hat, dir deine Freude rauben kann. Nimm die anderen aus der Verantwortung, damit du dein großes Selbst sein und ein glückliches Leben führen kannst.

Umsetzung in deinem Leben, Teil 1:
Wer sitzt auf deinem Thron?

Frage dich, ob du irgendeinem Menschen oder einer Sache erlaubt hast, den Thron deines Lebens zu besetzen. Falls du selbst schon auf deinem Thron sitzt, dann feiere es jetzt! Erinnere dich an die Zeit, als du dir deinen Thron zurückerobert hast, und fühle den Kontrast zwischen vorher und nachher. Jawohl!

Falls du auf deinen Thron verzichtet hast, wer oder was sitzt denn nun auf ihm? Jede Sache und jede Person, der du außerordentlich viel Macht gibst, wird zu deinem »Gott«. Deine Bewusstheit darüber wird mit der Zeit größer. Für den Moment erkenne einfach die größten Leckstellen deiner Kraft und beabsichtige, sie abzudichten. Überprüfe, ob du Macht abgibst an:

❀ deinen Ehe- oder Liebespartner, deine Expartner. Sitzen sie (immer noch) auf deinem Thron? Lass diesen Schlag jetzt auf dich wirken, spüre und erlebe ihn vollständig, aber mit Weichheit, und finde ein Ja zu dem, was ist. Erlebe, wie deine Schwingung ansteigt und sich auf dein großes Selbst ausrichtet. Es gibt nichts zu reparieren oder zu heilen;

 deine Eltern und Kinder. Hole sie vom Thron deines Lebens herunter und steige du von ihrem Thron herunter!;

 Geld. Hat Geld eine andere Realität als diejenige, die du ihr verleihst? Gibst du Gedanken und Energie darauf, dass es dir an Geld mangelt? Hast du das Geld zu deinem Gott gemacht und lässt zu, dass es sich auf dem Thron deines Lebens breitmacht?;

 die Regierung oder den Staat. Denkst du, dass Gesetze und Vorschriften deine Realität steuern und dein Leben beherrschen? Wenn ja, dann sitzen sie auf deinem Thron;

 das Gesundheitssystem, Krankenkassen und Versicherungen. Hast du sie auf den Thron gesetzt und die Macht über deine Gefühle von Wohlergehen und Sicherheit an sie abgetreten? Sitzt die Angst vor dem Krankwerden auf deinem Thron? Ist die derzeitige, vorübergehende physische Realität für dich realer und daher mächtiger als dein nichtphysisches Selbst?;

 deine(n) Heiler, Lehrer (mich selbst eingeschlossen – trete nicht deine Macht an mich ab!) sowie Therapeuten, Hellseher, Astrologen, Bücher, Seminare? Suchst du ohne Ende, probierst ständig neue Wege und Methoden aus, holst dir deine Antworten von außen und hoffst, die Lösung außerhalb von dir zu finden?;

 Sitzt der Weltfrieden auf deinem Thron? Hast du dein Glück vertagt auf den Tag, an dem sich alle einig sind? Wer könnte vorschreiben, wie es richtig sein sollte? Sollten spirituelle und religiöse Gruppen ihre persönliche Version des Himmels oder des Weltfriedens allen anderen aufzwingen? Wäre es wirklich positiv zu werten, wenn alle einer Meinung wären? Wäre es dann noch ein Universum des freien Willens, in dem Vielfalt respektiert und wertgeschätzt wird?;

 Wirtschaftsunternehmen. Sitzen sie auf deinem Thron? Glaubst du, dass sie deinen Wohlstand irgendwie einschränken oder dir

etwas wegnehmen? Oder dass sie irgendetwas tun, was du und das kollektive Bewusstsein nicht auf der Schwingungsebene erschufen?;

❀ deine Nachbarn, Mitarbeiter, Vorgesetzten, die anderen Autofahrer auf der Autobahn, die Steuern, Schulden ... Die Liste ist schier endlos. Eskortiere sie alle weg vom Thron deines Lebens, unverzüglich. Und sei wachsam, um mitzubekommen, wann du wieder irgendjemanden oder irgendetwas daraufsetzt!

Umsetzung in deinem Leben, Teil 2: Erstelle deine Liste

Wer oder was sitzt auf dem Thron deines Lebens, saugt dir deine Energie ab und verwässert deine Intentionen? Schreibe hier auf, wem oder welcher Sache du Power abgibst und wohin du deine Energie wegfließen lässt:

1. . . . .

2. . . . .

3. . . . .

4. . . . .

Wenn es noch mehr sind, schreibe sie ebenfalls auf:

. . . .

. . . .

. . . .

. . . .

Beabsichtige jetzt, jeden Einzelnen und alle Dinge auf dieser Liste vom Thron deines Lebens zu entfernen. Weiter gibt es nichts zu tun oder in Ordnung zu bringen.

Du holst dir einfach auf natürliche Weise deine Macht zurück – und fühlst dich gleich besser. Du musst niemandem deine Liebe entziehen, um deine Macht wieder in Anspruch zu nehmen. Liebe zurückzuhalten fühlt sich schmerzhaft an, und dein großes Selbst würde das ohnehin nicht mitmachen. Hör auf zu urteilen – allein schon deshalb, weil es dir ermöglicht, ein freies Leben zu leben.

Setze dich auf deinen Thron

Spiele ganz bewusst damit, für einen Monat auf dem Thron deines eigenen Lebens zu sitzen. Du musst dies physisch erleben und nicht nur davon lesen und darüber nachdenken. Bestimme einen großen Stuhl oder Sessel oder einen Platz im Garten zu deinem Thron – und geh raus aus dem Kopf und in den Körper!

Während du dort sitzt und dich in die innere Stille hinein entspannst, lass alle vorangegangenen Aktivitäten, in denen du dir Kraft und Macht zurückgeholt hast, in deinem physischen Körper ankommen und real werden. Verkörpere auf deinem Thron dein nichtphysisches Selbst, bring es buchstäblich auf die Erde. Du kannst alle Menschen, an die du Macht abgetreten hattest, jetzt sogar noch mehr lieben, weil du ihnen nichts mehr nachträgst. Du bringst dich in Übereinstimmung mit deinem großen Selbst, während du dir deine Macht zurückholst – von jedem Menschen oder Ding, dem du die Macht verliehen hattest, dich zu verletzen, zu schädigen oder einzuschränken.

Auf der nächsten Ebene bist du bereit, zu bemerken, wie subtil du Macht weggibst. Mir passiert es zum Beispiel leicht, dass ich in eine Phase rutsche, in der ich zu viel Zeit mit Arbeit oder Beschäftigtsein verbringe und zu wenig mit meinem großen Selbst. Ich brauche viel Alleinsein, und meine Energie fällt ab, wenn ich mir nicht die Zeit dafür nehme. Wann fällt deine Energie? Vielleicht spürst du dich in Gegenwart bestimmter Menschen etwas schrumpfen oder bemühst dich, ihnen zu gefallen. Möglicherweise übernimmst du auch Gewohnheiten von anderen, die *dir* nicht guttun.

Meister oder Meisterin deiner eigenen Schwingung zu sein, statt auf die Energien anderer Menschen zu reagieren, ist etwas Wesentliches für die Entwicklung deiner Kraft der Absicht.

Spirituelle Menschen, speziell wenn sie sehr mitfühlend sind, neigen dazu, die Energie von anderen wie ein Schwamm aufzunehmen, statt in ihrer eigenen Energie ausreichend zentriert zu sein. Oft spüren sie andere mehr als sich selbst und sind sich kaum bewusst, welche Schwingung sie selbst aussenden.

Ich musste meine Besuche bei Menschen begrenzen, denen ich im Traumzustand half, weil mein Schlaf manchmal gestört war und ich müde aufwachte. Mein unbegrenztes großes Selbst liebt es, solche Besuche zu machen, doch mein physisches Wesen als Teil dieses Systems wurde davon beeinträchtigt. So musste ich auch die Absicht setzen, dass alle niedrigeren, fremden Schwingungen direkt in die Leere eingehen sollten, um dort recycelt zu werden und nicht an mir hängen zu bleiben.

Wenn ich ein fünftägiges Schweigeretreat leite, stehe ich vor der Herausforderung, eine hohe Schwingung zu halten, trotz der Tatsache, dass das Resonanzfeld des Retreats darauf angelegt ist, die Teilnehmer aufzurütteln und niedrigere Gefühle hochkommen zu lassen. In dieser Atmosphäre die mächtigste Komponente zu sein erfordert bewusste Achtsamkeit, tiefes Atmen, lange Bäder und vor allem, alles an die Präsenz abzugeben. Die mächtigste Energie im Raum wird dominieren.

Wenn du auf dem Thron deines eigenen Lebens sitzt, bist du die machtvollste Komponente in deiner Realität. Andere können tun, was sie wollen, ohne dass es dich hemmt oder einschränkt. Herausforderungen tauchen auf, und du stellst dich ihnen einfach und handhabst sie, denn du bist die mächtigste Komponente in deinem Leben.

Zusammengefasst: Leuchte mit deiner vollen Wattstärke. Sei dein großes Selbst auf dem Thron deines eigenen Lebens. Triff deine Entscheidungen und setze sie konsequent ins Tun um, dann wird deine Kraft der Absicht beständig anwachsen.

Große Macht bedeutet große Verantwortung

Als wir 2006 meine erste Website kreierten, konnten meine Assistentin/Webdesignerin und ich nur darüber lachen, wie nervös ich angesichts dieser neuen Technik wurde: Sie erschien mir so unverständlich und unkontrollierbar, dass ich es schaffte, einen mehr als dreihundert Kilometer entfernten Internetserver zum Absturzen zu bringen. Das war der erste Hinweis für mich, was für ein zweischneidiges Schwert große Power ist.

Einmal fühlte ich mich von einigen riesigen Projekten, die meine Aufmerksamkeit verlangten, überfordert und delegierte eine äußerst wichtige Aufgabe an meine Mitarbeiterin, die allerdings meine Anweisungen ignorierte und eine dermaßen schlechte Arbeit lieferte, dass es mich Tausende von Dollars kostete. Sie hatte aus Nachlässigkeit Mehrkosten verursacht, was sie aber eine Zeitlang abstritt. Ich habe trotzdem weiterhin ihre Vorzüge gepriesen und die Sache ignoriert. Aber irgendwann war es Zeit für eine Veränderung. Als ich einschritt und die Dinge selbst in die Hand nahm, kamen die Spannungen hoch, die sich wegen ihrer schlechter werdenden Arbeitsleistung mehr als ein Jahr lang aufgebaut hatten. Ich sagte zwar keine unpassenden Worte, aber die Energie an sich war *stark*.

Am nächsten Tag fühlte ich mich, als hätte ich eine Streubombe abgeworfen – *auf mich selbst*. Während ich Teile der Website aktualisierte und immer noch die Schwingung aus dieser Konfrontation in mir trug, brachte ich einen noch größeren, zweitausend Kilometer entfernten Server zum Absturz. Die Techniker konnten keinen logischen Grund für diesen Absturz finden. Natürlich nicht – *ich hatte ihn ausgelöst*! Manche Leute prahlen damit, dass sie Dinge explodieren lassen, weil ihre »Energie so stark« ist. Nein, wenn Dinge in die Luft gehen, ist das höchstens ein Symptom von starker Energie, die *nicht im Einklang* ist. Dieser Absturz war für mich eine wertvolle Gelegenheit, um zu lernen, mit meiner vielen Energie umzugehen – und danach hörte ich auf, Server abstürzen zu lassen und mich selbst zu grillen. Jetzt stoße ich mich von schlechten Gefühlen ab und richte mich wieder auf mein größeres Selbst aus.

Ich telefonierte mit meiner Mitarbeiterin, und gemeinsam stellten wir uns der Tatsache, dass sie schon längere Zeit keinen Spaß mehr an ihrer Arbeit hatte. Da sie nicht wusste, wie sie ihren Abgang hinbekommen könnte, hatte sich ihre Unzufriedenheit auf hinterlistige Weise Ausdruck verschafft. Mir wurde meine gegenläufige Absicht bewusst: Ich hatte Angst vor der riesigen Aufgabe (wie ich damals glaubte), jemand Neuen zu finden und anzulernen, zusätzlich zu allem anderen, was ich zu bewältigen hatte. Doch nun war ich bereit, sie gehen zu lassen. Alles regelt sich um Besten, wenn wir die Dinge annehmen, wie sie sind – selbst Schmerz und Konflikt können uns einen Dienst erweisen. Wenn sie schon mal da sind, können wir sie auch nutzen.

Als ich bei mir innen nachschaute, in der Absicht, weitere Einsichten zu gewinnen, war die Antwort: »Wenn du große Macht durch dich fließen lässt, wird es sogar *noch* wichtiger, darauf zu achten, wo du hinzielst.« Wenn wir anfangen, unsere Kraft der Absicht zu entwickeln, schließen wir uns an eine enorme Energiequelle an, und je mehr wir uns ausdehnen, umso mehr gleicht sie einem Atomkraftwerk.

Große Macht und Kraft bringen große Verantwortung.
Gib acht, wohin du damit zielst.

Mit einer starken Kraft der Absicht geht eine enorme Möglichkeit einher, zu erschaffen, aufzubauen und aufzumuntern. Kraft und Macht sind, wie Benzin, Kohle, Solarenergie oder jede andere Form potenzieller Energie, von Natur aus weder gut noch schlecht – es hängt ganz davon ab, wie man sie einsetzt. Wir bringen *unsere eigene* Schwingung mit hinein. Hitler hatte *große* Macht. Wladimir Putin hat große Macht. Die Präsenz urteilt nicht, und sie verweigert nichts.

Bleibe ausgeglichen, wenn du jemand bist, der große Kraft beabsichtigt. Setze die Absicht, dass deine Herzöffnung und Weisheit mit der beständig zunehmenden, rohen Kraft Schritt halten mögen. Setze die Absicht, deine rohe Kraft möge immer durch das besänftigende, mäßigende Energiefeld deines Herzens fließen. Für die spirituelle Reifung ist das unerlässlich.

Andererseits gibt es spirituelle Menschen, die aus verschiedenen Gründen Angst vor Kraft und Macht haben und sich deshalb nicht erlauben, viel davon zu haben. Sie nehmen daher nie den Einfluss auf ihr eigenes Leben und auf die Welt, der ihnen eigentlich zusteht. Die extremste Form davon ist das Opfersein. Viele »gute« Menschen senden in Wirklichkeit eine Opferschwingung aus.

Hab keine Sorge, falls du aus dem Gleichgewicht gerätst: Das Leben schickt dir immer Gelegenheiten, dich wieder in Einklang zu bringen. Wenn wir nicht gewillt sind, die Gelegenheit zu ergreifen, wird die nächste Warnung stärker sein. Wir brauchen nichts anderes zu tun, als die Navigationstafel abzulesen oder uns auf unser direktes Wissen einzustimmen, um eine neue, ausgedehntere Matrix zu erschaffen. Der Kontrast fühlt sich so gut an, dass wir auf dieser neuen Höhe bleiben wollen.

✿ ✿ ✿

Körperliche Probleme

Wenn es ein körperliches Problem gibt, bespreche ich es in der Regel nur mit jemandem, der mir dabei helfen kann. Du solltest in dich hineinspüren, ob es dich wirklich beruhigen würde, mit jemandem über dein Problem zu reden. Wenn andere Leute sich deinetwegen Sorgen machen, hilft dir das wenig. Ihre Sorgenschwingung kann nämlich eine gegenläufige Absicht zu deiner Heilung sein.

Unmittelbar nach dem Stress meines Hausverkaufs in Texas, des Umzugs nach Kalifornien und der Renovierung des neuen Hauses in Ojai konnte ich spüren, dass in meiner Brust eine Zellmasse wuchs, während ich mich bemühte, meinem beständigen kreativen Antrieb und Arbeitsdrang gerecht zu werden. Der Knoten bereitete mir ein wenig Sorgen, aber schließlich bin *ich* die mächtigste Komponente in meinem Leben.

Meine innere Führung brachte mich dazu, abzuwarten und mir während des nächsten Retreats ein Healing geben zu lassen. Der Knoten in meiner Brust verschwand innerhalb weniger Tage nach dem Retreat, und ich ließ zur Gegenkontrolle eine Mammografie machen. Auch ohne den Test hätte ich mit Sicherheit sagen können, dass der Knoten weg war – so wie ich vorher auch ohne Test sagen konnte, dass er da war. Die Entscheidung, einen Gegentest machen zu lassen, war für mich ungewöhnlich, aber du kannst bestimmt nachvollziehen, warum es in diesem Fall wichtig war. Auch ich habe meine blinden Flecken und wollte nicht riskieren, dass ein blinder Fleck zu einem größeren Problem führen könnte. Erleichterung ist etwas so Wunderbares!

Viele Klienten haben mir geschrieben, um mir von körperlichen Heilungen zu berichten, die sie nach einer *Divine-Openings*-Sitzung erlebten, ohne dass sie um körperliche Heilung gebeten hatten. Sie hatten mir gar nichts von ihren körperlichen Symptomen erzählt, doch wir waren offenbar beide aus dem Weg gewesen, und die Präsenz nutzte diese Öffnung, um die körperlichen Beschwerden zu heilen.

Es ist nicht immer leicht zu erklären, warum manche Menschen physische Heilung erfahren und andere nicht. Manchmal brauchen sie die Krankheit, um eine Veränderung anzukurbeln. Manchmal dürfen wir uns nicht einmischen. Es gibt eine ganze Reihe von Faktoren, die eine Heilung verhindern können, zum Beispiel:

* das Gefühl zu haben, eines Wunders nicht würdig zu sein;
* nicht daran zu glauben, dass einem selbst Wunder geschehen können;
* zu glauben, dass Krankheiten nur von Ärzten geheilt werden können;
* daran zu glauben, dass bestimmte Erkrankungen nur schwer oder gar nicht heilbar seien;
* wenn jemand die Krankheit aktiv durch die gleichen Schwingungen, Gedanken und Gefühle wieder neu generiert, durch die sie entstanden ist;
* wenn das große Selbst für den Betreffenden aus Gründen, die wir nicht kennen, den Übergang aus dem physischen in den nichtphysischen Bereich vorsieht.

Es gab Teilnehmer, die zuließen, von einer Krankheit geheilt zu werden, danach aber eine andere Krankheit manifestierten, was darauf hinweist, dass einer oder mehrere der obigen Faktoren im Spiel waren. Und niemand kann einen Menschen heilen, der bereit ist, von diesem physischen Leben zurück in die nichtphysische Ebene hinüberzugehen.

Betrachte, in welcher Schwingung du dein Leben führst. Es ist produktiver, wenn du dich selbst beobachtest und bewusste Achtsamkeit übst, denn über dich selbst hast du Kontrolle, während du nicht für einen anderen Menschen erschaffen oder manifestieren kannst. Die Schwingung von jemand anderem zu lesen ist schwierig, wenn du nur auf die Oberfläche schaust – es sei denn, du bist mit medizinischer Intuition, Hellsichtigkeit oder Hellfühligkeit gesegnet oder hast die Gabe, in anderen Menschen lesen zu können. Du wirst jedoch immer besser darin werden, deine eigene Schwingung lesen zu können.

❀ ❀ ❀

Auf dem Spielfeld der Absicht

Wenn ich ein *Divine Opening* geben möchte, so »tue« ich nichts, sende nichts, denke nichts und wende keinerlei Prozesse an – ich bin vollkommen passiv. Meine Absicht bewirkt das *Divine Opening* beim Empfangenden, ob es sich um das Betrachten eines Bildes in meinem Buch oder auf der Website handelt oder um eine Tonaufnahme von einem Kurs, Webinar oder Retreat. Selbst wenn sich der Empfangende auf der anderen Seite der Welt befindet, wird oft von tiefgreifenden Erfahrungen berichtet, die genauso kraftvoll sind, wie wenn wir im selben Raum wären.

*Ein Divine Opening braucht weder Gedanken noch
Handlung – es wird allein durch Absicht aktiviert.*

Ich habe die Fähigkeit entwickelt, meine Aufmerksamkeit so leicht, entspannt und unidentifiziert, aber dennoch kraftvoll zu fokussieren, dass ein Resonanzfeld entsteht, von dem auch andere energetisch erfasst und magnetisiert werden. Während du meine Bücher liest oder mit mir zusammensitzt, beginnst du, in Harmonie mit diesem Feld zu schwingen. Die disharmonischen Schwingungen, die du vielleicht aufgenommen hast, heben sich auf das Niveau dieses geordneten, göttlichen Energiefeldes an, was dich und dein ganzes Leben auf eine positive und produktive Art und Weise beeinflusst.

Meine Rolle dabei ist es, dein wahres Sein so kraftvoll in Schwingung zu bringen, dass die niedrigeren Schwingungen, Widerstände, ablenkenden Gedanken und widersprüchlichen Absichten, die dich begrenzen, durch die höhere Schwingung von dem, was du in Wirklichkeit bist, aufgehoben werden.

*Dieses kraftvolle Resonanzfeld erfasst dich
jetzt in diesem Moment, während du dies liest
und dich entspannst.*

Auch du erschaffst bereits eine Art von Resonanzfeld. Die Frage ist nur, mit welcher Schwingung? Ein Grundelement besteht darin, Meisterschaft über deine Gedanken und Gefühle zu erlangen – womit du bereits durch das Lesen von *Alles läuft super, während ich weg bin* angefangen hast. Unerleuchtete Gedanken und Gefühle produzieren eine erstaunliche Menge an ablenkendem »Lärm« bzw. Stress, der Energie bindet und den bewussten Absichten zuwiderläuft – so lange, bis der Verstand zur Ruhe kommt und in den Dienst deines größeren Selbst tritt.

Das vorliegende zweite Buch gibt dir nun die Schlüssel, um die Kraft der Absicht zu meistern. Es geleitet dich durch Portal 2 und 3, aber ohne intellektuelles Durcharbeiten, sondern durch ein spielerisch leichtes Aufnehmen, als würdest du alles durch deine Haut absorbieren. Dann kannst du dich auf die Einladungen des Lebens einlassen, dies im täglichen Leben umzusetzen.

Das Eichhörnchen im Auspuff

Eines Tages hatte eine Freundin eine urkomische Vision von mir. Ich stand im Overall eines Automechanikers mit ölverschmiertem Gesicht und einem geschwärzten Zahn vor ihr und erklärte, wie ich den Wagen zum Laufen gebracht hatte. Ich hielt ein totes Eichhörnchen am Schwanz hoch und sagte: »Genau hier ist Ihr Problem, Fräulein – da war ein Eichhörnchen im Auspuff!«

Wir haben seither so oft laut über das Eichhörnchen im Auspuff gelacht – es wurde zu einem Running Gag, oft und oft wiederbelebt. Damit überrumpeln wir uns gegenseitig gern, wenn wir vor irgendeinem technischen oder kreativen Problem stehen.

Bei unserem Kundenservice haben wir gelernt, Menschen mit technischen Problemen den Rat zu geben, sich »lieber zu entspannen, statt zu verspannen« und die Dinge lockerer zu nehmen, denn Computer reagieren besonders empfindlich auf Emotionen und Schwingungen. Manchmal lässt ein Computer ohne logischen Grund nicht zu, dass sich jemand auf unserer Website einloggt, etwas bestellt oder in seinen Kurs kommt, obwohl auf der Website selbst alles einwandfrei funktioniert. Es ist quasi ein Eichhörnchen im Auspuff. Wir schlagen dann gern vor, dass der Betreffende sich entspannt, einmal tief durchatmet, eine Pause macht und später wiederkommt. Dann funktioniert es meistens.

In solchen Fällen sagen wir bei uns im Büro gern: »Das ist nicht wirklich. Ich erschaffe das.«

Du solltest dich lieber entspannen,
als dich zu verspannen.

Die Website ist meine Hauptplattform, über die ich mit meiner Leserschaft und Gemeinschaft in aller Welt kommuniziere, wenn also etwas damit nicht stimmt, kann es meine Schwingung ganz schön aus dem Gleichgewicht bringen, wenn ich nicht aufpasse. Unser Team hat mich schon einige wirklich seltsame Phänomene mit der Website hervorrufen sehen, wenn meine diesbezügliche Schwingung abfällt. Einer von ihnen schaut mich dann an, sein Grinsen kaum unterdrückend, hält einen imaginären, schlaffen Tierkadaver in die Höhe und sagt: »Genau hier ist Ihr Problem, Fräulein – ein totes Eichhörnchen im Auspuff.«

Geh eine Bindung mit deinem großen Selbst ein

Du kennst bestimmt Leute, die sich ständig zu neuen Dates verabreden, ohne sich je festzulegen und auf jemanden näher einzulassen; dadurch dringen sie nie zu den tieferen, kostbaren Ebenen einer Beziehung vor. Wenn wir der Präsenz in unserem Innern begegnen, ist es, als hätten wir unseren Seelengefährten gefunden. Wenn wir aufhören, weiter zu Rendezvous zu gehen, und uns stattdessen auf diese Liebe fokussieren und sie wertschätzen, so wächst sie. Wenn wir aber weiterhin zu Dates gehen (also weitersuchen), lassen wir uns niemals tiefer auf unsere eine wahre Liebe ein. Ich spreche hier nicht von einer Bindung an *Divine Openings*. Ich spreche von einer Bindung an dein eigenes, größeres Selbst – was genau das ist, wozu *Divine Openings* dich anleitet.

Hier ist eine Nachricht von einer Frau, die am fünftägigen Schweigeretreat teilgenommen und große positive Veränderungen in ihrem Leben erlebt hatte, dann aber abgelenkt wurde: »Ich vermisse dich und *Divine Openings!* Ich war ein wenig vom Weg der Erleuchtung abgekommen und hatte mich in der Sucherenergie verfangen. Ach herrje, was habe ich mir nur dabei gedacht? Ich weiß es doch besser! Wie auch immer, nun bewege ich mich trotz alledem in einer wunderschönen Richtung weiter.«

Suchen beinhaltet eher eine *Schwingung des Mangels* als eine bestimmte Handlung. Am »Seriensuchen« ist einer der folgenden Mechanismen beteiligt: paradoxes Weglaufen vor dem Nach-innen-Gehen, Vermeidung von Gefühlen oder von Eigenverantwortung für die eigene Schwingung, der Wunsch, bei den suchenden Freunden dazuzugehören, Suchtverhalten, auch panische Verzweiflung. Tauche ein in diese Gefühle.

In einer ihrer letzten Shows erzählte Oprah Winfrey von ihren Erfahrungen in einem Seminar mit Tony Robbins. In einer Übung, in der jede Person herausfindet, welche der wichtigsten menschlichen Motivationen sie antreibt, fand Oprah heraus, dass ihre Motivation darin lag, *von Bedeutung zu sein.* Das hieß, sie hatte nie erkannt, dass sie *bereits von Bedeutung war.* Bedeutungslosigkeit ist die gleiche Schwingung wie Wertlosigkeit. Tony Robbins sagt: Wenn du motiviert bist, große Dinge zu erreichen und einen Beitrag für andere zu leisten, *um die eigene Bedeutung zu spüren,* so bist du, mit seinen Worten, »aufgeschmissen«.

Trotz all der Gurus, die Oprah persönlich kennt, obwohl sie Eckhart Tolle stundenlang interviewt hatte, nach allem, was sie studiert, gelernt und erreicht hatte, kämpfte sie immer noch auf der persönlichen Ebene und suchte immer noch ihren Selbstwert. Hart zu arbeiten, um einen Selbstwert zu erreichen, den wir schon von Geburt an *haben*, hindert uns daran, anzukommen. Selbstwert ist eine riesige Herausforderung für manche Menschen, aber *Divine Openings* gibt dir die Schlüssel, um ihn wirklich zu beanspruchen.

> *Geh eine Bindung mit deinem großen*
> *Selbst ein und halte ihm die Treue.*

Ich empfinde Respekt und Bewunderung für Oprah Winfrey. Ich denke, die Gedanken in diesem Buch würden sie ansprechen, doch *Divine Openings* oder jeder andere wirksame Weg funktioniert am besten, wenn man langsamer macht und es tief aufnimmt, statt immer gleich zum nächsten Guru oder Buch weiterzulaufen.

❦ ❦ ❦

Wenn die Energie zu schnell ist

Obwohl ich in den letzten zwölf Jahren überhaupt nicht an mir gearbeitet, sondern lediglich nach dem Vorsatz gelebt habe, mich weiterzuentwickeln und, so gut ich kann, wach zu bleiben, hat mich *Divine Openings* schneller erweitert, als ich manchmal Schritt halten kann. Und während ich dies hier schreibe, hat es seinen Weg in mehr als hundertfünfzig Länder gefunden.

Wenn du bemerkst, dass du zu aufgedreht, aufgeladen, nervös, manisch, egozentrisch oder gehetzt bist oder einfach zu wenig Spaß hast, dann halte inne, fasse die Absicht, die Energie zu *verinnerlichen und zu erden*, lächle, atme tief hinein und betrachte alles als richtig. Lächle in deinem Herzen ein winziges Lächeln.

Die Gefühle folgen der Physiologie des Körpers mehr, als du vielleicht denkst. Wenn du leise lächelst, denkt dein Verstand: »Ich bin glücklich.« Ich lächle, wenn ich mich körperlich betätige, und auch, wenn ich Alltagspflichten oder langweilige Aufgaben erledige.

Die *Divine Openings*, die du im ersten Buch bekommen hast, die Onlineportale, Webinare und Retreats wirken alle beschleunigend. Du könntest deine Energie täglich exponentiell beschleunigen, wenn du loslassen und deinen Widerstand auflösen könntest. Manche brauchen ein schnelles Tempo und können recht locker damit umgehen. Wenn du dich jedoch überdreht oder gestresst fühlst, dann schau mal hin, ob du deine Energie nicht schneller beschleunigst, als du den Widerstand auflösen kannst. Vielleicht ist es gar nicht zu viel Energie, vielleicht hält dich dein kleines Selbst nur zu sehr auf Trab oder lässt dir einfach nicht genug Spaß oder Ruhe.

In diesen Zeiten beschleunigt sich das Tempo allgemein, darum stelle sicher, dass du die Energien tief genug aufnimmst und dich gut erdest. Statt ständig dem neuesten Kick hinterherzujagen, werde langsamer, atme, erde dich und bring alles herunter auf die Erde, um einen reibungslosen Fluss zu ermöglichen.

In *Alles läuft super, während ich weg bin* sagte ich, du würdest nicht auf ewig weitere *Divine Openings* empfangen müssen, um dich besser zu fühlen oder höher zu steigen. *Divine Openings* zu empfangen ist ein Erwachen, und jetzt kannst du jederzeit, mit der Leichtigkeit des Flügelschlags einer Fruchtfliege, in die guten Gefühle eintauchen! Du bekommst automatische Downloads – spüre sie und lebe dich in sie ein. Wenn du sie willst oder brauchst, sind sie für dich da.

Ich erhalte selbst keine *Divine Openings* mehr. In der Vergangenheit (aber jetzt nicht mehr) konnten mir die automatischen Downloads für meinen physischen Körper-Geist zu schnell werden, wenn ich nicht das Alte losließ oder meinen Widerstand gegenüber dem Neuen auflöste. Wenn das geschah, sagte ich mir schlicht und einfach: »Mach langsamer! Hilf mir, dass ich mithalten kann.« Physisch erdende Tätigkeiten, wie Gartenarbeit, Schaufeln von Pferdemist, Geschirrspülen, Meditieren oder Walken verschaffen mir Ausgleich und Glücksgefühle.

Nimm dir speziell in diesen beschleunigten Zeiten genügend Muße, um deine Kanäle auszudehnen und deine Nervenstränge neu zu vernetzen. Dann wirst du im Fluss bleiben und mit dem, wo dein großes Selbst hingeht, Schritt halten können. Diese starken, beschleunigenden Energien sind zwar nichtphysisch, aber wir sind allemal physische Wesen. Ich kann heute mit einer großen Menge Energie umgehen, aber in der Vergangenheit brauchte ich bewusste Pausen zum Verschnaufen und Verdauen. Darum dient das Onlineportal 3 überwiegend zur Assimilation und Vertiefung. Du brauchst von *Divine Openings* keine Pause, aber nimm dir einfach ausreichend Zeit, um das, was du schon hast, zu erden und zu integrieren. Das schließt die Umsetzung in deinem Leben mit ein.

Nimm dir die Zeit, Divine Openings
im Leben umzusetzen.

Wenn du zerstreut, unorganisiert oder nicht geerdet bist, widme dich alltäglichen Dingen, räume auf und putze deine Wohnung oder deinen Arbeitsplatz, reinige dein Auto, setze dich auf den Boden und komme auf der Erde an! Jetzt ist nicht die Zeit, kosmisch erweiternde Erfahrungen zu suchen.

Praktische Umsetzung:
Beabsichtige, den Fluss anzuzapfen

Halte in diesem Augenblick inne und schließe dich an. Setze die Absicht, deine Bewusstheit ins nichtphysische, erweiterte Selbst hinein zu erweitern, während du gut geerdet in deinem Körper bist. Beabsichtige, vorübergehend die Worte des kleinen Selbst im Kopf verblassen und schwächer werden zu lassen. Beabsichtige, das Bewusstsein und die Worte an das große Selbst abzugeben. Lächle, atme sanft und genieße das Atmen. Vermutlich kannst du das inzwischen allein durch deine Absicht bewirken!

❀ ❀ ❀

Dein authentisches Selbst

Vor *Divine Openings* dachte mein Kopf, Erfolg würde bedeuten, berühmt zu werden, ständig die Welt zu bereisen, um Seminare zu halten, meine Tage ausgefüllt mit Sitzungen, Interviews und Fernsehauftritten zu verbringen und ein Buch nach dem anderen zu schreiben, das auf der Bestsellerliste der *New York Times* landen würde. Zu einem früheren Zeitpunkt in meinem Leben – lange bevor ich eine Ahnung hatte, wer ich war – meinte ich, ein Motivationsredner wie Tony Robbins werden zu wollen. Doch bald wurde mir klar, dass ich für so etwas nicht geschaffen bin. Es klingt nicht einmal nach Spaß.

Nichts davon entsprach wirklich meinem wahren Ich; tatsächlich hätte es mich wahrscheinlich ziemlich unglücklich gemacht. Wie der Countrysänger Garth Brooks singt: »Manchmal danke ich Gott für die unbeantworteten Gebete.« Es waren die klischeehaften Träume anderer Leute, und sie hätten mir nicht die Gefühle beschert, die ich mir wirklich ersehnte: Alleinsein, Privatsphäre und Freiheit. Mein authentischer Stil ist es nicht, auf einer Bühne zu stehen und riesige Massen zu einem wilden Taumel aufzupeitschen. Ich arbeite viel lieber ruhig und in kleineren

Gruppen, in denen ich Menschen tief zu sich selbst hinführen kann. Ein Großteil meiner am tiefsten gehenden Arbeit ereignet sich im nichtphysischen Bereich, oft des Nachts.

Es ist leicht, davon zu träumen, ein ähnliches Imperium wie Oprah Winfrey zu begründen, aber wenn man zum Kern der wahren Absichten vordringt, wollen die meisten gar nicht wirklich das tun, was zu diesen Fantasien dazugehört. Sie fantasieren nur von dem glamourösen Leben und dem Wohlstand, den es ihnen ihrer Vorstellung nach bringen würde.

Selten hatte ich Visionen davon, wo ich hinsteuerte oder wie es aussehen würde – ich folgte einfach nur der Spur dessen, was sich gut für mich anfühlte, und verfeinerte kontinuierlich meinen eigenen Weg. Meistens tat ich am Ende Dinge, die es vorher noch gar nicht gegeben hatte. Es gab also keinen konventionellen Karriereweg, dem ich hätte folgen können, und keinen Diplomstudiengang, um mich darauf vorzubereiten. Das Leben brachte mir neue und andersartige Wege, um zu *spüren*, zu arbeiten und schöpferisch zu sein. Ich hatte mir nie vorgestellt, dass sich meine Arbeit auf das Internet stützen würde, doch mein großes Selbst führte mich dorthin, und schließlich ließ ich meinen enormen Widerstand gegen die Technik los. Jetzt *liebe* ich diese Technologie sehr – ich strahle täglich meine Dankbarkeit und Wertschätzung dafür aus.

Das gesegnete Internet ist ein Geschenk des Himmels, das mir genau diese essenziellen Werte ermöglicht: Alleinsein, Privatsphäre und Freiheit. *Und* durch den Puffer der Website können die Menschen nicht allzu anhänglich werden oder sich zu sehr von mir abhängig machen.

Self-Publishing (Selbstverlag) und Print-on-Demand (Drucken auf Verlangen) brachten mir die Freiheit, auch ohne einen großen Verlag zu veröffentlichen, der mir vorschrieb, wie ich mein Buch zu gestalten hatte, und über sein Schicksal bestimmte.

Neue Softwareprogramme erfüllten einen Großteil des technischen Bedarfs. Wenn wir einmal keine Lösung für ein Problem haben, schwärmen wir im Büro davon, dass jemand sie erfindet und sie morgen oder in einer Woche da sein kann.

Dieses wunderbar synchronisierte Universum hat die perfekten Komponenten passend zu meinen wahren, einzigartigen Herzenswünschen zusammengestellt – und das auf eine Art und Weise, wie ich es noch nie gesehen habe: alles auf dieser Kernmatrix von Alleinsein, Privatsphäre und Freiheit aufgebaut.

Je mehr ich mich von Tag zu Tag zu meinem authentischen Selbst ausweitete und dem folgte, was sich für mich gut anfühlte, statt irgendeiner stereotypen »Form« des Erfolges nachzuhängen, entdeckte ich langsam, aber sicher, was für mich wirklich funktioniert. Es hat sich beständig zu einer Lebensart weiterentwickelt, wie ich sie mir *nie* hätte vorstellen können!

Uns mit anderen zu vergleichen, uns zu wünschen, was andere haben, und Erfolg an den Modellen anderer Menschen zu messen, kann uns die Freude rauben, die einzig und allein unsere ist. Sie wartet auf uns in unserem Reservoir, bis wir sie in Anspruch nehmen.

Einer meiner prominenten Freunde, ein ganz lieber Kerl, der in dem Film *The Secret* mitwirkte und Millionen macht, war beständig auf Reisen und bekam gesundheitliche Probleme, weil er sich einfach nicht dazu durchringen konnte, Nein zu sagen oder eine Ruhepause einzulegen. Er fürchtete zu sehr, er würde alles wieder verlieren, wenn er nicht zugriff, wo er nur konnte, solange er es noch konnte. Zu einem gemeinsamen Freund sagte er: »Ich würde es lieber mehr so wie Lola machen.« Er fing sogar an, Musikstücke aufzunehmen, nachdem ich es tat. Ich musste so lachen – ich wollte früher so sein wie berühmte Menschen, und jetzt will zumindest einer von ihnen mehr so sein wie ich!

Entdecke dein authentisches Selbst. Du bist einzigartig.

Möglicherweise hast du bereits verstanden, dass lukrative Geschäftsideen, die Gründung großer Firmen und das Anhäufen von großem Reichtum absolut keine Garantie für Glücklichsein sind. Das tägliche Leben reicher Menschen beinhaltet immer noch Herausforderungen, und ihre Beziehungen sind nicht viel anders als die von dir und mir.

Unabhängig vom Geld kannst du froh und glücklich sein, wenn du die Absicht setzt, froh und glücklich zu sein.

Meine Absicht, ein einfaches Leben zu führen, hat eindeutig dazu geführt, dass *Divine Openings* nicht sehr viel größere Ausmaße angenommen hat. Es ist aber immer genau dort, wo ich es tatsächlich haben will. Da ist keine Diskrepanz zwischen der Absicht und einer Gegenabsicht; ich entscheide mich bewusst für das einfachere Leben. Eines Tages werde ich möglicherweise beides haben, das einfache Leben und die größere Organisation, aber das ist jetzt egal, denn ich erlebe jetzt genau die Gefühle, die ich haben will.

Kultiviere *jetzt* das *Gefühl*, das du dir wünschst, und die Präsenz wird dich auf Weisen, die du dir nicht vorstellen kannst, zu mehr davon führen.

Die stärkste Absicht gewinnt.

Beachte bitte, dass es bei Absichten, die sich widersprechen, kein Richtig oder Falsch gibt. Du kannst entweder das eine oder das andere haben – oder beides oder was immer du möchtest. Lass uns mal zusammenfassen. Sei dir lediglich bewusst und achte darauf, ob:

❋ das Risiko, eine Verletzung zu vermeiden, stärker ist als der Wunsch nach einer Beziehung;

- Unabhängigkeit und Kontrolle wichtiger sind als eine Beziehung;
- recht zu behalten wichtiger ist, als eine Beziehung wiederherzustellen;
- Leichtigkeit, Freiheit und Komfort eine stärker treibende Kraft sind als größerer Erfolg (bei mir ist das so);
- die Angst vor Neuem stärker ist als der Wunsch nach etwas Neuem;
- der Widerstand, etwas Neues auszuprobieren, stärker ist als der Wunsch, sich zu verändern und zu erweitern;
- der Mangel an Selbstwert die Selbstliebe überwiegt, wenn Entscheidungen getroffen werden;
- die negativen Einstellungen gegenüber Geld stärker sind als der Wunsch, deine finanziellen Bedürfnisse und Wünsche erfüllt zu bekommen.
- Ergänze deine eigenen Punkte.

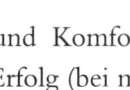

Humor als Würze

Lass uns nicht allzu viel Zeit mit ernsthaften Themen verbringen, lass uns vor allem nicht die Kraft des Humors, der Leichtigkeit und des Lachens vernachlässigen. Hier gebe ich dir einen Vorgeschmack auf den ersten Abschnitt meines Buches *Confessions of a Cowgirl Guru* (»Bekenntnisse eines Cowgirl-Gurus«, bisher nur auf Englisch erhältlich).

»Gott sagte mir, ich solle dieses Buch schreiben.

Tatsache, kein Scherz! Und Er/Sie/Es sagte mir sogar, ich solle es *Confessions of a Cowgirl Guru* nennen.

Gott sagte: ›Lola, du hast mehr Energie als eine Hausfrau der 1950er-Jahre, die sich mit Diätpillen aufputscht. Hier ist ein weiteres Projekt für dich: Bitte, bitte hilf, ein bisschen mehr Leichtigkeit in diese viel zu ernsthafte spirituelle Welt zu bringen. Die einzigen Leute, die sich mit mir unterhalten, sind die Spirituellen, und die sind so verdammt ernsthaft! Es würde viel mehr Spaß machen, sich mit den Sündern zu unterhalten, aber die wollen überhaupt nicht mit mir reden.

Diese Ernsthaftigkeit ist eine riesige Bremsschwelle auf dem Weg zur Erleuchtung. Sag ihnen, dass Erleuchtung etwas mit Leichtigkeit zu tun hat, nicht mit Er-schwer-ung (im englischen Wort für Erleuchtung, *enlightenment*, ist das Wort *light* für ›leicht‹ und ›Licht‹ enthalten, Anm. d. Übers.). Wir alle hätten sicherlich viel mehr Spaß, wenn ihr euch dort unten entspannen und einfach mal richtig leben würdet. Ihr lauft durch die Gegend und sucht mich, lest all diese Bücher, hört euch all diese Channelmedien an, besucht all diese Seminare und sucht überall nach mir, nur nicht in eurem Innern. Hallo! Hier bin ich!‹

Ich stimme Gott zu.

Auch mir erscheinen Klischees albern, und noch alberner ist es, wenn Menschen sich nach ihnen richten, statt zu sein, wer sie wirklich sind. Ich möchte mich nicht wie eine stereotype spirituelle Lehrerin anhören oder so aussehen, handeln, denken oder funktionieren – auch wenn ich eine bin, in großem Stil und weltweit. Hey, ich bin in bestimmten Kleinstädten berühmt, in denen die Leute nichts Besseres zu tun haben.

Der Humor hat meinem Leben fast genauso viel Wert hinzugefügt wie mein spirituelles Streben, und ich habe ziemlichen Spaß daran, mich über Klischees hinwegzusetzen, indem ich solche Sachen mache, wie Spaßiges zu schreiben oder erotische Bilder zu malen.

Meine Mama meinte: ›Du hast ja Bilder von nackten Hintern im ganzen Haus hängen.‹ Ich sagte: ›Mom, das ist mir bekannt.‹ Sie wollte Drucke davon haben.

Penny, eine Freundin von mir, traf sich mit einer Frauengruppe zum Mittagessen und jemand erwähnte meinen Namen. Penny blieb still, während sich die anderen über mich unterhielten, und sie achtete darauf, wer von mir gehört hatte, bis schließlich eine von ihnen mit einem süffisanten Lächeln bemerkte: ›Yeah, Lola Jones. Ich war auf ihrer Website. Sie ist die Marilyn Monroe unter den spirituellen Lehrern.‹

Meine Freundin Penny meinte: ›Ich glaube nicht, dass sie das als Kompliment gemeint hat, also machte ich den Mund auf: ›Ja, sie ist cool und so anders, nicht wahr? Lola ist eine enge Freundin von mir!‹ Die Frau wechselte das Thema, während ich breit grinste.‹

Mein Liebster und ich fahren gern nach Las Vegas, und manche Leute überrascht das. Sie vermuten, dass eine spirituelle Lehrerin in ihrer Freizeit wohl heilige Stätten oder so einen Mist besuchen würde. Uups, das war jetzt der Cowgirl-Guru in mir – ich würde niemals ›Mist‹ sagen. Aber mal im Ernst, wenn du ständig in der Natur lebst, in Schönheit, Ruhe und Frieden, wo fährst du dann hin, wenn du mal ›aus allem raus‹ willst?

In die Stadt der Sünde! Sie ist so ganz anders als mein normales Leben. Las Vegas ist tatsächlich ein erstaunlicher Ort, voller Kontraste und einer breit gestreuten Vielfalt von Weltklasseformat: Kunst, Architektur, Musik, Theater, Springbrunnen, Farben, Unterhaltung und auch Prostituierte. Wie schon gesagt, eine breite Vielfalt und jede Art von Welten.

Ich habe absolut null Interesse daran, irgendwelche heiligen Stätten zu besuchen. Ich lebe ständig in einer solchen und erschaffe mir eine, wo immer ich wohne. Es gibt nichts an irgendeiner heiligen Stätte, das mir nicht jederzeit zugänglich wäre –

und du kannst dir mit deiner Absicht ebenfalls deine eigene erschaffen. Außerdem sitzen bei den meisten heiligen Stätten eine Menge ernsthafter Menschen herum, benehmen sich ernsthaft oder meditieren und warten mit ernster Miene auf Erzengel Michael oder jemand ähnlich ernsthaft Wichtigen – allen Ernstes. Wenn man vor der Wahl steht, ob heilig oder profan, so macht das Profane immer mehr Spaß, und die Sünder lachen viel öfter als die Heiligen.

Wenn du mich jemals in weißen Gewändern oder irgendeiner Art indischer Kluft siehst, wie ich mit gedämpfter, andächtiger Stimme spreche und fromm und spirituell daherkomme, dann hol dir eine Pistole (wenn du zufällig gerade in Texas bist, wird dir jeder gern eine leihen), erschieß mich auf der Stelle und wirf meinen Leichnam den Kojoten vor. Das meine ich im Ernst. Dieses eine Mal meine ich es im Ernst, aber erwarte sonst ab jetzt nicht allzu viel Ernsthaftigkeit von mir.

Weil wir von Pistolen reden … Ich muss dir von meiner Mutter erzählen, wie wahnsinnig komisch sie ist. Ihre ganze von Tennessee nach Texas umgezogene Familie war zum Schreien komisch, aber der besondere Gag bei meiner Mom ist, dass sie witzig ist, wenn sie gar nicht merkt, dass sie witzig ist – bis du anfängst zu lachen, dann fängt sie auch an zu lachen. An einem Novembertag erkundigte sie sich: ›Ich weiß einfach nicht, was ich dir zu Weihnachten schenken soll, und wo du doch so allein hier draußen wohnst – möchtest du eine Pistole?‹

Sie meinte das ganz im Ernst. Ich versuchte, keine Miene zu verziehen.

Wirklich.

Ich versuchte es.

›Mom, das ist so süß von dir – so ganz im Geiste von Weihnachten! Ich würde jedes Mal an dich denken, wenn ich jemanden erschossen habe.‹ Da merkte sie, wie witzig das war, und lachte. Sie gab aber nicht auf. Zu einem anderen Weihnachten fragte sie: ›Okay, wenn du schon keine Pistole willst, wie wäre es mit einem Taser (einer Elektroschockpistole, Anm. d. Übers.)?‹

Wenn sie gewusst hätte, dass in alle Häuser in meiner Nachbarschaft eingebrochen worden war, außer in meines – sie hätte nicht mehr schlafen können. Bei der Schwingung, die ich habe, ist es unmöglich, dass ich ausgeraubt werde.

Ich schließe meistens nicht einmal meine Türen ab, und ich hatte noch nie einen Anlass, auf irgendjemanden zu schießen oder auch nur mit einer Mistgabel auf ihn loszugehen. In Texas gibt es ein Schild, das manche Leute vor ihrem Haus anbringen; darauf ist ein Revolver abgebildet, und darunter steht: ›Wir wählen nicht den Notruf.‹

Einmal erzählte ich Mom von einem schwerwiegenden gesundheitlichen Problem, das ich gelöst hatte. Sie war empört: ›Ich bin dir nicht mal wichtig genug, dass du mir davon erzählt hättest, und ich mir hätte Sorgen um dich machen können.‹ Ich fing an zu lachen: ›Okay, tut mir leid. Wie schrecklich gedankenlos von mir. Von nun an rufe ich dich sofort an, wenn es irgendetwas gibt, um das du dir Sorgen machen kannst. Außerdem trete ich dir meine ganze Besorgnis ab, denn du, meine liebe Mami, bist ein Vollprofi.‹

Mein inneres Selbst, Gott-Selbst, großes Selbst, Fred oder wie auch immer du es nennen möchtest, ist witzig, weil ich ihn/sie/es darum gebeten habe, es zu sein. Es gibt nichts Schlimmeres als eine innere Stimme, die nur Dinge sagt wie: ›Deine Mission ist es, die Welt zu retten‹, oder: ›Du musst eine rote Kerze anzünden und täglich von drei bis vier Uhr morgens meditieren.‹

Ich bin sogar schon mehr als einmal laut lachend aus tiefem Schlaf erwacht. Mein großes Selbst weckte mich gestern mit folgendem Witz auf: Wenn *Divine Openings* eine Fluglinie wäre, würde sie Air Freedom heißen. Unser Versprechen an unsere

Kunden würde lauten: ›Geben Sie uns Ihr Gepäck und wir werden es verlieren.‹«

Die Präsenz wird dir mit Vergnügen mehr Humor, Leichtigkeit, Heiterkeit und Lachen in deinen Alltag bringen, wenn du darum bittest. Ich verspreche dir, dein Leben wird übersprudeln vor witzigen Menschen, Situationen und Gelegenheiten zum Lachen. Sei dankbar dafür, übertreibe es und füge deinen eigenen Humor hinzu.

Die *Confessions of a Cowgirl Guru* zeitgleich mit diesem Buch (in seiner ersten englischsprachigen Version) zu schreiben war eine gute Möglichkeit, die rechte Balance zur Ernsthaftigkeit dieses Buches herzustellen. Das Leben kann eine große Freude sein, und es kann sehr ernsthaft sein. Ich lade dich ein, dich von alldem zu lösen, und weil dir das kostbare Geschenk des freien Willens mitgegeben wurde, ist es wirklich deine Wahl. Sogar nicht zu wählen ist eine Wahl und bedeutet, sich für die Standardoption zu entscheiden.

Ein großer Teil von *Confessions of a Cowgirl Guru* ist meinen eigenen Lebenserfahrungen direkt entnommen, manches habe ich mir jedoch ausgedacht oder ich habe es übertrieben, nur um mich zu amüsieren. Als ich früher noch öfter segelte und viel Zeit mit Seglern verbrachte, pflegten wir zu sagen: »Eine gute Geschichte braucht ein bisschen Decklack, genau wie ein gutes Boot.« Falls du noch irgendwelche Stereotypen mit mir verbindest, wird dieses Buch sie wegsprengen. Pass auf! Es kommen Schimpfwörter darin vor! Cowgirls nehmen kein Blatt vor den Mund und kümmern sich nicht um Weicheier.

In meinen »Geständnissen eines Cowgirl-Gurus«
sage ich: »If you're seekin', you're leakin'.«
(»Suchen heißt, deine Kraft versickern zu lassen.«)

Wie du aus *Alles läuft super, während ich weg bin* weißt, setzte ich an einem bestimmten Punkt in meinem Leben eine machtvolle Absicht: meinen unterentwickelten Sinn für Humor zu kultivieren. Als Kind fühlte ich mich gedemütigt, wenn mich jemand aufzog. Ich nahm mich selbst viel zu ernst. Das ist heute nicht mehr der Fall.

Wenn du gern liest, dann lies lieber Bücher von jedem Komiker, den du finden kannst, statt noch mehr Bücher für Suchende. Wenn du Workshops liebst und gern neue Dinge lernst, besuche statt eines weiteren spirituellen Seminars lieber einen Workshop für Comedy-Improvisation oder einen Stand-up-Comedy-Kurs. Zwei Komiklehrer sagten einmal: »Wir nehmen deinen Traum, die Leute zum Lachen zu bringen, und machen ihn zu einem totalen Albtraum.« Hört sich nach Spaß an, oder? Belege einen Kurs für das Schreiben von Komödien oder Kabarettstücken oder ein Rhetorikseminar, um deine Kommunikationsfähigkeit und dein Timing zu verbessern, denn Timing macht mehr als die halbe Miete beim Humor aus. Mein Comedy-Timing wird immer besser, und ich übe gerade dafür, eine Komik-DVD zusammenzustellen.

Dir lustige Filme und Komödien anzuschauen stimmt dich auf diese Frequenz ein, so wie das Ansehen von Nachrichten über Kriminalität und Gewalt dich auf diese Schwingung einstimmt. Das Leben ist ein Bankett, und alles steht denen zur Verfügung, die es wollen. Aber du brauchst die Sardellen vom Büfett nicht aufzuessen, wenn du sie nicht magst!

Wenn du eine (englischsprachige) Liste von humorvollen und aufbauenden Filmen haben möchtest, die ich empfehlen kann, so geh auf www.DivineOpenings.de und gib im Suchfeld »movies« ein.

Weil sie keine Ahnung haben, dass sie es sich aussuchen können, leben zu viele Menschen ihr Leben so, als sei es etwas Todernstes. Und das Universum sagt: »Ja, okay, todernst, *schrecklich* ernst – also, hier sind noch einige schrecklich todernste Dinge. Jetzt hast du eine Serie, die hübsch zusammenpasst.«

Unsere Standardeinstellung ist so eingestellt, dass wir das Leben einfach geschehen lassen, ohne uns durch kreative Gedanken zu beteiligen. Wir können aber auch jede Gelegenheit nutzen, um albern zu sein, zu lächeln, zu lachen, Witze zu machen und uns vorzunehmen, das Leben zu genießen und durch das Setzen von Absichten etwas zu bewirken. Dies ist dein Leben, verdammt noch mal – verschwende es nicht! Was wirst du am Ende sagen? »Ich wünschte, ich hätte mir mehr Sorgen über jede tragische Sache, die auf der Welt passierte, gemacht« oder: »Ich bin so froh, dass ich mit den Menschen gelacht habe, die ich liebe.«

Setze die Absicht, dass dein Leben voller Lachen und Freude ist, dann findet der Humor zu dir.

Wir haben so viele Nachrichten von erleuchteten Menschen bekommen, die mit ihrer ganzen Familie lachten, sie beruhigten und aufbauten und die letzten Lebensmomente eines Elternteils, den Übergang zu einer Feier des Lebens, der Familie, Freude und Liebe machten, anstelle der Trauer und dem Beklagen des Verlustes allen Raum zu geben. Eine Frau, die kurz vor dem Tod ihrer Mutter *Divine Openings* entdeckte und ihren Weg des Erwachens in Gang setzte, schrieb mir: »Es war die beste Zeit, die ich je mit meiner Mutter hatte.«

❀ ❀ ❀

Deine Worte sind Absichten –
oder: Hüte deine Zunge

Bei »Hüte deine Zunge« hast du vermutlich aufgehorcht. Als ich Kind war, pflegten Erwachsene zu sagen: »Hüte deine Zunge«, wenn wir frech zu ihnen waren oder Dinge sagten, die ihnen nicht gefielen. Von nun an wirst du selbst darauf achten, was du sagst. Wir werfen ziemlich unbedarft mit Worten um uns, aber sie machen einen Unterschied. Deine Worte beschreiben nicht einfach nur die Realität – sie *erschaffen* Realität.

Beim Lesen von *Alles läuft super, während ich weg bin* hat dich die Gnade berührt und emporgehoben, und nun ist alles, was du zu tun hast, von deiner Kraft und Macht bei deinen täglichen Entscheidungen guten Gebrauch zu machen. Wenn du es vorziehst, wieder in deine Schlammpfütze zu springen, deine Energie durch Jammern und Klagen in den Keller zu fahren, die eigene Kraft zu verleugnen, deinem Kopf das Steuerrad zu überlassen und die Arbeit an dir selbst wieder aufzunehmen oder das, was du mit *Divine Openings* erlebt hast, durch New-Age-Firlefanz zu verwässern – wie soll die göttliche Gnade dir da helfen können? Die Gnade respektiert deinen freien Willen.

Wach zu sein erfordert keine Arbeit. Bewusstheit macht Freude, gibt Kraft und erleichtert das ganze Leben ungemein. Unbewusst zu sein macht das Leben viel schwieriger und anstrengender. Manchmal denken die Leute, sie könnten es sich durch alle möglichen Prozesse und komplizierten magischen Hokuspokus ersparen, selbst zu denken, zu fühlen und zu entscheiden. Sie hoffen auf ein Leben voller Zuckerschlecken und eitel Sonnenschein. Worauf es aber letztlich bei allem hinausläuft: Bleibt bewusst, Leute!

Fasse den Vorsatz, stets wach zu bleiben –
achtsam und bewusst. Das ist nicht anstrengend
und macht keine Arbeit.

Die Präsenz arbeitet nicht an der Evolution und Weiterentwicklung, sie geschieht rein durch Absicht – und du kannst es genauso machen. Durch die physische Ebene kommt natürlich die erquickliche physische Komponente der körperlichen Arbeit hinzu, mit Schwerkraft, Schweiß, Raum und Zeit. Genieße das alles, aber vergiss eines nicht: Du besitzt nichtphysische Macht und Kraft.

Gespräche mit anderen

Ich hatte schon vom Verkehr in Kalifornien gehört, war aber fest entschlossen, das Beste daraus zu machen – und das tat ich. Ich beklage mich nie über den Verkehr, darum ist meine Erfahrung damit meistens wunderbar. Hier draußen wähle ich vielleicht vorher meine Route mithilfe meiner Verkehrs-App, doch sobald ich unterwegs bin, denke ich nicht mehr über den Verkehr nach und spreche auch nicht darüber, selbst wenn ich in einen Stau gerate. Ich denke an etwas Konstruktives, bringe meinen Verstand zur Ruhe und entspanne mich, höre Musik oder eine meiner Audiodateien, oder ich spreche über etwas Aufbauendes oder Produktives. Wenn ich den Verkehr erwähne, sage ich vielleicht: »Dieses langsame Stück war gar nicht so schlimm. Im Großen und Ganzen komme ich ganz gut voran.« Dementsprechend glatt und reibungslos verlaufen meine Fahrten, und ich bin fast immer pünktlich. Ausnahmen spiele ich herunter und führe nicht Buch darüber, wenn es mal nicht so gut läuft.

Wenn du mit anderen zusammen bist, sei dir dessen bewusst, was du in das Gespräch einbringst, wenn du deine Kraft der Absicht aufrechterhalten willst. Es entzieht dir jedes Mal Kraft, wenn du anderen Menschen Horrorgeschichten erzählst – vom Straßenverkehr, von Schwierigkeiten, Versagen, Opfersein oder was mit diesem oder jenem nicht stimmt. Warum willst du deine Kraft der Absicht auf Beschwerden richten – in Bezug auf Arbeit, Gesundheit, Verletzungen, Geld oder andere Leute – und damit noch mehr Dinge ins Leben rufen, über die du dich beschweren kannst?

Na klar, andere tun das auch, aber warum willst du deine Kraft der Absicht opfern, nur um dich ihnen anzupassen? Die Sympathie und Bestätigung, die wir von anderen bekommen, wenn wir jemanden bedauern, sind ein armseliger Lohn, wenn wir den hohen Preis bedenken, den wir dafür bezahlen. Bevor du etwas sagst, wäge ab: »Ist es aufbauend? Ziehe ich mir dadurch ähnliche Schwingungen in der Zukunft an? Baue ich meine Kraft der Absicht damit auf oder verschleudere ich sie?« Hier ist der Härtetest auf der Navigationstafel: Richtet es die Flugzeugspitze von dir oder deinem Zuhörer nach oben oder nach unten? Das ist alles, was zählt!

Man könnte meinen, dass es einem hilft, wenn man anderen von seinen Kümmernissen erzählt und jemanden hat, der einen im eigenen Leiden bestätigt, aber das ist nicht der Fall – im Gegenteil, es verstärkt noch die Opferrolle. Am besten wechselst du geschickt das Thema oder hebst die Nase deines Flugzeugs wieder an, falls sich jemand in der Konversation zum Sturzflug der Stimmung anschickt. Wenn er damit weitermacht, versuche auszusteigen – das Leben ist zu kostbar dafür.

Wenn du etwas erschaffen willst, genügt es nicht, einfach nur deine beste, absichtsvolle Sprache aufzufahren – es ist deine vorherrschende Energie, deine konstante Schwingung, welche die Ergebnisse bringt. Du brauchst nicht perfekt zu sein, doch du solltest *alles, was du sagst,* als eine Absicht betrachten, die aus deinem Mund kommt, denn genau das ist es.

*Deine Alltagssprache wirkt sich
auf deine Kraft der Absicht aus.*

Menschen neigen dazu, andere vor Dingen zu warnen, die ihnen zustoßen könnten, aber das ist bestenfalls nur ein Weiterreichen von negativen Erwartungen, die uns Kraft und Macht rauben. Die Leute in meiner Nachbarschaft in Texas versuchten, mich vor Kriminalität zu warnen, aber es kam einfach nicht bei mir an. Unglück, Krankheit und Gefahr können einem Menschen mit hoher Schwingung nichts anhaben, es sei denn, sein großes Selbst entscheidet sich dafür, ihn von dieser Erde zu nehmen – doch wenn das der Fall ist, wird keine Warnung es verhindern können.

Wenn du jemanden warnen oder ihm helfen willst, dann tauche selbst in diese Gefühle ein, statt sie anderen mitzuteilen. Wenn es eine Umleitung auf der Strecke gibt, die der andere nehmen will, oder wenn ein Sturm im Anzug ist, dann sag es ihm, versuche jedoch, keine negativen Erwartungen zu säen.

Scherzhafte Berichte von Kummer und Leid sind besonders heimtückisch, weil wir meinen, sie seien unterhaltsam, doch wir erschaffen so noch mehr von diesem Leid. Spüre selbst, in welche Richtung es dich und den Zuhörer führt, selbst wenn laut darüber gelacht wird.

Du brauchst keine Wortpolizei!

Man muss keine Wortpolizei ins Spiel bringen. Du brauchst deine Worte nicht auf die Goldwaage zu legen, um genau die richtigen spirituellen Begriffe, Gebete oder Anrufungen zu benutzen, damit sich deine Absichten erfüllen. Sei lediglich bewusst und absichtsvoll damit, wie sich deine Worte *anfühlen*.

Eine Freundin von mir meinte einmal, ich müsste die Wörter »wünsche« oder »wähle« verwenden und dürfe niemals »will« oder »brauche« sagen. Ich stimme zu, dass wir lieber die Schwingung eines leichten, klaren Gefühls des Wunsches oder der Wahl aussenden sollten als ein schweres Gefühl des Mangels oder der Bedürftigkeit – es liegt aber nicht an den Worten, es liegt an der Schwingung! Ich konnte ihr das nicht sagen. Allerdings manifestierten sich die Dinge für mich in der Regel schneller als für sie, obwohl ich die angeblich »falschen« Wörter gebrauchte und sie die »richtigen«. Der Unterschied lag in unserer Schwingung. Sie klammerte sich immer noch daran, anderen vorzuwerfen, sie würden sie einbremsen. Das ist ein Killer für die Kraft der Absicht, und der Gebrauch der richtigen Worte kann diese Schwingung nicht einfach aushebeln.

Nein, du brauchst keine Wortpolizei – du kannst wie ein ganz normaler Mensch sprechen. Achte dabei einfach nur auf die Energie, die du aussendest. Während du sprichst, spüre ihr nach und beobachte, wie du dich dabei fühlst und wie deine Zuhörer darauf reagieren. Wird die Schwingung angehoben oder sinkt sie ab?

Besonders nervig ist es, wenn du anderen Leuten die Wortpolizei auf den Hals hetzt. Kümmere dich um deine eigenen Angelegenheiten und hüte du *deine* Zunge.

Entwickle deine Kraft der Sprache

Die Menschen lehnen sich viel mehr vor, um zu hören, was du zu sagen hast, wenn es weniger ist und wenn du es nicht nötig hast, dass man dir zuhört.

Frage dich ab jetzt immer, wenn du mit Leuten sprichst:

* Sind meine Worte einschränkend oder negativ, sagen sie also, wie schlimm die Dinge sind?

- Habe ich überhaupt etwas zu sagen?
- Füge ich dem Austausch etwas Wertvolles hinzu oder plappere ich nur?
- Rede ich nur, um das Schweigen zu vermeiden? (Bitte gib der gesegneten Stille Raum!)
- Rede ich und vermeide damit, nach innen zu gehen und mit der Präsenz zu reden?
- Äußere ich unbewusste Behauptungen, zum Beispiel: »Na ja, du weißt ja, wie die Männer (die Frauen, die Kinder, die Wirtschaft) sind«?
- Beklage ich mich? (Selbst scherzhaftes Jammern ist ein Schwingungskiller.) Dies ist eine tückische Variante, weil *jeder es tut*.
- Halte ich Ausschau nach jemandem, dem ich von meinen Problemen erzählen kann, damit ich Bestätigung von ihm bekomme, statt zu beabsichtigen, diese Probleme loszulassen?

Eine Freundin, die nicht *Divine Openings* praktiziert, bat mich um Rat in Bezug auf den Druck eines Buches im Eigenverlag – sie wollte ein Werk über Internetbetrüger herausbringen. Damit begab sie sich auf schwankenden Boden. Für die meisten Menschen ist es schwierig, sich in ein Thema mit niedriger Schwingung zu vertiefen, ohne diese Art von Negativität in ihr eigenes Leben zu ziehen. Sie riskierte damit, zu einem Magnet für Betrüger zu werden, ob im Internet oder wenn sie ihr Auto reparieren lassen oder einen passenden Partner suchen wollte. Wir schwingen in dem, womit wir uns beschäftigen, und ziehen dann Dinge an, die dieser Schwingung entsprechen. So viele von den Senatoren, die in den USA Untersuchungen gegen Pornografie führten, und viele Priester, die so vehement gegen Unzucht wetterten, taten am Ende genau das, wogegen sie ursprünglich gekämpft hatten, weil sie ihren Fokus darauf richteten, sich auf diese Schwingung einstellten und letztlich davon so besessen waren, dass sie es selbst ausstrahlten.

Pass auf, wohin du zielst, und frage dich:

* Hebe ich beim Sprechen über eine Sache die Schwingung an? Oder tauche ich dabei in eine niedrigere Schwingung in mir ab? Oder bringe ich eine Geschichte zum Platzen – statt einfach »darüber zu berichten«?
* Hilft es mir, meine Gefühle für berechtigt zu halten, wenn andere mir damit recht geben?
* Wie kann ich meine Freude und Inspiration zu anderen Menschen tragen – und meine niedrigen Schwingungen zur Präsenz?
* Wie kann ich Menschen anziehen, mit denen ich meine gewählte Realität teilen und gemeinsam genießen kann?
* Ist es aufbauend, unterhaltsam, lustig, verbindend, wertvoll, interessant, herzöffnend oder hilfreich, was ich sage?

Worte haben Macht.
Nutze sie weise.

Wenn es im fünftägigen Schweigeretreat oder in anderen Kursen so scheint, als würde ich einfach nur plaudern, herumalbern, Erfahrungen oder Geschichten erzählen, so geschieht das immer bewusst und dient einem Zweck. Ich bemühe mich, nicht zu kritisieren, nicht von Begrenzungen zu reden und auch nicht zu viel Energie in das zu stecken, was ich nicht möchte – es sei denn, ich werde von innen heraus dazu geführt, um damit etwas klarzumachen. Ich benutze Worte, um mich von dem abzustoßen, was ich nicht möchte – zu dem hin, wohin ich möchte.

Spüre, wie deine Schwingung absinkt, sobald du dich beklagst, tratschst, kritisierst, die Opferposition einnimmst oder von dem redest, woran es angeblich fehlt.

Die meisten Menschen sind so sehr darauf konditioniert, Dinge zu tolerieren, die sich schlecht anfühlen, dass sie es gar nicht mehr bemerken, wenn ihre Worte *ihre Schwingung in einen Sturzflug versetzen.* Aber du spürst es. Wenn Menschen ihre Gefühlsskala nicht im Auge behalten, sind sie von unerwünschten Ereignissen oft wie vor den Kopf gestoßen: »Wieso passiert mir denn so etwas? Ich bin doch ein guter Mensch!« Sie spürten es nicht kommen.

Generell gilt: Je weniger du sagst, umso kraftvoller ist es. Wenn etwas mit zehn Worten am kraftvollsten gesagt werden kann, wird es mit zwanzig Worten nur verwässert. Wenn ein Gespräch nur dazu dient, leeren Raum zu füllen, Gefühle zu vermeiden oder dich abzulenken, dann hör lieber auf zu sprechen, sei still und spüre nach innen.

Verwässere nicht die Kraft deines Wortes.
Lass jedes Wort absichtsvoll sein.

Zusammengefasst: Sprechen erzeugt Schwingungen, und die vorherrschenden Schwingungen formen eine Matrix, die irgendwann volle Gestalt annimmt und zur physischen Realität von morgen wird. Glücklicherweise erschaffst du zuerst eine nichtphysische Realität, bevor sie in der physischen Realität auftaucht, was dir einen Zeitpuffer gibt, in dem du sie – wenn nötig – noch ändern kannst.

❀ ❀ ❀

Der beste Gesprächspartner

Zeugesein (engl. *witnessing)* ist das, was dein unbegrenztes, großes Selbst mit Weisheit und Klarsicht macht, wenn es dein kleines Selbst neutral und urteilsfrei beobachtet. Du bekommst diesen größeren Blickwinkel, statt in der kleineren, eingeschränkten Perspektive festzustecken. Das Erleuchtungsphänomen, bei dem du dein eigener, neutraler Beobachter bist, tritt bei manchen früher auf als bei anderen.

Wenn du *Divine Openings* eine Zeitlang gemacht hast, fällt dir beim Blick auf deine Vergangenheit auf, dass es Zeiten gab, in denen du so sehr »innerhalb« des Dramas warst, dass du nicht darüber hinaussehen konntest. Du warst so identifiziert mit dem, was passierte, dass du die weiteren Möglichkeiten jenseits davon gar nicht sehen konntest. Du dachtest, die Gefühle und Gedanken, die du erlebtest, seien *du.* Aber aus dem Blickwinkel des großen Selbst weißt du jetzt, dass diese Gefühle und Gedanken lediglich Energie waren, die sich durch dich hindurchbewegte.

Die größere Perspektive, die du hast, wenn du dich selbst neutral beobachtest, ist immer produktiv und voller Möglichkeiten; sie ist nie begrenzt. Wenn du dich selbst in einem Moment Dinge sagen hörst, die dich schwächen, hörst du am besten sofort damit auf.

Das Zeugesein fängt ab einer bestimmten Phase des Erwachens ganz von allein an. Setze die Absicht, dass du dein eigener, neutraler Beobachter sein willst, wenn du es nicht ohnehin schon bist. Höre dir selbst zu, wenn du ganz locker und beiläufig plauderst. In Wirklichkeit legen deine beiläufigen Worte Ursachen – du baust aktiv an deiner Realität!

❧ Frage dich: Sind meine Worte voller Möglichkeiten oder voller Einschränkungen?

- Frage dich: Trete ich für unbegrenzte Möglichkeiten ein, oder rechtfertige ich meine Grenzen?
- Wenn du dich sagen hörst: »Nun, realistisch gesehen …«, dann hinterfrage das!
- Wenn du dich sagen hörst: »Ich kann unmöglich …«, hoppla! Betrachte es ganz unvoreingenommen, lass die Geschichte fallen und öffne dich für die unendlichen Möglichkeiten, die dein großes Selbst wahrnimmt.
- Sage: »Es gibt Tausende von Möglichkeiten, wenn ich offen bin und mich gut fühle; also werde ich den Fokus darauf richten, mich ein bisschen besser zu fühlen und in meine Kraft zu kommen.«
- Sage: »Ich habe das erschaffen, und ich kann auch etwas anderes erschaffen.«

Was du sagst, ist niemals beiläufig –
es legt Ursachen.

Wenn du aufgehört hast, dich selbst als von Gott getrennt zu betrachten, wird es keine Unterscheidung mehr geben in: »Das bin ich, und das ist Gott«, ja nicht einmal in: kleines Selbst und großes Selbst. Es ist alles *du,* im jeweiligen Augenblick mehr kontrahiert oder mehr expandiert. Deine Gespräche mit Gott werden dann eher zu Selbstgesprächen.

Mit dir selbst Gespräche zu führen, als dein Gott-Selbst, fokussiert dich auf eine machtvolle, persönliche und nahezu greifbare Weise auf den nichtphysischen Aspekt von dir. Mit der Präsenz zu sprechen stärkt deine Kraft – tue es, während du deiner Arbeit nachgehst und in deiner Freizeit, und spüre, wie die Trennung zwischen dir und Gott verschwindet.

Lass dein Wort etwas gelten

Du bist menschlich. Du wirst Fehler machen und Ausrutscher haben. Du wirst Macht abgeben oder auf subtile Weise deine Kraft absickern lassen, was dir anfangs vielleicht gar nicht auffällt. Manchmal wirst du deine Absichten durch gegensätzliches Handeln verwässern.

Lass dich neu darauf ein,
korrigiere deinen Kurs und geh weiter.

Die Situationen sind bei dir vermutlich viel weniger drastisch als in der folgenden Geschichte, doch die Gegenabsichten der darin beschriebenen Frau und andere Faktoren, die ihre Kraft der Absicht dezimierten, geben ein klares dramatisches Beispiel.

Ich habe persönliche Details verändert, um ihre Identität zu schützen, aber die Fakten sind korrekt und keineswegs übertrieben. Diese Frau, die ich schon lange kenne, ist ein wunderbarer, talentierter, großzügiger, liebevoller Mensch, mit dem man viel Spaß haben kann, und doch hat sie Mühe, das zu bekommen, was sie sich wünscht: Sie glaubt, es stehe ihr nicht zu. Sie versuchte sich in *Divine Openings*, setzte es aber nicht konsequent um. Sie sagte, sie beabsichtige, eine Beziehung zu finden, die zu ihr passt, verhinderte es jedoch, indem sie aus Angst, finanziell allein dazustehen, in einer Beziehung blieb, die sie eigentlich nicht wollte. Doch er bot ihr Sicherheit, auf eine eigenartige Weise: Er würde sie nie verlassen. Die beiden Partner passten allerdings weder schwingungsmäßig noch anderweitig zusammen.

Als sich das Paar kennenlernte, fühlte er sich für sie nicht stimmig an, doch er strahlte eine Vitalität aus, die sie sehr anziehend fand; er spuckte große Töne und betete sie an. Sie war routiniert darin, ihre Gefühle zu ignorieren, daher stürzte sie sich kopfüber in die Beziehung. In der ersten Woche, in der sie zusammen waren, fiel sie von einer Leiter und erlitt einen komplizierten Knochenbruch. Sie erkannte zwar die Botschaft, überging sie jedoch mit glasigem Blick und kehrte zurück in eine friedliche Taubheit, mit der sie weitere neun Jahre mit ihm durchs Leben marschierte. Sie erlitt eine lange Kette von regelmäßig wiederkehrenden, ernsthaften Verletzungen und Autounfällen, viele davon mit Knochenbrüchen – mittlerweile waren es mindestens zehn. Dann folgte eine Hüftoperation. Die Hüften haben mit dem Vorwärtsgehen im Leben zu tun – oder dem Mangel daran. Die Ärzte priesen, wie rasch sie heilte und wieder auf die Füße kam, und dann kam die nächste Verletzung oder der nächste Zusammenstoß. Sie hatte ihren inneren Gefühlskompass schon so lange ignoriert, dass sie nie etwas davon kommen spürte.

Sie nannte es *Unfälle* und ließ dabei völlig außer Acht, dass ihre innere »Navigationstafel« ihr eine emotionale Befindlichkeit anzeigte, die sich bis zur Intensität eines Feueralarms gesteigert hatte. *Es gibt keine Unfälle, nur Botschaften.* Und selbst wenn es »Unfälle« gäbe, läge die statistische Wahrscheinlichkeit, dass jemand innerhalb von zehn Jahren so viele Katastrophen erleben würde, bei null.

Ihre Verletzungen spiegeln wider, wie sehr sie *sich selbst* verletzt. Nachdem sie dies aber »Unfälle« nannte, besetzte sie sich in diesem Drama selbst mit der Rolle des hilflosen *Opfers* von zufälligen Ereignissen und gab ihre Macht und Kraft als bewusste Schöpferin ab. In dem Augenblick, in dem wir eingestehen: »Ich habe das erschaffen«, tun wir den ersten Schritt, unsere Macht wiederzuerlangen.

Seit zehn Jahren spricht sie davon, diese Beziehung beenden zu wollen. Im achten Jahr sagte sie ihrem Partner: »Ich werde dich als Mitbewohner weiter hier wohnen lassen, damit es mir die Miete finanzieren hilft. Aber wir sind kein Paar mehr.« Doch er setzte sich darüber hinweg und verhielt sich im Reden und Handeln weiterhin wie ihr Partner – weil ihr Wort in Bezug auf dieses Thema absolut nichts galt. So verlor sie noch mehr von ihrer Kraft.

Taten senden kraftvoller als Worte.

Im Laufe der Jahre sagte ich ihr immer wieder etwas, aber sie konnte es noch nicht hören. Goldig, wie sie ist, ging sie nie in die Defensive – sie lächelte dann einfach nur und marschierte ins nächste Desaster hinein. Unsere Aufgabe besteht darin, auch Menschen wie sie einfach zu lieben und ihnen ihre eigenen freien Entscheidungen zu lassen.

Indem sie so tat, als wäre dieser Mann ihre finanzielle Hoffnung und Sicherheit, klemmte sie ihren eigenen Geldfluss ab. Nach jeder Verletzung war sie ohne Einkommen, denn ihre Arbeit ist körperlich fordernd. Der Mann trug nur sehr wenig Geld bei, und die medizinischen und anderen Kosten wurden beträchtlich. Sie musste Konkurs anmelden.

Sie hatte zweifellos gespaltene Absichten:

❁ Hauptabsicht: eine großartige Beziehung und ein abgesichertes Leben zu haben.

❁ Gegenabsichten: von einem Mann angebetet zu werden, der sie niemals verlassen würde; jeden Monat die halbe Miete bezahlt zu bekommen; in der Komfortzone zu bleiben und weiterhin mit der Illusion von Sicherheit zu leben.

Kürzlich erschien sie mir schwingungsmäßig aufnahmebereit, also fragte ich sie, ob sie meinen Rat wolle, und sie bejahte es. Ich sagte: »Damit unsere Worte große Kraft haben, muss das, was wir tun, mit dem, was wir sagen, übereinstimmen. *Jeder – selbst das Universum – glaubt den Taten, nicht den Worten.* Du warst es über Jahrzehnte gewohnt, Dinge zu tun, die sich schlecht anfühlten, während du dich dagegen taub stelltest. Also blieb dem Leben nichts anderes übrig, als dich mit *eskalierenden Ereignissen* anzubrüllen. Wenn du deine Gefühle ständig ignorierst, werden die Signale radikaler. Der Widerstand muss immer unerträglicher werden, bis du endlich damit aufhörst. Du bist nicht dazu da, dich immer mehr zu verhärten, um die Katastrophen besser zu überstehen!«

Endlich war sie bereit, ihre Unfälle als Hinweise auf ihren Gefühlszustand zu verstehen, den sie von der Navigationstafel ablesen und einordnen konnte. Sie konnte nun einsehen, dass sie ihre Gegenabsichten im Hinblick auf Finanzen und Sicherheit (so illusorisch sie auch waren) sehr viel mehr gekostet hatten, als sie daraus gewonnen hatte. Wenn wir uns selbst *verkaufen*, müssen wir immer auf irgendeine Weise dafür *bezahlen*.

Dinge zu tun, die sich für uns nicht gut anfühlen, ist der größte Schaden, den wir uns zufügen können. Es *muss* und *soll* sich wie Selbstmissbrauch anfühlen. Es sollte bei dir sämtliche Alarmglocken zum Läuten bringen. Menschen, die ihre Gefühle seit Jahrzehnten übergangen haben, sind so gefühlstaub geworden, dass es sich für sie einfach *normal* anfühlt. Die Beziehung dieser Frau, ihre Finanzen und ihre Gesundheit waren so sehr aus dem Gleichgewicht geraten, weil sie nicht auf ihre Gefühle hörte und nicht nach ihnen handelte. Sie hatte sich taub gemacht.

Wenn wir irgendeinen Menschen oder eine Sache zu unserem rettenden Erlöser machen und ihn oder sie auf unseren Thron setzen, schwächen wir unsere Beziehung mit der Präsenz. Wenn sie jedoch stark ist, dann wenden wir uns für die Erfüllung der meisten unserer Bedürfnisse nach innen. Man könnte es sich eingestehen und sagen: »Ich habe diesen Menschen zu meinem Gott und zu meiner Sicherheit gemacht, darum ist meine Beziehung zu Gott schwach. Ich bin selbst dafür verantwortlich, dass meine Worte nichts mehr gelten. Ich habe meine Zukunft in die Hände dieses anderen Menschen gelegt, statt in Gottes und meine Hände.«

Wenn deine Worte ernst zu nehmen sind,
verstärkt sich deine Kraft der Absicht.

Die Zukunft dieser Frau hing in der Schwebe. Wenn sie sich die Kraft ihres Wortes und ihre Kraft der Absicht zurückeroberte, würde eine Kaskade von positiven Ereignissen folgen. Wenn sie es nicht tat, würde ihre Kraft weiter geschwächt werden, und sie hätte weitere, eskalierende Desaster zu erwarten. Nun, die Geschichte nahm ein gutes Ende. Diese Frau fand den Mut, auf sich selbst zu hören und die Beziehung zu beenden. Jetzt fühlt sie sich aufrichtig, frei und kraftvoll, auch wenn es anfangs einige Momente der Panik gab.

Sekundärgewinn

Manche Gegenabsichten bieten keinerlei Nutzen – es sind einfach nur Einschränkungen, Ängste oder niedrig schwingende Glaubenssätze. Manche Gegenabsichten bieten jedoch einen »Sekundärgewinn« – einen Lohn zum Ausgleich, der die Verlockung der Gegenabsicht versüßt.

Man würde meinen, das Aufgeben der eigenen, wahren Wünsche, um sich mit einer einschränkenden Gegenabsicht zu begnügen, wäre nicht verlockend, doch die Frau in unserer Geschichte erhielt dafür einen Ausgleich, so erbärmlich er auch war: Sie konnte dafür in ihrer *Komfortzone* bleiben. Zumindest war ihr diese Welt vertraut, und sie war real jetzt da, während ihr die Hauptabsicht unerreichbar und schier unmöglich erschien.

Der mickrige Vorteil dieser Komfortzone, so klein er auch sein mochte, wurde für sie zum Normalzustand, und so nahm sie zehn Jahre lang diesen winzigen Vorteil in Kauf, statt ihre primäre Absicht zu verfolgen.

Da die Wahrnehmung Realität ist, spielt es keine Rolle, ob der Ausgleich imaginär oder real ist.

Für dich und mich mögen die mageren Vorteile des Zusammenlebens mit diesem Mann den Preis, den sie dafür bezahlte, nicht wert sein – aber für sie fühlte es sich realer an als das Versprechen auf den idealen, passenden Partner, den sie nie gehabt hatte. Die gegenläufige Absicht mit ihrem armseligen Sekundärgewinn setzt sich durch, weil die »Stimme unserer Handlungen« mehr Gewicht hat als unser Wunschdenken.

Für Menschen, die rauchen, besteht der Sekundärgewinn darin, dass ihre Gefühle betäubt werden und sie sich nicht damit auseinandersetzen müssen. Sie verschaffen sich damit eine augenblickliche, wenn auch nur vorübergehende Erleichterung. Wenn Sorge wegen der langfristigen Wirkungen hochkommt, rauchen sie eine weitere Zigarette, und schwupps ist auch dieses Gefühl weg. Menschen, die das Essen oder irgendwelche Substanzen benutzen, um sich besser zu fühlen, erhalten einen Sekundärgewinn durch eine *flüchtige, vorübergehende Erleichterung*, ohne dass sie wirklich etwas ändern, ihren Widerstand anschauen oder die unangenehmen Schwingungen fühlen müssten, vor denen sie versuchen davonzulaufen.

Selbst wenn der Sekundärgewinn armselig ist und nur kurzfristige Erleichterung bringt, fällt es leichter, damit weiterzumachen, weil eine Gewohnheit daraus wurde. Gewohnheiten sind von Natur aus selbsterhaltend. In manchen Dingen ist das wunderbar – so brauchst du beim Autofahren nicht mehr zu überlegen, weil es eine automatisierte Gewohnheit geworden ist. Ist die Gewohnheit aber ein Suchtverhalten, dann übernimmt es den freien Willen des Menschen und nutzt seine Kraft für die eigenen Zwecke. Die Sucht verfolgt nur einen Zweck: sich selbst zu erhalten. Suchtverhalten hindert uns daran, nach anderen Lösungswegen zu suchen.

Benutze die extremen Beispiele, die ich hier präsentiert habe, um deinen möglichen subtilen Gegenabsichten (die von Sekundärgewinnen unterstützt sein können), auf die Schliche zu kommen.

Unterstütze deine erklärten Absichten durch
entsprechende Schwingungen und Taten.

Hole dir ohne Bewertung oder Selbstbeschuldigung deine Kraft zurück, indem du sagst:

* ❀ »Ich erkenne, dass ich das eine sage und etwas anderes tue – meine Absichten sind gespalten.«
* ❀ »Ich erziele einen Sekundärgewinn, wenn ich mich so verhalte.«
* ❀ »Ich bekenne, dass ich das automatisch oder durch gegenläufige Absichten erschaffen habe.«
* ❀ »Ich erobere meine Kraft zurück, indem ich meinen Worten Taten folgen lasse.«

Die Kraft der Absicht verstärkt sich enorm, wenn Schwingung, Worte und Handlungen übereinstimmen. Du entscheidest dich jede Minute, jede Stunde, jeden Tag wie an einer Weggabelung für einen Weg, der dein Wort ehrt und deine geäußerte Absicht unterstützt – oder eben nicht. Wenn wir uns nicht zum Handeln verpflichtet fühlen, so sagen wir es nicht, dass wir handeln wollen. Denn wir wissen, dass es unsere Kraft der Absicht schwächen würde. Wenn wir es aussprechen, sind wir uns bewusst, dass sich die Absicht schließlich in irgendeiner Form verwirklichen wird.

Die Leute könnten sagen, wir seien »Glückpilze«. Mit »Glück« hat das aber nichts zu tun. Wir sind nur klar im Kopf, bewusst und fokussiert. Zugleich geht es offensichtlich nicht darum, brav zu sein oder »das Richtige« zu tun. Es geht darum, kraftvoll zu sein und seine Macht nicht zu verschleudern. Wenn du mit dir selbst ehrlich bist, verstärkt es deine Kraft der Absicht.

Wenn ich bemerke, dass ich etwas nicht tun kann, von dem ich sagte, dass ich es tun würde, dann teile ich es mit – so geht mir keine Kraft verloren. Wenn ich ein Versprechen nicht einhalten kann, stehe ich dazu, entschuldige mich, bringe es in Ordnung und löse es, so gut ich kann, ohne jede Rechtfertigung oder Ausrede.

Ausreden und Rechtfertigungen nehmen dir Kraft weg, weil sie äußere Kräfte für das verantwortlich machen, was dir geschieht. Ich sage lieber: »Ich habe es erschaffen«, als ein hilfloses Opfer von Umständen und Ereignissen zu sein.

Hier sind einige kraftverschleudernde Rechtfertigungen – und Beispiele für korrigierte Aussagen dazu, mit denen du deine Kraft zurückgewinnst:

»Ich hinke hinterher, weil ...«	»Ich bin spät dran, weil ich mir meine Zeit nicht richtig eingeteilt habe.«
»Es schränkt mich ein, weil ...«	»Ich schränke mich selbst ein. Nur ich kann das.«
»Ich kann nicht, weil ...«	»Ich möchte es nicht. Es ist nicht meine Priorität. Ich passe.«
»Der Grund, warum ich es nicht tat ...«	»Ich habe es einfach nicht geschafft.«
»Jemand anderer ist schuld ...«	»Ich habe das erschaffen. Ich stehe zu meiner Verantwortung.«

Zusammengefasst: Erhebe Anspruch auf deine Kraft. Wirf andere Menschen und Dinge weiterhin mit Sanftheit von deinem Thron herunter. Manche Dinge sind wirklich tückisch, sodass du sie auf deinen Thron setzt, ohne es zunächst zu bemerken. Aber keine Sorge: Deine Navigationstafel wird dir niedrige Schwingungen anzeigen, es wird sich ungut anfühlen, und dadurch wirst du darauf aufmerksam werden. Dann wirst du den Thron deines eigenen Lebens wieder selbst einnehmen. Sprich mit Absicht. Lebe deine Versprechen.

✿ ✿ ✿

Ist es Geduld oder Widerstand?

Menschen zu beobachten ist unendlich interessant. Ich habe Bekannte beobachtet, die ganz spirituell von sich behaupteten, sie würden »geduldig« ihre Absichten zum Leben erwecken. Und ich habe beobachtet, mit welcher Geduld sie weitere zehn Jahre darauf warteten – ohne dass sich ihre Absichten erfüllt hätten. Das hat nichts mit Geduld zu tun. Das ist ein spiritueller Bypass, wenn man lächelt, so tut, als wäre alles in Ordnung, und dabei ignoriert, dass sich überhaupt nichts bewegt und man nichts unternimmt, um den Widerstand zu lockern. Die Präsenz urteilt niemals, und ich auch nicht. Es ist kein Verbrechen, wenn du dich selbst einbremst. Was ich hier sagen will, ist nur: Wenn du schon sehr lange »geduldig« gewartet hast, ist es Zeit aufzuwachen. Die Präsenz hat dir deine Sehnsucht längst erfüllt und die Party für dich sofort gestartet. Das Gewünschte ist in deinem Reservoir. Aber wo bleibst *du*?

Verwandle Drama in Begeisterung

Eine Klientin erschuf sich in ihrem Leben ständig unbewusst große Dramen. Erst durch *Divine Openings* kam sie dahinter, woran es lag: Sie hatte sich nicht erlaubt, ihre frühere, äußerst aufregende Musikerkarriere wiederaufzunehmen, obwohl sie sich das sehnlichst wünschte. Ihre Gegenabsicht bestand darin, dass sie immer schon im Vorhinein alle Antworten haben wollte, bevor sie etwas Neues in Angriff nahm, um nur ja kein Risiko einzugehen. Als sie anfing, gesunde Schritte in Richtung ihrer Musikerkarriere zu tun, ließen die ungesunden Dramen nach.

Wenn wir mehr Aufregung brauchen und sie uns nicht bewusst kreieren, können wir automatisch im Drama landen, um unser Leben aufzupeppen. So können Affären, unerwartete Ausgaben, Fehlschläge, Konflikte, Rechtsstreitigkeiten, Verletzungen, Verluste und alle möglichen anderen Dramen denjenigen »zustoßen«, die sich selbst nicht genügend positive Aufregung gönnen oder eine in ihrem Leben längst notwendige Veränderung nicht herbeiführen. Es gibt keine Zufälle.

Dramen und Adrenalinkicks sind Suchtmittel für unser Nervensystem. Menschen, die süchtig nach Dramen, Risiken oder Missbrauch sind, erschaffen sich oft schreckliche Dinge, von denen sie schwören, dass sie sie nicht wollen. Drama verschafft uns mit Sicherheit ein Gefühl von Lebendigkeit, aber auf kribbelig-nervöse Art. Du aber, als kraftvoller, bewusster Schöpfer, kannst dir auf produktivere und angenehmere Weise Gelegenheiten schaffen, um dich köstlich lebendig zu fühlen!

Seriensucher benutzen ihre »Probleme« und übertriebenes emotionales Verarbeiten, um ihr Leben dramatisch zu halten und Aufmerksamkeit auf sich zu ziehen. Andere benutzen verrückte Romanzen, Bürointrigen, familiäre Streitigkeiten, riskante Schachzüge oder Tratsch, um zu ihrem »Kick« zu kommen. Drama ist aber ein qualitativ schlechterer Energiekitzel im Vergleich zu positiver Aufregung.

Zur Auswahl stehen: Drama durch Gegenabsichten zu erschaffen – oder ganz bewusst positive, herausfordernde An- und Aufregungen zu beabsichtigen.

Beobachte: Kreierst du dir Begeisterung oder Drama?

Schau dir dein Leben an: Erschaffst du dir absichtlich Herausforderungen, interessante Anregungen und spannende, neue Dinge zum Lernen und Erleben? Verbringst du Zeit mit unterhaltsamen Menschen, die gesunde Abenteuer in ihrem Leben erleben, Grenzen überschreiten, produktive Dinge tun und echt Spaß haben?

Oder findest du dich in Dramen wieder, die du unbemerkt selbst kreiert hast? Verbringst du Zeit mit Leuten, die aus allem ein Drama machen? Wenn ja, dann ist es gut möglich, dass dies deine Schwingung widerspiegelt, ansonsten würdest du es als unangenehm empfinden und dich davon entfernen. Wenn du keine Lust auf Dramen hast, wirst du überwiegend Menschen anziehen, denen ebenfalls nichts daran liegt.

Setze die Absicht, dass die Zeit der Dramen für dich vorbei ist. Nimm dir vor, die gewünschten Gefühle der Begeisterung und Neugier, des Neuentdeckens und Erforschens einzuladen, und lass sie dann los. Stelle dir vor, wie es sich anfühlt, Spaß und Abenteuer ohne Dramen zu erleben. Dann wirst du nicht zulassen, dass dich eine hinterlistige Gegenabsicht in deinem Leben mit Dramen überrumpelt.

Durchhaltevermögen

Jeder fühlt die Erregung und Begeisterung, wenn eine neue Idee oder ein neuer Wunsch auftaucht. Dieser nichtphysische Energieschub und das daraus resultierende körperliche Hochgefühl, wenn etwas Neues am Entstehen ist, sind universelle Erfahrungen. Der Kontrast, während es dich nach oben schwingt, ist wie ein Höhenflug in einem aufregenden Freizeitpark. Das ist der einfachste Teil jeder Schöpfung.

Von einem Baby zu träumen, das man lieben kann, ist aufregend – und die meisten Menschen würden zustimmen, dass die Zeugung eines Babys der Teil ist, der am einfachsten ist und am meisten Spaß macht. Aber dann kommt das Durchhalten im Alltag: das Austragen des Babys über neun Monate, das Aushalten der Wehen, das Aufstehen zu jeder Tages- und Nachtzeit, um das Baby zu füttern, die Windeln zu wechseln, es zu baden, zu wiegen und zu beschützen, es anzuziehen und auf es aufzupassen.

Die meisten würden zustimmen, dass das erste Aufblühen einer neuen Liebe der Teil mit dem größten Herzklopfen ist. Nach dem Hoch der Flitterwochen kommt das Durchhalten und Verwirklichen: sich im Zusammenleben anzupassen, Pflichten und Verantwortung zu teilen, Rechnungen zu bezahlen, das Haus in Ordnung zu halten, Geld zu verdienen und sich zu einigen, wofür es ausgegeben wird. Casanovas lieben es, ständig neue Amouren zu beginnen, wollen sich aber nicht tiefer darauf einlassen – sie bevorzugen den Nervenkitzel des Neuen.

Wenn du eine Absicht setzt oder eine neue Idee hast, erlebst du diesen großen Energieschub. Du spielst die erste von drei notwendigen Rollen, um eine neue Schöpfung in die Welt zu bringen: die Rolle des Initiators. Manchmal ziehen Initiatoren eine Absicht auch durch und führen sie bis in die physische Manifestation – und manchmal nicht. Manche verlieren das Interesse, sobald der Reiz des Neuen nachlässt und der Anfangsrausch vergeht.

Manchmal ist es unbedingt nötig, dass die erste Aufregung verblasst. Erst dann kannst du mit deiner Idee spielen und sie eine Weile reifen lassen, bevor du zu viele Ressourcen einspannst. Oft erblüht aus einer anfänglichen Idee eine noch bessere Idee, oder sie führt dich auf unterschiedlichen Wegen zu einem Weg, der sich als weitaus besser erweist. Manchmal ist es die Begeisterung des Nachdenkens und Ideenfindens, worauf es dir wirklich ankommt.

Nehmen wir an, du beabsichtigst zeitliche Freiheit, und schon am nächsten Tag wird dir ein interessantes Geschäft unterbreitet, das dich total reich machen würde. Genieße eine Zeitlang dieses luxuriöse Gefühl, das du dir wünschst, nämlich mehr Zeit zu deiner freien Verfügung und Muße zu haben, und sei offen dafür, dass das Göttliche dir weitere Optionen präsentiert. Erlaube dir, die Erregung mit all diesen neuen Möglichkeiten zu genießen, aber wähle schließlich diejenige, die dem Gefühl von »zeitlicher Freiheit« am nächsten kommt. Diese erste, lukrative, attraktive Idee könnte dir möglicherweise viel weniger freie Zeit lassen, als du dir ursprünglich gewünscht hast. Und wenn du nicht das Gefühl bekommst, das du haben wolltest, wird noch so viel Geld es dir nicht ersetzen können. Vielleicht wirst du dich schließlich für weniger Geld, aber mehr Zeit entscheiden − oder es lässt sich beides unter einen Hut bringen. Das, was letztlich zählt, ist, dass du damit glücklich bist. Mir fallen jede Woche etliche Ideen ein, die ich aus genau diesen Gründen verwerfe. Ständig bekomme ich Vorschläge von Leuten, was ich alles machen könnte, aber ich will gar nicht jede Idee verwirklichen, die es gibt.

Sobald du dich für die *beste von all diesen Ideen* entschieden hast − die eine, die dir das meiste von den Gefühlen schenken wird, die du dir wünschst −, dann ziehe sie durch und setze sie bis in die

Materialisation um. Durchziehen erfordert Reife und Einsatzbereitschaft. So mancher unglaublich kreative und talentierte Initiator wird von immer neuen Einfällen abgelenkt, bevor sich irgendetwas von der früheren Idee materialisiert hat. Für ihn ist der Rausch des Startens aufregender als der lange Atem der Durchführung. Ideen sterben jung, wenn ihnen nicht das gute alte, nüchterne, völlig unglamouröse Durchziehen auf dem Fuß folgt.

Um die Durchführung zu vollenden, müssen neue Schöpfungen beworben, präsentiert und in der Welt publik gemacht werden, oder sie verwelken schon im Frühstadium. Menschen ohne hohes *Durchhaltevermögen* tun sich als Selbstständige oft schwer, solange sie keine Tätigkeit finden, die ihnen eine solche Ausdauer und Durchhaltekraft nicht abverlangt. Oder sie finden Mitarbeiter, die das für sie erledigen können.

Bevor wir dazu übergehen, wie man mehr Durchhaltevermögen beabsichtigt, möchte ich eines klarstellen: Es gibt keine Regel, die besagt, dass man überhaupt irgendetwas durchziehen müsste. Die Präsenz urteilt nicht. Wenn du dich dafür entscheidest, deine Ideen nicht bis zum Ende durchzuziehen, ist das völlig okay. Sei dir deiner Entscheidung aber bewusst und sage: »Ich habe die Energiewelle der neuen Idee genossen und danach aufgegeben.« Dann verlierst du nicht deine Kraft der Absicht.

Es splittert deine Energie auf, wenn du sagst, dass du etwas zu tun beabsichtigst, während deine starken Gegenabsichten verhindern, dass du es tatsächlich tust. Setze lieber die Absicht, deine Ideen als reine nichtphysische Schöpfungen vollkommen zu genießen, und quäle dich nicht unnötig. Hör auf, dich gegen deine Widerstände zu sträuben. Das wird dir vielleicht helfen, deine Idee zu einem späteren Zeitpunkt mit Leichtigkeit zu materialisieren, sobald du dafür bereit bist!

Gib dich damit zufrieden, ein Träumer zu sein, und freue dich über dein reiches Innenleben. Auf diese Weise kannst du das

Hochgefühl des Erschaffens genießen und das schöne Gefühl, das seine Durchführung dir gebracht hätte, erleben – ohne irgendetwas zu tun! Kehre dieses großartige Gefühl nicht um, indem du dich dafür kritisierst, dass du es nicht durchziehst. Denke daran, dass es ja dieses Gefühl ist, um das es dir in erster Linie geht. Wenn du deine Träume allerdings wirklich materialisiert haben möchtest, dann ziehe sie durch.

Im Bewusstsein ist alles mit allem verbunden, und es sind viele Fälle dokumentiert, in denen Erfindungen oder wissenschaftliche Konzepte von verschiedenen Menschen gleichzeitig in weit auseinanderliegenden Teilen der Welt entdeckt wurden. Vielleicht hast du schon ein paar von deinen Ideen in irgendeiner Fernsehwerbung gesehen und dir gesagt: »Verdammt, die haben mir meine Idee geklaut!« Nein – sie hatten nur die gleiche Idee, haben sie aber auch durchgezogen. Wenn du es nicht tust, wird es ein anderer tun.

Ich sage oft etwas Neues oder sage es in einer Art und Weise, wie ich es noch nie gesagt habe, und eine Woche später sagt Esther Hicks beim Channeln von Abraham genau das Gleiche oder umgekehrt. Wir alle sind Funken aus derselben Quelle, deshalb haben wir natürlich auch einige der gleichen Ideen.

Es gibt unzählige Wege, wie die Dinge erledigt werden und dir Geld bringen können, selbst wenn du beabsichtigst, ausschließlich ein Initiator zu bleiben. Schreibe es auf die »Gott-Liste« (deine To-do-Liste für Gott) und bleibe aufmerksam für mögliche Antworten, die du bekommst. Hier sind bereits ein paar Ideen:

 Engagiere dir Mitarbeiter, die Dinge zu Ende bringen (Vollender/Fertigsteller) und in Schuss halten (Instandhalter). Allerdings werden deine Energie und Absicht (als Initiator) trotzdem gebraucht, bis zu dem Stadium, in dem du die Dinge an sie übergeben kannst.

- Finde inspirierte Freiwillige, die Dinge für dich erledigen, aber wie erwähnt, ist deine Mitwirkung noch entscheidend wichtig.
- Verkaufe deine Ideen.
- Verpacke deine Ideen in Unterhaltungsliteratur – Jules Verne zum Beispiel hat nie selbst eine Rakete gebaut, doch er hat andere dazu inspiriert.
- Stelle ein Team von Leuten zusammen, die genau die Fähigkeiten haben, an denen es dir mangelt.
- Arbeite für eine Firma, der du deine brillanten, innovativen Ideen beisteuerst, die andere dann zur Durchführung und Fertigstellung bringen.
- Öffne deine Kanäle, um ausreichend Geld hereinzulassen, für das du nicht arbeiten musst.
- Wenn du dein Durchhaltevermögen wirklich erhöhen willst, löse deine Gegenabsichten auf.

Beispiele für gegenläufige Absichten:
- »Ideen begeistern mich, aber *der tägliche Arbeitstrott macht mir keinen Spaß.*«
- »Ich wünsche mir eine interessantere Arbeit, aber *ich will nichts Neues ausprobieren und mich nicht verändern.*«
- »Ich möchte etwas Neues, aber *meine alte Komfortzone ist mir wichtiger.*«
- »Ich will etwas Großes auf die Beine stellen, will aber *keine Verantwortung übernehmen.*«
- »*Meine Ängste sind stärker* als mein Wunsch nach etwas Neuem.«
- »*Ich glaube nicht, dass ich das* tun, sein oder haben kann.«
- »*Ich bin nicht bereit, es schlecht zu machen,* um zu lernen, wie man es gut macht.«
- »*Ich muss von Anfang an perfekt sein* oder ich mache es gar nicht.«

- »*Ich kann schlecht Risiken eingehen*, aber ich will selbstständig sein.«
- »*Ich kann mich nicht selbst vermarkten*, aber ich wünsche mir, dass meine Begabungen entdeckt werden.«
- »*Ich brauche einen Gehaltsscheck, der pünktlich jeden Monat eintrifft*, aber lieber würde ich selbstständig sein.«
- »*Ich lasse mir von Ausreden und gedanklichem Lärm meine Energie absaugen*, die ich dazu verwenden könnte, in Aktion zu treten.«
- »*Ich lasse mich von Widerständen bremsen* und greife dann meine Wünsche nicht wieder auf.«

Initiieren, Durchziehen, Bewahren

Die Initiatorenergie lässt sich Ideen einfallen und bringt sie zum Teil in Gang. Die Energie des Durchziehens führt sie dann hin zur Materialisation und zum Erfolg. Durchhaltevermögen ist hilfreich, um die Herausforderungen zu genießen, die damit einhergehen, Neues zu lernen und Hindernisse zu überwinden. Derweil trägst du die Idee in die Welt hinaus und machst sie Menschen zugänglich, denen sie nützlich sein kann. Manche gehen den ganzen Weg vom Initiieren über das Durchziehen bis hin zur dritten und letzten Rolle: dem Instandhalter oder Bewahrer. Seine Energie hält ein Projekt langfristig erfolgreich am Laufen, über viele Jahre hinweg. Instandhalter sind für gewöhnlich Menschen, die sich zuverlässig und stetig fokussieren. Starke Instandhalter können mit Gleichförmigkeit problemlos umgehen und brauchen weniger radikale Veränderungen – für sie ist es recht erfüllend, den Status quo aufrechtzuerhalten und zu nähren.

*Die verschiedenen Persönlichkeitstypen
leisten Hervorragendes in den verschiedenen
Phasen eines Projekts.*

Du kannst dir vornehmen, alle drei Fähigkeiten zu entwickeln: den Initiator, den Umsetzer und den Bewahrer. Wenn du sehen möchtest, zu welcher Rolle du momentan tendierst, sieh dir dein Leben an. Initiatoren lieben das Neue. Manche Initiatoren bringen viele ihrer Ideen zur Verwirklichung. Andere Initiatoren lassen nach, sobald der Reiz der neuen Idee verblasst ist; oder sie beginnen damit, an einem Projekt dafür zu arbeiten, ziehen es dann aber nicht durch; oder sie lassen es bei der ersten Herausforderung fallen und beginnen ein aufregendes neues Projekt, das möglicherweise auch nicht fertiggestellt wird.

Diejenigen mit Durchhaltevermögen hören nicht eher auf, bis der Erfolg erreicht ist, auch wenn sie dafür den Kurs wiederholt ändern müssen. Ob sie nun für sich selbst oder für andere arbeiten, sie tun oder delegieren all die vielen Schritte, die getan werden müssen, um eine Idee zu ihrer Vollendung zu führen, was auch einschließt, sie in die Welt hinauszutragen. Sie lassen Widerstände los und gehen über Komfortzonen hinaus. Sie kommen damit zurecht oder genießen es sogar, Neues zu lernen und sich all die vielen Fähigkeiten anzueignen, die benötigt werden, um etwas umzusetzen. Sie lernen vielleicht, wie man mit anderen zusammenarbeitet, wie man vermarktet, schreibt, Videos erstellt, sich selbst vermarktet, verkauft, Personal managt oder entwickeln hundert andere Fertigkeiten, die sie vorher nicht hatten.

Der klassische Instandhalter entwickelt möglicherweise seine eigene Idee und bringt sie bis hin zur Phase der Instandhaltung; oder aber er arbeitet für Initiatoren und Durchzieher und pflegt deren Projekte; oder er kauft einem Initiator seine Idee ab oder kauft den gut strukturierten Lizenzbetrieb eines Durchziehers und hält ihn dann auf Dauer erfolgreich am Laufen. Diese Menschen sind typischerweise damit zufrieden, sich über längere Zeit an dieselbe Gewinnformel zu halten, und brauchen weniger Veränderung.

Initiationskraft, Durchhaltekraft und
Instandhaltungskraft, alle drei sind wichtig.

Am meisten erreicht jemand, der entweder sein eigenes Gleichgewicht von Initiieren, Durchziehen und Aufrechterhalten kultiviert hat oder diejenigen Teile, die er selbst nicht so gut bewältigt, an andere delegiert.

Existenzgründer können an einen kritischen Punkt kommen, wenn ihr Unternehmen einen Gipfel des Erfolges erreicht, etwa an dem Tag, da ein langersehntes Ziel erreicht wird. Für manche, die den Berg erklommen und den Gipfel erstürmt haben, ist dann plötzlich keine Herausforderung und kein Nervenkitzel mehr da. Dann kommt es vor, dass der Unternehmer seine Firma an einen Bewahrer verkauft, der sie erfolgreich sein Leben lang betreibt.

Manche Menschen, die ein starkes Bedürfnis nach Neuem haben, halten es frisch, indem sie weiterhin neue Dinge innerhalb der alten Form erschaffen. Ich bin zum Beispiel jemand, der immer etwas Neues erschaffen muss, lege aber stets sorgfältige Aufmerksamkeit auf konsequentes Durchführen und Zu-Ende-Bringen ebenso auf wie die Bewahrung früherer Schöpfungen, deren Pflege, Belebung und Verbesserung. Absicht und Aufmerksamkeit halten meine gesamte Arbeit lebendig und vital. Das macht meine Bewahrungskraft.

Ich werde einmal mit einer langen To-do-Liste unerledigter Dinge sterben, doch bis dahin werden all diese kreativen Wünsche mich lebendig und vital erhalten. Wenn du es liebst, viele verschiedene Dinge zu tun (so wie ich), liefert die Vielfalt reichhaltige Kontraste und gönnt dir eine Pause von einer Aufgabe, während du die andere erledigst. Manchmal muss ich jedoch aufhören, meine Zeit auf zu vieles aufzuteilen, muss die lange To-do-Liste ignorieren und, wie bei diesem Buch, eine Sache durchziehen und zu Ende bringen. Niemand kann wirklich Mulitasking machen und mehreres gleichzeitig tun – es ist im Grunde immer nur ein Hin- und Herspringen von einer Sache zur nächsten.

Erkenne dich selbst. Ich werde nie eine große Opern- oder Rocksängerin sein, aber bei Jazz und Pop bin ich recht gut. Ich bin nicht gut in Buchhaltung, darum habe ich eine Buchhalterin. Ich manage meine Organisation ganz gut, aber ich bin nicht der ehrgeizige Typ, der sich ein Imperium aufbauen würde.

Ein paar Tipps zur Erhöhung deiner Durchhalte- und Bewahrungskraft:

* Darüber nachzudenken verbraucht *viel mehr Energie*, als es tatsächlich zu tun.

* Sich gegen eine Aufgabe zu sträuben verbraucht *viel mehr Energie*, als sie zu erledigen.

* Es ist nie so schlimm, wie der auf Missstände programmierte Verstand es sich ausmalt.

* Effektive Frage: *Wie großartig wirst du dich fühlen, wenn es getan ist?* Fokussiere dich auf das Gefühl, das du haben wirst, wenn eine Aufgabe erfüllt ist, anstatt darauf, wie schwierig oder anstrengend es ist, sie zu Ende zu bringen. Ich mache das bei allen Aktivitäten, die ich nicht mag: bei Ablage, Papierkram, Steuern und beim Lernen neuer technischer Dinge. Ich lächle und setze die Absicht, meine Freude hineinzulegen.

Widerstand frisst viel mehr Energie,
als die Sache einfach durchzuziehen!

Als du dir das Unternehmen oder die Beziehung zum ersten Mal erträumt hast, hast du deinen Fokus darauf gerichtet, wie gut es sich anfühlen würde. Wenn dir die Begeisterung angesichts der alltäglichen, banalen Aufgaben und ihrer konsequenten Erledigung abhandenkommt, so kehre zum Fokus darauf zurück, *wie gut es sich anfühlte und wie gut es sich wieder anfühlen wird.* Lege den Fokus darauf, wie großartig du dich fühlen wirst, wenn etwas getan ist.

Aktivitäten, die sich auszahlen

In meiner langjährigen, erfolgreichen Selbstständigkeit habe ich Folgendes gelernt: Wenn mir das, was ich tue, einen Lebensunterhalt ermöglicht, dann kann ich es weiter tun. Wenn ich den ganzen Tag »fleißig« bin, es allerdings Tätigkeiten sind, *die mir wenig oder gar kein Einkommen bringen,* so bin ich zwar am Abend entsprechend müde, aber finanziell lohnt es sich einfach nicht. Diese eine kraftvolle Idee vermag deine Ergebnisse bei jeglichem Unterfangen revolutionieren:

> *Beginne deinen Arbeitstag mit dem,*
> *was dir am meisten Einkommen bringt.*

Wenn du willst, dass dein Unternehmen, Projekt oder Traum erfolgreich ist, solltest du den Großteil deiner Zeit und Aufmerksamkeit auf Aktivitäten richten, die gewinnbringend sind und deinen Unterhalt finanzieren. So kannst du weiter das machen, was du wirklich machen möchtest. (Im Englischen nennt man diese Aktivitäten *High Payoff Activities,* abgekürzt HPA., Anm. d. Übers.)

Wenn du eine Festanstellung suchst, ist das Durchforsten des Internets nach Vermittlungsseiten keine HPA, doch dein Anruf bei einer Firma, mit der du ein Bewerbungsgespräch vereinbaren möchtest, und der tatsächliche Bewerbungstermin, das sind HPAs. Deinen Lebenslauf zu verfeinern ist noch keine HPA, doch ihn zu verschicken ist eine HPA. Wenn du beratend tätig bist, macht es zwar Spaß, deine Homepage zu verbessern, es ist aber keine HPA – außer es bringt dir mehr Auftragsvolumen. Mehr Besucher auf deine Seite zu lenken oder potenzielle Kunden bei Netzwerktreffen kennenzulernen ist eine HPA. Für einen Künstler oder Musiker sind Zeichnen/Malen bzw. Komponieren absolut notwendig und lohnend, doch die Aktivitäten, die sich am meisten *auszahlen*, sind diejenigen, durch die ihre Kunst oder Musik in der Welt gesehen und gehört wird, sodass finanzielle Unterstützung zu ihnen fließen kann und sie weitermachen können.

Oft werden diese finanziell lohnenden HPAs vermieden, weil Widerstände da sind: Trägheit, Angst vor dem Unbekannten, Vermeidung von Risiko, Angst vor Ablehnung, Abneigung gegen schwierige, herausfordernde Aufgaben. Zugegeben, meistens ist es einfacher, sich unproduktiver Geschäftigkeit oder Tätigkeiten mit »geringem Auszahlungswert« zuzuwenden. Sie sind speziell morgens gut für ein kurzes Aufwärmen, reichen aber nicht aus, um dir deinen Lebensunterhalt zu sichern. Überprüfe sorgfältig deine To-do-Listen, in denen du dir notiert hast, was du dir zur Erledigung vorgenommen hast, und setze die gewinnträchtigsten Tätigkeiten an die Spitze. Meine To-do-Liste habe ich in Gott-Liste umbenannt, weil ich sie an die Präsenz übergebe, bevor ich selbst aktiv werde, und vieles davon läuft viel leichter, als ich erwartet hätte. Manches erledigt sich sogar ganz ohne mein Zutun. Trotzdem muss ich meinen Zehn-Prozent-Anteil leisten: meine HPAs.

Lohnende Aktivitäten, die deinen Unterhalt garantieren, sind ein Schlüssel zum Erfolg.

Wenn du schnell zu Geld kommen musst, finde die Aktivitäten, die sich kurzfristig hoch auszahlen und schnellere Ergebnisse bringen; danach füge HPAs hinzu, die dir auf Dauer viel einbringen. Manchmal hilft dir ein zusätzlicher Kurzzeitjob, um deine Schwingung hoch zu halten, während dein nächster Plan in der Entwicklungsphase ist.

Zusammenfassung:

* Sobald deine Anfangsbegeisterung über eine neue Idee nachlässt, finde Wege, wie du Spaß bei der Durchführung und Umsetzung des Projekts haben kannst.
* Fokussiere dich auf die Gefühle, die du dir von der Fertigstellung wünschst.
* Teile es in kleinere Schritte auf. Unternimm jeden Tag kleine Schritte zum Ziel.
* Stelle jeden Morgen die Aktivität fest, die sich am meisten auszahlen wird, und beginne damit den Tag.
* Erzeuge Energie. Warte nicht, dass sie von selbst kommt. Lege deine Freude in das, was du tust. Genieße es.
* Hab Spaß an deiner Reise, während du dir die Fähigkeiten und das Wissen aneignest, die du brauchst.
* Erzähle dir Geschichten, die dich ermutigen – du kannst dir alles Mögliche ausdenken!
* Registriere und feiere jedes noch so kleine Erfolgserlebnis.
* Bleibe flexibel, was die Details und die *Gestalt* angeht, in der alles ablaufen soll. Lass dich vom Leben zum nächsten Schritt hinführen.
* Überlasse dem Göttlichen die Schwerarbeit. Setze das auf die Gott-Liste, was zu groß für dich ist.
* Lass Hilfe und Unterstützung willkommen sein.

Es gibt im Onlineportal 2 auf der Website www.DivineOpe
nings.de mehrere Audiodateien, in denen ich Menschen bezüglich der HPAs berate, und daneben noch zu vielen anderen Themen und unterhaltsamen Übungen, die in keinem meiner Bücher
enthalten sind. Ich liebe die Flexibilität der Onlinekurse, weil ich
dort jederzeit ergänzendes Material hinzufügen kann, selbst lange
nachdem die Bücher fertiggestellt und publiziert sind. Seit Kür-
zerem gibt es auch den Onlinekurs *Enlightened Business* und weitere Live-Webinars als Unterstützung. Wir haben eine tolle Zeit,
wenn wir uns in einer kleinen, persönlichen Gruppe neue Inhalte ausdenken und gegenseitig unterstützen. Die Ergebnisse, die
bislang alle innerhalb von sechs Wochen erzielten, sind erstaunlich.

❀ ❀ ❀

Teile dein Vorhaben in Häppchen auf

Wie errichtet man ein großes Bauwerk? Stück für Stück. Ein
großes Projekt kann sich wie eine Unmöglichkeit anfühlen, aber
täglich ein kleiner Teil fühlt sich absolut machbar an. Teile deine
Projekte in ganz kleine Schritte auf. Setze das Ganze auf die
Gott-Liste, *aber fange gleich heute an, Tag für Tag einen kleinen Schritt
zu machen.* Mit dieser Starthilfe überwindest du die Trägheit.
Jetzt, wo du schon in Bewegung bist, nutze den Schwung und
mach einfach weiter, Schritt für Schritt. Tritt gelegentlich etwas
zurück, um dir das ganze Bild zu betrachten und zu sehen, ob du
auf Kurs bist oder ihn korrigieren musst.

»Ein Rockstar werden« – das ist ein viel zu großer Brocken.
Eine Serie von Gitarrenstunden zu nehmen ist ein machbarer
Teil, dir ein potenzielles neues Bandmitglied anzuhören ist ein

weiterer kleiner Teil und regelmäßig zu üben eine Reihe von weiteren Häppchen. Zu lernen, wie du dich für einen kleinen Auftritt buchen lassen kannst, oder einen Manager zu finden sind weitere Teile. Dein erstes Engagement ist ein kleines Stück, und Geld für die Aufnahme einer CD zu sammeln, umfasst eine Reihe von kleinen Schritten. Dann springt dich vielleicht irgendwann die Gnade an und folgt deiner Führung, gibt deiner Matrix reale Gestalt, fügt noch Bausteine hinzu – oder schickt dir ein paar Maurer zur Unterstützung.

Teile es in Häppchen auf,
dann wird der Widerstand geringer.

Bei all diesen kleinen Detailstückchen kannst du dich mit niedriger Schwingung leicht in der Geschichte verlieren. Falls das passiert, springe zurück zum großen Bild und fokussiere dich darauf, wie sich das Ganze *anfühlen* soll. Bring deinen Fokus auf das, was du an dem liebst, was du tust und was sich in deinem Leben richtig anfühlt. Sprich dir gut zu und beruhige dich mit Gedanken aus dem großen Ganzen, wie: »Ich kultiviere gerade das Gefühl der Freiheit.« – » Die Dinge gehen immer gut aus.« – »Im Moment passieren so viele gute Dinge für mich, dass es sich gut anfühlt.« – »Ich weiß, wie ich mithilfe der Navigationstafel meine Schwingung anheben kann.« – »Eine große Reise besteht aus vielen kleinen Schritten, und ich brauche jetzt nicht alles zu wissen.«

Bleib im großen Bild, während du deine Schwingung anhebst. Fokussiere dich dann wieder auf detaillierte Einzelteile, wenn du dich gut fühlst. Bleib nie zu lange in einer niedrigen Schwingung.

Erzeuge Energie und durchbrich die Trägheit

Menschen, die Ideen, Sehnsüchte, Projekte, Träume oder Unternehmen bis zur Materialisation verwirklichen, haben gemeinsam, dass sie ihre eigene Energie *erzeugen*, statt darauf zu warten, sie möge auf wunderbare Weise *erscheinen*. Sie schwärmen, geben dem Projekt Power und injizieren ihm ihre Kraft. Ich kann immer schreiben, sobald ich mich zum Schreiben hinsetze. Ich kenne keine Schreibblockaden, weil ich Energie, Realität und Kreativität lieber selbst *generiere*, als darauf zu warten, dass sie vom Himmel fallen.

Wenn Widerstand da ist, so setze eine kraftvolle Absicht, dass er sich bewegen soll. Spüre hinein, wann es Zeit ist, in Aktion zu gehen, und wann du es besser der Präsenz übergibst. Erspüre, wann es gut ist, eine Pause zu machen. Warte aber nicht ewig, sondern fokussiere dich und unternimm einen kleinen Schritt, um das größte Hindernis gegen jeden Fortschritt auszuschalten: die Trägheit.

> *Trägheit ist ein physikalisches Gesetz,*
> *das besagt, dass ein Körper in Ruhe dazu neigt,*
> *in Ruhe zu bleiben, während ein Körper in Bewegung*
> *dazu neigt, in Bewegung zu bleiben.*

Trägheit, ebenso wie die Schwerkraft, *ist* einfach – es gibt dabei weder Richtig noch Falsch, wir lernen nur, damit umzugehen. Sobald du dich fokussierst, *lächelst* und einen Anfang machst, entsteht eine Dynamik, deren Schwung das große Selbst übernimmt. Dann hast du die Trägheit auf deiner Seite. Sobald du dich bewegst, neigst du dazu, in Bewegung zu bleiben. Ich muss mich dann oft daran erinnern, Pausen zu machen.

Gib es ab oder gib es auf

Es mag merkwürdig klingen, wenn ich zuerst vom Durchhalten rede und dann sage: »Gib es ab oder gib es auf.« Dennoch ist es ganz einfach: Wenn du im Fluss bist und als dein großes Selbst pulsierst, dann ziehe deine Handlung mit allen Details durch und lege Freude mit hinein. Wenn du unklar bist und deine Schwingung niedrig ist, dann übergib es an die Präsenz, mach eine Pause und geh für ein Weilchen aus dem Weg.

Du kennst das schon: Wenn du etwas Großes an die Präsenz abgibst, kannst du dich mit einem tiefen Seufzer der Erleichterung entspannen. Es fühlt sich an, als würde dir ein schweres Gewicht von den Schultern genommen. Und selbst wenn du dich gut damit fühlst, ist es klug, eine Sache von Anfang an abzugeben, wenn sie für dich allein zu groß erscheint – ob es nun darum geht, einen Partner zu finden, die Erleuchtung zu erlangen, an einer exklusiven Schule aufgenommen zu werden, einen großen künstlerischen Traum zu verwirklichen oder enorme Schulden abzubezahlen.

Vielleicht hast du auf meiner Website E-Mails gelesen und Audios von Menschen gehört, die sich abgemüht und nach Befreiung auf dem spirituellen Weg gesucht, Frage um Frage gestellt, Buch um Buch gelesen und alles versucht haben, um es mental zu erfassen. Wenn sie zu *Divine Openings* kommen, bringen sie dieses alte Paradigma mit, man müsse ernsthaft daran arbeiten. Doch eines Tages lassen sie dann los, und es passiert einfach. Dann gehen sie endlich genügend aus dem Weg, um die Dinge geschehen zu lassen.

Wenn du es der Präsenz übergibst oder es auf die Gott-Liste setzt und loslässt, bist du plötzlich nicht mehr damit beschäftigt, dir Sorgen zu machen, dich zu verspannen und Widerstand zu leisten. Du bist vielleicht noch nicht perfekt ausgerichtet, aber zumindest stehst du nicht mehr im Weg. Neue Einsichten und Möglichkeiten tun sich dir auf, oder die Situation löst sich von allein.

Deine Absichten verwirklichen sich am schnellsten, wenn du auf der Navigationstafel weit oben stehst oder jenseits davon im direkten Wissen. Du fragst dich vielleicht: »Wie kommt es dann, dass Menschen Wunder erleben, wenn sie in einer Krise stecken, in tiefer Trauer oder Verzweiflung sind?« In meiner Erfahrung, sowohl durch das Beraten von Tausenden von Menschen als auch in meiner persönlichen, ist es so, dass das Wunder an dem Punkt geschieht, an dem der Mensch in Schwierigkeiten »aufgibt« oder auch nur eine kurze Pause von dem Stress macht. In dem Moment, wo du aufgibst, hörst du auf zu kämpfen und entspannst dich für einen Augenblick – und »Bum!« gibt es einen Spalt der Öffnung, durch den die Gnade dir helfen kann.

Zwei Frauen erzählten mir unabhängig voneinander, wie sie einem Autounfall entgingen, der unausweichlich und von der Logik her unmöglich zu verhindern schien. Dinorah fuhr eine gerade Straße entlang, als ein anderer Wagen ein Stoppschild ignorierte und mit hoher Geschwindigkeit auf sie zuraste. Er wäre ihr direkt in die Seite geknallt. Aber dann fand sie sich plötzlich auf der anderen Seite der Kreuzung wieder, und wie durch ein Wunder hatte der andere Wagen ihr Auto nicht einmal berührt. Sie hat keine Ahnung, wie das geschehen konnte. Die andere Frau namens Shirley schloss in einer ähnlichen Situation die Augen, nahm ihre Hände vom Lenkrad und ließ los. Ihr Fahrzeug flog über die Kreuzung, an etlichen massiven Hindernissen vorbei, und kam dann sicher zum Stehen. *Dann erst* öffnete sie ihre Augen.

Ich hatte einmal ein wunderschönes, aber etwas verrücktes Pferd, Casanova. Er hatte die Angewohnheit, dass er am Ende eines Galopps manchmal den Kopf hoch erhob, sich gegen das Mundstück stemmte und sich weigerte stehen zu bleiben. Eines

Tages wollte er unbedingt zu den anderen Pferden zurück, die auf der anderen Seite eines Grabens voller riesiger kantiger Felsbrocken standen, jeder etwa einen Kubikmeter groß. Ich hätte mir nicht einmal zu Fuß gern meinen Weg durch diese Felsblöcke hindurch gesucht. Zum Teil lagen tiefe Spalten dazwischen, und ihre steilen, glatten Wände boten keinerlei Halt. Der einzig sichere Weg zurück zu den anderen Pferden war, um den Graben herum zurückzureiten. Aber Casanova drehte durch – mit dem Kopf so hoch oben konnte er nicht sehen, wohin er lief, und so rasten wir in vollem Galopp auf den Graben zu.

Auch wenn mein Kopf logischerweise beunruhigt war, gab ich ab einem Punkt einfach auf. Wenige Meter vor dem Graben überkam mich ein Gefühl des Friedens, und ich ließ los, wandte mich nach innen und blinzelte langsam mit den Augen. Innerhalb einer Nanosekunde waren wir irgendwie hinübergekommen. Ohne ein Stolpern oder Klappern der Hufe, was eigentlich völlig unmöglich war, und es gab auch keinen Sprung durch die Luft. Da war nur dieses unerklärlich sanfte Ankommen auf der anderen Seite. Ich werde es niemals vergessen.

Ob du nun absichtlich loslässt oder einfach ganz banal *aufgibst*, du bist plötzlich aus dem Weg. Wie du aus dem Weg gehen kannst, wenn etwas für dein menschliches Selbst zu groß ist:

* Fokussiere dich auf das mächtige, unermessliche, nichtphysische Du, anstatt auf das physische Du.
* Setze die Sache auf die Gott-Liste, und dann …
  * Übergib es der Präsenz und ziehe dich selbst vom Fall ab.
  * Lege dich mit dem Bauch nach unten ausgestreckt hin (Niederwerfung, beschrieben in *Alles läuft super, während ich weg bin*).
  * Mach eine Pause und hab Spaß, damit du dich besser fühlst.
  * Gib auf – stampfe auf oder wirf die Arme in die Luft und steig aus.

- Nimm dir eine kurze Auszeit vom Nachdenken und tu gar nichts.
- Tauche ein (»Eintauchen« ist beschrieben in *Alles läuft super, während ich weg bin*).
- Begib dich in die schöpferische Leere (das werden wir bald näher erkunden).
- Vergewissere dich, dass du keine Geschichte am Laufen hältst.

Bald nach dem Vorfall mit dem Graben sagte mir meine innere Führung, dass ich wegen Casanova beinahe ins Gras gebissen hätte und deshalb eine bewusste Entscheidung treffen müsse. Ja, ich musste ihn komplett aufgeben und mir ein sicheres Pferd zulegen. Casanova hatte für mich eine Gegenabsicht nach Drama und Aufregung erfüllt: Er hatte wohl auch dazu gedient, meine Freunde mit meiner Cowgirl-Angstlosigkeit und meinen Reitkünsten zu beeindrucken – das hatte sich nun erledigt.

Die Gnade rettet dich bis zu einem bestimmten Punkt immer wieder, aber dann sagt die Präsenz: »He, wie wär's denn, wenn du deinen Teil übernimmst und aufhörst, dich vor Züge zu werfen!« Mein Pferd Royal, das danach kam und nun seit siebzehn Jahren bei mir ist, hat gerade genug Feuer, um aufregend zu sein. Es ist weder gefährlich noch langweilig.

Die Gnade macht ihren Teil. Mach du deinen.

Gibt es Situationen in deinem Leben, in denen die Gnade dich wiederholt gerettet hat, wo es jetzt aber an der Zeit ist, dich weiterzuentwickeln, bewusster zu sein und absichtsvolle Entscheidungen zu treffen? Geht es dabei um deine Gesundheit, Essgewohnheiten, eine ungesunde Beziehung, ein Kind, einen Job, eine Suchtgewohnheit, eine Lebenssituation oder etwas anderes?

Aus einer Zwickmühle zu neuen Möglichkeiten

Wir Menschen stellen uns manchmal vor eine geradezu teuflische Wahl. Eine solche »Teufelswahl« (*Devil's Choice*) gibt dir lediglich zwei Optionen: Entweder-oder – und keine von beiden ist sonderlich befriedigend. Die Geschichte dazu geht so: Der Teufel heißt uns in der Hölle willkommen (wenn es wirklich einen Teufel und eine Hölle gäbe) und sagt: »Du kannst entweder auf diesen heißen Kohlen sitzen oder auf den scharfen Spitzen dort drüben. Du hast die Wahl.« Diese Teufelswahl ist überhaupt keine richtige Wahl. Wir brauchen keine von beiden zu wählen!

Eine Teufelswahl oder Zwickmühle entsteht, wenn wir einschränkenden, kraftraubenden und entmächtigenden Glaubenssätzen aufgesessen sind. Es gibt aber noch andere, bessere Wahlmöglichkeiten außerhalb dieser Realität. Eine Teufelswahl zurückzuweisen kommt einem Ausstieg aus der Hölle gleich!

Wer hat sich denn dieses Ding mit »nur zwei Auswahlmöglichkeiten« überhaupt ausgedacht? Der Verstand liebt es, sich in Gegensätzen und Polaritäten zu bewegen. Schwarz oder weiß, wir oder sie, Arbeit oder Spiel, dieses oder jenes.

Nun, da dein Erwachen schon begonnen hat, sind die Situationen, in denen du vor einem Dilemma stehst, vermutlich subtiler und heimtückischer geworden:

- ❧ »Ich kann entweder die Wahrheit sagen und dafür leiden – oder lügen und das Gesicht wahren.«
- ❧ »Ich kann entweder meine Gefühle achten und riskieren, dass es jemandem nicht gefällt – oder meine Bedürfnisse unterdrücken und Konflikte vermeiden.«

* »Ich kann entweder all das Junk-Food essen, das mir schmeckt, und dick und glücklich sein – oder langweiliges, gesundes Essen zu mir nehmen, das mir keinen Spaß macht.«

Nachdem die Wahrnehmung Realität erschafft, fühlt sich ein Dilemma so an, als stünden dir im ganzen Universum nur zwei Optionen zur Verfügung. Das ist niemals wahr.

Außerhalb der Zwickmühle gibt es *unbegrenzte Möglichkeiten*. Du musst nicht entweder A oder B akzeptieren – du kannst etwas anderes erschaffen, das du niemals für möglich gehalten hättest. Wenn ich mich selbst dabei ertappe, dass ich auf eine Teufelswahl hereingefallen bin, sage ich »Zurückspulen!«, und stelle mir eine effektive Frage: »Welche zahlreichen Möglichkeiten liegen zwischen diesen beiden?«

Manche Situationen wollen dir weismachen, es gäbe nur zwei großartige Optionen, die sich aber gegenseitig ausschließen, und du könnest nicht beides haben – während du in Wirklichkeit sehr wohl *beides haben* kannst:

* »Ich kann entweder diesen Mann, der mich tyrannisiert, verlassen und frei sein – oder ich kann bleiben und mich sicher, aber unterdrückt fühlen.« Nein, du kannst deine eigene Schwingung verändern, dann kann er dich nicht mehr beherrschen. Du könntest deine Macht zurückholen, und er könnte sich ändern.

* »Ich kann mich entweder behaupten und mir Respekt verschaffen – oder ich kann nett sein und gemocht werden.« Du kannst Rückgrat entwickeln, und die Menschen werden dich lieben, auch wenn du nicht mit ihnen übereinstimmst oder drastische Dinge sagen musst, die einmal gesagt werden mussten.

* »Ich kann entweder dieses Jahr die Ferien überspringen und meine Schulden zurückzahlen – oder Urlaub machen und

mich noch tiefer verschulden.« Oder du kannst Urlaub machen und dabei so viel Entspannung und Klarheit gewinnen, dass du nach der Rückkehr mehr Geld verdienst, um deine Schulden zurückzuzahlen. Oder du könntest sogar dafür bezahlt werden, dass du irgendwo Urlaub machst! Es gibt Millionen von Möglichkeiten, wenn du als dein großes Selbst lebst.

Ein Mann meditiert und ist die ganze Zeit selig, aber er ist frustriert, weil es ihm unmöglich scheint, zu arbeiten und die Miete zu bezahlen, während er das zutiefst spirituelle Leben führt, das er möchte. Eine Frau will ihre Arbeit in einem Konzern kündigen, weil sie denkt, dass sie »ihre Seele verkauft«. Beides sind lediglich Wahrnehmungen, die eine Realität erschaffen.

Statt dass du versuchst, es im physischen Bereich auf die Reihe zu bekommen, beabsichtige einfach die *Gefühle*, die du von diesen beiden sich scheinbar bekämpfenden Absichten bekommen willst: die Seligkeit eines spirituellen Lebens *und* die Sicherheit, genug Geld für die Miete zu haben. Die Sicherheit und die behagliche Rückendeckung einer Festanstellung *und* ein erfülltes Leben.

Das nächste Kapitel gibt dir eine Methode an die Hand, wie du neue Dinge erschaffen kannst, obwohl du keine Ahnung hast, was du willst, wie du es finden sollst oder wie du dorthin kommst!

Wahrnehmung ist Realität –
wenn du die Zwickmühle für real hältst,
wird sie es sein.

❀　❀　❀

Effektive Fragen (EQs)

Im alten Paradigma mussten wir hart arbeiten, um Probleme und Herausforderungen zu lösen. Wir zerbrachen uns stunden- und tagelang den Kopf, wir versuchten es mit Logik, beteten um Intuition. Wir forschten, konsultierten Bücher, andere Menschen und Experten, um *Antworten* zu bekommen. Wir wollten Beruhigung, Sicherheit und Fakten, auf die man sich verlassen konnte.

Auf dieser Stufe von *Divine Openings* fragen wir direkt unser großes Selbst, und dadurch *eröffnen sich uns neue Möglichkeiten*. Effektive Fragen (engl.: *effective questions*, kurz EQs) sind eine spezifische Art von Fragen, die unser Bewusstsein in produktive neue Richtungen lenken, und das Göttliche übernimmt die Schwerarbeit.

Hier sind ein paar Beispiele für effektive Fragen:

* Was wäre, wenn du einen wirkungsvollen Weg wüsstest, um Negatives in Positives umzuwandeln?
* Wie würde es sich anfühlen, wenn du mit weniger Arbeit bessere Ergebnisse erzielen könntest?
* Was wäre, wenn du die Nase des Flugzeugs ohne deine mentalen Widerstände anheben könntest?

Fällt dir auf, wie bereits das Stellen dieser effektiven Fragen dazu führt, dass dein Verstand sich einschaltet und neugierig wird? Türen gehen auf. Dein Sinn für Möglichkeiten erweitert sich automatisch.

EQs helfen dir auch, loszulassen, weil du nicht versuchst, sie zu beantworten – du übergibst sie gleich an dein großes Selbst. Das ermöglicht es deinem großen Selbst, dir höher schwingende Möglichkeiten zu liefern, die weit über deine menschlichen Fähigkeiten hinausgehen – jenseits derzeit bekannter Fakten und Ressourcen. Die Wissenschaft würde sagen, dass dein Unterbewusstsein die Fragen beantwortet, doch dein großes Selbst ist viel intelligenter als das Unterbewusstsein.

EQs sind ein direkter Draht zur Aktivierung deiner Intuition.

Dein großes Selbst antwortet darauf sofort oder zeitgerecht. Es kann sich anhören, als würde deine Stimme antworten, während dein großes Selbst dir die Worte in den Mund legt; oder du hörst möglicherweise gar nichts, doch die neuen Möglichkeiten erscheinen einfach auf deiner Lebensbühne, wobei die Trittsteine direkt vor deinen Füßen auftauchen.

Das bloße Stellen von effektiven Fragen verändert deinen Schwingungszustand. Du kannst EQs dazu verwenden, dich im Handumdrehen positiver, proaktiver und produktiver werden zu lassen.

Du begibst dich automatisch in eine breitere Perspektive, die dich in Einklang mit deinem großen Selbst bringt. Neugier und Potenziale ersetzen das Durchmustern überwältigender Mengen an Details und Fakten. Du entspannst dich in dem Wissen, dass du die Antworten nicht selbst finden, nicht mit deinen Begrenzungen argumentieren oder jetzt gleich entscheiden musst.

EQs sind vorwärts fokussiert

EQs bringen den Fokus deiner Aufmerksamkeit darauf, wo du hingehst und was du dir wünschst, und nicht darauf, wo du gewesen bist und was du nicht willst; deshalb nennen wir sie »vorwärts fokussiert«.

EQs weisen nach vorn auf das Frische und Neue:

* Was ist möglich, an das ich bisher nicht gedacht oder das ich noch nicht gemacht habe?
* Wie kann ich etwas Besseres haben als dieses Entweder-oder-Dilemma?
* Wer weiß etwas Nützliches zu diesem Thema?
* Wie wird mein Leben sein, wenn ich genug Geld habe?
* Wie komme ich von hier dorthin, wo ich hinwill?

Wenn Menschen mir erzählen, dass sie nicht sehen können, »wie« sie ihre Schulden zurückzahlen oder ihre Beziehungen neu beleben können, dann sage ich ihnen: »Die Details des Wie sind nicht deine Aufgabe. Um das *Wie* kümmert sich das große Selbst.«

Stelle ein paar EQs, lass los, und dann ist es Sache deines großen Selbst, die Antworten zu finden. Halte nur deine Schwingung oben (durch Anheben der Nase deines Flugzeugs) und bleibe fokussiert auf das *große Bild* von dem, wie du dich fühlen willst. Sei bereit, deine Füße in Bewegung zu setzen, wenn du den Impuls dafür bekommst.

EQs sind nützliche Fragen, die dir augenblicklich Erleichterung verschaffen. Auf spielerische, sanfte Art eröffnen sie dir Möglichkeiten und helfen dir, einschränkende Details loszulassen.

Effektive Fragen beginnen häufig
mit »Was ...« und »Wie ...«.

Erinnere dich, als ich zu Beginn dieses Buches mein großes Selbst fragte: »Wodurch wird die Kraft der Absicht gestärkt oder geschwächt?« Das war eine effektive Frage! Ich habe es mir so sehr zur Gewohnheit gemacht, auf diese Weise zu fragen, dass ich es schon automatisch tue. Ich frage, lasse los, und dann kommen irgendwann von meinem großen Selbst die Antworten als »Download«, sie werden »geschickt« oder »entfalten sich«. Oft bin ich dann überrascht von dem Grad an Detail und Präzision. Vergiss das nicht, wenn du denkst, du müsstest alle Antworten oder den Generalplan auf einmal haben. Du kannst sogar froh sein, dass nicht alles direkt kommt. Es wäre zu viel auf einmal! Das Ausdehnen deiner Kanäle, um mehr Gutes hereinzulassen, kann etwas dauern.

Als ich in den 1990er-Jahren hauptberuflich als Managementberaterin und Trainerin arbeitete, gehörten die effektiven Fragen zu meinen mächtigsten Werkzeugen – der Verstand kann ihnen nur schwer widerstehen. Selbst extrem widerspenstige und analytische Köpfe lassen sich mit EQs steuern, weil sie den Verstand auf eine Mission schicken.

Sie sind einfach unwiderstehlich! Wenn man dem Verstand eine direkte Aussage gibt, sträubt er sich dagegen. Stelle ihm eine Frage, und er *muss* sie beantworten! Die EQs schnappen sich den Fokus, sammeln ihn und generieren Energie. Sie erweitern den Horizont, lenken das Denken weg von Details, Fakten und Problemen und verführen zur Neugier auf weitere, größere Möglichkeiten.

Dadurch, dass ich EQs bereits gemeistert hatte, wurde ich in ein Team aufgenommen, das landesweit mit Managern der GMAC Finance, einer Abteilung von General Motors, arbeitete. Wir brachten ihnen bei, effektive Fragen in einem Coachingmodell einzusetzen, mit dem sie sich selbst und ihre Mitarbeiter zu einfallsreicherem, proaktiverem Denken stimulieren konnten – und diese Abteilung wurde zur profitabelsten, selbst als das übrige GM Schwierigkeiten hatte. Danach entwickelte ich einen neuen, verbesserten Kurs, in dem ich tiefere Prinzipien verwendete, und unterrichtete ihn bei IBM und vielen anderen Firmen. Dies wurde später zu einem Teil von *Divine Openings*.

Du kannst effektive Fragen verwenden, um die Nase nach oben anzuheben und deinen Verstand umzutrainieren, sodass er sich der Gnade öffnet. Tue es, um mit größerer Leichtigkeit zu erschaffen. Du wirst EQs gern dafür einsetzen, deinen Verstand zu führen, statt dass der Verstand *dich* führt.

Verwende effektive Fragen, um neue Möglichkeiten zuerst im nichtphysischen Bereich zu erschaffen.

Wenn du zu jemandem sagst: »Ich weiß, wie man das besser machen kann«, so löst das möglicherweise im anderen Widerstand aus. Wenn du aber sagst: »Auf welche Weise könnte das einfacher für dich sein?« oder: »Welche anderen Möglichkeiten siehst du?«, öffnen sich Türen.

Wenn du dir Sorgen machst und dir sagst: »Hör auf, dir Sorgen zu machen! Es wird gut ausgehen!«, erhöht es die Anspannung in dir vielleicht noch mehr. Wenn du hingegen sagst: »Welche Lösung könnte mir einfallen, an die ich bisher noch nicht gedacht habe?«, lässt der Widerstand nach. Effektive Fragen locken den Verstand auf sanfte Weise, sich für neue Möglichkeiten zu öffnen, statt einen Frontalzusammenstoß mit dem eigenen Widerstand zu riskieren.

EQs sind wie das Abfeuern einer Forschungssonde, die so lange fliegt, bis sie gefunden hat, was sie sucht. Wir stellen uns selbst eine effektive Frage, entspannen uns und lassen unser großes Selbst die Antworten finden. Die Antworten kommen nicht immer in Worten; sie kommen auch als Gefühle, die aufsteigen,

Türen, die sich öffnen, Situationen, die sich verändern, und Ressourcen, die sich materialisieren.

Die Lösung zu einem Problem liegt auf einer komplett anderen Bewusstseinsstufe als der, die das Problem erschaffen hat. Du hättest dir deine alte Realität gar nicht erst erschaffen, wärst du in einem höheren Bewusstsein gewesen. Aber mache dich dafür nicht runter – du entwickelst dich beständig weiter. Effektive Fragen helfen dir, dieses höhere Bewusstsein zu erreichen, selbst wenn du keinen blassen Schimmer hast, wie du dort hinkommst.

Effektive Fragen haben einen offenen Ausgang

EQs stimulieren den Unendlichkeitsfaktor, denn die Möglichkeiten, wie du eine offene Frage beantworten kannst, sind unendlich. Das Bewusstsein für unbegrenzte Möglichkeiten befreit dich von Dilemmas und einschränkendem Entweder-oder-Denken.

Übung: Stelle dir laut effektive Fragen

Sprich die folgenden Fragen laut aus und spüre die Veränderung, während deine Stimmbänder damit vibrieren:

- ❋ Welche wundersamen Möglichkeiten existieren, von denen ich noch nichts weiß?
- ❋ Auf welche Weise könnte etwas eintreten, das alles verändert?
- ❋ Welche erstaunlichen, wunderbaren Dinge sind gerade auf dem Weg zu mir?
- ❋ Ich frage mich, wer oder was die fehlenden Puzzlestücke ergänzen könnte?

- Wenn irgendeine neue Wunderhilfe auftauchen würde, wie würde sich das anfühlen?
- Wäre es nicht großartig, wenn ...?

Und nun ein Beispiel, wie ich eine effektive Frage benutzte, um eine Situation umzudrehen: Buchhändler schwärmen von *Things Are Going Great* ... (der englischen Originalausgabe von *Alles läuft super, während ich weg bin*); das Buch verkauft sich wie warme Semmeln, und die Kunden kommen, nur um zu sagen, es sei das beste Buch, das sie jemals gelesen haben. Doch wenn die Buchläden nichts über dieses Buch erfahren, können sie es nicht bestellen. Ich wollte daher eine Liste sämtlicher metaphysisch ausgerichteten Buchhandlungen in den Vereinigten Staaten kaufen und ihnen Postkarten schicken, um das Buch vorzustellen. Aber seltsamerweise gibt es unter all den Datenbanken, die man kaufen kann, keine einzige dazu, und so bat ich meine Assistentin, die Buchhandlungen über das Internet zu finden und selbst eine Datenbank zu *erstellen*.

Das war eine Aufgabe, auf die sie wirklich überhaupt keine Lust hatte, und so stellten wir uns folgende effektive Frage: »Was wäre ein besserer Weg dafür?« Sie ging derweil ihren normalen anderen Aufgaben nach, und aufgrund ihres vorhandenen inneren Widerstands dauerte es eine Weile, aber schließlich fand sie einen Mann auf den Philippinen, der ihr die Adressen verhältnismäßig preisgünstig heraussuchte.

Effektive Fragen aktivieren deine unbegrenzte schöpferische Kraft, während sie deinen Verstand auf eine produktive Jagd schicken, völlig uneingeschränkt durch Zeit und Raum. Deine Absichten können mit ein paar guten EQs quer über den ganzen Globus die Fühler ausstrecken und genau das finden, was du brauchst.

Effektive Fragen führen dich zu einem höheren
Bewusstsein oder einer vollkommen neuen Realität.

Du beantwortest die EQs nicht – du stellst sie und lässt los. Dein größeres Selbst lässt diese EQs – sogar während du schläfst – durch alle Suchmaschinen laufen und wird nicht eher aufhören, bis es die besten Antworten gefunden hat. Es ist, als hättest du dein eigenes Kreativteam, das rund um die Uhr für dich tätig ist. Die effektiven Fragen zu stellen gehört zu deinen zehn Prozent. Die Präsenz erledigt neunzig Prozent und bringt dir die Antwort.

Oft bist du schon mittendrin in positivem Handeln und verwendest eine Information oder Lösung bereits, bevor du überhaupt bemerkst, dass es die Antwort auf eine effektive Frage war, die du Tage oder Wochen vorher gestellt hattest.

Ich könnte die EQs, die ich – mal schneller, mal langsamer – beantwortet bekam, nicht einmal alle aufzählen. Mein Teil der Aufgabe bestand darin, meinen Unglauben, dass es möglich sei, aufzulösen und aus dem Weg zu bleiben.

Frage, lächle und lass los.

Stelle die Frage und beabsichtige dann, empfänglich für die Inspirationen zu sein, die deines Weges kommen. Manchmal brauchst du *nichts weiter* zu tun, als zu fragen; manchmal musst du Zwischenschritte gehen, zu denen du geführt wirst, und bei jedem Schritt noch weitere EQs fragen.

Ich habe dir versprochen, dass ich in diesem Buch noch kreativere Wege aufzeige, mit denen du »aus dem Weg gehen« kannst. Wenn du dir selbst effektive Fragen stellst, schickst du deinen Kopf auf eine Mission. Es ist, wie wenn du Kindern ein schönes Puzzle gibst, mit dem sie sich beschäftigen können und dich solange in Ruhe arbeiten lassen. Nur dass bei den EQs dein größeres Selbst die Arbeit erledigt, während dein begrenzender Verstand aus dem Weg ist.

Die Präsenz kann dir am besten helfen,
wenn dein Verstand mit dem Strom schwimmt.

Übe dich darin, vorwärts fokussierte, offene EQs zu stellen, anstelle von rückwärts fokussierten, beängstigenden oder Ja-Nein-Fragen. Mach keine Arbeit daraus, spiele einfach damit, bis es zu einer Gewohnheit geworden ist. Stelle dir in dem Moment, in dem du eine neue Möglichkeit erschaffen oder eine Herausforderung bewältigen willst, Fragen wie diese:

* Wie befriedigend wird es sein, mehr Leichtigkeit zu haben?
* Wie viel Spaß kann ich mir aus dem herausholen? (Kannst du spüren, wie die Absicht hier sofort wirksam wird? Allein die Frage nimmt schon die Spannung weg, dass du die Antwort wissen oder es jetzt gleich richtig machen müsstest.)
* Wie gut wird es sich anfühlen, wenn ich eine neue Gewohnheit habe?
* Wie schwingen Menschen, die in Liebesbeziehungen erfolgreich sind?
* Was würde ich mit meiner Zeit anfangen, wenn Geld kein Thema ist?

EQs können auch mit »Wo« oder »Wer« beginnen:
* Wo könnte ich mit Menschen in Kontakt kommen, die gern meine Hilfe annehmen würden?
* Wer sind die Menschen, die nach mir suchen?
* Wo könnte ich einige hilfreiche Informationen entdecken?

Frage, lächle und lass los.

Wenn es dir schwerfällt, loszulassen, probiere mal diese EQs:

* Wie könnte ich dies ganz anders betrachten oder empfinden?
* Was würde mir dabei helfen, mich in dieser Sache zu entspannen und weicher zu werden?
* Wie kann ich mich besser fühlen?
* Was würde mir dabei helfen, mir aus dem Weg zu gehen?
* Wie kann ich dies an die Präsenz abgeben?
* Wie kann ich meine Einstellung dazu wenigstens ein bisschen verändern?

Hier ist eine weitere Variante, die selbst den zynischsten Verstand weicher macht:

* Wäre es nicht schön, wenn …? (Die Absicht und das Gefühl sind es, nicht die Form der Fragestellung, die eine EQ ausmachen.)
* Was braucht es, um das mit links zu schaffen?
* Was wäre, wenn ich morgen aufwachte und mich völlig anders fühlte?
* Was würde auch nur ein kleines bisschen helfen?
* Wie könnte das jeden Tag ein bisschen leichter gehen?
* Ich frage mich, wie ich mich dafür öffnen könnte, noch mehr einzulassen?
* Was würde … (mein Vorbild) tun?
* Wäre es nicht cool, wenn etwas, an das ich nie gedacht hätte, auftauchen würde und es sogar noch besser als das wäre, was ich verloren habe?

Frage, lächle und lass los.

Geschlossene Fragen sind Sackgassen:

* Geschlossene Fragen sind Sackgassen, weil sie nur mit einem Ja oder Nein beantwortet werden können. Ja und Nein sind das Ende des Gesprächs!
* Sie regen weder die Fantasie an, noch eröffnen sie neue Möglichkeiten.
* Sie schicken deinen Verstand nicht auf eine hilfreiche Entdeckungsmission.
* Sie fühlen sich an wie ein Verhör, das darauf ausgerichtet ist, Schuld zuzuweisen.

Kann ich das? Habe ich alles getan, was mir möglich ist? War es meine Schuld? Habe ich etwas falsch gemacht? Bin ich nicht intelligent genug? Habe ich die Mittel und Ressourcen? Kann ich das auch ohne einen Abschluss, ein Diplom machen? Werden sie mich mögen? Werde ich als Versager enden?

Die Antworten auf diese Fragen enthalten null Realität. Die Antworten sind nur Geschichten. Du erfindest sie. Du machst sie wahr oder nicht – durch deinen Glauben und deine emotionale Energie.

Beängstigende Fragen – beängstigende Antworten!

Der Verstand liebt es, beängstigende Geschichten zu erzählen und beängstigende Fragen zu stellen. Beängstigende Fragen vermehren die Angst auf dieselbe Weise, wie EQs wunderbare neue Möglichkeiten vermehren. Wenn du die hypnotisierende Befehlskraft der EQs bedenkst, so möchtest du deinen Kopf lieber nicht auf eine Suche nach beängstigenden Dingen schicken!

Wenn du beängstigende Fragen stellst,
bekommst du beängstigende Antworten.

Beängstigende, offene Fragen: Nur weil sie mit »Was« oder »Wie« beginnen, macht sie das noch nicht zu effektiven Fragen. Spüre, wie sich das anfühlt:

❀ Was wäre, wenn ich nicht schlau/hübsch/talentiert genug bin?
❀ Was wäre, wenn ich es nicht kann?
❀ Was wäre, wenn ich unter der Brücke ende?
❀ Wie könnte dies schiefgehen?
❀ Was wäre, wenn ich meine Arbeit verliere?
❀ Was wäre, wenn sie mir meinen Mann wegnimmt?
❀ Was wäre, wenn mich jemand ausnutzt?
❀ Wie dumm werde ich mich fühlen, wenn ich versage?
❀ Was wäre, wenn sich die Dinge für mich nie ändern?
❀ Was wäre, wenn die Firma den Bach runtergeht und ich keine Rente erhalte?
❀ Was wäre, wenn es unmöglich ist und ich in richtig großen Schwierigkeiten stecke?
❀ Wer hat es auf mich abgesehen?

Der Gebrauch von effektiven Fragen im Gespräch

Lange vor *Divine Openings* habe ich bereits effektive Fragen eingesetzt, um anderen dabei zu helfen, Besprechungen kraftvoller zu leiten, ihre Mitarbeiter zu coachen, Teams zu motivieren, mehr Einfluss zu gewinnen, mehr zu verkaufen – und noch vieles mehr.

Ich gab ihnen als Hausaufgabe auf, den Gebrauch von effektiven Fragen bei sich zu Hause auszuprobieren. Am zweiten Tag kamen sie mit berührenden Geschichten wieder, die uns Tränen in die Augen trieben. Sie erzählten, wie sehr sich die Kommunikation öffnete und wie sich Familienmitglieder zum ersten Mal gehört fühlten. Sie erkannten, dass sie zuvor auf ihre Familie eingeredet hatten, statt einen wirklichen Dialog mit ihr zu haben. Sie hatten ihren Teenagern Vorträge gehalten, ihnen gesagt, was sie zu tun hatten, oder Ratschläge gegeben. Wenn sie geschlossene Fragen stellten wie: »Hast du den Müll weggebracht?« oder sogar: »Hattest du einen guten Tag?«, fühlten sie sich wie Vernehmungsbeamte bei einem Verhör. Wenn sie aber offene Fragen stellten, öffneten sich ihre Kinder und Partner plötzlich und gaben ihre Abwehr auf. Sie fühlten sich gehört und wertgeschätzt.

Effektiven Fragen leistet man keinen Widerstand, weil man sich von ihnen nicht gedrängt fühlt. Sie *holen den Einfallsreichtum der Menschen hervor* und bringen ihr Bestes zum Vorschein. Direkte Äußerungen können bewirken, dass der andere – ja selbst der eigene Verstand – sich verweigert und das Gesagte abwehrt. EQs sind einer meiner beliebtesten Wege, die Schwingung zu heben und den Kopf von seinem problemorientierten Fokus wegzulocken.

Übung:
Erfinde effektive Fragen, um eine Beziehung zu öffnen

Sag deinem Gegenüber, dass es nicht zu antworten braucht. Ihr lasst die Frage einfach auf euch wirken.

Ich gebe dir ein wenig Starthilfe:

1. Wie könnten wir gemeinsam unsere Zeit mit Dingen verbringen, die uns beiden Freude machen?
2. Welche fünf Dinge schätzen wir beide am anderen am meisten?
3. Wie könnte ich dir bei der Hausarbeit helfen?

4. Was wäre eine Erleichterung für dich?

5. Wie könnten ein paar Lösungen für die Schulprobleme unserer Kinder aussehen?

6. . . . .

7. . . . .

8. . . . .

9. . . . .

10. . . . .

11. . . . .

Kreative Aktivität: Erfinde effektive Fragen, um neue Möglichkeiten zu eröffnen

Der Verstand argumentiert oft gegen Affirmationen, weil sie der momentanen Realität vollkommen widersprechen. Wenn du behauptest: »Ich bin wohlhabend«, kommentiert es dein Kopf sofort mit: »Lügen haben kurze Beine! Ist ja gar nicht wahr! Du kannst deine Rechnungen nicht bezahlen!«

EQs hingegen widersprechen nicht und erzwingen nichts, es sind lediglich listige, neckische, unschuldige, erhebende Fragen. EQs sind für den Verstand genauso unwiderstehlich wie eine Feder an einer Schnur für eine Katze. Der Verstand reagiert wie besessen, ihnen nachzusetzen!

Ich gebe dir auch hier ein wenig Starthilfe:

1. Wie könnte ich mehr Geld anziehen?

2. Welche fünf Dinge liebe ich am meisten an meiner Arbeit? An meinem Chef?

3. Wie könnte mir meine Morgengymnastik mehr Spaß machen?

4. Was würde mir die Hausarbeit erleichtern?
5. Wie könnten ein paar Lösungen aussehen, an die ich nicht gedacht habe?

6. . . . .

7. . . . .

8. . . . .

9. . . . .

10. . . . .

11. . . . .

Zweifle an deinen Zweifeln (und wandle beängstigende Fragen in EQs um)

Oft stellen Menschen ihre Träume und Wünsche infrage – und jeder findet das normal, weise und sogar gerecht! Dreh den Spieß doch einfach mal um. Stelle deine Zweifel skrupellos infrage, prüfe sie und zweifle sie an. Es sind schließlich bloß »Geschichten«.

Hinterfrage deine Zweifel und nimm sie auseinander; verhöre deine Ängste und Gegenabsichten. Kreative EQs schleichen sich von hinten an deine einschränkenden Glaubenssätze heran und ziehen ihnen den Boden unter den Füßen weg. Schlage spielerisch einen fatalen Riss in das Fundament. Er wird sich weiten, bis das alte Glaubensgerüst auseinanderfällt.

Zweifle an deinen Zweifeln!

Der Zweifel kann dein Freund sein. Manchmal ist es hilfreich, wenn du dir unsicher bist. Benutze effektive Fragen, um *begrenzende Sicherheiten und Überzeugungen* zu hinterfragen und neue Türen zu öffnen. Lass uns auf die Liste der beängstigenden Fragen von vorhin zurückkommen und sie erweitern. Wir versuchen jedoch nicht, diese angstmachenden Fragen zu bekämpfen, abzustreiten, zu widerlegen oder ihnen Widerstand zu leisten – wir lenken den Verstand sanft dorthin, wo er andere Möglichkeiten entdecken könnte:

* Was wäre, wenn ich möglicherweise schlau genug bin?
* Was wäre, wenn es nicht so schwierig ist, wie ich dachte?
* Was wäre, wenn ich nicht unter der Brücke ende?
* Wie könnte dies vielleicht nicht schiefgehen?
* Ich frage mich, was wäre, wenn ich meine Arbeit nicht verliere?
* Was wäre, wenn sich meine Partnerschaft als etwas entpuppt, das mich ein Leben lang glücklich macht?
* Wie könnte ich sicherstellen, dass mich niemand ausnutzt?
* Was könnte geschehen, wenn ich mich nicht dumm fühlen würde?
* Ich frage mich, wie sich die Dinge für mich ändern könnten?
* Was wäre, wenn sich meine Situation sogar noch verbessern würde?
* Macht es vielleicht Spaß, zu rätseln, auf welche Weise andere Möglichkeiten auftauchen könnten?
* Wie kann ich wissen, was in diesem erstaunlichen Universum möglich ist und was nicht?
* Wie konnte ich so sicher sein, dass nicht alles fabelhaft gut endet?
* Wie könnte ich mehr Spaß daran haben, die Lösung hierfür zu entdecken?
* Was wäre, wenn diese Begrenzung gar nicht so fix und unverrückbar ist, wie ich dachte?

- Was wäre, wenn es Möglichkeiten gibt, die ich mir noch gar nicht ausgemalt habe?
- Wie kann ich absolut sicher sein, dass es keine Lösung gibt, wenn es so unbegrenzt viele Möglichkeiten gibt?
- Was wäre, wenn es nicht unmöglich ist?
- Wie oft habe ich gedacht, ich hätte alle Möglichkeiten ausgeschöpft, dabei gab es noch mehr – so wie bei Thomas Edisons tausend Versuchen, die Glühbirne zu erfinden?
- Wie kann ich mir so sicher sein, dass es nicht geht, wenn ich noch gar nicht alles versucht habe und das Spiel noch nicht vorbei ist?
- Was wäre, wenn ich nur ein bisschen offen für die Möglichkeit einer Lösung wäre?
- Wie viele Geschichten gibt es, in denen etwas völlig Unerwartetes und Neues auftaucht?

Stelle alle beängstigenden Fragen infrage.
Frage effektiv, lächle und lass los.

❈ ❈ ❈

Rückwärtsfokus

Ein rückwärts gerichteter Fokus hält uns auf die Vergangenheit oder auf ein Problem fixiert, er hält uns vom Schwingungsbereich neuer Lösungen fern. Wenn wir mit dem Problem unten im Tal sind, können wir die Lösung oben auf dem Berg nicht sehen. Wenn deine Ohren auf die Problemfrequenz eingestellt sind, versuch es mal mit einer effektiven Frage, um dich auf den Radiosender einzustimmen, auf dem deine Weisheit gesendet wird. Dann wirst du sie hören können.

Übung:
Wie fühlt sich eine Frage in deinem Körper an?

Ist die Frage hilfreich? Beruhigend oder tröstend? Vorwärts oder rückwärts fokussiert? Wenn sie dich tiefer in die Begrenzung, in negative Details, die Vergangenheit oder gar in eine beängstigende Geschichte hineinführt, so hilft sie dir nicht. Beantworte, nur um den Gegensatz zu spüren, folgende Fragen und beobachte dabei, in welche Richtung (aufwärts oder abwärts) sie dich führen und wie du dich dabei fühlst:

* Warum waren meine Eltern nicht für mich da?
* Was stimmt nicht mit mir?
* Warum habe ich noch keine(n) Partner(in)?
* Warum ist es so schwierig, Arbeit zu finden?
* Wie konnte ich nur so dumm sein?
* Warum komme ich einfach nicht aus den Schulden heraus?
* Warum bin ich ständig krank?
* Weshalb bin ich so ängstlich?

Wie fühlst du dich? – Genau.

Es ist völlig in Ordnung, mal eben einen kurzen Blick nach hinten zu werfen, um dir darüber klar zu werden, was du nicht möchtest. Aber wenn du deinen Kopf zu lange nach hinten gewandt hältst, wirst du über irgendetwas stolpern. Du kannst das beim Autofahren beobachten, wenn du auf etwas neben der Straße schaust, steuerst du ungewollt genau in diese Richtung. Pass auf, wohin du zielst.

Kreative Übung: Lass dieselben Fragen auf kreative Weise zu EQs werden

Geh jetzt zurück und ersetze jede der rückwärts fokussierten Fragen durch eine kreative EQ-Frage.

Ich gebe dir wieder eine Starthilfe:

❀ Warum waren meine Eltern nicht für mich da? – Was wäre, wenn ich meine Power heute nicht mehr an meine Eltern abgeben würde?

❀ Was stimmt nicht mit mir? – Wie kann ich diese alte Geschichte fallen lassen, dass mit mir etwas nicht in Ordnung sein soll?

❀ Warum habe ich noch keine(n) Partner(in)? – Wie wunderbar wird es sein, wenn mein(e) Partner(in) da ist!

Und jetzt du:

❀ Warum waren meine Eltern nicht für mich da?

. . . .

❀ Was stimmt nicht mit mir?

. . . .

❀ Warum habe ich noch keine(n) Partner(in)?

. . . .

❀ Warum ist es so schwierig, Arbeit zu finden?

. . . .

❀ Wie konnte ich nur so dumm sein?

. . . .

❋ Warum komme ich einfach nicht aus den Schulden heraus?

· ·

❋ Warum bin ich ständig krank?

· ·

❋ Weshalb bin ich so ängstlich?

· ·

Warum fragen wir »warum«?

Warum-Fragen sind in der Regel keine effektiven Fragen, auch wenn sie wie offene Fragen aussehen. Wenn du die folgenden Fragen beantwortest, werden dich die Antworten auf der Navigationstafel nach unten ziehen. Wenn irgendeine Frage deine Schwingung herabsetzt, deine Aufmerksamkeit auf etwas lenkt, was (angeblich) nicht in Ordnung ist, oder dir keine neuen Möglichkeiten aufzeigt, dann ist es *keine EQ*, auch wenn sie von der Struktur her so aussehen mag. Warum-Fragen haben die Tendenz, das Problem noch zu verstärken oder noch mehr Beweise dafür anzuhäufen. *Fühle das!*

❋ Warum liebt er mich nicht?
❋ Warum habe ich Probleme mit meiner Mutter?
❋ Warum gehen die Dinge immer alle schief?
❋ Warum habe ich immer Mehrausgaben, wenn ich gerade einmal aufhole?
❋ Warum verbessere ich mich nicht?
❋ Gott, warum ich?

Warum-Fragen helfen dir nur, wenn du sie als Rückmeldung nimmst, um mehr Bewusstheit zu erlangen oder es beim nächsten Mal besser zu machen:

- Warum suche ich mir immer Männer aus, die mich nicht lieben, und wie kann ich das überwinden?
- Warum lasse ich mich von meiner Mutter so sehr aus der Ruhe bringen, und wie kann ich das ändern?
- Warum ist das passiert, und wie kann ich das nächste Mal etwas anderes kreieren?
- Warum haben sie mich nicht engagiert, und wie könnte ich es besser machen?

Oder du drehst sie zu tatsächlichen EQs um:

- Wie kann ich mir nur die Männer wählen, die mich lieben?
- Wie kann ich bei meiner Mutter die mächtigere Komponente sein?
- Was könnte ich beim nächsten Mal besser machen?
- Wie könnte ich besser kommunizieren?
- Was für eine Vorbereitung brauche ich?
- Wer wäre ein geeigneter Coach, damit ich eine bessere Präsentation hinbekomme?

Hab Spaß mit deinen EQs!

Das Onlineportal 2 enthält einige Audios und Videos, die dir zeigen, wie du effektive Fragen im Umgang mit realen Menschen in realen Lebenssituationen einsetzen kannst. Bei einigen siehst bzw. hörst du von den Ergebnissen und Lösungen, die wir fanden.

Mit effektiven Fragen zu spielen macht Spaß, und sie bringen dir mehr Leichtigkeit, Flexibilität, Kreativität und Freude. Jetzt ist es an der Zeit, richtig kreativ mit den EQs zu werden und dich daran zu freuen. Begeistere dich selbst mit einfallsreichen, erfinderischen, genialen Fragen, die dich allein dadurch, dass sie dir einfallen und du sie stellen kannst, aufbauen und zum Strahlen bringen:

* Was würde das ganze Spiel verändern, statt nur einen besseren Weg zu ebnen, das alte Spiel zu spielen?
* Wie kann ich mehr Freude und Humor in meine Realität bringen?
* Wie kann ich meine Einstellung zu diesem Thema weicher werden lassen?
* Wie kann ich das, was jetzt ist, annehmen?
* Wie wird mich das befreien und mir neue Möglichkeiten eröffnen?
* Wird es nicht wunderbar sein, wenn ich mir meine eigene »Wirtschaftslage« erschaffe?
* Wie könnte etwas Besseres auftauchen als das, worin ich momentan festhänge?
* Was könnte ich anders machen?
* Was könnte ich loslassen?
* Wie könnte sich das auf eine ungewöhnliche und äußerst angenehme Weise lösen?
* Wie großartig wird es sein, wenn …?
* Was könnte helfen, von dem ich im Moment noch keine Ahnung habe?
* Wen könnte ich durch einen glücklichen Zufall treffen?

Um dich in positive Erwartung und spielerische Neugier zu versetzen, frage dich:

* Welche coolen Dinge werde ich erleben, wenn ich mehr im Fluss bin?
* Wie könnte es anders und besser sein als erwartet?

* Auf welche Weise werden diese Farben in meinem Bild zusammen tanzen?
* Wird es nicht Spaß machen, wenn ich aus dem Weg bin?
* Wie viel Spaß wird es machen?
* Wie begeistert werde ich sein?
* Welche Entdeckung könnte mich umwerfen?

Frage, lächle und lass los.

Die folgenden Sätze haben die gleiche Absicht und Wirkung wie eine effektive Frage:
* Ich frage mich, was das ganze Spiel für mich tatsächlich verändern könnte.
* Ich bin gespannt, was für großartige Überraschungen mir bevorstehen.
* Wird es nicht riesig Spaß machen, wenn …?
* Wäre es nicht cool, wenn …?
* Würde es mich nicht überraschen, wenn …?
* Würde es mich nicht komplett umhauen, wenn …?

Im alten Paradigma würden wir jemanden fragen: »Welcher nächste Schritt wäre richtig?« Später würden wir darüber lachen, weil es im neuen Paradigma gar keinen Sinn mehr ergibt. Im neuen Paradigma gehst du mit kreativem Staunen ans Werk, und der richtige nächste Schritt taucht genau dann vor dir auf, wenn du ihn brauchst.

Für Pioniere an vorderster Front gibt es keine erprobten Antworten. Stell dir vor, Lewis und Clark (die Leiter der ersten amerikanischen Überlandexpedition, Anm. d. Übers.) hätten nach einer Straßenkarte gefragt, ehe sie aufbrachen. Oder die Astronauten Armstrong, Aldrin und Collins hätten unterwegs zur ersten Mondlandung nach Wegweisern gesucht. Oder Alexander

Fleming, der zufällig das Penicillin entdeckte, hätte in einem Lehrbuch eine Antwort auf die Frage gesucht: »Wozu soll diese Substanz, die da in meiner Petrischale wächst, gut sein?«

Effektive Fragen unterstützen das Hauptthema dieses Buches: wie du Zugriff auf die uneingeschränkte Macht deines größeren, nichtphysischen Seins haben und seine unbegrenzten Ressourcen jenseits deiner menschlichen Fähigkeiten in Anspruch nehmen kannst.

Wir Menschen sind von Natur aus eng fokussiert, aber das ist gut so, weil wir mit den Gegensätzen und Details des Lebens umzugehen haben und durch sie erschaffen. Ein zu enger Fokus würde uns allerdings zahlloser Möglichkeiten berauben. Effektive Fragen können bewusst und mit spielerischer Absicht ein weites Netz auswerfen und dich aus dem breiteren Fokus deines großen Selbst schöpfen lassen – ein wunderbarer Kontrapunkt.

Die Antwort ist immer vorhanden.
Stelle effektive Fragen.

Zusammenfassung:

- Effektive Fragen (EQs) sind nützlich und hilfreich, was manche andere Fragen nicht sind.
- Der Kopf sträubt sich nicht gegen EQs. Er argumentiert nicht dagegen, wie er es mit Affirmationen, Aufforderungen oder kategorischen Aussagen häufig tut.
- Eine Behauptung birgt eine Konfrontation, eine Frage birgt eine Einladung.
- Der Verstand ist damit beschäftigt, die effektive Frage zu beantworten (es gibt Millionen möglicher Antworten) und vergisst darüber, Widerstand zu leisten, zu zweifeln, Stress zu erzeugen, ein- oder abzugrenzen und zu debattieren.

- EQs sind nur Hingucker, eine kleine Vorschau, sie wirken deshalb nicht bedrohlich. Sie verlangen nicht von dir, dass du an sie glaubst, sie schlagen nur etwas vor.
- EQs laden dich dazu ein, in eine wunderbare Welt der Möglichkeiten und der Neugier einzutreten.
- Sie verlangen nicht von dir, irgendetwas zu tun, sondern lassen dich lediglich ein paar Möglichkeiten in Betracht ziehen, wodurch Stress und Anspannung abnehmen.
- Sie laden dich dazu ein, deinen Blickwinkel zu erweitern, ohne dich auf irgendetwas festzulegen.
- Sie erlauben dir, dich zu entspannen, während die Dinge im Nichtphysischen erledigt werden.
- Sie ignorieren das Endliche (statt es abzuwehren) und fokussieren sich auf das Unendliche.

Spaßaktivität:
Schreibe EQs auf, die dich zum Lächeln bringen

EQs sind nützlich bei allem, was du tust – für dich selbst und im Umgang mit anderen. Spiele oft damit und rede darüber mit deinem großen Selbst, bis es eine selbstverständliche Gewohnheit geworden ist, effektive Fragen zu stellen. Immer wenn du dich irgendwo festhakst, nutze eine EQ.

Erstelle hier ein paar effektive Fragen, die zu deinen aktuellen Problemen, Wünschen und Bedürfnissen passen oder einfach nur deiner Freude und Ausdehnung dienen:

1. . . . .

2. . . . .

3. . . . .

4. . . . .

5. . . . .

6. . . . .

7. . . . .

8. . . . .

9. . . . .

10. . . . .

11. . . . .

Hör nie damit auf!
Frage, lächle und lass los.

❀ ❀ ❀

Gegenabsichten aus dem kollektiven Bewusstsein

Einschränkende Glaubenssätze haben wir in der Kindheit nur allzu leicht übernommen, als wir es noch nicht besser wussten. Und ohne dass wir es bemerkten, begannen sie sich im Hintergrund unseres Erwachsenenlebens auszuwirken. Sie können bis heute als Gegenabsichten agieren, die unsere Wünsche verwässern.

In dem Maße, wie du bewusster wirst, beginnst du alle einschränkenden Glaubenssätze, die du hast oder angeboten bekommst, zu hinterfragen. Jedes Mal, wenn du unbewusste Einschränkungen durch bewusste Entscheidungen ersetzt, hebst du damit das gesamte kollektive Bewusstsein an. Hier siehst du einige Einschränkungen, die das Kollektivbewusstsein dir aufdrängt, sowie einige Alternativen dazu, die dich stärken:

Kollektiver Glaubenssatz	Bewusste Absicht oder effektive Frage
Es gibt nicht genug für alle.	Was wäre, wenn es reichlich gibt?
Es gibt eben Reiche und Arme.	Durch eine Veränderung der eigenen Schwingung ist alles möglich.
Es gibt Gut und Böse, Richtig und Falsch.	Die Präsenz urteilt nicht.
Du musst dir alles erst verdienen.	Die Gnade stellt großzügig bereit.
Das Leben ist hart.	Wie kann ich es mir erleichtern?
Das Leben ist riskant.	Für ein ewiges Wesen gibt es kein Risiko.
Äußere Kräfte bestimmen über unser Schicksal.	Unsere Schwingung erschafft unsere Ergebnisse.
Die menschliche Kraft ist begrenzt.	Die Präsenz ist unbegrenzt.
Spirituelle Menschen lächeln immer.	Glückseligkeit ist nicht immer von außen sichtbar.

Seltsamerweise sendet ein hoher Prozentsatz spiritueller Menschen eine unterschwellige, beharrliche Schwingung der Unwürdigkeit aus. Ich habe miterlebt, wie Menschen beschlossen, »spirituell zu werden«, sich darum zu bemühen, »gut zu sein« und an sich zu »arbeiten«, als wären sie plötzlich dahintergekommen, dass mit ihnen etwas nicht stimmt. Doch von da an ging es mit ihnen bergab, sie rutschten in die Pleite oder hielten sich nur noch mit Mühe über Wasser.

Verabschiede dich von dieser Schwingung, dass du dir deinen Wert oder sonst irgendetwas erst verdienen müsstest. Unwürdigkeit ist ein absolutes Missverständnis. Nirgendwo sonst in der Natur oder in der gesamten Schöpfung existiert diese irrige Vorstellung – außer im menschlichen Verstand, der ständig urteilt und überall Mängel und Missstände bekrittelt. Niemand sonst beurteilt dich so, wie du über dich selbst urteilst.

Atme Selbstwert und Würdigkeit ein –
und atme Zweifel aus.

Du wirst bereits geliebt, und es macht dich um nichts besser, wenn du *Divine Openings* lebst oder »spirituell« bist. Die göttliche Präsenz liebt dich bereits inniger, als du es vielleicht jemals in dich einlassen kannst. *Divine Openings* macht dich nicht würdiger oder gesegneter, als du schon bist. Es hilft dir nur, die Würde, die du von Natur aus schon hast, für dich in Anspruch zu nehmen und die segensreichen Geschenke anzunehmen, die dir ständig angeboten werden.

Als du eine bestimmte Rolle, einen bestimmten Lebensweg gewählt hast, war es gut möglich, dass du dir unbeabsichtigt Glaubenssätze aufgebürdet hast, die damit einhergehen. Falls du denkst, du hättest den ganzen Ballast, der mit einem sogenannten spirituellen Leben verbunden ist, bereits abgeworfen, dann nimm dir jetzt vor, auch die noch verbliebenen, einschränkenden Überzeugungen endgültig über Bord zu werfen. Zum Beispiel: »Spirituell und rein ist gleich selbstaufopfernd und demütig«, oder: »Reich ist gleich böse und gierig«, oder: »Konzerne sind böse und gierig. Ich muss meinen Job in diesem Unternehmen kündigen, um eine Veränderung in der Welt zu bewirken.«

Befreie dich von der *materialistischen Sicht*, dass Geld an sich und aus sich selbst heraus eine eigene Schwingung habe. Lass jeden Glauben daran fallen, dass Geld oder der Mangel an Geld irgendetwas damit zu tun habe, wie gut, schlecht, würdig oder unwürdig du bist. Lass den Glauben fallen, dass Geld irgendeine andere Macht habe als die, die du selbst ihm verleihst.

Lass die Sorge los, du könntest dein Leben verpfuschen oder dabei scheitern, den Anforderungen der göttlichen Präsenz oder der Mission, die sie für dich ausersehen hat, zu genügen. Das sind nur »Geschichten«, reine Fiktion. In den Augen der Präsenz bist du jetzt schon vollkommen, und darüber hinaus wird nichts von dir verlangt. Entspanne dich und genieße das Leben. Lass jegliche Besorgnis los, nicht das zu bekommen, was du dir ersehnst. Jeder bekommt es, ob in diesem oder einem späteren Leben. Nimm dir vor, es *jetzt* hereinzulassen. Es ist deine Entscheidung.

Du wirst noch mächtiger und kraftvoller werden, also lass jegliche Vorstellung los, die besagt, dass Macht etwas Schlechtes sei. Hege die Absicht, deine Macht so zu gebrauchen, dass es sich gut anfühlt.

Dein Leben:
deine sichtbar gewordenen, wahren Absichten

Moment mal, *das* hatte ich nicht beabsichtigt!«, könnte jemand sagen. Sobald du bewusster wirst, wird dir auffallen, wie du tatsächlich Dinge versehentlich zu dir heranziehst. So wie es jenem bereits erwähnten Mann im Gefängnis erging, dem plötzlich bewusst wurde, wie die heimtückische, unsichtbare Schwingung von Wertlosigkeit zu seiner Abwärtsspirale geführt hatte. Natürlich hatte er weder sich selbst noch der Präsenz jemals eingestanden: »Ich bin es nicht wert! Nimm mir all diese guten Dinge weg, da ich sie ohnehin nicht verdient habe, und ruiniere mein Leben!« Er war sich bis zu unserer gemeinsamen Sitzung dieser Gefühle von Wertlosigkeit überhaupt nicht bewusst gewesen. (Diese Sitzung kannst du dir im Onlinekurs Portal 4, *Jumping the Matrix* anhören; der Mann bleibt dabei anonym.)

Es gibt auch eine wunderbare englischsprachige Hördatei, die du unabhängig von einem Onlinekurs über www.DivineOpe

nings.de bestellen kannst, unter dem Titel *How Did I Create That?* (»Wie habe ich mir das erschaffen?«). Sie wirkt sehr beruhigend und tröstlich, weil darin beleuchtet wird, wie wir beispielsweise durch blinde Flecken oder widersprüchliche Absichten unerwünschte Dinge erschaffen.

Wenn du dir nicht vollkommen bewusst darüber bist, welche Absichten du hegst, wirst du dir eine Matrix von dem, was du dir wünschst, erzeugen, sie dann aber mit einer weiteren Matrix von dem, was du *nicht* möchtest oder sogar befürchtest, verwässern. Beide Matrizen zusammen spalten deine Energie auf und wirken in entgegengesetzte Richtungen. Ich habe miterlebt, wie Menschen sich aufgrund ihrer Schwingung direkt in die Armut stürzten, weil sie ihrem Partner, der die Scheidung eingereicht hatte, beweisen wollten, dass sie sich eine Scheidungsvereinbarung nicht leisten könnten. Sie wollten unbedingt vermeiden, zur Kasse gebeten zu werden und behaupteten, kein Geld zu haben. Das Universum bestätigte es ihnen: »Okay, du hast ja recht, du hast kein Geld.« Dies ist auch ein Beispiel, wie jemand unbedingt recht haben will, um den Partner ins Unrecht zu setzen. Man nennt das auch: »ein Loch in den Boden des Bootes schießen, in dem beide sitzen«.

Eine Freundin von mir beabsichtigte, ihre Finanzen auf Vordermann zu bringen und ihre Schulden abzuzahlen, und sie rätselte bald, warum es ihr nicht gelang. Ihr lieber, fünfundsechzigjähriger Freund, der körperlich fit, aber gegen Geld allergisch war, hatte sich von ihr ganze neun Jahre lang komplett aushalten lassen, und sie hatte ihren Selbstwert nicht hoch genug eingeschätzt, um diese Unterstützung einfach zu beenden. Sie versuchte es, indem sie sich beklagte: »Ich kann es mir einfach nicht mehr leisten, dich zu unterstützen!«

Ich fragte sie, ob ihr aufgefallen sei, dass ihre vorherrschende Absicht eigentlich darin bestand, *zu arm zu sein, um ihn unterstützen zu können* – und genau diese Absicht verwirklichte sich. Ich schlug ihr vor, ihm ganz ehrlich zu sagen: »Ich will dich nicht mehr finanziell unterstützen.« Und gleichzeitig solle sie ihrem großen Selbst vorschwärmen, wie sehr sich ihre Finanzen schon verbessern.

Es gibt unendlich viele Varianten von verborgenen Absichten. Hege einfach die Absicht, sie erkennen zu wollen. Andere Menschen können es oft deutlicher sehen als du selbst. Welche Schwingung du aussendest, ist für alle anderen offensichtlich – auch für dich selbst, wenn du genauer hinschaust.

Möchtest du eine sichere Methode, um erkennen zu können, was du wirklich beabsichtigst bzw. ob deine Absichten vielleicht gespalten sind? Dann betrachte dir einmal verschiedene Bereiche deines Lebens und untersuche: »Welche Absicht *muss* das erschaffen haben?«

* In puncto Liebe frage dich: Hast du schwingungsmäßig stimmige Beziehungen mit deiner Familie, dem Liebespartner und Freunden?
* Was bringst du in den Menschen um dich herum zum Vorschein?
* Welche Ereignisse passieren dir typischerweise im Zusammensein mit anderen?
* Wie sieht dein Alltag im Austausch mit anderen aus?
* Hast du genügend Geld, um deine Bedürfnisse zu decken und deine Rechnungen zu bezahlen? – Und auch für Extras?
* Wie sehr kannst du wertschätzen, und wie oft beklagst du dich – und wie wird es dir widergespiegelt?
* Wie fühlst du dich im Allgemeinen?
* Welche Gefühle herrschen in deinen verschiedenen Lebensbereichen vor?
* Freude und Spaß – erlebst du sie täglich?
* Erlebst du Befriedigung und Leidenschaft bei deinen Aktivitäten und bei der Arbeit?

- Wie gemütlich ist dein Zuhause – was nicht unbedingt heißt, wie groß und wie teuer?
- Wie vital und entspannt ist dein Körper die meiste Zeit?

Schau genau hin. Es ist sehr erhellend. Feiere dein Leben, so viel du kannst. Feile an deinen Absichten. Ziehe keine Bilanz, sondern nutze alles, was du siehst, als Rückmeldung. Stelle ein paar effektive Fragen – und geh dir selbst aus dem Weg. Dein Leben – das sind deine sichtbar gewordenen, wahr gemachten Absichten.

Du liebst das Drama!

Gib's doch zu: Du *liebst* es! Das erklärt einiges an frappierenden, unerwarteten Dingen, von denen du meinst, sie nicht beabsichtigt zu haben. Vielleicht sagen wir, dass wir stets nur das Schöne und Leichte, Gute und Beglückende wollen, aber in Wirklichkeit lieben wir Menschen doch den Kontrast und die Vielfalt. Wir lieben es einfach, unser Blut in Wallung zu bringen, beim Fußball oder in einer heftigen Diskussion, in selbstgerechter Empörung. Wir lieben es, wenn uns das Herz bis zum Hals klopft vor lauter Schrecken und Risiko.

Beobachte, wie sich dein Blick magisch von einem Autounfall angezogen fühlt oder wie dich eine schockierend perverse Schlagzeile zum Lesen der Nachrichten verführt. Der Kontrast des Dunklen lässt das Licht umso heller erscheinen. Kranksein lässt dich das Gesundsein umso mehr schätzen. Die Sehnsucht nach dem, was du nicht hast, lässt dich sein Eintreffen umso süßer erleben.

Setze die Absicht, dich am Kontrast zu erfreuen, ja ihn sogar bewusst zu kreieren, statt »zufällig« durch einen »Unfall« ins Gegenteil gestürzt zu werden. Du wünschst dir als Kontrast die Erregung in jeglicher selbst gewählten Form, nur nicht als klebriges Drama, das dich belastet. Das Leben schickt dir Dramen, um dich aufzuwecken, wenn du es nicht selbst tust. Wenn du mit mehr Bewusstheit lebst und deine Kraft der Absicht zunimmt, wirst du dich ganz bewusst für mehr Ausdehnung und selbst gewählte Erweiterung entscheiden – und dann muss diese nicht mehr durch schmerzhafte und gewohnheitsmäßige Verhaltensweisen erfahren werden.

Eine Frau hatte eine Astrologiesitzung, und ihr Horoskop besagte, sie könnte es in absehbarer Zeit mit ernsthaften Suchtproblemen zu tun bekommen. Da sie an den mächtigen Einfluss der Sterne glaubte, traf sie die Entscheidung, dieses Drama bewusst auszuleben, statt eine Opferrolle darin zu spielen. Sie übernahm in einer Theateraufführung die Rolle des Hollywoodstars Judy Garland und gab dem Thema durch eine überschäumende, expressive Darstellung in gesunder Weise Ausdruck. Natürlich hätte sie es auch von sich weisen können, dem astrologischen Reading irgendwelche Macht zu verleihen. Ich selbst gebe der Astrologie keine Macht über mich, es ist mir sogar egal, etwas darüber zu wissen. Diese Frau löste es von da, wo sie stand, und genoss obendrein noch das Vergnügen des theatralischen Ausagierens!

Es gibt Schüler von *Divine Openings*, in deren Leben so wenig Drama und Kontrast passieren, dass sie dramatische Romane lesen oder sich Filme anschauen. Wir witzeln darüber, dass wir jetzt, wo wir im echten Leben so wenig Aufregendes erleben, es uns ersatzweise über »Storys« holen.

Dein Nervensystem ist auf Kontraste angelegt. Du könntest Kälte gar nicht erkennen, wenn es keine Hitze gäbe. Hitze ist demnach für einen Eskimo ebenso wertvoll wie ein Kühlschrank für einen Tropeninsulaner!

Wir alle haben ein Bedürfnis nach Dramen und Gegensätzen: Dunkel und Licht, Tränen und Lachen, Auf und Ab, Herausforderung und Erleichterung, Arbeit und Ruhe. Wenn du dir dessen bewusst bist und dir absichtlich kreative Möglichkeiten suchst, wie du diese Bedürfnisse stillen kannst, brauchst du nicht unbewusst in irgendwelche Dramen hineinzuplumpsen, um dir diese Bedürfnisse zu erfüllen. Du kannst entweder mit dem Blick auf die Navigationstafel handeln, oder aber du lässt dich automatisch rücklings in das hineinfallen, was deine Schwingung durch unbewusste Absichten angezogen hat, riskierst jedoch dabei, dass es in einer Form daherkommt, die dir nicht wirklich gefällt. Manchmal gehen Menschen eine Affäre ein und zerbrechen dadurch ihre Beziehung, einfach weil sie Sehnsucht nach ein bisschen Aufregung haben.

Bei den meisten lässt die Lust auf Dramatik und intensive Erfahrungen nach, wenn sie *Divine Openings* leben. Hast du aber einen stärkeren Bedarf an Anregung, Abwechslung und Abenteuer, so kannst du produktive, nicht destruktive Wege finden, um dein Bedürfnis zu befriedigen. Vielleicht musst du dich größeren Herausforderungen stellen. Du kommst offenbar mit risikoreichen Aktionen gut zurecht, stürzt dich womöglich in Adrenalin-Sportarten oder wagst dich an schier unlösbare Aufgaben. Du hast gern hohe Anspannung, schöpfst am Ende Erleichterung daraus und möchtest es deshalb wieder erleben. Dinge, die für dich äußerst befriedigend sind, können für andere, ruhigere Naturen, die es lieber locker angehen, eine Tortur sein.

Entdecke deine eigene Balance zwischen
Herausforderung und Wohlbehagen.

Einer meiner unterhaltsamsten Schüler, ein männlicher Rockstar, kleidet sich in hinreißend kreative Kostüme, hat rosa Haare und trägt Make-up, er schreibt, performt und produziert Videos mit seiner total einzigartigen Musik. Als er mich zum ersten Mal anrief, war sein Verstand völlig überreizt und quälte ihn mit Horrorszenarien, die sich zu bewahrheiten drohten. Jedes Mal, wenn er erfolgreich war, hatte er danach einen dramatischen Absturz und ging in Flammen unter. Er hatte riesige Angst, dass sich dieses Muster ständig wiederholen würde – und natürlich tat es das. Das haben beängstigende Geschichten so an sich.

Nachdem ich ihm eine Weile zugehört hatte, sagte ich: »Dein wahnsinnig produktiver, fantasievoller Verstand hat einen enormen Appetit auf Dramen, und dein Kopf ist ständig damit beschäftigt, sie hervorzubringen. Ein ungezähmter Verstand ist wie eine Granate, die darauf programmiert ist, jedes Übel aufzuspüren – eine vom Überlebenskampf besessene Maschine, die jede Menge Ängste produziert. Als Erstes musst du eine kraftvolle Entscheidung für dich treffen: *Du bist nicht dein Verstand.* Du brauchst nicht auf alles zu hören, was er sagt. Du brauchst ihm nicht überallhin zu folgen, wo er hinwill, und darfst nicht zulassen, dass er sich zum Herrn und Meister über dich aufspielt.«

Der ungezähmte, unerleuchtete Verstand ist eine Granate, die auf Fehlersuche programmiert ist.

Dann fragte ich ihn: »Sieh mal, was für eine lebendige, emotionale, detailreiche Show du aus deinen beängstigenden Geschichten machst! Und mit wie viel Emotionalität, bunten Farben, irrwitziger Musik im Dolby-Soundtrack und Horror-Action du das alles inszenierst! Aber sag mal ehrlich – und jetzt kommt das Beste, das Kontrastprogramm: Wie sehr dramatisierst du eigentlich deine *positiven* Gedanken, Hoffnungen und Träume? Legst du genauso viel Aufmerksamkeit, Energie und Dramatik in deine hoffnungsvollen Geschichten, Gedanken und Gefühle?«

Rasch fügte ich hinzu: »Keine Sorge, falls deine Antwort darauf Nein ist. Du bist nicht der einzige Mensch, der einerseits dieses ganze beängstigende Zeug auf Teufel komm raus dramatisiert und andererseits keine bewusst spektakuläre Energie ins Dramatisieren jener Dinge steckt, die er sich wirklich wünscht. Kannst du sehen, dass die Medien genau dasselbe tun – immer das negative, angstmachende Drama groß aufzubauschen und die guten Dinge total langweilig, blass und lahm erscheinen zu lassen? Die Menschheit ist so süchtig nach Drama, als wäre es Kokain. Es schenkt dir ein gesteigertes Lebensgefühl, aber es gibt viel angenehmere und ungefährlichere Wege, sich ganz und gar lebendig zu fühlen.«

Dann empfahl ich ihm: »Spiele in den nächsten Wochen damit herum, deinen Kopf bewusst zu steuern, um die *positiven* Aspekte deines Lebens zu dramatisieren und auf diese Weise dein Bedürfnis nach großem Drama zu stillen. Fülle deinen Kopf mit produktivem Drama, dann bleibt weniger Raum für Unfug. Stell dich vor den Spiegel und spiele dir deine beängstigende Geschichte vor. Erkenne sie als das, was sie ist: urkomisch, lächerlich und völlig frei erfunden. Und dann denke dir eine saftige, hochdramatische Geschichte aus, die dich noch mehr belustigt und erfreut.«

Eine bekannte Weisheit: Der Verstand ist ein hervorragender Diener, aber ein schrecklicher Meister.

Die Hördatei dieser Sitzung kannst du dir, wie Hunderte andere, jederzeit von den Onlinekurs-Portalen streamen oder herunterladen. Die Leute berichten, dass es keine Rolle spiele, welches Thema man sich wählt. Sie suchen sich einfach eines aus, das sie anspricht – und seltsamerweise passt es immer irgendwie zu dem, was sie gerade brauchen oder sich wünschen. Sie sagen, es würde sich oft so anfühlen, als würde ich direkt zu *ihnen* sprechen. Das ist nicht überraschend, weil es bei jeder Hördatei *meine Absicht* ist, dass sie jeden anspricht, der sie hört, und nicht nur diejenige Person, deren Sitzung aufgenommen wurde.

Gelegentlich ertappe ich mich mitten in einem Drama oder bin unzufrieden mit etwas, und dann muss ich lachen: Ich hatte wohl ein bisschen Aufregung nötig und mir nicht genug Abenteuer, Herausforderung und Vielfalt kreiert! In dem Moment, in dem ich erkenne, dass ich es selbst erschaffen habe, höre ich auf, es zu kritisieren. Wenn ich es schon mal kreiert habe, kann ich es genauso gut genießen!

Jedes bedeutsame Drama, speziell Unstimmigkeiten mit einem geliebten Menschen, lässt bei mir am nächsten Tag eine Art Katzenjammer zurück. Es tut weh, und das *soll* es auch, wenn wir auf der Navigationstafel nach unten rutschen. Für mich fühlt es sich dann so an, als hätte sich ein krakenähnliches Gebilde an meinem Gesicht festgesaugt. Es ist eine Navigationsmeldung: »Hier unten fühlt es sich grässlich an! Sieh zu, dass du wieder nach oben kommst, zu deinem größeren Selbst!«

Am besten vertagst du entscheidende Gespräche,
Handlungen und Entscheidungen, wenn dir gerade ein
Alien im Gesicht hockt (deine Schwingung niedrig ist)!

Erkenne dich selbst. Werde proaktiv in der Erfüllung deiner Bedürfnisse. Setze jetzt gleich die Absicht, dich immer besser kennenzulernen und deine *Entscheidungen bewusst zu treffen.* Wenn du Aufregung nötig hast, kannst du sie dir absichtlich erschaffen, statt unbewusst in Dramen hineinzustolpern, die diesem Bedürfnis entsprechen. Wenn du mit Bedacht erschaffst, wirst du weniger häufig Momente erleben, in denen du sagst: »Wie konnte ich mir *das* nur herbeiziehen?«

Ich kreiere mir herausfordernde, neue Projekte, weil ich Anregungen brauche. Ich erschaffe und lerne ständig neue Dinge.

Einfach nur den Status quo aufrechtzuerhalten genügt mir nicht. Wenn sich andere entspannt zurücklehnen und in den Ruhestand gehen würden, wäre mir das viel zu langweilig.

Wenn ich fertig bin, werde ich die Erde bewusst verlassen. Mit etwas Meisterschaft der Absicht ist das gut machbar, und es gibt viele, die es geschafft haben, bewusst und verantwortlich zu sterben. Ich würde es selbst dann anstreben, wenn es keinerlei Nachweise dafür gäbe, dass es möglich ist. Ich würde mir die effektive Frage stellen: »Wie kann ich diesen Körper bewusst verlassen, wenn ich mit diesem Leben fertig bin?«

Für die Kraft der Absicht gibt es
unendlich viele Anwendungsmöglichkeiten.

Deepak Chopra erzählt eine Geschichte über seinen Vater, der Arzt in Indien war, und berichtet, dass dieser in seinen Achtzigern eines Tages nach einem vollen Arbeitstag nach Hause kam und seiner Frau verkündete, er würde jetzt »gehen«. Er legte sich ins Bett, trat in die »große Meditation« ein und verließ dauerhaft seinen Körper. Auch Maharishi Mahesh Yogi, Begründer der Transzendentalen Meditation, der dadurch berühmt wurde, dass die Beatles bei ihm zur Schule gingen, hat seinen Körper bewusst verlassen. Während er auf seinem Vortragspodium saß, bedeckten seine Anhänger ihn und das ganze Podest komplett mit Blumen, wobei sie nur sein Gesicht freiließen, und er ging friedlich hinüber. Das ist ein Beispiel für: »Dein Wille und Gottes Wille sind eins.«

Gewöhnliche Sterbliche warten oft mit dem Sterben, bis ihre Liebsten das Zimmer verlassen haben – auch sie haben jedenfalls in dieser Sache etwas mitzureden. Die Leute sagen oft, nur der Schöpfer könne wissen, wann wir hinübergehen werden, aber das stimmt nur, solange wir nicht im Einklang mit der Quelle sind. Es gibt keinen richtigen oder falschen Weg des Übergangs, doch ich meine, es würde mehr Spaß machen, es bewusst zu tun.

❀ ❀ ❀

Kraftvolle Absicht oder Wunschdenken?

Da du dir alles ausdenkst, machst du für dich die Dinge wahr. Ob es »wahr« ist oder nicht, ist kein nützliches Kriterium, um zwischen einer kraftvollen Absicht und Wunschdenken zu unterscheiden. Du kannst den Unterschied aber an Folgendem erkennen:

❀ Wunschdenken ist es, wenn du von etwas erwartest, dass es geschieht, du jedoch eine Schwingung aussendest, die dem entgegensteht.

❀ Wunschdenken ist es auch, wenn du dir etwas wünschst und sagst, du erschaffst es, deine Schwingung und deine Handlungen dem jedoch widersprechen und du nichts tust, um daran etwas zu verändern.

Zwei Menschen in verschiedenen Städten zum Beispiel sagen beide: »Ich werde eine große Klinik für alternative Medizin gründen.« Die äußerst kraftvolle Schwingung der ersten Person stimmt mit ihrem Wunsch überein; sie hat ihre Gegenabsichten bereinigt und ist vollkommen bereit, das Ganze bis zum Schluss durchzuziehen und all die banalen, glanzlosen Details zu erledigen, die nötig sind, um diese Klinik auf die Beine zu stellen. Sie ist bereit, sich auf die Reise zu machen, obwohl sie viel Hilfe brauchen wird und noch längst nicht alles weiß. Ihre Schwingung stimmt ausreichend mit ihrer eigenen Absicht überein, sodass sie stete, erfolgreiche Schritte in der Praxis zu gehen vermag und in diesem Prozess mitwächst. Dies ist überhaupt kein Wunschdenken – es ist eine kraftvolle Absicht.

Die Schwingung der zweiten Person stimmt mit ihren Worten nicht überein. Sie liest ihre Navigationstafel nicht gut und kann daher nicht spüren, wie die Gegenabsichten ihre Energie aufspalten. Sie erwartet, dass sich ihre Absicht erfüllt, obwohl ihre Energie und der gegenwärtige Stand ihrer Entwicklung noch nicht dazu passen. Sie ist nicht bereit, sich zu fokussieren und die täglichen Details umzusetzen – sie ist mehr von der glamourösen Idee begeistert als von der realen, tagtäglichen Arbeit. Ihr gefällt die Vision, aber sie ist nicht wirklich bereit, die Reise dorthin zu unternehmen. Sie möchte es haben, ohne sich ändern, erweitern und über sich hinauswachsen zu müssen. Das ist Wunschdenken.

Über Nacht Millionär

Plötzlicher Reichtum kommt vor, doch wenn eine Person nach irgend so einem Seminar »Über Nacht Millionär« völlig aufgedreht zu mir kommt, ihre Gefühle nicht spürt, ihre Navigationstafel nicht lesen kann und keine Ahnung hat, wie sie ihre finanzielle Notlage selbst kreiert hat, aber meint, der Wohlstand würde ihr plötzlich in den Schoß fallen, obwohl es ihrer Schwingung überhaupt nicht entspricht, dann empfehle ich ihr, zuerst einmal langsamer zu werden und sich darauf zu fokussieren, wie sie sich fühlt.

Springe direkt zum Ergebnis:
Generiere ein besseres Gefühl zu Geld.

Wenn du mehr Geld haben willst, beginne das Leben wertzuschätzen, das du jetzt hast, und sei dankbar selbst für kleine Geldsummen oder jegliche Summen, die man dir geliehen oder gegeben hat. Ist dir eigentlich klar, dass Kredit bedeutet, dass dir jemand *Geld gibt* auf dein bloßes Versprechen hin, es mit Zinsen wieder zurückzuzahlen? Das ist ein Wunder an Manifestation! Gib dieser Tatsache *jetzt gleich* deine Wertschätzung.

Fokussiere dich ausschließlich darauf, wie du dich fühlst, und achte auf deine Navigationstafel oder dein direktes Wissen. Erspüre, beabsichtige und nähre das Gefühl, von dem du meinst, dass mehr Geld es dir bringen würde – und fang gleich *jetzt* an, es zu kultivieren. Sobald du das tust, weißt du ganz präzise und eindeutig, wo du mit deiner Fähigkeit stehst, eine bestimmte Geldmenge an dich heranzulassen. Du wirst es spüren können, ob die Schwingung, die du aussendest, signalisiert: »Ich lasse Geld ein« oder nicht.

Beginne genau dort, wo du bist.

Wenn du spürst, dass dir die Affirmation: »Ich bin Millionär« deinen Geldmangel nur noch schmerzlicher bewusst macht, dann verzichte lieber darauf, es zu sagen. Es würde dich nur frustrieren und aus deiner Integrität herausbringen, weil es dem widerspricht, was du als Schwingung aussendest. Du kannst solche Worte später sagen, wenn deine Schwingung sich dem angenähert hat. Im Moment probiere es lieber mit: »Ich fühle mehr und mehr Dankbarkeit für all die guten Dinge, die ich jeden Tag habe!« Oder stelle eine effektive Frage: »Wie kann ich mich aufrichtig von Tag zu Tag reicher fühlen?« Das wird deine Wohlstandsschwingung anheben, ohne Widerstand zu erzeugen.

Baue dir zuerst kleine Erfolge auf und lass die Beweise und deine Überzeugung anwachsen. Es ist besser, etwas auszusprechen, was du wirklich empfinden kannst, wie: »Ständig kommen kleine Geldbeträge immer leichter zu mir«, und Beweise dafür anzusammeln. In ein paar Monaten wirst du es dir tatsächlich abnehmen, wenn du sagst: »Geld ist in meiner Welt kein Thema.«

Wie ich höre, ist das die ständige Erfahrung von vielen Menschen, die *Divine Openings* leben.

Wenn jemand mehr Essen auf seinem Teller auftürmt, als er essen kann, dann sagt meine Mutter: »Deine Augen sind größer als dein Magen.« Im Kontext von *Divine Openings* heißt das: »Deine Sehnsüchte sind höher als deine Schwingung.« Nichts könnte frustrierender sein als das! Kehre zu dem zurück, was du tatsächlich fühlst und aussendest – daran kannst du unmittelbar etwas ändern, während du deine finanzielle oder gesundheitliche Situation nicht auf der Stelle verändern kannst. Lass also los, freu dich deines Lebens und unternimm jeden Tag weitere Schritte in Richtung deiner Träume.

Zu denken: »Das Universum wird es mir geben, wenn ich die Absicht setze, es mit anderen zu teilen und nicht selbstsüchtig zu sein«, ist eine Strategie, die nicht funktioniert. Es kann auch nach hinten losgehen, denn Gott zu bestechen ist keine Option! Ein »Gutmensch« zu sein bringt dir gar nichts – das Universum kümmert sich nicht darum, ob du selbstsüchtig oder selbstlos mit Geld umgehst. Das Leben reagiert ausschließlich auf deine Schwingung. Verbrecher kommen zu Geld, weil sie daran glauben und die Schwingung aussenden, dass sie es können. Geschnappt werden sie, wenn sie Schuldschwingungen ausstrahlen. Brav oder gut zu sein bringt dir gar nichts – in einer hohen Schwingung bezüglich eines bestimmten Themas zu sein, aber schon.

Wenn mir jemand sagt, er möchte im Lotto gewinnen, frage ich ihn, ob seine Schwingung mit dieser Möglichkeit übereinstimmt. Wenn ja, dann glaube ich ihm. Wenn er es nicht wirklich spüren kann, schlage ich ihm vor, sich etwas anderes auszusuchen, das weniger weit hergeholt ist, damit er es auch glauben kann. Interessanterweise kann dies das Tor zu größerem (Geld-) Segen schneller öffnen, weil weniger Widerstand da ist.

Nur einer unter Millionen kann im Lotto gewinnen, aber *jeder* von uns kann finanzielle Leichtigkeit für sich kreieren und all die guten Gefühle haben, die wir sonst an einen Lottogewinn knüpfen – vorausgesetzt, wir wollen wirklich lernen, wie das geht. Mir ist lieber, ich sehe, wie meine Realität sich von Jahr zu Jahr ausdehnt, weil *meine Kraft der Absicht zunimmt*, statt dass ich dem Lotto auch nur die geringste Macht über mein Schicksal abgebe. Die Lotterie kann niemals die Quelle meines Glücks, meiner Freiheit oder meines Geldes sein. Meine Quelle ist einzig und allein die göttliche Quelle – und sie kann es uns allen auf vollkommene Weise bringen.

Entscheide, welche Gefühle du in Bezug auf Geld haben möchtest, springe direkt zum Ergebnis und fang an, genau diese Gefühle gleich jetzt zu genießen. Das hohe Schwingungssignal, das du aussendest, erzeugt eine nichtphysische Matrix deiner neuen Schöpfung. Da ihm die unbegrenzten Ressourcen des Universums zur Verfügung stehen, erledigt dein nichtphysisches Selbst die materielle Ausgestaltung am besten für dich. Es ist nicht einmal deine Aufgabe, zu wissen, wie es Gestalt annehmen wird – deine Aufgabe ist es, das Matrixskelett durch deine Absicht zu erschaffen und dann loszulassen und dich mit dem Fluss treiben zu lassen.

Zu denken: »Mehr Geld wird all meine Probleme lösen und mich glücklich machen«, bedeutet, zu viel Macht an die materielle Welt abzugeben. Hebe deine Schwingung in Bezug auf ein Thema immer höher an und beobachte, wie sich die äußere Welt darauf einstellt.

Indem du es erschaffst, erlangt es Bedeutung.

Wenn du in erster Linie dem Beachtung schenkst, wie du dich fühlst, statt dem Auftauchen von materiellen Dingen im Physischen, wirst du dem, was wirklich wichtig ist für dich mehr

Aufmerksamkeit schenken: deiner Schwingung und deiner Übereinstimmung mit dem Nichtphysischen.

Es geht nicht darum,
jetzt gleich alles zu haben;
es geht darum, Freude an jeder neuen
Ausweitung zu haben.

Die Leute fragen mich oft, warum ich nicht diese oder jene ehrgeizige Sache mit *Divine Openings* in Angriff nehme, wie zum Beispiel, es ins Fernsehen zu bringen oder mehr Veranstaltungen abzuhalten. Meine Antwort darauf: Ich genieße den stetig zunehmenden Anstieg von *Divine Openings* sehr, ebenso wie die Möglichkeit, dass ich dabei ein gesundes, integriertes Leben führen kann, in dem ich nichts hinterherjage. Durch dieses schrittweise Vorgehen passe ich mich dem Wachstum auf jeder neuen Ebene an und rutsche nie zurück.

Ich habe mir wirklich nie vorgestellt, dort zu sein, wo ich jetzt bin. Wäre ich zu rasch in diese Situation hineingeworfen worden, hätte ich es schwierig gefunden, alles auf einmal einzulassen. Wenn ein Segen »unvorstellbar« ist, also buchstäblich über die eigene Fähigkeit hinausgeht, ihn für real zu halten, dann kann es schwer sein, ihn aufrechtzuerhalten.

❀ ❀ ❀

Genuss und Kraft des Schweigens

Miriam, eine Teilnehmerin des fünftägigen Schweigeretreats, ließ sich sehr tief auf die kraftvolle Stille des Schweigens ein. Sie zeltete während des Retreats auf einem nahegelegenen Campingplatz, und als sie an einem Tag zum Waschhaus ging, begegnete ihr eine Frau mit einem wunderschönen Hund. Miriam wollte ihr Schweigen nicht brechen und übte sich darin, alles der Präsenz zu erzählen; also formte sie im Geist die Worte: »Was für ein wunderschöner Hund.« Und die Frau sagte: »Danke.« Miriams Absicht war so stark, dass die Frau es ohne Worte hörte! Bleibe so ruhig und still im Innern, wie es dir möglich ist. Sprich mehr zur Präsenz.

Wissenschaftler suchen nach einer vernünftigen, logischen Erklärung dafür, wie die Wale und Delfine miteinander kommunizieren – vermutlich »durch ihre Absicht«. Das ist aber wahrscheinlich nicht kompliziert genug und zu wenig greifbar, um die Wissenschaftler zu befriedigen.

Bemerke, wie viel du redest. Normalerweise ist es so: Je mehr du redest, desto weniger sagst du und lässt mehr von deiner Kraft der Absicht versickern. Bemerke, wann du den Drang zu reden verspürst und nicht aufhören kannst zu reden, egal, ob dir die anderen zuhören oder nicht. Manche Menschen reden, um zu vermeiden, sich zu spüren. Sie benutzen Worte als Betäubungsmittel oder Droge – wie eine Sucht – und ertränken sich in einer Flut unnötiger Worte. Wenn eine Klientin das tut, bitte ich sie, mit dem Reden innezuhalten und sich einfach nur zu spüren. Sie wird dann ruhiger und fühlt sich bald besser. Ließe ich sie weiter übersprudeln, so würde sich nichts ändern, weil sie durch ihr Reden das Fühlen vermeidet.

Fang an, die Stille und das Schweigen mit den Menschen, die du liebst, mehr zu kultivieren. Die Menschen werden dir besser zuhören, wenn du weniger redest. Männer lieben es, wenn sich eine Frau schweigend mit ihnen verbunden fühlt und nicht so viel reden muss, um ihre Liebe zu beweisen. Du brauchst nicht zu reden, um auf einer tieferen Ebene in Verbindung zu treten. Diese Entdeckung machen die Teilnehmer im fünftägigen

Schweigeretreat: Sie sitzen, genießen und spüren zusammen und kosten es gemeinsam aus.

Zunehmend wirst du dich mit anderen aus reiner Liebe und Freude verbinden, statt aus einem Bedürfnis heraus. Spielen tritt an die Stelle von Mitleiden und Problemlösen. Freude und Verbindung ersetzen Getrenntheit und problematische Beziehungen. Wenn zwischen euch ein Unbehagen herrscht, trage deine Absicht für die Beziehung als Erstes zur Präsenz und gewinne Klarheit über deine Intention.

Tauche zuerst im Stillen für dich ein, mit der Absicht, deine Schwingung zu bereinigen und den Blickwinkel des anderen objektiv wahrzunehmen. Generiere zuerst innerlich das Gefühl, das du dir wünschst. Wenn es deine Absicht ist, die andere Person dazu zu bringen, sich zu ändern oder einen Irrtum zuzugeben, wirst du es in der Klarheit der Stille erkennen und dann zu einer höheren Absicht finden können. Sobald du dich ruhig und kraftvoll fühlst, sprich mit dem anderen aus deinem Herzen heraus.

In dem Maße, in dem du weniger redest, dir deine Ratschläge von innen holst und die gesegnete Stille mehr genießt, wächst deine Kraft der Absicht – ein weiteres Beispiel dafür, dass es in diesem Buch mehr um das geht, was du *nicht tust*, als um das, was du *tust*. Mehr um das, was du *weglässt*, als um das, was du *hinzufügst*.

Schöpfe deinen Rat aus dir selbst,
um innere Stärke aufzubauen.

Für etwa sechs Wochen – oder solange, bis es dir zur Gewohnheit geworden ist – sprich mehr mit der Präsenz in dir, als du laut zu anderen sprichst. Die Wirkung deiner Worte und Absichten nimmt um ein Vielfaches zu, wenn du sie weniger durch Füllworte und Absichten verwässerst. Indem du mit der Präsenz sprichst, sie um Rat bittest und dich auf sie verlässt, statt auf andere Menschen zu hören, vertieft sich dein Einssein mit der Präsenz.

Das Gute nach innen unterheben

Wenn wir zu viel reden, wird die Energie verbal zerstreut. Wenn wir innerlich mit der Präsenz kommunizieren, zerstreuen wir keine Energie und lassen sie auch nicht zerrinnen, sondern legen sie gewinnbringend an, wie wenn wir unser Geld auf eine Bank bringen und Zinsen damit verdienen, statt das Geld abzuheben und für Nippes auszugeben. Ich nenne das »die Energie nach innen unterheben« (wie Sahne oder Eischnee beim Backen). Wenn wir uns dann zum Sprechen entscheiden, geben wir diese verbale Energie weise und bewusst aus, sodass mit ihr mehr erreicht wird.

Im fünftägigen Schweigeretreat sind die Menschen erstaunt, wenn sie dahinterkommen, wie viel Energie sie bisher durch Sprechen vergeudet haben. Das Sprechen ist eine Aktivität der linken Gehirnhälfte, die den Verstand aktiviert. Nicht zu sprechen macht den Verstand ruhiger. Nach dem tiefen Eintauchen im Schweigeretreat haben es manche von uns überhaupt nicht eilig, die pure Ekstase des Schweigens wieder zu verlassen. Smalltalk über unbedeutende Dinge fühlt sich für mich nach einem Retreat richtig schmerzhaft an.

Wenn du das Gefühl hast, mit jemandem sprechen zu müssen, so achte darauf, warum du es wirklich nötig hast. Brauchst du Liebe, Aufmerksamkeit, gemeinsames Erleben? Willst du Bewunderung, Anerkennung, Lob, Unterstützung oder Trost? Spüre deinen Wunsch zu reden und tauche dann mit dem Gefühl tief in die Präsenz ein. Wenn du deine Freuden und Herausforderungen nach innen trägst, überwindest du die äußere Abhängigkeit und entdeckst in dir die wahre Kraft, die du nicht von anderen Menschen bekommen kannst.

Setze die Absicht, es möge *genügen*, wenn du es mit deinem Innern teilst. Große Dinge ereignen sich, wenn für dich das Nichtphysische wichtiger und realer wird als das Physische.

> *Trage deine Freuden und*
> *Herausforderungen lieber nach innen,*
> *als Energie im Außen zu zerstreuen.*

Wir Menschen scheinen tatsächlich schrecklich *viel* Bestätigung von anderen zu brauchen, und wer das loslassen kann, wird wirklich *frei*. Vor allem diejenigen, die sich dafür entscheiden, als Pioniere zu leben, können nicht auf die Bestätigung der Masse zählen, ja nicht einmal auf Bestätigung durch ihre spirituellen Freunde. Wäre ich der einzige Mensch auf der ganzen Erde, der so lebt, wie ich es tue, so würde mich das nicht im Geringsten stören. Im Laufe meines Lebens wurden die »spinnerten« Dinge, die ich immer getan habe, schließlich akzeptiert, aber zuerst wurden sie nach dem Mehrheitsempfinden als zu neu, unerprobt und fremdartig abgelehnt.

Ich werde oft gefragt, wie man sich selbst als Präsenz erkennen kann – nicht nur in der Theorie, sondern in der Praxis. Es ist das Gleiche wie bei jeder anderen wesentlichen, engen Intimbeziehung: Schenke ihr wertvolle Zeit und mache sie zu deiner Priorität. Verbringe Zeit mit der Präsenz in der Stille. Kehre deine Freude nach innen. Investiere sie erneut in sich selbst. Lass es *genug* sein, mit dir selbst und der Präsenz zu sprechen.

Zusammengefasst, um deine Kraft der Absicht zu verstärken:

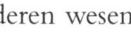 Verbringe Zeit in tiefer Stille, ohne Worte oder Gedanken.

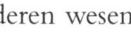 Sprich mehr mit der Präsenz als mit anderen Menschen.

❋ Bring alles zurück nach innen, lege deine guten Gefühle wie Zinsen erneut an und vermehre sie, statt sie »auszugeben« und zu zerstreuen.

Übung: Bring alles zurück nach innen

Nimm dir sechs Wochen, in denen du praktisch deine gesamte Kommunikation nach innen richtest. Schreibe es dir in den Kalender. Sprich in dieser Zeit mit dir selbst als Präsenz, statt dich an andere im Außen zu wenden. Plaudere den ganzen Tag mit der Präsenz und teile dich auch durch dein Tagebuch mit. So machte ich es damals, als ich am Stück einundzwanzig Tage im Schweigen verbrachte, und meine Kraft der Absicht nahm dadurch um ein Vielfaches zu. Wenn du mit anderen Menschen etwas bereden musst, lass deine Worte so präzise, liebevoll, samtweich und zugleich kraftvoll wie möglich sein. Dein Leben wird immer besser und besser, wenn du achtgibst, wohin du zielst.

❀ ❀ ❀

Wie viel Tun ist erforderlich?

Wie viel Handlung ist tatsächlich nötig, damit etwas vorangeht? Wie viel körperlichen Einsatz braucht es, um Dinge zu erledigen, sein Einkommen zu verdienen oder einen Traum zu verwirklichen?

Wenn ich von Leichtigkeit und Gnade rede, heißt das nicht, dass ich gar nichts mehr tun muss. Die Gnade übernimmt neunzig Prozent für uns, wenn wir aus dem Weg gehen. Tatsächlich geschehen neunundneunzig Prozent aller Manifestationen zuerst auf der nichtphysischen Ebene, bevor sie sich im Physischen zu materialisieren beginnen. Das bedeutet, dass sich die Dinge viel leichter erledigen lassen, als es die meisten Menschen für möglich halten. Indem wir die Gnade mehr für uns erledigen lassen und unsere Aufmerksamkeit und unseren Fokus mehr darauf lenken, wie wir im Nichtphysischen erschaffen (oder wieder rückgängig machen), können wir *unser Tun auf einen Bruchteil reduzieren.* Genauer gesagt: auf zehn Prozent.

Wenn deine Kanäle offen sind und du sie hereinlassen kannst, führt dich die Gnade zu den einfachsten und besten Möglichkeiten und lässt weniger gute Optionen fallen.

Richte auf der nichtphysischen Ebene die Energie aus, bevor du dich in der dichteren physischen Welt abrackerst. Es ist einfacher, denn sobald du die energetische Vorlage oder Matrix von irgendeiner Sache oder Erfahrung zusammengestellt hast, ist die Manifestation schon fast komplett. Manchmal kommen Leute in dieser Phase ins Schwanken: Sie haben es fast fertig, zweifeln dann aber und verzögern es. Oder sie machen es wieder rückgängig, weil sie kein gutes Gefühl dabei haben. Oder sie erinnern sich plötzlich, dass es in der Vergangenheit nie geklappt hat.

Bring dich bezüglich deiner gewählten Absicht in Übereinstimmung mit deinem großen Selbst. Beseitige alle Straßensperren (Widerstände und Gegenabsichten), die du dir selbst in den Weg gelegt hast. Du hast sie erschaffen. Gestehe es dir ein: »Ich habe das erschaffen.« Erinnere dich, dass es schon unterwegs ist, auch wenn du es noch nicht siehst. Springe immer wieder zum gewünschten Ergebnis: zu dem Gefühl, das du dir erhoffst. Das bedeutet, aus dem Weg zu gehen.

Deine Aufgabe besteht darin,
dich gut zu fühlen.

Der letzte Teil einer Schöpfung ist allerdings physisch-materiell, und es muss sich jemand (also du und ich) darum kümmern, die Pläne zu zeichnen, das Kapital aufzutreiben, die Leute einzustellen und vielleicht sogar eigenhändig Ziegelsteine mit Mörtel zu bestreichen und aufeinanderzusetzen. Eventuell ist es auch nötig, dich für einen Einstiegsjob auf dem Gebiet, in dem du tätig sein willst, zu bewerben oder ein Bild zu malen und in einem Café ausstellen zu lassen oder deine Musik bei kleineren Veranstaltungen vorzuspielen. Lass die Menschen wissen, was du zu bieten hast, und teste es vor Publikum. Spirituelle Menschen müssen unter Umständen ein paar Vorurteile und Glaubenssätze bezüglich Geld oder »Marketing« über Bord werfen. Marketing bedeutet nichts anderes, als »andere wissen zu lassen, wie du ihnen helfen kannst«.

Du bist hierhergekommen, um etwas zu bewegen, dir die Hände schmutzig zu machen, geistige und körperliche Stärke zu erwerben, dir auch schon mal die Fingerknöchel aufzuschürfen oder den Zeh anzustoßen und sozusagen »den Ton der physischen Welt zu formen«. Wenn du ständig in Ekstase hättest schweben wollen, hättest du die nichtphysische Ebene nicht verlassen, sondern wärst dort geblieben.

Du wolltest Ausdehnung und Abenteuer.

Wenn du dir darüber im Klaren bist, was du wirklich willst, und auch zu allem bereit bist, was dafür im Sein, Tun und Haben erforderlich ist, dann achte aufmerksam auf etwaige Zeichen, Hinweise und Einladungen zum Handeln. Werde aktiv, wenn du den Drang dazu verspürst. Unternimm den ersten Schritt, auch wenn du noch nicht alle Teile des Puzzles beisammenhast. Sei bereit, dich führen zu lassen, ohne schon alle Antworten zu wissen oder die genaue Route zu kennen.

Mach kleine Schritte und bleib flexibel. Konkretisiere noch nichts, bevor du nicht ein klares Ja verspürst. Die Dinge verändern sich enorm schnell in diesen Zeiten. Eine Absolventin des Schweigeretreats erzählte mir, ihre neu erstellte Website fühle sich nach fünf Monaten bereits veraltet an. Das kann ich nachvollziehen – ich aktualisiere meine fast täglich, weil sich alles so rasant weiterentwickelt.

Die Balance zwischen dem Physischen und dem Nichtphysischen ist keine einmalige Anpassung, die du ein für alle Mal beibehalten kannst. Wie ein Seiltänzer musst du ständig kleine Ausgleichsbewegungen machen. Manchmal bleiben die Leute im Suchen hängen und versuchen, einen Weg zu finden, etwas ohne körperliche Anstrengung hervorzubringen, während sie besser daran täten, ein paar ganz profane, praktische Schritte zu unternehmen. Kinder lernen zu laufen, indem sie es immer wieder versuchen und hinfallen, und nicht, indem sie darüber nachdenken, es planen und auf einen Zauberschlüssel warten. Natürlich spielt ihre Absicht dabei eine Rolle. Ihr starker Wunsch, sich frei und selbstständig bewegen zu können, inspiriert sie dazu, es weiter zu üben und immer wieder aufzustehen, bis sie es können. In jedem Kind ist eine Matrix für das Laufenlernen angelegt, und Schritt für Schritt wächst es körperlich hinein.

Statt darauf zu warten, dass dir etwas Großartiges in den Schoß fällt, entscheide dich dafür, eine Absicht zu setzen, die eine entsprechende Matrix hervorbringt. Und dann unternimm kleine, stetige physische Schritte, während dich die Präsenz zur Ausgestaltung der sichtbaren Aspekte deiner neuen Matrix führt.

Zum Beispiel könntest du einen Kurs besuchen oder dir eine Tätigkeit auf dem Gebiet suchen, in dem du dich verwirklichen möchtest – sei es nun Computertechnik, Unternehmensmanagement, Jura, Immobilien, eine künstlerische Tätigkeit, Gesang. Wenn du möchtest, dass deine Firma erfolgreicher wird, lerne mehr über Management, Herstellung, Vermarktung oder Vernetzung. Vervollkommne deine Angebote, um sie für den Markt leichter verfügbar, unwiderstehlich, nutzbringend und einträglich zu machen.

Bring Freude in dein Tun.

Manche können davon profitieren, genauer zu untersuchen, wie Erfolgsmenschen es gemacht haben. Ich persönlich gehe mit den Dingen oft ganz anders um als die meisten, und das funktioniert für mich bestens. Wenn es um technische Lösungen geht, hole ich mir durchaus den Rat von Leuten, die bereits vor mir damit erfolgreich waren, weil es ihr Fachgebiet ist, auf dem sie brillieren, aber nicht meines.

Bestimmte Pfade zu gehen und andere zu ignorieren erfordert eine starke innere Orientierung, es ist keine Entscheidung auf Verstandesebene. Egal, wie viele Leute mir sagen, die sozialen Medien seien *die* Welle, auf die man aufspringen müsse: Ich habe überhaupt keinen Spaß damit und ließ deshalb meine Inspirationspostings auf Facebook und Twitter alle automatisieren.

Die Frage ist:
Fühlt es sich gut für dich an?

Gesunde Arbeit und Herausforderung – oder Kampf und Mühsal?

Ich gebe dem gesamten Konzept der Arbeit gern einen neuen Rahmen. Viele Menschen denken, dass sie am liebsten nicht mehr gezwungen wären, zu arbeiten. Ich glaube, das hängt mit der erdrückenden Art und Weise zusammen, wie sie ihre gegenwärtige Arbeit gestalten.

Arbeit ist etwas Wunderbares. Ich liebe Arbeit. Wenn man aufhört, seinen Körper zu fordern und die Muskeln physisch zu beanspruchen, werden sie schwächer und verkümmern; dann bekommt man Schwierigkeiten beim Treppensteigen und altert schneller. Wenn man aber schwitzt und sich fordert – durch Wandern, Gewichtheben, Yoga, Sport –, werden die Muskeln kräftiger und entwickeln sich weiter, und man bleibt jung und gesund. Arbeiten bietet ebenfalls eine solche körperlich-geistige Stimulation.

Du weißt, was mit vielen Menschen passiert, die in Rente gehen und keinen Grund mehr sehen, sich ihre Vitalität zu erhalten – sie ziehen ihre Lebenskraft aus dem Körper zurück und verlassen nach und nach die physische Ebene. Darum solltest du weiter auf Ausdehnung, Herausforderung und ein bisschen Kraftanstrengung im Leben Wert legen, um dich lebendig und vital zu erhalten und weiterzuentwickeln. Felsbrocken bergauf zu wälzen und dich in Salzminen abzurackern, das ist nicht gerade die Art Herausforderung, die ich empfehle. Aber hey, wenn dir so etwas Spaß macht, dann mach es!

In meinem Alter – zum Zeitpunkt dieser Ausgabe von 2018 bin ich vierundsechzig – ist es besonders wichtig für mich geworden, in keiner Weise zu stagnieren, weder körperlich noch geistig oder seelisch. Ich werde mich jedoch nie wieder abmühen oder plagen. Ich fordere mich ständig neu heraus, weite meine »Arbeit« aus und beginne neue Dinge, von denen ich erst einmal gar nicht weiß, wie sie gehen.

Der viele Monate andauernde Prozess, das eine Haus zu verkaufen und alles einzupacken, das neue Haus zu kaufen und dafür weite Strecken über Land zu fahren, hat mich ziemlich gefordert und ausgeweitet. Es war viel Arbeit, angefangen vom Reduzieren der Menge an Gegenständen im alten Haus bis zum Herrichten für Käufer, um es beim Vorzeigen besser zur Geltung zu bringen, dem Reinigen und Reparieren von Dingen, um die ich mich weniger gekümmert hatte. Dazu kamen die Fahrten hin und her, um das Haus zu verkaufen, während ich gleichzeitig neue Objekte besichtigte.

Durch den Crash bei den Hypothekenbanken hatten sich die Vorgänge beim Hauskauf radikal verändert. Alles lief nun ganz anders als zehn Jahre zuvor, als ich meine Ranch erworben hatte. Das Gefühl, eine erfahrene Käuferin zu sein, konnte ich mir abschminken, ich fühlte mich wie eine blutige Anfängerin. Jeden Tag lernte ich Neues dazu, was die neuen Regeln bei den Hypotheken anging, und jeder Schritt brachte mir neue Erkenntnisse, wie ich mich mit meinem großen Selbst im nichtphysischen Bereich in Übereinstimmung bringen musste, damit es im physischen Bereich fließen konnte. In Bezug auf meine Überzeugungen und Gedanken, an denen ich festhielt, wurde mir vieles bewusst und verlangte, dass ich mich weiterentwickelte.

Das physische Leben war dadurch eine Zeitlang so ablenkend, dass ich von meiner sonstigen Gewohnheit, stets im Auge des Sturms meine Ruhe zu bewahren, abkam und einige Male in das Chaos meines selbst erschaffenen Wirbelsturms hinausgeschleudert wurde. Alles ist relativ, und so war meine Erfahrung, gemessen an den üblichen Maßstäben, keine schlechte – sie war nur nicht so wunderbar wie für mich üblich. Wenn man es gewohnt ist, hoch zu fliegen, fühlt sich jedes geringe Absinken der Flughöhe richtig schlecht an. Und es *soll sich schlecht anfühlen*, damit man wieder nach oben kommen will.

Jedes Mal, wenn ich feststeckte, bemühte ich mich darum, aus dem Weg zu gehen. Und jedes Mal, wenn ich den Weg freigab, zeigten sich neue Möglichkeiten. Zu einem Zeitpunkt, als ich besonders gut im Fluss war, änderten sich über Nacht die Kreditregeln, wodurch sich die Anzahlung, die ich zu leisten hatte, drastisch reduzierte. Dadurch konnte ich mir nun ein viel besseres Haus leisten und hatte sogar noch Geld vom Verkauf des alten Hauses übrig, um das neue herzurichten.

Jedes Mal, wenn etwas ins Wasser fiel oder sich verzögerte, beschloss ich, es zu feiern. Mein direktes Wissen sagte mir, dass das Leben für mich etwas anderes geplant hatte. Als bei zwei infrage kommenden Häusern der Kauf platzte, wurde ich nervös, weil ich mein Haus in Texas bereits unter Vertrag hatte und bald würde ausziehen müssen. Ich würde mit meinen zwei Pferden zwei Mal umziehen müssen, wenn sich nicht bald etwas Passendes auftat.

Doch durch diese Verzögerung wurde es zeitlich möglich, dass mein wunderbares Haus in Ojai frei wurde. Mein Immobilienmakler erfuhr davon, einen Tag bevor es auf den Markt kam, und so gab es noch keine anderen Interessenten. Dieses Haus mit seiner Lage war das erste, das all meine Bedürfnisse kompromisslos erfüllte. Ich konnte den Vertrag unmittelbar nach dem Verkauf meines alten Hauses in Austin abschließen. Ich genoss es, zehn Tage »obdachlos« zu sein, während sich meine Möbel und Pferde auf dem Weg nach Kalifornien befanden. Ähnlich war der Ablauf dann auch, als wir nach Alpine in der Nähe von San Diego zogen. Es gab nur ein paar kurze Verzögerungen, und schließlich fügte sich alles ganz leicht und rasch.

Diese Welt der Kontraste

Du bist wie der Schöpfer in der Lage, allein durch Absicht zu erschaffen. Du bist jedoch eigens hierhergekommen, um physische Erfahrungen zu sammeln, physische Prozesse zu durchlaufen und deine Entfaltung in Raum und Zeit zu erleben. Der nichtphysische, ewige Aspekt von dir, der allein durch Absicht zu erschaffen vermag, kam hierher, um Kontrasterfahrungen zu machen. Die kann er nicht haben, wenn er allwissend, allsehend und zeitlos im Nichtphysischen verweilt und durch bloße Gedankenkraft Dinge beliebig und augenblicklich zu manifestieren vermag.

Im Nichtphysischen lebst du in einem ständigen Zustand von himmlischer Seligkeit. Alles ist eins, und du bist eins mit allem, was du dir wünschst. Doch im Physischen gibt es Distanz und Getrenntheit, Objekte mit einer Masse, und die Dinge ereignen sich innerhalb von Zeit und Raum. Zumindest erscheint es so.

Im Physischen erlebst du Vielfalt, Polarität und Gegensätze: heiß/kalt, auf/ab, langsam/schnell, hell/dunkel, hart/weich, Haben/Entbehren, Ekstase/Verzweiflung. Begierig auf Erfahrung projizierst du immer wieder bereitwillig Aspekte von dir nach außen, um mit den Gegensätzen und Kontrasten zu spielen, die auf der nichtphysischen Ebene nicht existieren.

Kontrast ist nicht gleichbedeutend mit »schlecht« oder »Dingen, die du ablehnst«. Kontrast bedeutet einfach, dass es eine große Bandbreite an Erfahrungen und Wahlmöglichkeiten gibt, von denen du mit Sicherheit manche lieber magst als andere.

Du hättest dein ganzes Dasein auf ewige Zeiten im glückseligen Reich des Nichtphysischen verbringen können, wenn du das gewollt hättest. Hast du aber nicht. Du hast dich dafür gemeldet, dieses physische Leben zu erleben – und zugleich noch viele andere Dimensionen, aber uns geht es nun gerade um diese hier. Du hast sie dir ausgesucht, mit allen Herausforderungen, Freuden und ihrer ganzen Vielfalt.

Du magst manche menschlichen Handlungen als katastrophal verurteilen, im größeren Lebensplan jedoch liebt dein großes Selbst jegliche Erfahrung um ihrer selbst willen. Du könntest sagen, die Präsenz ist ein Erfahrungsjunkie, ein Abenteuergenießer. Vom nichtphysischen, zeitlosen Blickwinkel aus gesehen ist natürlich alles bloß eine Erfahrung, und es gibt niemals ein Versagen oder ein Ende, nur immer mehr und mehr und mehr.

Divine Openings beschert dir Gnade und Leichtigkeit, aber du hast nie gewollt, dass *alles* für dich getan wird. Würde man ein Kind die ganze Zeit mit sich herumtragen, um es vor jeglichem Schaden oder Versagen zu bewahren, würde man es daran hindern, laufen zu lernen oder irgendetwas selbst zu tun, so würde man das Kind für sein Leben verkrüppeln. Du wolltest deinen freien Willen benutzen, um Entscheidungen zu treffen, auf deine Umwelt zu reagieren und sie zu gestalten. Du wolltest körperliche Erfahrungen machen, die dir deine Entscheidungen widerspiegeln. Du wolltest deinen Weg selbst erspüren, deine Navigationstafel lesen, deine Erfolge feiern oder deinen Kurs korrigieren.

Hey, jeder kann glücklich sein, wenn immer alles perfekt ist – darin liegt keinerlei Meisterschaft. Du wolltest deine Kraft hier an vorderster Front einsetzen und nicht alles schon vorgefertigt überreicht bekommen. Hier kannst du Meisterschaft üben, dich auf das zubewegen, was du dir wünschst, und dich von dem abstoßen, was du nicht willst – indem du willentlich deine Kraft der Absicht einsetzt und deine Entscheidungen präzisierst: »Oh, dies ist nicht so ganz das Richtige. Gut, dann probiere ich das.« Dieses Abstoßen bringt dich oft zu Dingen und an Orte, auf die du sonst nie gekommen wärst.

Stoße dich schwungvoll von Dingen ab,
die du nicht willst.

William Perkin unternahm 1856 den Versuch, künstliches Chinin zu erfinden, um damit Malaria zu heilen. Sein Experiment scheiterte und lieferte stattdessen nur eine zähflüssige Substanz. Glücklicherweise fiel ihm deren schöne Malvenfarbe auf, und seine Neugier verleitete ihn dazu, sie zum Färben auszuprobieren. Sein Farbstoff übertraf die natürlichen Färbemittel, die Farbe war kräftiger und verblasste nicht. Als Perkins anfing, praktische Anwendungsmöglichkeiten für seine Entdeckung zu finden, wurde er bald führend darin, die Wissenschaft zu einem Geld einbringenden Unternehmen zu machen – was vielen ähnlich talentierten Menschen die Wissenschaft für eine berufliche Karriere eröffnete. Sie bewirkten eine Flut neuer Erfindungen, welche die Evolution beschleunigten. Einer von den vielen, die von Perkins Arbeit inspiriert wurden, war der deutsche Bakteriologe Paul Ehrlich, der Perkins Färbemittel nutzte, um Pionierarbeit in der Immunologie und Chemotherapie zu leisten.

Die Zeit, die viele Dinge bis zu ihrer Entstehung brauchen können, ist wertvoll und erfüllt einen Zweck. Du hast es so gewählt, dass sich nicht alle Dinge augenblicklich lösen lassen. Du hast dir eine Erfahrung des Entfaltens ausgesucht, und dazu gehören Versuch und Irrtum, Entscheiden und Neu-Entscheiden, Erschaffen und Verbessern deiner Schöpfungen. Du meinst vielleicht, dass du nur Leichtigkeit haben möchtest, ohne Herausforderungen oder Kontraste: Aber das kennst du ja schon aus dem Nichtphysischen, und so hast du dir hier ganz bewusst einen physischen Aspekt deiner Selbst erschaffen.

Menschen lieben es, in der physischen Welt herumzuspielen. Athleten wollen die hundert Meter noch schneller laufen und sind gewillt, ihren Körper auf das Äußerste zu fordern und extrem hart dafür zu arbeiten. Wissenschaftler suchen nach besseren Treibstoffen und Materialien. Köche streben danach, köstlichere Gerichte zu kochen, und halten dafür die Hitze und den Stress in der Küche aus. Hundeflüsterern gelingt es, dass Tiere erstaunliche Dinge vollbringen, die ihnen niemand zugetraut hätte. Computerdesigner überflügeln sich gegenseitig darin, noch kleinere, schnellere, leistungsstärkere Computer herzustellen. Idealerweise genießen sie die Erfahrungen, die sie dabei machen, und nicht nur das Ergebnis. Diejenigen, die einfach nur fertig werden wollen, verpassen ihre Lebensfreude.

Du kamst mit der Absicht hierher, eine Balance zwischen Herausforderung und Leichtigkeit zu schaffen.

Wähle etwas, das du gern tust, und spüre, wie die Lebenskraft durch dich strömt, während du es tust. Genieße, wie die Zeit vergeht. Genieße die Sonne in deinem Gesicht und den Schweiß auf deiner Stirn.

Kannst du dir vorstellen, der Schöpfer würde sich beklagen: »Wann werde ich mit dieser Schöpfung endlich fertig? Das dauert nun schon ewig, und ich bin immer noch nicht fertig. Ich kann es gar nicht mehr erwarten, in den Ruhestand zu gehen und ein wenig Golf zu spielen!« Klingt lächerlich, nicht wahr? Für den Schöpfer besteht der oberste Imperativ darin, sich auf ewige Zeiten auszudehnen, zu erleben und zu erschaffen. Es gibt keine Erwartungen, für kein einziges Ergebnis. Es gibt auch kein Ende. Darum geht es nicht.

❀ ❀ ❀

Innere Führung plus Lebenserfahrung

Wenn du nicht im Widerstand bist, können dich keine zehn Pferde zurückhalten. Du handelst in freudiger Erwartung in dem Wissen, dass dir der Weg bereitet wurde, als du deine Matrix der Absicht formtest – dass es jedoch an dir liegt, den Anfang zu machen, die Wege zu gehen und an den Weggabelungen die entsprechenden Entscheidungen zu treffen.

Sieh dir den Film *Der Mann ihrer Träume* an, unter dem Blickwinkel, wie die Hauptperson ihrer inneren Führung folgt. Marina ist von Geburt an hellsichtig, doch selbst die Interpretationen des intuitivsten Menschen werden im Getümmel dieses chaotischen, ablenkenden Lebens manchmal verzerrt oder vernebelt. Dank der waltenden Güte des Lebens führen selbst falsche Annahmen zu unterhaltsamen Missgeschicken, die am Ende gut ausgehen. Marina sagt anderen Menschen recht präzise, was sie für sie sieht, diese müssen jedoch auch lernen, ihre Worte zu interpretieren, *ihren eigenen* Weg zu finden, eigene Schritte zu machen und eigene Risiken einzugehen, um schließlich zu entdecken, wohin das Leben sie führt.

Am Ende siehst du, wie die Matrizen der Wünsche eines jeden perfekt Gestalt annehmen, trotz augenscheinlicher Fehlschritte zwischendurch. Wenn Marina nicht ihren ersten, urkomischen »Fehler« gemacht hätte, wäre aus Eugene kein berühmter Künstler geworden, das lesbische Pärchen wäre nie zusammengekommen, Stella hätte nie ihren Traummann gefunden, und Marina wäre nie nach New York gekommen, um ihrer eigenen, wahren Liebe zu begegnen. Auch wenn es sich auf groteske Weise anders fügt, als irgendjemand von ihnen erwartet hätte, ergibt sich alles von selbst, sobald jeder in seinen Fluss findet.

Deine innere Führung leitet dich möglicherweise durch eine Ausweitung hindurch, dann noch eine und noch eine, bis du endlich *bereit* dafür bist, an »den Ort« zu »der Person« oder der Erfahrung geführt zu werden, die dein Herz begehrt.

Der Weg dorthin mag wie ein Fluss sein, der sich nach Süden zum Meer schlängelt – der aufgrund seiner Windungen aber manchmal nach Norden fließt, scheinbar in die entgegengesetzte Richtung seines Ziels. Oder er führt dich möglicherweise direkt zum Meer. Ich fragte mich eines Tages: »Sollte ich Vitamin D einnehmen, um das Altern zu verzögern?«, und am nächsten Tag stieß ich auf einen topaktuellen Artikel, der diese Frage eindeutig mit Ja beantwortete.

Das Konzept von Facebook fiel seinem Begründer nicht sofort in allen Details ein – im Gegenteil. Er begann damit, sich in die College-Verzeichnisse der Ivy League (US-Elitehochschulen, Anm. d. Übers.) einzuhacken, um Fotos zu finden. Damit wollte er ein Spiel erstellen, in dem beurteilt werden sollte, wie hübsch die Mädchen einer Schule waren. (Die Präsenz urteilt nicht über Wert, Verdienst oder Moral.) Diese seichte Idee wurde unglaublich beliebt und lockte sogar Investoren an, die ein exklusives Onlineverzeichnis für ihre Clubmitglieder haben wollten. Da griff er ihre Idee auf und begann Facebook zu entwickeln. Durch Entwicklungen, die er sich nie vorgestellt hatte, wurde Facebook zu einer der reichsten und mächtigsten Firmen der Welt.

*Nicht auf die augenblickliche Manifestation
kommt es an – die Ausdehnung, die du durchläufst,
hat für dich den größten Wert.*

Wählen

Da sich beim Lesen dieses Buches dein Bewusstsein erweitert, schreibe ich mehrfach, auf viele verschiedene Arten, über die Schlüsselelemente, denn mancher kann es auf die eine Art besser verstehen und ein anderer auf eine andere Art. Wenn du es immer wieder liest, wirst du mehr für dich herausholen können.

Triff die Wahl, auf folgende Dinge fokussiert zu bleiben:

* deine innere Realität, deine größere Realität anstelle der temporären physischen Realität;
* die Perspektive deines großen Selbst. Wenn du die Augen schließt, sanft atmest und dir diese effektive Frage stellst, wird sich deine Wahrnehmung komplett verändern: »Wie erlebt dies mein großes Selbst?«;
* wie du dich fühlen möchtest;
* direkt zum Ergebnis zu springen;
* das, was du erleben möchtest, nicht das, womit irgendeine vorübergehende Sache dich gerade ablenkt;
* die Stille im Innern, wo alles gut ist, immer und jederzeit.

Auf der physischen Ebene ist alles vorübergehend.

Natürlich sind du und ich Schöpfer unserer eigenen Realität, wenn wir dies jedoch vorübergehend aus dem Blick verlieren, kann es sich so anfühlen, als würde uns alles »zustoßen«. Es ist alles ein Teil von dem Spiel des Lebens – bewusst und wach zu bleiben, welch ein wundervoll erweiterndes Spiel!

Gewinnst du dieses Spiel, so bekommst du zur Belohnung ein großartiges Leben. Dieses Spiel endet nie, daher gibt es nie einen endgültigen Punktestand. Es ist ein amüsantes Spiel, aber es gibt keinen Tag, an dem du dich auf die faule Haut legen könntest und nicht mehr zu wählen brauchst. Ich kann es mir genauso wenig leisten wie du, nachlässig zu werden. Mit dem Geschenk des freien Willens geht die Verantwortung einher, weiterhin Entscheidungen zu treffen und zu wählen.

Praktiziere innige Hingabe
an das Erwachen und die starke Verpflichtung,
in deiner eigenen Kraft zu bleiben.

Erneuere dein Versprechen und wende dich erneut deinem Selbst zu. Nicht, um daran zu *arbeiten*, sondern um täglich Absichten zu setzen und bewusst zu wählen. Nicht zu wählen ist auch eine Wahl.

Ja, dank deiner Fähigkeit, aus dem freiem Willen heraus zu wählen, ist es auch möglich, deine Erleuchtung zu verlieren – genauso, wie es möglich ist, am Steuer einzuschlafen und von der Straße abzukommen, egal, wie wach du noch vor zwanzig Minuten warst.

Es kann verlockend sein zu sagen: »Nun ja, die Wirtschaftslage ist schlecht, also ist das der Grund, dass sich meine Finanzen nicht bessern«, oder: »Ich muss mich über meine Kollegen beschweren, weil bei ihnen der Fehler liegt«, oder: »Mein Ehepartner ist das Problem« – aber das hat einen hohen Preis. Das ist es einfach nicht wert. Bleib wach. Bemerke, wenn du einschläfst, rüttle dich wieder wach und fokussiere dich erneut.

❀ »Was möchte ich?« Beabsichtige es kraftvoll und hartnäckig.
❀ »Wie hätte ich es gern?« Springe direkt zum gewünschten Ergebnis (dem Gefühl, das du dir wünschst).

- ❋ »Wie schnell kann ich mich dazu aufraffen zu sagen: ›Ich habe das erschaffen‹?«
- ❋ »Wie kann ich mir meine Macht und Kraft zurückholen?« Geh in dein großes Selbst.

*Du wirst dich sofort besser fühlen
und dann weitergehen.*

Ich vermute, ich könnte mich an diesem Punkt, an dem ich in meinem Leben angelangt bin, einfach zurücklehnen und recht wenig tun, aber ein Vogel fliegt und singt, weil er ein Vogel ist. Dieser Vogel hört niemals auf zu singen. Meine Arbeit lässt Energie durch mich hindurchfließen, die mich anregt und glücklich macht. Die Präsenz urteilt nicht und verlangt auch nicht, dass wir irgendeine Mission erfüllen müssten – das ist New-Age-Quatsch oder eine Fehlübersetzung, die innere Führung verfälscht.

Manchmal meinen Menschen, sie hätten gern permanent Urlaub – ich denke, das wäre in Wirklichkeit eine Art wandelnder Tod. Stagnation ist nicht die Art von Leichtigkeit, die ich mir wünsche. Nimm teil am Leben! Generiere Begeisterung und Stimulation!

Über das Ausüben von Praktiken

Manche spirituellen Wege beinhalten tägliche Übungen und ein lebenslanges An-dir-Arbeiten. Oje, ist das öde! Außerdem hält dich gerade dieses ständige Bestätigen, dass du noch nicht angelangt bist, davon ab, jemals anzukommen. *Divine Openings* lässt dich *jetzt angekommen sein*. Du dehnst dich durch die bemerkenswerten automatischen Downloads von *Divine Openings* beständig weiter aus, ohne dass du an dir selbst arbeiten oder irgendetwas

»verarbeiten« müsstest. Das Leben »verarbeitet für dich«, wenn du so willst – Sehnsucht, Kontrast und all die hinzukommenden evolutionären Energien bieten mehr als genug Antrieb, um dich auszudehnen und weiterzuentwickeln – alles, was du dazu tust, ist, loszulassen und mit dem Strom zu gehen. Diese alten Praktiken und Übungen werden abgelöst durch das *Beabsichtigen* und *Zulassen* einer stetigen Weiterentwicklung.

Wie ich in *Alles läuft super, während ich weg bin* erläutert habe, wurde der formelle Prozess des Eintauchens nur dazu erschaffen, dich in die natürliche Gewohnheit des Spürens im Augenblick zurückzubringen – dich in den natürlichen Seinszustand zurückzuführen, der dir von klein auf abtrainiert wurde. Nur wenn ich in einem sehr großen Widerstand wäre, würde ich eine Übung oder einen der Prozesse von *Divine Openings* machen, aber solange ich im Fluss des Lebens bin, besteht kein Bedarf, irgendetwas anderes zu tun, als zu leben, zu reagieren, zu genießen und mich weiterzuentwickeln.

Fokussiere dich kurz vor dem Einschlafen und als Erstes nach dem Aufwachen auf das, was du wertschätzt und wie du dich an diesem Tag fühlen möchtest. Segle mit dem Aufwind eines guten Gefühls aufwärts und gönne dir selbst einen super Start in den neuen Tag. Das ist keine Arbeit, das ist Vergnügen.

Das Leben ist einfach.
Nur der Verstand macht es kompliziert.

Übernimm die Kontrolle, wenn dein Verstand, wie eine auf Missstände programmierte Granate, dich am Morgen mit allem begrüßt, was verkorkst ist, eine Lösung braucht oder auf dir lastet. Die Übung des Niederwerfens kann deinem Körper/Geist ein kraftvolles Loslasssignal geben. Sie ist detailliert in *Alles läuft super, während ich weg bin* beschrieben.

Sobald dein Verstand auf gute Gewohnheiten ausgerichtet ist, tauchen seltener negative Gedanken auf. Du wirst jedoch, wie gesagt, nie aufhören, die negativen Kontraste zu erleben, die zu einer höheren Weiterentwicklung anregen. Und dein Verstand wird niemals aufhören, nach dem Ausschau zu halten, was schiefgehen könnte – er denkt, er würde dich damit beschützen. Finde ein Gleichgewicht, indem du Kontraste, die dir etwas zum Abstoßen bieten, wertschätzt, dich von ihnen aber nicht ins Leiden bringen lässt – nutze sie einfach als Antrieb, der dir hilft, dich in Bewegung zu setzen.

Eine Praxis, die du möglicherweise weiterführen wirst, ist Meditation: mit der Absicht, zu genießen, weil sie sich einfach so gut anfühlt, dich aus dem Weg und mit deinem nichtphysischen Selbst in Übereinstimmung bringt. Meditation fällt schwer, wenn du nicht in Übereinstimmung bist – in diesem Fall empfehle ich, effektive Fragen zu stellen, dich niederzuwerfen, dich zu bewegen oder zuerst etwas Leichteres zu tun, um deinen Verstand zur Ruhe zur bringen, und dann zu meditieren. Wenn du schon hoch fliegst und völlig im Einklang bist, könntest du genauso gut spielen oder Tanzen gehen!

Besuche die schöpferische Leere

Die »schöpferische Leere« (*fertile void*) ist ein Ort, der nicht einmal ein Ort ist. Wie die Präsenz ist sie nichts Manifestes – sie ist *Nichts*. Sie liegt jenseits von Zeit und Raum und jenseits jeglicher Definition. Behalte daher im Hinterkopf: Egal, wie du versuchst, sie dir vorzustellen oder sie zu begreifen, es ist nicht möglich.

Du könntest sie dir als den dunklen, samtenen Mutterschoß der Schöpfung vorstellen. Es ist nichts da, und doch befindet sich dort sämtliches Potenzial. Es ist nichts dort, und doch entstammt alles von dort und kehrt dorthin zurück. Es ist noch vor dem Manifesten, Materialisierten; alle Manifestationen entspringen jedoch aus ihm, aus dem Nichts heraus.

Wenn wir uns auf die Tiefen der schöpferischen Leere fokussieren, lassen wir unsere Gedanken, alles, was uns beschäftigt, unseren Körper und die gesamte manifestierte Welt eine Zeitlang hinter uns. Das schafft enormen Raum für magische Ereignisse. Es ist eines der kraftvollsten Dinge, die wir in den Retreats tun (bzw. nicht tun).

Unser *echtes Leben* ist die unendliche Energie und Intelligenz, die still in unserem Innern mitschwingt und uns lebendig hält. Wir sind jedoch meist zu schnell unterwegs, um unsere reinste Essenz wertschätzen zu können. Wenn du dich auf die Leere fokussierst, erlebst du deine pure Essenz und gehst praktisch ganz in das Nichts zurück, aus dem du gekommen bist und in das du auch am Ende zurückkehren wirst. Du bist frei von dir selbst und allem anderen – du bist komplett »aus dem Weg«. An dem ausgeruhten Gefühl danach erkennst du, wie sehr du aus dem Weg gegangen bist.

Du spürst die Erleichterung im Kontrast zu deinem vorherigen Zustand, der nicht unbedingt schlecht war. Aber nichts ist so widerstandslos wie die Leere, denn dort gibt es keine Schwerkraft, keine Formen, keinerlei Gedanken. Du willst von Natur aus wieder ins Gegenteil zurückkehren – zur Schwerkraft, zu den Formen und Gedanken deines physischen Lebens, die zu erleben du hergekommen bist. Doch die Ruhepausen sind erholsam und verjüngend. Du hast diese Pausen im Schlaf, aber es ist kraftvoller, wenn sie durch eine bewusste Entscheidung eintreten.

Lerne, die Leere zu besuchen, ohne es Meditation zu nennen, aus mehreren Gründen: Die Menschen hängen allen möglichen Ballast an Definitionen von »Meditation« – vorgefasste Vorstellungen, Erwartungen, eine riesige Werkzeugkiste an Techniken, frühere Erfahrungen und Überzeugungen darüber, was es ist und was es bewirken sollte, und dieser Ballast hält sie davon ab, leer und offen hineinzugehen – ins Nichts, für nichts.

Geh ins Nichts, für nichts.

Physische Dinge sind nicht unsere primäre Realität, aber sie sind so ablenkend und fühlen sich im täglichen Leben so »real« an, dass es sich oft anfühlt, als wären sie *unser Leben*. Das kleine Selbst tut sich schrecklich schwer, all seine kostbaren gesammelten Schätze loszulassen. Seine größte Angst besteht darin, dass es sich geirrt haben könnte. Dem kleinen Selbst fällt es schwer zu sagen: »Das war damals wahr und richtig, aber diese neuere, größere Wahrheit wird mir jetzt sogar noch besser dienen.«

Der Dichter David Whyte drückt es sehr schön aus: »An diesem hohen Ort, an diesem hohen Ort, lass alles, was du weißt, hinter dir.«

Es ist einfacher, sich auf die Leere zu fokussieren, als zu versuchen, sich bewusst auf »nichts« zu fokussieren. Ich lade dich dazu ein, die Leere frisch und neu zu erleben, aus dem Nichts heraus und als Nichts. »Nichts« ist die reinste und kraftvollste Form (eigentlich Nichtform) von Gott, daher bringen dich diese Besuche in der Leere auf die kraftvollste Weise heim zu deiner Quelle.

Wenn es etwas gibt, das du lösen möchtest, so trage dieses Problem nie zur schöpferischen Leere. Wenn dort das Problem liegt, bist du nicht in der Leere. In der Leere gibt es keine Probleme. Geh einfach nur dorthin, um in der kraftvollen Stille und Ruhe zu sitzen. Das bringt dich in den Zustand deines großen Selbst, in dem das Problem entweder gar nicht existiert oder bereits gelöst ist.

Wenn du an das Problem denkst,
gibst du ihm Energie und Realität – wenn du aufhörst,
daran zu denken, verliert es an Realität.

Um bemerkenswerte Ergebnisse in deinem Leben zu sehen, brauchst du nichts zu denken, zu lösen, zu probieren oder geschehen zu lassen, während du die Leere besuchst. Sobald du aus dem Weg bist, übernimmt die Gnade; Leichtigkeit tritt ein und zauberhafte Dinge geschehen. Du lässt das Problem los und machst dadurch Platz für eine Schöpfung, ohne dass du daran arbeiten musst.

Während du in der schöpferischen Leere bist, sorgst oder stresst du dich nicht und sendest auch keine Begrenzungen oder Gegenabsichten aus, denn du denkst überhaupt nicht. Die Handlung des Planens oder Strategie-Zurechtlegens allein zeigt dir an, dass du in der mentalen Schwingung bist, die sich als Geschichte möglicherweise anhört wie: »Es ist schwierig«, oder: »Ich kann nicht loslassen«, oder: »Ich muss daran arbeiten und es selbst herausfinden.« Es ist erstaunlich und ganz wunderbar, was sich materialisiert, wenn du einfach nur öfter aus dem Weg gehst und dich ein wenig vom Denken ablenkst.

Es ist oft herausfordernd, die neue Schwingung dessen, was wir uns wünschen, so lange zu halten, ohne ihr zu widersprechen. Darum ist es tatsächlich einfacher, das Ganze zu vergessen und komplett aus dem Kopf herauszugehen, damit sie in Erscheinung treten kann.

Übung: Die Meditation zur schöpferischen Leere

1. Gönne dir bewusst einen Urlaub von der dichten, physischen Welt.
2. Setz dich still hin, ein kleines Lächeln auf den Lippen, und schließe die Augen.
3. Richte deinen Fokus auf dein sanftes Atmen, jedes Quäntchen deiner Aufmerksamkeit zielt dorthin.
4. Sage dir, dass du vorübergehend keinerlei Worte zu formen brauchst.

5. Wenn Gedanken auftauchen, folge ihnen nicht, sondern lass sie vorbeiziehen.
6. Wende deinen Blick nach innen und geh mit deiner Aufmerksamkeit tief in deinen innersten Kern. Während du dieser Absicht mit jedem Atemzug tiefer in dich selbst hinein folgst, kommst du schließlich in ein erholsames, ruhiges, unbeschreibliches Nichts – die schöpferische Leere. Es ist mütterliches, nährendes, beruhigendes Nichts. Es ist reine Seligkeit.
7. Aus diesem prämanifesten Nichts heraus entstehen alle Dinge, und alle Dinge kehren dorthin zurück.
8. Auch nur ein paar Minuten täglich in der Leere zu verbringen ist außerordentlich kraftvoll.

In den Onlineportalen gibt es viele Hördateien, die dich in die Leere führen und dir helfen, Dinge zurück ins Nichts zu senden.

Da die Präsenz bereits alles erschaffen hat, was du dir wünschst, brauchst du dich nur noch in Übereinstimmung damit zu bringen oder aus dem Weg zu gehen. Immer wieder für ein paar Minuten in die schöpferische Leere zu gehen kann genau die Gelegenheit bieten, die das Erwünschte braucht, um rascher und leichter zu dir zu kommen. Dies ist ein weiteres Beispiel dafür, dass es wirkt, weniger an etwas zu arbeiten und lieber aus dem Weg zu gehen.

Beabsichtige die neue Matrix und denke nicht mehr daran. Handle dann, wenn du den Impuls dazu bekommst.

Stell deine Bitte oder setze deine Absicht nur ein Mal. Die Präsenz hat ein perfektes Gedächtnis. Wenn es nicht geschieht, stehst du im Weg. Gib den Weg frei. *Natürlich* gibt es Handlungen, die du tun musst, bereite jedoch zuerst die Energie vor. Du wirst die neuen Entwicklungen in deinem Leben wahrscheinlich nicht auf etwas Spezielles zurückführen können, das du getan hast, denn bei *Divine Openings* »tun« wir gar nichts, aber du wirst wissen, dass es funktioniert hat.

❀ ❀ ❀

Warum gute Menschen verletzt werden

Ich witzele manchmal, dass spirituelle Menschen nie jemandem etwas zuleide tun – außer sich selbst. Sie tun Dinge, die sich nicht gut anfühlen, verweigern sich Vergnügen und setzen sich jahrelang Torturen des Verarbeitens aus, mit dem Gedanken: »Es ist gut für mich.« Sie unterdrücken ihre eigenen Gefühle so lange, bis sie krank werden, oder setzen andere so lange an die erste Stelle, bis sie sich selbst völlig ausgezehrt haben.

Wenn sich jemand unablässig mit einem spitzen Stock ins Auge stoßen und dann schreien würde: »Ich brauche einen Heiler!«, dann würde ich wahrscheinlich sagen: »Bräuchtest du nicht, wenn du aufhören würdest, dir diesen Stock ins Auge zu stoßen.«

Eine Frau erzählte mir, dass sie nicht verstand, warum ihre Ehe auseinandergegangen war. Sie sprach unablässig über irgendetwas und war sich überhaupt nicht bewusst, dass all ihr gut gemeintes Verhalten und ihr aufgesetztes Lächeln eine Opferschwingung aussandten. Sie war in all ihren Geschichten die Gute, die immer das Richtige tat, der unrecht getan oder die nicht wertgeschätzt wurde.

Ich riet ihr, das falsche Lächeln abzusetzen, den emotionalen Ansturm der Gefühle aus ihrer Vergangenheit anzunehmen und sich auf der Navigationstafel nach oben zu fühlen. Sie erkannte, dass sie ihr Leben lang vor Gefühlen davongelaufen war und sie mit ständigem Plappern übertönt hatte. Sie war ein braves, spirituelles Opfer gewesen und hatte es damit angezogen, dass andere sie vernachlässigten. Nun eroberte sie sich ihre Kraft zurück, wurde wirklich glücklich, und es ist mittlerweile ein Vergnügen, in ihrer Gesellschaft zu sein. Ihr Blutdruck normalisierte sich, sodass sie keine Medikamente mehr dafür braucht.

Opfer sind fast immer »gute« Menschen, aber die Opferfrequenz zieht nichts Gutes an; sie zieht »Übeltäter« an, so wie Haie vom Geruch des Blutes angelockt werden. Die Opferschwingung ist auf der Navigationstafel sehr, sehr niedrig und zieht noch mehr vom selben an. Man kann kraftvoll sein und die Verantwortung dafür übernehmen, seine eigene Realität zu erschaffen – oder man kann recht haben und ein gutes, braves Opfer sein. Es ist jedoch unmöglich, beides zugleich zu sein. Wenn du deine Kraft und Macht zurückerobern möchtest, sage: »Ich habe es erschaffen«, selbst wenn du keine Ahnung hast, *wie* du das gemacht hast.

Als Jesus sagte: »Halte die andere Wange hin«, interpretierten die Jünger seine Worte irrtümlich als: »Lass dich auf der anderen Wange noch einmal schlagen.« Er meinte aber damit, dass du deinen Kopf von dem abwenden sollst, was du nicht willst, und zu dem hinschauen sollst, was du möchtest. Fokussiere deine Aufmerksamkeit nicht auf das, was unerwünscht ist. Seine Worte könnten als Rat verstanden werden, wegzugehen oder – ich kann nicht widerstehen, Witziges in ernsthafte Themen einfließen zu lassen – deine anderen Backen hinzuhalten, nämlich, deine Pobacken zu zeigen.

Kraft, Macht und Selbstwert werden dir
nicht gegeben und können dir nicht genommen
werden. Du nimmst sie in Anspruch,
weil sie bereits dir gehören.

Wenn du all deine Verpflichtungen anderen gegenüber eingehalten hast, nicht aber dir selbst gegenüber, dann schau dir das aufmerksam an. So viele Menschen kommen zu mir und wundern sich, warum ihre Tugendhaftigkeit nicht dazu geführt hat, dass ihnen mehr gute Dinge widerfahren. Du kannst dir keinerlei Kraft oder Macht durch Bravsein verdienen. Ein guter Mensch zu sein gibt dir bei der Präsenz keine Zusatzpunkte, weil dein Wert bereits gegeben ist – alles, was du zu tun hast, besteht darin, das Gute anzunehmen, das dir bereits angeboten wird. Es schwächt deine Kraft der Absicht, dich unwürdig zu fühlen, weil die Präsenz darin nicht mit dir übereinstimmt. Du kannst dir keine Kraft der Absicht damit erkaufen, dass du ein guter Mensch bist. Du baust deine Kraft dadurch auf, dass du wach und klar bist und deinen Selbstwert kennst.

Zusammengefasst: Menschen senden oft Signale des »Opfers«, der »Schwäche« oder des »Nicht-wert-Seins« aus, wenn sie meinen, die Schwingung eines »guten Menschen« auszustrahlen. Dieser Wert ist dir aber schon von Natur aus gegeben. Nimm ihn in Anspruch und lass die Gnade fließen. Du musst dir nichts verdienen.

Die Angst spüren und trotzdem handeln?

»Spüre die Angst und tue es trotzdem« ist ein grottenschlechter Rat. Wenn deine Navigationstafel »Schwierigkeiten« anzeigt, höre lieber darauf, statt voranzustürmen. Bring deine Schwingung zuerst mit deinem großen Selbst in Einklang, bevor du in Aktion trittst. Wenn im Cockpit deines Flugzeugs angezeigt wird, dass dir der Sprit ausgeht, wäre es unklug, die Angst zu spüren und trotzdem weiterzufliegen. Lande und tanke auf.

»Spüre die Angst und tue es trotzdem!« ist eines dieser Klischees, die aus dem Bereich der Persönlichkeitsentwicklung geboren wurden, und da es sich gut anhörte, begann es jeder nachzuplappern – und alle draufgängerischen Menschen gerieten in ein erhöhtes Risiko. Reden wir erst gar nicht von den vielen irreführenden Märchen, die in der metaphysischen und spirituellen Welt grassieren und mich auf die Palme bringen: Ich nenne sie »spirituelle Märchen«.

Die Leute sagen manchmal zu mir: »Ich finde es so mutig von dir, was du tust«, und das erstaunt mich. Ich habe nicht das Gefühl, dass es ein Risiko birgt, weil ich meiner inneren Führung folge. Es war nie riskant, sondern fühlte sich einfach natürlich für mich an.

Es würde allerdings großen Mut von mir verlangen, Drachenflieger zu sein, denn darauf ist meine Energie nicht ausgerichtet. Das wäre in der Tat ein Risiko.

Wenn du deine Absicht setzt und dann wartest, bis du grünes Licht zum Handeln bekommst, reduzierst du größere Risiken. Sobald du dich gut damit fühlst, in Aktion zu treten – etwa wenn deine Navigationstafel eine hohe »Nichts-wie-ran«-Schwingung anzeigt –, erhöhen sich enorm deine Erfolgschancen. Wenn du mit wenig Überzeugung, einer niedrigen Schwingung und einer entsprechend niedrigen Anzeige auf deiner Navigationstafel in eine Situation hineingehst, kannst du ziemlich sicher sein, dass es nicht so ablaufen wird, wie du es gern hättest – ganz egal, wie sehr du deinen Mut zusammennimmst oder wie stark deine Absicht ist.

Ich sage nicht, dass du unmöglich Erfolg haben kannst, wenn du Angst verspürst. Manchmal lässt sich Angst in produktive Wut und rohe Kraft umwandeln, aber das hängt vom Grad ihrer Intensität ab. Du kannst deine Navigationstafel dafür benutzen, um abzuwägen, ob du einen solchen Sprung machen kannst oder nicht. In einer Notlage hast du manchmal keine andere Wahl –

du musst springen und dich in die Hände des Göttlichen begeben. Du wirst dann wissen, wann es Zeit ist, zu springen.

Es ist sicherer, dann zu handeln, wenn deine Schwingung in Bezug auf ein Thema hoch ist. Wenn sie niedrig ist, mach lieber mal eine Pause oder ein Nickerchen oder zögere es sogar so lange hinaus, bis deine innere Präsenz dir grünes Licht gibt. Verweile allerdings nicht allzu lange im Widerstand. Setze die Absicht, dich daraus zu erheben.

Generiere Freude,
aber jage ihr nicht hinterher

Dies wird dir vielleicht zu einfach erscheinen, aber alle großen Wahrheiten sind einfach. Vor Kurzem lag ich morgens im Bett und dachte über das interessante Phänomen nach, dass man in den frühen Stadien der Erleuchtung oft äußerst glückselig sein kann und viel lacht. Ich lag da und fühlte mich auf eine Art gut, die ich mir zehn Jahre vorher überhaupt nicht hätte vorstellen können – ohne Sorgen, ohne Gefühle von Stress, ohne Probleme, im Fluss. Und doch fühlte es sich … normal an, keine große Sache. Ich fragte die innere Präsenz, wie ich dieses Hoch wieder neu entfachen könnte, und bekam augenblicklich eine Antwort: den Impuls, mich einfach nur darauf zu fokussieren, wie gut es sich anfühlt, in einem Hoch zu sein – und prompt kam alles zurück. Die Bäume vor meinem Fenster sahen plötzlich grüner aus, die Luft roch frischer, mein Körper leuchtete auf.

Wie du dich vor dem Beginn deines Erwachens gefühlt hast, steht in starkem Kontrast zu dem Gefühl, das mit dem Einsetzen des Prozesses auftauchte – es ist möglicherweise der größte Kontrast, den du je spüren wirst. Für manche können sich die Anfangsstadien des Erwachens anfühlen, als hätten sie einen Zeh in der Steckdose. Doch dann wird diese Menge an Energie zum Normalzustand, und der Kontrast wird nie wieder so krass erlebt. Unsere Sinne nehmen den Gegensatz intensiver wahr als Subtiles oder Gleichbleibendes. In den Augen anderer Menschen sehen wir vielleicht immer noch wie eine Energiebombe aus, die enorm viel erledigt und schafft, Freude verbreitet und deren Leben sich auf erstaunliche Weise entfaltet – aber für uns selbst ist es einfach nur normal.

Dies ist ein kritischer Moment in der Entwicklung deiner spirituellen Reife. Wenn du zum Suchen zurückkehrst, um dein früheres Hoch zu jagen, wird dich das zurückwerfen. Spirituellen Hochs nachzujagen ist etwas, das ich nicht empfehle (ich selbst tue es niemals), weil es dich in Mangel und Suchen zurückwirft. Stattdessen empfehle ich, dass du mit Absicht dein tagtägliches Leben bewusst mehr auskostest und in jedem Moment genießt. Koste es zum Beispiel aus, noch im Bett zu liegen, während du den Morgen begrüßt, und koste es auch aus, das Geschirr zu spülen und das Haus zu putzen – unsere neuzeitlichen Versionen des Holzhackens und Wasserholens. Und denke daran, den Menschen deine Liebe zu zeigen, vor allem denjenigen, die dir am nächsten stehen.

Wenn ich an jenem Morgen liegen geblieben und darüber gejammert hätte, dass mein altes Hoch nur noch »normal« sei, wäre ich tiefer abgesunken, denn alles, worauf wir uns fokussieren, verstärkt sich noch mehr. So aber hat es Spaß gemacht, erneut die tiefe Wahrheit zu erleben, dass wir das bekommen, worauf wir uns fokussieren.

Es gibt hier im Ort eine kleine Snackbar, in die ich gern gehe. Als ich eines Tages nach einem Ausritt völlig verschwitzt und zerzaust dort saß und in einem Roman las, kam die Besitzerin zu mir herüber und sagte: »Mein Mann und ich sehen Sie oft hier sitzen, und Sie haben diesen … Frieden an sich … Sie strahlen … irgendetwas aus. Was machen Sie eigentlich?«

Zuerst war ich überrascht – ich dachte, alles, was ich ausstrahle, seien Schweiß und Pferdegeruch. Ich fühlte mich gerade nicht besonders glückselig. Für mich war es ein normaler Tag, doch sie pickte etwas Ungewöhnliches auf. Ich sagte: »Ich bin eine spirituelle Lehrerin und helfe Menschen, ganz schnell ganz glücklich zu werden«, und überreichte ihr meine Visitenkarte.

Wenn du deine Kraft der Absicht aufbaust, ist es, wie wenn du einen Muskel aufbaust. Deine Kraft der Absicht wirkt schneller, du bekommst ein »gewisses Etwas«. Deine magnetische Anziehung wird von den Menschen wahrgenommen. Dinge fallen dir zu. Grundlose Seligkeit kommt zu Besuch.

Fokussiere dich auf diese Magie, und sie wird zunehmen. Erinnere dich an besondere Zeiten, und sie kommen zurück. Rufe Gefühle hervor, die du mehr erleben möchtest, und sie vervielfachen sich.

- Beabsichtige, dich besser zu fühlen, während du dankbar dafür bist, wie du dich momentan fühlst.
- Beabsichtige lebendigere, interessantere Beziehungen.
- Beabsichtige sogar noch lebendigere Beziehungen, während du für das dankbar bist, was du hier und jetzt hast.
- Beabsichtige mehr Freundschaft und Liebe.
- Beabsichtige mehr inneren Frieden.
- Beabsichtige sogar noch mehr inneren Frieden, während du für das dankbar bist, was du jetzt hast.
- Beabsichtige tieferes, inneres Wissen.
- Beabsichtige sogar noch mehr tieferes, inneres Wissen, während du für das dankbar bist, was du jetzt hast und wie weit du gekommen bist.
- Beabsichtige mehr körperliche Vitalität.

❧ Beabsichtige sogar noch mehr körperliche Vitalität, während du für das dankbar bist, was du jetzt hast.

❧ Generiere Gefühle und Energie, statt darauf zu warten.

Begib dich dorthin,
wo dein großes Selbst schon ist.

Immer öfter setzt du einfach diese Absicht, und sie entfaltet sich. Beabsichtige, dich mit einem bestimmten Thema dorthin zu begeben, wo dein großes Selbst damit steht, um es aus seiner Perspektive wahrzunehmen und zu spüren, was dein großes Selbst dabei empfindet. Das ist unfassbar einfach. Aber es wird dich automatisch ausweiten und mit der Präsenz in Einklang bringen.

Dein großes Selbst kennt keine Probleme, Belastungen, Blockaden, blinden Flecken, Schäden, Verletzungen, Begrenzungen, blockierte Energien oder Schwierigkeiten – es kennt nur unbegrenzte Möglichkeiten in dieser freudig übersprudelnden, niemals endenden Evolution. Das ist der Grund, warum sich problematische Themen mit *Divine Openings* auflösen, ohne dass du an ihnen arbeitest.

Identifiziere dich mit deinem großen Selbst,
nicht mit den Problemen.

In dem Maße, wie du mehr und mehr als dein großes Selbst lebst und dein Wissen um die riesigen nichtphysischen Ressourcen und Kräfte, die dir zur Verfügung stehen, sich vertieft, wirst du viele Probleme einfach nicht mehr haben. Es sind die Probleme, die man normalerweise hat, wenn man sich als normaler Mensch in einer (scheinbar) nur physischen Welt abstrampelt.

Wenn die Dinge in deinem Leben nicht so sind, wie du sie gern hättest, solltest du sie nicht »Probleme« oder »Themen«

nennen, auch wenn sie schon lange ein »Problem« für dich darstellen. Wenn du etwas zu einem »Thema« deklarierst, benutzt du deine Kraft der Absicht dazu, es zu einer »verflixt großen Sache« zu machen. In Wirklichkeit sind es aber lediglich ein paar Gedanken, Gefühle und vermutlich eine Schwingungsgewohnheit – und das wird sich alles von selbst auflösen, wenn du deinen Fokus auf eine neue Matrix verlagerst.

Einer der schnellsten Wege, dich ins Reich der unbegrenzten Möglichkeiten zu begeben, besteht darin, dich mit deinem großen Selbst zu identifizieren. Stell dir ein paar effektive Fragen, um dich sanft dorthin zu bewegen:

* Wie könnte ich es so wahrnehmen wie mein großes Selbst?
* Welche Schwingung würde ich als mein großes Selbst aussenden?
* Welche Möglichkeiten tun sich mir als nichtphysischem Selbst hier auf?
* Wie kann ich alles, was mich ausmacht, zu dieser Party mitbringen?
* Wie kann ich mich als Präsenz mehr feiern – in dieser einzigartigen, physischen, menschlichen Ausdrucksform?

Beantworte diese Fragen *nicht*. Entspanne dich und lass die Antworten, Inspirationen, Impulse, Umstände, Menschen und Ressourcen im natürlichen Strom des Lebens auftauchen. Lass dir Zeit. Hast du erst einmal erlebt, wie gut es sich anfühlt, auf diese Weise zu agieren, wirst du immer selbstverständlicher in die Identität des großen Selbst zurückfedern. Lenke deinen Verstand, sonst lenkt er dich nach seinem Standardprogramm.

Direktes Wissen

Direktes Wissen ist eine fortgeschrittene Fähigkeit, die sich nicht ganz erklären lässt: Eine Information taucht in deinem Bewusstsein auf, du weißt aber nicht, woher oder wieso. Du lässt die Information, die du brauchst, zu dir fließen, wenn du sie brauchst, und indem du sie würdigst, fließt noch mehr davon. Du brauchst nicht zu wissen, wie ein Computer funktioniert, um produktiv damit arbeiten zu können. Genauso wenig brauchst du zu wissen, wie direktes Wissen funktioniert, um es nutzen zu können.

Falls sich dein Kopf nicht damit zufriedengibt, etwas »einfach zu wissen« – wenn du also eine Erklärung brauchst, um es akzeptieren zu können –, dann wirst du deine Kraft des direkten Wissens nicht voll ausschöpfen können. Du musst aber nicht auf deinen Kopf hören.

Direktes Wissen geht über die Navigationstafel hinaus. Überleg mal: Dein großes Selbst arbeitet nicht mit der Navigationstafel, nur das menschliche, kleine Selbst. Je mehr du als dein großes Selbst lebst, desto öfter operierst auch du jenseits der Tafel.

Ich habe erlebt, wie einige Menschen im fünftägigen Schweigeretreat physische Heilungen erfuhren, dann aber auf ihr kleines Selbst hörten, das auf Umwegen nach einer intellektuellen Erklärung suchte. Es wollte »lernen, wie man das macht«, was sie bereits getan hatten! Mittlerweile vermitteln manchmal auch andere erstaunliche Heilungen, *ohne dass jemand wüsste, wie es geht.*

Wenn wir Antworten im Außen suchen und unsere Realität um diese Antworten herum formen, geben wir unsere innere Kraft und Macht ab. Auf wohlgemeinte Vorschläge, mich »der Realität zu stellen« oder auf die »erwiesenen Fakten zu hören«, lautet eine Lieblingsantwort von mir: »Das ist nicht *meine* Realität, vielen Dank.« Ich habe die meisten meiner Antworten durch direktes Wissen erhalten und meine Realität um sie herum gestaltet. Ich habe viele Regeln anderer nicht befolgt und ihre Spiele nicht mitgespielt.

Wenn wir die Erfahrung von direktem Wissen machen, geben wir die falsche Sicherheit der Konsensrealität gern auf. Du brauchst nur daran zu denken, wie viele von den »unbestreitbaren Fakten« vom vorigen Jahr sich inzwischen ganz offenkundig als falsch erwiesen haben. Heute verwenden wir keine Blutegel mehr, böse Geister verursachen keine Krankheiten, und die Erde ist nicht flach.

Wenn wir aufhören, *dort draußen* nach Regeln, Erlaubnis und Erklärungen zu suchen, fangen wir erst richtig an, Spaß daran zu finden, die Möglichkeiten des Lebens zu erkunden. Wir sind einfach nur glücklich, dass es funktioniert und dass unser nichtphysisches, technisches Unterstützungsteam all die technischen Details für uns handhabt.

Jedem von uns steht rund um die Uhr ein enormes göttliches Support-Team tagtäglich zur Verfügung. Auf der physischen Ebene müssen wir Menschen handeln, doch unser göttliches Unterstützungsteam kann vieles davon für uns erledigen. Die Möglichkeiten sind absolut unbegrenzt. Unsere Aufgabe ist es, in dem Wissen zu handeln, dass wir es wert sind, die Fähigkeiten unseres Teams anzufordern.

Beabsichtige, dein direktes Wissen
in Anspruch zu nehmen. Beabsichtige,
aus dem Innern heraus zu wissen.

Es macht Spaß, im direkten Wissen zu leben und das »automatische Downloadprogramm« zu beziehen: Du bist gespannt, was als Nächstes passieren wird. Was du benötigst, erscheint. Du wählst dir deinen Lebenssinn selbst und darfst dir aussuchen, was du aus deinem Leben machen möchtest. Du schreibst dein eigenes Skript, statt irgendeinen Hellsichtigen zu fragen, was die Zukunft für dich bereithält.

Ich frage die Präsenz niemals, was ich tun soll – es gibt hier kein *Sollen*. Du darfst tun, was immer du möchtest, und die Präsenz wird dich dabei unterstützen. Du wirst dich unweigerlich geführt fühlen und in bestimmte Richtungen gezogen werden, aber völlig frei, selbst zu wählen. Du bist eins mit der Welt und doch eine ausgeprägte, einzigartige Ausdrucksform davon. Dein direktes Wissen wird sich der linearen Logik einfach nicht unterwerfen.

Du bist das

Dich auf das Nichtphysische zu fokussieren, bis du schließlich auf einer tieferen Ebene begreifst, dass dort *gar nichts ist*, bedeutet zweifellos eine große Herausforderung. Wir können Gott oder geistige Führer die Antwort sprechen lassen oder sie bitten, uns Visionen zu zeigen, und das ist alles schön und gut. Zwar kann und wird sich die Präsenz des Göttlichen manchmal in eine Form kleiden, doch handelt es sich dabei um Materialisationen – es ist nicht die reine Essenz. Du kannst aber diese reine Quelle – die Essenz des Göttlichen – unmittelbar erfahren und als *Nichts* erleben, als Stille und dieses Gefühl höchster Glückseligkeit.

Enorme Kraft, Friede, Freude und ja, selbst Humor gehen mit der tiefen, *unmittelbaren Erfahrung* deines großen Selbst einher. Sobald dieses Wissen um dein wahres Selbst zur neuen Gewohnheit wird, schaust du von allein nach innen.

Ich bin *nicht alles, was Gott ist*, aber ich bin ein Funke Gottes, der sich in einem physischen Körper ausdrückt, und ich bin nicht von Gott getrennt. Manchmal kichere ich, wenn ich mich umschaue und mir der Gedanke durch den Kopf schießt: »Wow, ich bin auf diesem verrückten physischen Planeten, in diesem Körper, der auf *zwei Beinen* herumspaziert. *Voll krass!*«

Du wirst immer öfter sagen: »Beabsichtige, wisse, und so ist es«, anstelle von: »Bitte, und es wird dir gegeben.« Statt darum zu bitten, als sei Gott außerhalb und getrennt von dir, ist dir die Kraft der Absicht gegeben. Du magst vielleicht nicht »das alles« sein, aber *du bist das.*

Du könntest warten, bis du deinen physischen Körper verlässt, ehe du voll und ganz erkennst, wer du bist – oder du kannst es jetzt in diesem Leben erkennen. Ich höre immer mehr Geschichten über Menschen, die zu strahlen beginnen und buchstäblich aufleuchten, kurz bevor sie ihren Körper verlassen und hinübergehen. So wurde kürzlich die mürrische Mutter einer Klientin in ihren letzten Tagen erleuchtet und ging strahlend hinüber. In dem Dokumentarfilm *George Harrison. Living in the Material World* von Martin Scorsese erzählt die Frau des einstigen Beatles-Mitglieds, dass Georges spirituelle Suche zwar mühselig und anstrengend gewesen sei, doch bei seinem Hinscheiden erhellte er physisch den ganzen Raum. In der letzten Minute gab er sich schließlich seinem wahren Sein hin.

> *Irgendwann wirst du dich an dein ganzes Sein*
> *erinnern – warum nicht gleich jetzt?*

Minimeditation: Atme in das Nichtphysische

Deine gesamte Realität verändert sich, wenn du jeden Tag damit beginnst und beendest, dich auf dein nichtphysisches Selbst zu fokussieren. Setze dich hin, lächle ein winziges Lächeln und mach einige tiefe, langsame Atemzüge. Ermutige dich selbst, dir eine Pause im Bilden von Worten zu gönnen. Spüre, wie der Sauerstoff jede Zelle in deinem ganzen Körper durchdringt, dabei ausgedehntes

Bewusstsein in sie bringt und sie noch mehr aufleuchten lässt. Verschmelze mit der Präsenz. In dem Maße, wie deine Kraft der Absicht wächst, kannst du den inneren Fokus einfach beabsichtigen, und du wirst dort sein.

❀ ❀ ❀

Bewirke Gutes für die Welt: Erstelle eine ganz neue Matrix

In *Alles läuft super, während ich weg bin* hast du gelernt, wie du aus der alten Realität, in der du repariert, korrigiert, geklärt und an Dingen gearbeitet hast, aussteigen und dazu übergehen kannst, eine neue Realität aus dem Nichts heraus zu erschaffen. Während du dich in deiner Kraft ausgedehnt hast, ist dir zuerst aufgefallen, dass du, ohne auch nur etwas zu versuchen oder ein Wort zu sagen, eine größere Wirkung auf dein engeres Umfeld von Familie, Freundeskreis, Gemeinde und Arbeitsplatz hattest. In dem Maße, wie du dich zur kraftvollsten Komponente entwickelst, wirst du weiter ausstrahlende Absichten setzen können und einen immer größeren Einflussbereich haben.

Übe dich zuerst und jederzeit in deiner persönlichen Weiterentwicklung, und *deine Welt* gleicht sich dem an, egal, ob die äußere Welt sich ändert oder nicht. Unterschätze niemals, wie enorm viel du in der Welt allein dadurch bewirkst, dass du bist, wer du bist, ganz egal, welche Rolle du im Leben spielst.

Du möchtest, dass sich deine Welt besser für dich anfühlt? Dann lass gleich, wenn du etwas gefühlt hast, das du nicht magst oder verändern möchtest, die alte Matrix fallen und spüre in eine komplett neue Matrix deiner Wahl hinein. Spüre das Gefühl ein paar Minuten lang und lächle. Mehr ist nicht nötig. Dieser Impuls strahlt in Wellen von dir aus und beeinflusst die Matrix in allen Lebensbereichen: Geld, Partnerschaft, Gott, Gesellschaft, Leben auf der Erde, Sicherheit und so weiter. Bleibe beharrlich dabei, unabhängig davon, welches physisch materialisierte Produkt der alten Matrix du gerade vor dir siehst.

Erstelle eine neue Matrix.

Der Versuch, die alte Realität zu korrigieren, spaltet deinen Fokus auf – zwischen dem, was war, und dem, was sein könnte. Es ist effektiver, sich komplett auf eine neue Matrix zu fokussieren. Dies erfordert Übung, bis es zu einer festen Gewohnheit geworden ist, und selbst dann verlangt es täglich Entscheidungen.

Menschen, die enorme Kraft und Macht entwickelt haben, sind in der Lage, für die Evolution der Menschheit Absichten zu setzen und damit die Welt zu beeinflussen. Man könnte sie »Weltenausgleicher« nennen. Sie sind ein Grund dafür, warum die Welt trotz all der irrsinnigen Dinge, die wir tun, noch nicht kollabiert ist. Wenn du nun noch die riesige, unterstützende Kraft unseres göttlichen Support-Teams hinzunimmst, die Summe unserer nichtphysischen Selbste, die allem Leben zugrunde liegende Güte und Gnade sowie die kraftvollen Absichten der vielen Menschen, die uns vorausgingen und aus dem Nichtphysischen weiterhin Absichten setzen, so kannst du spürbar erahnen, wie groß das Maß unserer Kraft und Macht in Wirklichkeit ist.

Natürlich wirst du auch bemerken, was im Argen liegt. Du wirst aber am meisten daran verändern können, wenn du dich davon abstößt und deinen Fokus ganz auf die neue Matrix legst, die du dir wünschst. Sie wird damit für die ganze Menschheit verfügbar. Ob diese darauf einsteigt oder nicht, liegt nicht bei dir – es liegt bei uns allen.

Übe dich darin, jedes Mal, wenn du dir wünschst, es solle sich etwas ändern, daran zu denken: Du erschaffst eine ganz neue Matrix und reparierst nicht an der alten herum! Das Leben will Bewegung, Verwandlung, Veränderung. Nur wir halten die Dinge in ihren alten Formen und Mustern fest. Jeder Tag kann tatsächlich ein neuer Tag *für dich* sein!

> *Jeder Tag kann das Ergebnis*
> *einer neuen Matrix sein.*

Baue deine Kraft auf – es wird dir Zuversicht geben, um größere Dinge zu beabsichtigen. Zum Beispiel können Regierungen sich weiterentwickeln – das geschieht tatsächlich! Nur nicht immer so schnell und genau in der Weise, wie wir es uns wünschen würden, weil es eine kollektive Schöpfung ist. Ko-Kreation aus einem kulturellen, gesellschaftlichen und politischen Gruppenbewusstsein heraus braucht Zeit, sich zu entwickeln und Veränderung herbeizuführen. Kein einzelner Mensch, du und ich eingeschlossen, kann es steuern oder kontrollieren – es ist eine gemeinsame, kollektive Schöpfung aller. Jeder Einzelne von uns kann lediglich die eigene Schwingung meistern und seine eigene, persönliche Realität kreieren. Du kannst aber mit Sicherheit eine Welle auslösen, die Kreise ziehen wird – durch das, was du denkst, empfindest und als kraftvolle Signale aussendest. Auf diese Weise geschieht die größte gesellschaftliche Veränderung.

Sei dir aber bewusst, was »freier Wille« bedeutet: Jeder Mensch darf seine eigene Wahl treffen. Freier Wille bedeutet, dass die ganze Welt niemals einer Meinung sein wird, damit musst du deinen Frieden finden und es gutheißen. Zu diktieren, wie andere zu denken oder zu leben haben, steht niemandem zu.

Selbst wenn wir davon überzeugt sind, dass eine Veränderung zum Wohle aller wäre, ist es niemals angebracht, unsere Absichten anderen überzustülpen. Wie viele religiöse Kriege sind über die Frage ausgefochten worden, was gut und richtig für alle ist, statt jeden Einzelnen darüber selbst entscheiden zu lassen!

Richte deinen Fokus auf die lange Sicht, die lebenslange Sicht und sogar die Sicht des Universums, genau wie die Präsenz es uns vormacht. Nur weil sich die Welt nicht schnell genug weiterentwickelt, hilft es niemandem, wenn wir unsere Schwingung abstürzen lassen, ganz egal, wie grauenhaft die gegenwärtige Realität sein mag. Alle Menschen sind Wesen der Ewigkeit, und im großen kosmischen Ganzen geht es allen gut. Da gibt es nichts in Ordnung zu bringen.

Lass deine neue Matrix
ihre idealen Bausteine magnetisch
zu sich heranziehen.

Leidenschaftliche Begeisterung, Stärke und Absicht können zwar Berge (und Felsbrocken) versetzen, doch Anhaftung schwächt uns immer − sei es, dass wir einen Job, ein bestimmtes Resultat oder einen Menschen allzu sehr brauchen, sei es, dass wir uns zu sehr darauf versteifen, wie sich etwas abspielen soll, oder dass wir keine anderen, vielleicht besseren Optionen mehr zulassen.

Darum bleibe nur dem Gefühl hartnäckig treu, das du erreichen möchtest, sei aber flexibel und mach dich unabhängig in Bezug auf die Gestalt, die es annimmt. Wenn du dir zum Beispiel Freiheit für die Welt wünschst, so könnte diese Freiheit die Gestalt deiner Idealform von Politik annehmen − muss sie aber nicht. Wenn du möchtest, dass wir uns gut um unseren Heimatplaneten kümmern, kann das so aussehen, wie es deiner Vision von Umweltschutz entspricht – muss es aber nicht.

Deine alte Matrix gehört bereits der Geschichte an, und es gibt nichts an ihr zu korrigieren. Sie hat sich bereits in Staub aufgelöst, außer du fokussierst dich weiterhin darauf, erschaffst sie immer wieder neu und zerrst sie in den nächsten neuen Augenblick mit hinein. Sei dir bewusst, dass es ein Fallstrick ist, unbedingt recht darin haben zu wollen, wie verkehrt die alte Matrix ist – diese Anspannung hindert dich daran, in den Fluss zu kommen. Schenke der gegenwärtigen Matrix keine Realität und nur minimale Aufmerksamkeit, außer du willst noch mehr davon!

Sei ein Anführer, kein Schwamm.

Meine Schwingung ist das Wertvollste, das mir zur Verfügung steht. Nichts, wirklich gar nichts ist es wert, sie über längere Zeit zu senken. Wir können Absichten setzen, eine neue Matrix bilden und unser Leben glücklich weiterführen, während wir das Beste erwarten, unabhängig davon, wie es vorübergehend aussieht.

Hier sind einige hilfreiche, beruhigende Gedanken und effektive Fragen:

* Wie kann ich mich darauf fokussieren, wie die Welt immer besser wird?
* Wie kann ich meine Energie auf das Mögliche fokussieren, statt auf das, was schon ist?
* Was wäre, wenn ich meine Absichten aufrechterhalte, egal, ob sie sich noch zu meinen Lebenszeiten verwirklichen oder nicht?
* Wie kann ich eine beständige Kraft für meine Evolution sein und ermöglichen, dass dies auf natürliche Weise Kreise zieht?
* Mit welcher Intention kann ich meinen Beitrag zur Welt leisten, indem ich selbst sie umsetze?

Halte den Großteil deiner täglichen Aufmerksamkeit auf das fokussiert, was du persönlich aussendest und somit in das Kollektiv ausstrahlst. Je mehr deine Kraft anwächst und je mehr du in der Lage bist, deine Absicht stetig aufrechtzuerhalten und die mächtigste Komponente zu sein, umso tiefgreifender wird der Einfluss sein, den du auf das Kollektiv ausüben kannst, ohne dich von der gegenwärtigen Matrix ablenken zu lassen.

Im Onlinekurs Portal 4, *Jumping the Matrix*, wirst du noch tiefer gehen: in das Erschaffen aus der schöpferischen Leere, aus dem Nichts heraus. Erinnerst du dich, wie Neo in dem Film *Die Matrix* auf einmal bemerkt, dass er nicht nur die Illusion hinter der Matrix durchschauen, sondern sogar den Gewehrkugeln ausweichen kann? Auch wenn dieser Film unnötig hollywoodmäßig apokalyptisch gefärbt war, können uns Teile davon helfen, uns auszumalen, wie wir aus der gegenwärtigen Matrix herausspringen und unsere innere, angeborene Kraft wieder in Anspruch nehmen können.

Vorstellungskraft ist der Same der Veränderung.

Als Erstes ziele immer auf tiefere Freude und innere Kraft ab, statt nach irgendetwas anderem zu streben. Ein bestimmtes Level zu erreichen bringt dir überhaupt keinen Nutzen, sofern du nicht glücklich bist und mit Leichtigkeit und im Fluss lebst. Genieße vollkommen, wo du im Moment bist. Rieche die Blumen!

Lebe deinen Weg in deine Freiheit

Meine Mission ist es, dir sämtliche Schlüssel zum Erwachen zu übergeben. Meine klare Absicht ist es, die Menschen frei zu machen.

Meine Mission, die aus der Essenz meines Seins entspringt, besteht darin, für jene Menschen weiterhin eine wegbereitende Unterstützung und Inspiration zu sein, die sich Verbundenheit mit Gleichgesinnten, Freude an der Pionierenergie und Erfrischung auf ihrem Weg der Entfaltung ihres höchsten Potenzials wünschen. Lass alle Hilfe, die du benötigst, in dein Sein. Es ist *dein Leben*!

Du kannst auf deinem Weg so hoch fliegen, wie du willst, und trotzdem stabil und pragmatisch auf diesem Planeten Erde bleiben. Genieße jede Stufe, indem du deine Energie Schritt für Schritt im praktischen Leben erdest und dir damit ein solides Fundament errichtest. Bring den Himmel auf diese Erde, auf den Boden deiner Lebenserfahrung, während du deine eigene Realität erweiterst, entfaltest und weiterentwickelst.

Wie definiere ich fortgeschrittenes Erwachen oder Erleuchtung? Zum Beispiel so, dass wir:

* uns zunehmend unsere eigenen Fragen beantworten – oder die Fragen einfach verschwinden;
* uns vom großen Selbst aus beobachten, mit Mitgefühl;
* direktes Wissen, jenseits der Navigationstafel, erfahren;
* ein Gefühl von Einheit mit allem verspüren und die Einzigartigkeit eines jeden Wesens anerkennen;
* nicht mehr leiden, sondern zum Annehmen von »Allem-was-Ist« gelangen. Das bedeutet Gleichmut;
* glücklich sind – im Frieden und in Liebe mit uns selbst und dem Leben;
* das Irdische genauso wertschätzen wie das Erhabene, die physische Welt ebenso wie die nichtphysische Welt.

Gesegnet sei dieser befreiende Tag,
an dem du dich einfach nur freust,
zu leben und zu arbeiten!

Weil ich mich so sehr dafür einsetze, jedem Schüler dabei zu helfen, sein eigener Meister zu werden, bemühe ich mich, ständig erreichbar, aber im Hintergrund zu bleiben. Darum ist das Internet so ein perfektes Medium für mich. Es könnte sein, dass ich dich in deinen Träumen besuche oder dich auf eine Art und Weise unterstütze, die jenseits deiner Vorstellungskraft liegt. Dabei versuche ich jedoch, alles zu vermeiden, was dich dazu bringen würde, dich auf mich zu stützen.

Meine Absicht ist es, eine Balance zu halten, in der ich dir in jeder Phase, bei jedem *Portal des Erwachens* jeweils das gebe, was du wirklich brauchst, und zurücktrete, sobald du dir deine Kraft zurückeroberst. Ich bin hier, um dich daran zu erinnern, wenn du es brauchst, und wieder zu verschwinden, wenn du dich daran erinnerst, *wer du bist*.

Menschen hegen manchmal große, nicht hinterfragte, unbewusste Gegenabsichten. Manche halten am Eingang zu einem der Portale an, eingeschüchtert von einem imaginären Drachen, den der Verstand sich erschafft. Andere geben ihre Freiheit auf, um in der Geborgenheit einer Gruppe suchender Freunde zu bleiben, die ihnen nahestehen. Manche haben die schlichte, alte Angst, ihre Gefühle zu spüren. Hoffentlich bleiben sie dabei, bis die Gnade diese Angst zum Schmelzen bringt.

An den letzten Portalen, die zur Freiheit führen, weichen manche in die beruhigende Komfortzone der Herde und in die bestehende, allgemein anerkannte Realität zurück.

Sei geduldig mit dir. Es ist alles gut.

Nimm einen tiefen Atemzug, lass ihn mit einem Seufzer entweichen und setze die Absicht, dich in deinem eigenen idealen Tempo in die nächsthöhere Schwingungsebene hinein zu entspannen – ja, genau, entspanne dich hinein, anstatt darauf hinzuarbeiten. Erlaube der Kraft deiner Absicht, sich ohne Anstrengung deinerseits auszudehnen.

Jeder von euch ist *das Zentrum* des gesamten holografischen Universums. Bei jedem Portal öffnet sich im ganzen Universum eine Tür, einzigartig und perfekt, die nur für dich da ist. Du lässt alle noch vorhandenen Krücken fallen, breitest die Arme weit aus und schreitest durch das Tor ins Unbekannte, ohne die Hilfe von Definitionen, Landkarten, Führern oder Wegbeschreibungen. Du gehst, ohne jemanden zu brauchen, der dir Sicherheit gibt oder dich tröstet, in die neue Matrix hinein, die du gerade erschaffst.

Wenn sich ein Ingenieur im Geiste ein neues Gerät ausdenkt und es dann am Computer entwirft, ist es im Wesentlichen noch nichtphysisch. Wird dann der physische Prototyp gebaut, muss er in der Regel verfeinert werden. Nur wenige Erfinder produzieren einen ersten Prototypen, der nicht mehr verbesserungsfähig wäre, sobald er physische Form angenommen hat. Sich etwas auszudenken, bis es sich manifestiert, und es dann so lange anzupassen und zu optimieren, bis es tatsächlich funktioniert, sind zwei Paar Stiefel.

Was auch immer du erschaffst, ist ein Prozess, eine »Arbeit im Werden«, und du kannst es entweder abändern oder für einen ganz neuen Entwurf in die schöpferische Leere zurücksenden. Das Schweben im formlosen, prämanifesten, nichtphysischen Bereich hat seinen Wert, aber erst durch die physische Materialisation werden Energie, Intelligenz und Kraft auf eine so konzentrierte Weise fokussiert, wie es für den Fortschritt der Evolution unerlässlich ist.

Genieße die Entwicklungskurve, während du deine Neuschöpfungen Probe fährst, statt den Mangel an sofortiger Perfektion zu beklagen. Für deine Evolution steht dir die ganze Ewigkeit zur Verfügung, und die Entfaltung ist ein Teil des Vergnügens.

Die materielle Welt ist keine Schule und auch kein Testgelände – das gehört zum alten Paradigma. Betrachte dein Leben stattdessen als eine Reihe von Kunstwerken, an denen du fröhlich immer weiter bastelst und mit denen du nie ganz fertig wirst. Und jedes davon ist schöner als das letzte. Dieses Leben ist ein wunderbares Geschenk, das du dir selbst gemacht hast, ein Ort, an dem du deine Kraft und Absicht bündeln, deine Schöpfungen ausprobieren und dir von ihnen unbeirrbar zeigen lassen kannst, was du in den verschiedenen Bereichen deines Lebens ausstrahlst. Diese Welt ist zum Meistern, Spaßhaben und Erforschen da. Du bist hierhergekommen, um diesen wundersamen Kreativworkshop mitzuerleben.

Genieße die Prozession der Augenblicke, die den wahren Kern deines Lebens umfassen – viele von ihnen sehen ganz banal und alltäglich aus. Wenn du aber langsamer machst, sie auskostest und vollständig erlebst, werden sie reichhaltig und zutiefst erfüllend.

Erfreue dich am Leben.
Gib Freude hinein und genieße es.

Es gehört zu meinen einfachen, täglichen Freuden, nach dem Aufwachen hinaus zu den Pferden zu gehen und die Pferdeäpfel auf einen ordentlichen Stapel zu schaufeln, damit die Tiere nicht hineintreten. Ich kann nicht erklären, warum es mir ein solches Vergnügen bereitet, die Sonne zu spüren, die mir auf den Rücken scheint, oder den Nebel, der meinen Mantel feucht werden lässt, die Musik der zwitschernden Vögel zu hören, den Geruch der Pferde und den Duft der Erde zu riechen, während ich diese tägliche Pflicht erledige. Ein Handwerker, der galant sein wollte, fragte mich einmal, ob er mir diese Aufgabe abnehmen könne, und ich sagte: »Nein danke, ich liebe es, das zu tun.« Wenn ich fertig bin, sieht der Paddock mit seinen Rechenspuren oft wie ein Zen-Garten aus.

Das ist das Leben.

Wenn du bereit bist, alles vollständig zu erleben, zu spüren und anzunehmen, sind dieser physische Ort und diese physische Zeit der Himmel.

❀ ❀ ❀

Hege deine Intention

Jetzt vergiss mal alles und *spiele kreativ und hemmungslos mit der reinen Absicht*. Probiere eine Zeitlang die verschiedenen Angebote, die du in diesem Buch vorfindest, mit spielerischer Leichtigkeit aus, bis du gar nicht mehr darüber nachdenken musst – so wie ein Tennisprofi keinen Gedanken mehr an seine Schlagtechnik zu verschwenden braucht, weil sie zu einem Teil seines Muskelgedächtnisses geworden ist.

Erinnere dich an das, was ich am Anfang des Buches sagte: Es geht nicht so sehr darum, *was du tust,* wie um das, *was du nicht tust.* Je leerer du bist, desto mehr kannst du aus dem Nichts heraus erschaffen.

Nun bist du leerer geworden und tust wahrscheinlich weniger von den folgenden Dingen:

❀ Gegenabsichten aussenden;

❀ Kraft und Macht entweichen lassen, indem du andere auf deinem Thron sitzen lässt;

❀ Macht und Kraft abgeben, indem du zu oft außerhalb von dir suchst;

❀ Macht an andere abgeben, damit sie dich heilen oder in Ordnung bringen;

- an dir arbeiten;
- das Physische zu deinem »Gott« machen; dich zu sehr auf das Materielle fokussieren;
- versuchen, durch dein Tun Felsbrocken den Berg hinaufzuwälzen;
- auf deinen Kopf (dein kleines Selbst) hören;
- das eine sagen und etwas ganz anderes tun;
- Kraft durch deine Sprechweise versickern lassen.

Jedes Mal, wenn du dir etwas wünschst,
beabsichtige es! Du brauchst keine Technik, kein
esoterisches Wissen – setze einfach eine Absicht!

Jedes Mal, wenn du anfängst, in wildem Aktionismus ein Bedürfnis oder eine Sehnsucht zu bombardieren, halte inne und setze als Erstes eine Absicht dafür.

Ein traumhaft schöner neongelber Vogel – die Lieblingsfarbe meines Vaters – pickt gerade an meinem Fenstergitter, eine Armeslänge von mir entfernt, während ich dies schreibe. Hi, Dad! Vögel bieten sich den Menschen gern frei und leichtfüßig als Botschafter aus dem Nichtphysischen an. Diese Worte niederzuschreiben fühlt sich so gut an, dass es mich in einen Zustand versetzt, in dem dieser Vogel und mein Vater sich wohl mit mir verbinden können – segelnd in Freiheit, Licht, Leichtigkeit und Freude – in genau dem, was mein Vater nun ständig im Nichtphysischen erlebt.

Die Präsenz kennt deine Herzenswünsche besser als du selbst. Du kannst tatsächlich loslassen und dem Göttlichen die Schwerarbeit überlassen. Es gilt, ein Gleichgewicht zu halten zwischen Loslassen und absichtsvollem Erschaffen. Du bist keine Marionette, sondern ein kraftvoller Mitschöpfer, der Absichten erschaffen und Richtungen setzen kann, die von der Präsenz und deinem göttlichen Unterstützungsteam geflissentlich für dich realisiert werden.

Am besten kombinierst du Loslassen und Beabsichtigen auf diese Weise: Setze die Absicht und übergib es an dein großes Selbst.

Hier sind ein paar von meinen langfristigen Absichten oder Meta-Intentionen, die meine ganze Lebenszeit betreffen. Ich arbeite nicht daran, rezitiere sie nie und denke nicht einmal darüber nach. Wir brauchen eine Absicht nicht beständig zu halten. Wenn wir etwas *einmal* kraftvoll beabsichtigt haben, strahlt es das Signal seiner Schwingung mühelos aus, außer wir stellen uns in den Weg und widersprechen ihm.

* Vor allen Dingen beabsichtige ich, wach zu bleiben und als mein ausgedehntes Selbst zu leben.
* Ich beabsichtige, meinen freien Willen täglich zu gebrauchen, um weise Entscheidungen zu treffen, die sich gut anfühlen.
* Ich beabsichtige, mich kontinuierlich weiterzuentwickeln und dadurch auch die Menschheit mit anzuheben.
* Ich beabsichtige, alle Gefühle wertzuschätzen und dankbar dafür zu sein.
* Ich beabsichtige, mehr von dem Guten aus meinem Reservoir einzulassen.
* Ich beabsichtige, voll und ganz zu leben, jeden Tag aktiv zu genießen und meine Freude hineinzulegen.
* Ich beabsichtige, meinen Körper, als mein Vehikel und vorübergehendes Zuhause, in einem Tipptopp-Zustand zu halten.

Keine meiner Kernabsichten bezieht sich auf materielle Dinge; sie alle betreffen Seinszustände, denn das Allerwichtigste in meinem Leben ist, wie ich mich fühle und im Fluss durchs Leben bewege. Es ist nichts verkehrt daran, sich Dinge zu wünschen – ich mag Dinge, aber sie sind nur ein Nebenprodukt von dem, wie ich mich fühle. Dinge materialisieren sich schneller und leichter, wenn ich mich auf die nichtphysische Quelle aller Dinge fokussiere, statt auf die Materialisation an sich.

Absichten materialisieren sich und werden so zu dauerhaften Elementen deiner Realität. Es besteht keine Notwendigkeit, eine Absicht mehr als einmal auszudrücken, es sei denn, du kommst vom Kurs ab und musst dich wieder neu darauf einlassen. Die Präsenz hält deine Absicht stetig und perfekt aufrecht. Du kannst jederzeit Absichten setzen, doch beim Aufwachen und kurz vor dem Einschlafen sind die Tore in das nichtphysische »Land ohne Widerstand« am weitesten geöffnet.

Kurzfristige Absichten erschaffen neue Matrizen, die aktuelle Wünsche befriedigen, und werden damit zu einem Teil deines Lebens. Lass dich von den folgenden Intentionen inspirieren, um deine eigenen langfristigen und kurzfristigen Absichten zu setzen:

❀ Ich beabsichtige, meine Talente und Begabungen zu entfalten und zu entwickeln.

❀ Ich bin ein kraftvoller Katalysator für die menschliche Evolution, indem ich einfach mein authentisches Selbst bin.

❀ Ich beabsichtige, für mich da zu sein.

❀ Ich beabsichtige, jegliche Verletzungen, die ich empfinde, anzunehmen und in mein großes Selbst zurückzuführen.

❀ Ich beabsichtige, mich freundlich, mitfühlend und bedingungslos liebend zu fühlen.

❀ Ich beabsichtige, aktiv Liebe zu generieren, statt darauf zu warten, dass sie eintritt.

❀ Ich beabsichtige, dass sich die Schwingungen, die von mir ausgehen, für andere und für mich selbst gut anfühlen.

❀ Ich beabsichtige, alle Erfahrungen und Gefühle anzunehmen, auch wenn ich mich anfangs dagegen sträuben mag.

* Ich beabsichtige, zuzulassen, dass der Widerstand durch die Kontraste und Erfahrungen, die das Leben mir bringt, seine Wirkung tun kann, ohne dass ich mich darüber beklage.
* Ich beabsichtige, jedes kleine bisschen Ausdehnung, das sich zeigt, wertzuschätzen, die Zeit des Wartens auszukosten und für die allmähliche ewige Entfaltung Dankbarkeit zu empfinden.
* Ich beabsichtige, die mächtigste Komponente in meiner Ökonomie zu sein.
* Ich beabsichtige, der Realität keinen Respekt zu zollen.
* Ich beabsichtige, in der Nacht gut zu schlafen und um sieben Uhr morgens aufzuwachen.
* Ich beabsichtige friedliche Besuche bei meiner Familie, bei denen wir alle viel Spaß haben.
* Ich beabsichtige, dass sich meine berufliche Tätigkeit wie Urlaub anfühlt.
* Ich beabsichtige, neue Energien sanft aufzunehmen und zu verstoffwechseln.
* Ich beabsichtige, mich mit körperlicher Betätigung zu verwöhnen und sie zu genießen.
* Ich beabsichtige, mich an hochwertigem Essen zu erfreuen.
* Ich beabsichtige, mich zu entspannen und Beweglichkeit in den Schultern zuzulassen, während ich am Computer sitze.
* Ich beabsichtige einen freien Energiefluss in meinem Körper.
* Ich beabsichtige, unerwünschte Ereignisse in die Leere zurückzusenden.
* Ich beabsichtige, mich bis in alle Ewigkeit weiterzuentwickeln.

Übe dich darin, häufig Absichten für bestimmte Gefühle mit einer Energie zu setzen, die so leicht ist wie der Flügelschlag einer Fruchtfliege. Schreibe sie dir in dein Tagebuch, und dann vergiss sie.

Erträume dir deine Absichten auf spielerische Weise. Feiere alle Erfolge. Wenn du dich entfaltest und die Dinge anfangen, lawinenartig anzuwachsen, wirst du es schließlich wagen, Absichten zu setzen, von denen du früher dachtest, sie seien unerreichbar.

Wenn du meinst, es gäbe etwas, an dem du arbeiten, das du korrigieren oder erledigen müsstest, dann halte inne: Stimme dich auf dein großes Selbst ein. Dein großes Selbst ist immer schon dort, wo du sein möchtest, und es sendet immer die gleiche hohe Sendefrequenz aus. Manchmal driften wir ab, aber alles, was wir zu tun haben, ist heimzukommen.

Damit schließen wir nun den Kreis zum Anfang des Buches:

Es werde Licht.
Und es ist Licht.

❀ ❀ ❀

Mantren

Dies war ursprünglich eine Idee für ein separates Minibüchlein mit Illustrationen zu jedem kraftvollen und prägnanten Spruch, den ich gern weitergeben wollte. Ich entschied mich dann aber dafür, es als Zugabe am Ende dieses Buches einzufügen. Es ist eine Sammlung bunter, auf den Punkt gebrachter, leicht zu merkender Sentenzen von Inhalten aus den Büchern *Alles läuft super, während ich weg bin* und *Du bist so viel größer, als du denkst* sowie aus meinen Sitzungen und Unterrichtsstunden. Du kannst sie dazu benutzen, deinen Fokus zu trainieren und neue, kraftvolle, bewusste Gewohnheiten zu entwickeln.

In den *Mantra Videos*, im Onlinekurs Portal 2 auf der *Divine-Openings*-Website, wird vor dem visuellen Hintergrund schöner Naturszenen jedes Mantra von mir erläutert; es dient dazu, dich zu entspannen oder aufzubauen, zu unterhalten oder zum Lachen zu bringen.

Pass auf, wohin du zielst.
Peile dein Ziel mit dem Verstand so bewusst an, als würdest du einen Flugkörper oder Laserstrahl auf ein Ziel richten – seine Wirkung ist ebenso mächtig. Die Energie fließt dorthin, wo deine Aufmerksamkeit hingeht. Worauf du deinen Fokus richtest, das nährst du mit deiner Energie.

Beabsichtige, darüber hinauszuwachsen.
Deine Absicht allein ist enorm kraftvoll. Lass sie ebenso leicht sein.

Lass deine Absicht so leicht sein wie den Flügelschlag einer Fruchtfliege.
So setzt du deine Kraft ein, ohne Druck auszuüben.

Warte nicht, generiere selbst.
Bringe selbst die Energien und Gefühle hervor, die du *jetzt* erleben willst.

Schwärme und sei dankbar.
Übe dich im Loben und Wertschätzen, bis es dir zur Gewohnheit geworden ist.

Werde weicher.
Sich innerlich weich werden zu lassen löst Anspannung und Widerstand.

Lass es geschehen und nimm es an.
Wenn du Das-was-Ist im Augenblick mit Weichheit annehmen kannst, bist du frei zu handeln.

Sei bereit.
Wenn du nicht gleich das erreichst, was du ansteuerst, dann fühle einfach deine Bereitschaft. So gelangst du leichter zur Akzeptanz, die über dem Wendepunkt liegt. Den Rest erledigt die Gnade.

Andere Wege, um mit Leichtigkeit über den Wendepunkt hinauszukommen:
Werde neugierig.
Kreiere Verspieltheit oder Lachen.
Lass es erst einmal ruhen.

Aus Aufmerksamkeit wird Absicht.
Du investierst Energie in Dinge, denen du deine Aufmerksamkeit »schenkst«. Aufmerksamkeit ist die Währung, mit der du in deine Wünsche investierst.

Mach du deine zehn Prozent.

Und überlasse der Gnade die übrigen neunzig Prozent.

Sag Ja.

Wenn du das Wörtchen »Ja« aussprichst, sendest du ein Signal an den Körper, Glückshormone auszuschütten. Sag Ja zu allem, was dir möglich ist, sobald es dir möglich ist. Ja zu Dingen zu sagen, die du nicht magst, nimmt den Widerstand weg, sodass sich die Dinge verändern können. »Hier sind wir also – was nun?«

Lächle.

Ein kleines, feines, bewusstes Lächeln sagt deinem Körper, dass du glücklich bist. Es ist eine Abkürzung, um höhere Schwingungen zu generieren.

Betrachte es als gut und richtig.

Du kannst die Sache auch so herum betrachten: Sei bereit, bei allem, was auch geschehen mag, herauszufinden, was daran gut und richtig ist. Anerkenne sämtliche Erfahrungen im Leben, wie es die Präsenz dir vormacht. Es ist alles zu deinem *Besten*, wenn du es nur zulässt.

Alle Gefühle sind gut.

Sei dankbar für die Informationen, die deine Gefühle dir geben. Hole dir die darin gebundene Energie zurück.

Tauche ein.

Lass die Geschichte fallen und spüre das Gefühl. Wenn du es annimmst, bist du sofort oberhalb des Wendepunkts!

Glaube nicht alles, was du denkst.
Übernimm die Führung über deinen Verstand, sonst spult er seine Automatismen ab. Bewusst genutzt ist der Verstand ein hervorragender Diener, andernfalls ein schrecklich tyrannischer Herr.

Du bist kein Produkt deiner Gefühle, Gedanken, Programme, Überzeugungen oder der Vergangenheit.
Alles ist Energie, die dich durchströmt. Du kannst dich in jedem Augenblick davon leer machen.

Was du sagst, ist niemals beiläufig – es legt Ursachen.
Worte haben Macht. Gebrauche sie weise.

Surfe jede Welle.
Beim Wellenreiten gibt es nicht nur Wellenkämme, sondern auch Wellentäler und ruhige Zonen als Kontrast. Dann musst du hinauspaddeln, um den Wellen zu begegnen. Je mehr du dich entspannst und alles genießt, umso einfacher wird es.

Schwanke so lange, bis du stabil bist.
Liebe und akzeptiere deinen momentanen Stand. Es ist das, wo du gerade bist – du kannst es genauso gut annehmen.

Fokussiere dich auf das Nichtphysische.
Die physische Welt lenkt uns häufig von dem ab, was das Realste und Kraftvollste ist.

Bringe alles von dir zur Party.
Dein nichtphysisches Selbst hat schon mit deiner Party angefangen. Jetzt sieh zu, dass auch du dort aufkreuzt.

Bleibe wach.
Entscheide dich jeden Tag von Neuem dafür.

Dein Selbstwert ist selbstverständlich.
Er gehört dir bereits, stand nie infrage und wartet darauf, dass du ihn in Anspruch nimmst oder verkündest.

Es geht vorbei.
Alles ist vorübergehend. Das Wesen des Lebens ist die Veränderung.

Gefühle sind tatsächliche Manifestationen und dürfen gefeiert werden.
Sich besser zu fühlen ist das Allerwichtigste. Dein Gefühl sagt dir auch, ob sich das Gewünschte materialisieren wird. Dich gut zu fühlen war ja ursprünglich der Grund, es dir zu wünschen.

Vergiss die Form.
Fokussiere dich auf das Gefühl, das du dir wünschst, und lass zu, dass die Präsenz es dir in der optimalen Form bringt.

Springe direkt zum Ergebnis.
Erlebe schon jetzt das Gefühl, das du haben wirst, wenn das Gewünschte eingetreten oder eingetroffen ist – so, als wäre es bereits da.

Erkenne deine Einheit mit dem, was du dir wünschst.
Du bist von keinem Menschen und keiner Sache jemals getrennt – du bist eins mit allem, was du dir wünschst.

Koste die Wartezeit aus.
Genieße die Vorfreude des Träumens und Wartens auf die Er-
füllung deines Wunsches, als wäre sie schon passiert. Auf diese
Weise erlebst du schon jetzt das gute Gefühl.

Beabsichtige, lächle und lass los.
Fertig.

Visualisiere zum Vergnügen.
Um etwas zu erschaffen, brauchst du es nicht zu visualisieren.
Die Absicht hat es bereits erschaffen. Visualisiere es, wenn du das
gute Gefühl jetzt erleben möchtest.

Es befindet sich bereits in deinem Reservoir.
Es ist bereits erschaffen. Es gehört schon dir. Entspanne dich.

Es ist Feedback, eine Rückmeldung und kein Versagen.
Lass die Geschichte fallen. Alles bewegt uns vorwärts, außer wir
sträuben uns dagegen. Du kannst weder verlieren noch zurück-
gehen. Ziele, drücke ab, ziele noch mal. Ziele, drücke ab, ziele
noch mal.

Ich habe das erschaffen.
Es ist alles von mir ausgedacht. Ich gestalte es alles.

**Ziehe keine Bilanz, wenn sie nicht zu deinen Gunsten
ausfällt.**
Mogle lieber und verbuche nur das, was gut ist und funktioniert,
weil es sich einfach besser anfühlt.

Stoße dich vom Boden ab.

Nutze diesen Widerstand zu deinen Gunsten. Lass dich wie an einem Gummiband immer wieder in die höhere Grundschwingung zurückschnellen.

Jede Welle ist eine neue Welle.

Du erhältst stets eine weitere Chance. Die Geschichte wiederholt sich nicht, es sei denn, wir halten an ihrer Schwingung fest.

Langsamer ist schneller.

Wenn du dich in den Fluss entspannst, kommst du schneller voran, als wenn du hetzt und dich stresst.

Der Widerstand ist dein Freund.

Sträube dich nicht gegen deinen Widerstand. Es fügt dem Widerstand mehr Widerstand hinzu. Betrachte Widerstand als in Ordnung und lass ihn für dich arbeiten.

Der Gegensatz ist dein Freund.

Was du nicht möchtest, macht dir erst richtig klar, was du möchtest. Der Kontrast ist nicht immer unerwünscht. Manchmal ist es nur eine Frage der Wahl, was sich besser anfühlt: Schokolade oder Vanille – ein Kontrast!

Wenn es zu groß für dich ist, gib es ab.

Herausforderungen machen Spaß, aber wenn es dir zu viel wird, gib es ab. Falls du es dir wieder zurückholst, gib es erneut ab.

Lerne, selbst zu fahren.

Du bist ein Mitschöpfer, der mit der Präsenz gemeinsam erschafft. Setze dich ans Steuer und lenke.

Du brauchst nicht zu wissen, wie es funktioniert.
Intellektuelles Verstehen ist bloß ein Trostpreis.

Sei du die mächtigste Komponente.
Die machtvollste Komponente einer Interaktion setzt sich durch.

Erfreue dich daran.
Du gibst die Freude hinein.

Huldige nicht dem Geschenk. Huldige dem, der es gibt.
Liebe und schätze den Schenkenden; richte deinen Fokus auf ihn. Die Geschenke kommen und gehen, doch der Schenkende ist immer und ewig für dich da.

Halte dein inneres und äußeres Leben in der Balance.
Lebe in dieser physischen Welt im ständigen Bewusstsein der nichtphysischen Quelle.

Du bist entweder ein Schwamm oder ein Anführer.
Du kannst nicht beides zugleich sein. Geh lieber voran, als hinterherzulaufen – es sei denn, der andere hat in der betreffenden Sache eine höhere Schwingung als du.

Deine Stärke ist genau hier und jetzt.
Der magische Zeitpunkt ist heute. Die Kraft liegt in dir. Der Kraftort ist genau hier, wo du dich befindest.

Dein großes Selbst ist bereits erleuchtet.
Hör auf zu suchen und entspanne dich einfach in das, was schon immer da ist.

Setze dich auf den Thron deines Lebens.
Wirf alle, die dort nicht hingehören, von deinem Thron. Sie haben ihren eigenen.

Familie – meine Aufgabe ist es nicht, sie zu ändern, sondern sie zu lieben.
Punktum.

Effektive Fragen schaffen neue Möglichkeiten.
Was braucht es, um … ? Was ist sonst noch möglich? Wie könnte ich …?

Wechsle zur Perspektive des großen Selbst.
Wie steht mein größeres Selbst dazu?

Mach die Schwingung deines großen Selbst zu deinem Lieblingssender.
Richte sozusagen seine Radiofrequenz als Standard auf deinem Empfangsgerät ein. Je öfter du sie anwählst, desto automatischer übernimmst du ihre Schwingung.

Hör auf deine innere Stimme.
Unterhalte dich oft mit der Präsenz. Trage all deine Bedürfnisse und Fragen zuerst nach innen.

Lieber entspannen als verspannen.
Vergiss nicht, dass du es dir alles selbst ausdenkst. Und dass es immer gut ausgeht!

Mach das meiste aus dem Besten und das wenigste aus dem Schlimmsten.
Von deiner Haltung hängt es ab, wie es laufen wird.

Bewegung ist wichtiger als Ankommen oder Perfektion.
Beachte, wie weit du gekommen bist, und mach weiter, jede
noch so kleine Bewegung zu feiern.

Es geht nicht darum, alles jetzt sofort zu haben.
Es geht darum, jede neue Erweiterung und Ausdehnung zu genießen.

Hör auf, Felsbrocken den Berg hinaufzuwälzen.
Überlass dem Göttlichen die Schwerarbeit. Fokussiere dich auf
das, was du möchtest.

Teile es in Häppchen auf.
Kleine, stete Schritte summieren sich zu großen Ergebnissen.

Tue zuerst das, was sich finanziell am meisten lohnt.
Es zählt letztlich nicht, wie viel du tust, sondern dass du die richtigen Dinge tust.

Bringe dich zuerst energetisch in Einklang.
Erst die energetische Übereinstimmung, dann das innerlich ge-
führte Tun.

Reduziere dein Tun auf einen Bruchteil.
Tue nicht zu viel, nicht zu früh, aber tue es in kleinen Schritten.

Handle nicht, wenn dir ein Alien im Gesicht hockt.
Warte mit großen Plänen, wichtigen Entscheidungen oder heik-
len Gesprächen, bis du dich richtig gut fühlst.

Richte dich aus. Lass es los. Lass es herein.

Richte deine Energie aus, gib jegliche Erwartung an das Ergebnis auf und mach dich weich.

Danksagung

Mein Dank richtet sich an die zunehmende Zahl von Menschen, die *Divine Openings* mit anderen teilen – aus Großzügigkeit und in dem Wunsch, ihren Beitrag zu leisten: für diejenigen, die sie lieben, für die ganze Menschheit und das Universum selbst.

Danke an alle, die auf ihre Weise – im Großen wie im Kleinen – dazu beitragen. Danke an die göttliche Intelligenz, die uns alle erschafft, ermächtigt, umfängt und mit ihrer Gnade beschenkt.

Mein ganz besonderer Dank gilt all jenen, die mit mir an Live-Veranstaltungen teilgenommen haben. In diesem Energiefeld entfachen wir gemeinsam die neuen Entwicklungen, die *Divine Openings* frisch, lebendig und in fortlaufender Evolution erhalten.

Unterstützung für deine weitere Entwicklung

Onlinekurse

*D*as Onlineportal 1 hilft dir, dich in deiner neuen Realität zu stabilisieren, während oder nachdem du das grundlegende Buch *Alles läuft super, während ich weg bin* liest bzw. gelesen hast. Es enthält außerdem umfangreiches neues Multimediamaterial, um dich zu unterstützen und dir zu helfen, motiviert, fokussiert und auf der richtigen Spur zu bleiben, während du in deiner Entfaltung voranschreitest.

Das Onlineportal 2, *Living in Ease and Flow* (»Leben in Leichtigkeit und im Fluss«) enthält neues, ursprüngliches Material, das über das Buch *Alles läuft super, während ich weg bin* und den Onlinekurs der Stufe 1 hinausgeht. Das Onlineportal 2 ist ein umfassendes Werkzeug zum Erschaffen eines freudvollen Lebens jenseits von Leiden und Problemorientiertheit. Eine gute Unterstützung für die praktische Anwendung dieses Buches.

Portal 3: Der Onlinekurs der Stufe 3 umfasst einundzwanzig Tage der Vertiefung – einundzwanzig Videos, die in kraftvollen, kurzen täglichen Portionen aufgenommen werden können.

Portal 4: Der Onlinekurs der Stufe 4, *Jumping the Matrix*, hilft dir, diese Realität zu transzendieren. Die Onlinekurse sollten in der vorgesehenen Reihenfolge absolviert werden, da sie aufeinander aufbauen. Jeder der zahlreichen Kurse von Lola Jones führt in ein völlig neues Territorium, stellt komplett neues Material vor und bringt eine Einführung in die Energien der nachfolgenden Stufe. Die neunundzwanzig tiefgehenden Module vom Onlineportal 4 entsprechen einem kompletten Buch.

Der *Mastery Course* (»Meisterkurs«) ist der am meisten fortgeschrittene Kurs zum Zeitpunkt dieser Veröffentlichung; er enthält die aktuellsten Energieübertragungen und Lehrgespräche.

Der Onlinekurs *First Aid for Special Topics* unterstützt Menschen, die sich in bestimmten Lebensbereichen in einer Krise befinden.

Das tantrische Onlineretreat zum Thema *The Art of Love and Sex* (»Die Kunst der Liebe und Sexualität«) gibt es auf Deutsch und Englisch. Der Onlinekurs für *Enlightened Business* (»Erleuchtetes Business«) wird ebenfalls auf Deutsch und Englisch angeboten.

Es werden fortlaufend neue Kurse für jede weitere neue Energieebene entwickelt.

Video- und Audioaufnahmen

Jeder Onlinekurs beinhaltet eine umfangreiche Bibliothek von Hördateien und Videos. Zusätzlich können Videos und Audios separat erworben werden.

Live-Retreats

Fünftägiges Schweigeretreat.

Weitere Bücher von Lola Jones

Alles läuft super, während ich weg bin. Loslassen und dem Göttlichen die Schwergewichte überlassen, Arkana, München, 2018.

Dating to Change Your Life, Divine Openings Quotes und *Confessions of a Cowgirl Guru*, bisher nur auf Englisch erhältlich.

Musik von Lola Jones

Watch Where You Point That Thing – zwölf Lieder auf CD, einschließlich der Originalaufnahme des Liedes aus dem Film *Beautiful Faces*.

Here In My Heart

Lola's Gayatri Mantra

Lolabye

Starlight

Alle Musikaufnahmen können über www.DivineOpenings.com heruntergeladen werden.

Kunst von Lola Jones

Auf www.DivineOpenings.com findest du unter »Art« die Bilder und Kunstwerke von Lola Jones.

Erleuchtung für Anfänger und Fortgeschrittene!

Mit 4 Power-Tools unsere höchste Lebenskraft erschließen

352 Seiten. ISBN 978-3-442-34237-2
Auch als E-Book erhältlich

Jeder Mensch hat Zugang zu einem unbegrenzten
Potenzial an Kraft. Je mehr er sich davon erschließt,
desto höher seine Lebensqualität. Phil Stutz und
Barry Michels, Autoren des Bestsellers »The Tools«,
zeigen eindringlich, was wir an Glück, Erfolg und
gelingenden Beziehungen erreichen können, wenn wir
uns entscheiden »The Force« zu aktivieren. Mit vier
Power-Tools endlich Sorgen, Zweifel, Entmutigung und
alte Verletzungen hinter sich lassen und neue
Lebenskraft freisetzen.

arkana

Heilung durch Hingabe

Der große Weg
unserer Seele

544 Seiten. ISBN 978-3-442-34194-8
Auch als E-Book erhältlich.

Der Sinn des Lebens ist die stetige Reifung und Weiterentwicklung. Das gilt nicht nur für jedes einzelne Leben, sondern auch für
den großen Weg der Seele über viele Inkarnationen hinweg. Varda
Hasselmann, die Grande Dame der Medialität, hat in einem intensiven Prozess über mehr als 12 Jahre hinweg alle Details dieser Ent-
wicklungsreise des Menschen medial von der »Quelle« empfangen.
Entstanden ist eine einzigartige Typologie, die sie gemeinsam mit
Koautor Frank Schmolke aufgezeichnet hat. Die Autoren begründen
mit ihrem Werk eine neue Weltsicht, die hilft, sich selbst ebenso wie
die Andersartigkeit des anderen tiefer zu verstehen, um zu Frieden
und gegenseitigem Respekt zu gelangen.

arkana

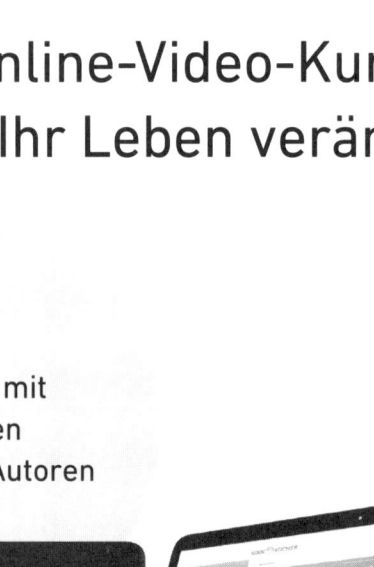